NIKOLA TESLA
DAS VERLORENE GENIE
DAS AUSSERGEWÖHNLICHE LEBEN DES NIKOLA TESLA

DISCOVERY PUBLISHER

Original title: "Prodigal Genius"
2014, Discovery Publisher.

©2015, Discovery Publisher.
Alle echte vorbehalten.

Kein Teil des Buches darf in irgendeiner Form (Druck, Fotokopie, CD-ROM, DVD, Internet oder einem anderen Verfahren) ohne schriftliche Genehmigung des Verlages Discovery Publisher reproduziert werden oder unter Verwendung elektronischer Systeme verarbeitet, vervielfältigt oder verbreitet werden.

Autor : John J. O'Neill
Übersetzer : Leslie Eiselt
Herausgeber : Keegan Berg
Chefredakteur : Adriano Lucca

DISCOVERY PUBLISHER

616 Corporate Way
Valley Cottage, New York, 10989
www.discoverypublisher.com
books@discoverypublisher.com
facebook.com/DiscoveryPublisher
twitter.com/DiscoveryPB

New York • Tokyo • Paris • Hong Kong

INHALTSVERZEICHNIS

Licht und Energie   1

   EINS   3
   ZWEI   24
   DREI   43
   VIER   68
   FÜNF   82
   SECHS   95
   SIEBEN   116

Ruhm und Reichtum   135

   ACHT   137
   NEUN   156
   ZEHN   177
   ELF   200

Innere Vibration   229

   ZWÖLF   231
   DREIZEHN   250
   VIERZEHN   263
   FÜNFZEHN   273

Selbstgemachter Übermensch — 283

    SECHZEHN — 285

    SIEBZEHN — 305

Nachglühen — 325

    ACHTZEHN — 327

    NEUNZEHN — 343

    ZWANZIG — 358

Danksagung — 371

    DANKSAGUNG — 372

LICHT UND ENERGIE

EINS

„Spektakulär" ist ein zu schwaches Wort, um das merkwürdige Experiment mit dem Leben in Nikola Teslas Geschichte zu beschreiben, und „unglaublich" wird den Ergebnissen, die wie eine explodierende Rakete aus seinen Experimenten barsten, nicht gerecht. Es ist die Geschichte der schillernden Geistesblitze eines Übermenschen, der eine neue Welt erschuf; es ist die Geschichte, die die Frau zum Anker des Fleisches verdammt, der die Entwicklung der Menschheit verzögert und ihre Errungenschaften begrenzt — und die paradoxerweise beweist, dass selbst das erfolgreichste Leben ohne eine Frau ein trister Misserfolg ist.

Selbst die Götter des Altertums erfüllten, in den wildesten Vorstellungen ihrer Anbeter, niemals solch riesige Aufgaben weltweiten Ausmaßes, wie sie Tesla versuchte und vollbrachte. Auf der Grundlage seiner Hoffnungen, seiner Träume und seiner Erfolge erreichte er den Status eines Gottes des Olymp; und die Griechen hätten ihn als solchen verehrt. Es verwundert kaum, dass die sogenannten praktischen Männer, deren Nasen in Gewinn — und Verlustkonten steckten, ihn nicht verstanden und als merkwürdig betrachteten.

Das Licht des menschlichen Fortschritts ist kein trübes Glimmen, das mit der Zeit allmählich stärker wird. Das Panorama der menschlichen Evolution wird von plötzlichen Ausbrüchen schillernder Brillanz intellektueller Errungenschaften erhellt, deren Strahlen weit voraus reichen und uns einen flüchtigen Einblick in die entfernte Zukunft gewähren, sodass wir schon heute unsere zaudernden Schritte besser lenken können. Aufgrund der unglaublichen Entdeckungen und Erfindungen, mit denen er die Welt überhäufte, wird Tesla zu einem der prächtigsten Blitze, die je die Schriftrollen des menschlichen Fortschritts erhellten.

Tesla schuf die Neuzeit: Er war zweifellos einer der größten Genies der Welt, hinterließ aber keine Nachkommen, keine Erben seines großartigen Verstandes, die dabei helfen könnten, diese Welt zu handhaben. Er verhalf einer Vielzahl von Leuten zu Reichtum, aber starb selbst mittellos und verschmähte den Wohlstand, den er mit seinen Entdeckungen hätte erzielen können. Selbst als er sich unter Millionen von wimmelnden New Yorkern befand, war er ein sagenhaftes Individuum, das in die weit entfernte Zukunft zu gehören oder aus den mystischen Gefilden der Götter zu uns gekommen zu sein schien, denn er schien eine Mischung aus Jupiter oder Thor zu sein, die Blitzschläge schleuderten; aus Ajax, der Jupiters Blitzen trotzte; aus Prometheus, der Energie in Elektrizität verwandelte, um sie auf der Erde zu verbreiten; aus Aurora, die die Himmel als eine irdische, elektrische Lampe erleuchtete; aus Mazda, der eine Sonne in einem Rohr erschuf; aus Herkules, der mit seinen mechanischen Vibratoren die Erde erschütterte; aus Merkur, der die umgebenden Gefilde des Weltraums mit seinen drahtlosen Wellen überbrückte — und aus Hermes, der in der Erde eine elektrische Seele gebar, die sie von Pol zu Pol pulsieren ließ.

Dieser Funken glühender Intelligenz schlug, in Form eines seltenen, kreativen Genies, in den letzten Jahrzehnten des vergangenen Jahrhunderts wie ein Meteor inmitten der menschlichen Gesellschaft ein; und überlebte fast bis heute (1944, Anmerkung des Übersetzers). In den intellektuellen, wissenschaftlichen, technischen und sozialen Welten wurde sein Name Synonym des Magischen und er wurde als ein Erfinder und Entdecker von unvergleichlicher Größe angesehen. Er machte den Elektrostrom zu seinem Sklaven. Zu einer Zeit, in der Elektrizität fast als eine geheimnisvolle Kraft betrachtet und mit schreckerfüllter Ehrfurcht und Respekt angesehen wurde, drang Tesla tief in ihre Geheimnisse ein und vollbrachte mit ihr so viele fantastische Meisterleistungen, dass er für die Welt zu einem Zaubermeister mit einem unbegrenzten Repertoire an wissenschaftlichen Kunststücken wurde. Diese waren so spektakulär, dass sie die Erfolge der meisten

Erfinder seiner Zeit zu den Arbeiten von Spielzeugbastlern werden ließen.

Tesla war ein Erfinder, aber er war weit mehr als ein reiner Hersteller von neuen Geräten: Er war der Entdecker von neuen Prinzipien und öffnete die Türen zu vielen neuen Wissensreichen, die selbst heute nur zum Teil erforscht sind. In einem einzigen, gewaltigen Erfindungsausbruch schuf er die Energiewelt von heute und rief unsere Ära der elektrischen Energie ins Leben, das unterste Fundament des industriellen Systems der gesamten Welt. Er gab uns unser Massenproduktionssystem, denn ohne seine Motoren und Ströme könnte es nicht existieren; er schuf die Roboter, die elektromechanische Spezies, die die menschliche Arbeit ersetzt; er gab uns alle wesentlichen Bestandteile des modernen Radios; er erfand den Radar vierzig Jahre bevor er im Zweiten Weltkrieg benutzt wurde; er gab uns unser modernes Neonlicht und andere Formen von Gasröhrenbeleuchtung sowie Leuchtstofflampenbeleuchtung; er gab uns die Hochfrequenzströme, die ihre elektronischen Wunder in der gesamten industriellen und medizinischen Welt vollbringen; er gab uns die drahtlose Fernbedienung. Unwillentlich half er dabei, uns den Zweiten Weltkrieg zu bescheren — denn durch den Missbrauch seines Supermachtsystems und seiner Robotersteuerungen in der Industrie konnten Politiker über einen riesigen Überschuss an Macht, Produktionsanlagen, Arbeit und Materialien verfügen, durch den sie sich dem schrecklichsten, verheerendsten Krieg, den sich ein wahnsinniger Geist vorstellen kann, hingeben konnten. Und diese Entdeckungen sind nur die bisher benutzten Erfindungen des Genies Tesla — zahlreiche andere bleiben immer noch unbenutzt.

Dennoch lebte und arbeitete Tesla für den Weltfrieden. Er widmete sein Leben der Befreiung der Schultern der Menschheit von ihrer Last um ihnen eine neue Ära von Frieden, Überfluss und Glück zu bringen. Als er den Zweiten Weltkrieg kommen sah, der durch seine Entdeckungen umgesetzt und angetrieben wurde, bemühte er sich, diesen zu verhindern. Er bot der Welt ein Gerät, von dem er sagte, es würde jedes noch so kleine Land in seinen eigenen Grenzen sicher werden lassen — und sein Angebot wurde abgelehnt.

Noch viel wichtiger als all seine überraschend bedeutenden, elektrischen Entdeckungen ist allerdings diese höchste aller Erfindungen — Nikola Tesla, der Übermensch — das menschliche Instrument, das die Welt mit einem Satz nach vorne schnellen ließ, so wie ein Flugzeug, das von einem Katapult in den Himmel geschossen wird. Tesla, der Wissenschaftler und Erfinder, war in sich selbst eine Erfindung, genauso wie sein Wechselstromsystem, das der Welt auf eine übermächtige Grundlage stellte.

Tesla war ein Übermensch, ein selbst gemachter Übermensch, der speziell dazu erfunden und gestaltet worden war, Wunder zu vollbringen — Wunder, die er in solch einer Vielzahl schuf, dass die Welt kaum Schritt halten konnte. Er gestaltete sein Leben nach technischen Prinzipien, die ihn zu einem höchst wirksamen Automaten machten, dessen Entdeckungen und Anwendung der Naturkräfte dem menschlichen Wohle dienten. Zu diesem Zweck opferte er Liebe und Vergnügen, suchte Befriedigung allein in seinen Errungenschaften und begrenzte seinen Körper darauf, seinem technisch kreativen Geist als Werkzeug zu dienen.

Mit unserer modernen, fixen Idee der Arbeitsteilung und Aufwandsspezialisierung zur Produktionssteigerung in unserer industriellen Maschinerie, zögert man, an eine Zukunft zu denken, in der Teslas Erfindung des Übermenschen auf die gesamte menschliche Rasse angewendet werden könnte, und dies mit einer Spezialisierung, die für jedes Individuum von Geburt an gestaltet ist.

Der von Tesla gestaltete Übermensch war ein wissenschaftlicher Heiliger. Die Erfindungen dieses wissenschaftlichen Märtyrers wurden für den Frieden, das Glück und die Sicherheit der menschlichen Rasse gestaltet, aber wurden benutzt, um Armut, Unterdrückung und zerstörerischen Krieg zu schaffen. Wenn wir nun annehmen, dass die Erfindung des Übermenschen ebenfalls für die Zwecke von kriegshun-

EINS

grigen Politikern entwickelt und feilgeboten wurde? Tesla erhaschte einen Blick auf die Möglichkeiten und schlug das Gesellschaftsleben der Biene als Bedrohung unserer sozialen Struktur vor, solange bis die Elemente des individuellen und gesellschaftlichen Lebens richtig geführt und die persönliche Freiheit geschützt würde.

Teslas Übermensch war für Tesla selbst eine bewundernswerte, erfolgreiche Erfindung, die, soweit die Welt es sehen konnte, zufriedenstellend zu funktionieren schien. Er schloss die Liebe aus seinem Leben und er Frauen sogar vollkommen aus seinen Gedanken aus. Er ging viel weiter als Platon, der eine spirituelle Gemeinschaft frei von sexuellem Begehren zwischen Mann und Frau erdacht hatte; er schloss selbst die spirituelle Gemeinschaft aus. Er erschuf sich ein isoliertes Leben, in welches keine Frau und kein Mann eindringen konnte, mit einer autarken Individualität, aus der jegliche Berücksichtigung des Geschlechts komplett ausgeschlossen war und in der das Genie vollkommen als lebendige und arbeitende Maschine lebte.

Teslas erfundener Übermensch war ein Erzeuger von Wundern der glaubte, durch wissenschaftliche Methoden die Liebe erfolgreich aus seinem Leben ausgeschlossen zu haben. Dieses unnormale Leben stellt ein faszinierendes Experiment für eine philosophische und psychologische Betrachtung dar, da er es nicht schaffte, die Liebe wirklich auszuschließen. Sie offenbarte sich trotz seiner gewissenhaften Bemühungen, sie zu unterdrücken; und als sie es tat, war es auf fantastischste Art und Weise: es entstand eine Liebe, wie es sie noch nie in den Annalen der menschlichen Geschichte gab.

Teslas komplettes Leben scheint irreal, so als ob er ein sagenhaftes Wesen einer olympischen Welt war. Ein Reporter schloss eine Geschichte über seine Entdeckungen und Erfindungen mit den Worten: „Seine Errungenschaften scheinen wie der Traum eines betrunkenen Gottes." Es war Teslas Erfindung des mehrphasigen Wechselstromsystems, die direkt für die Nutzbarmachung der Niagara Fälle verantwortlich war und die moderne Ära der elektrischen Übermächte eröffnete, in der Elektrizität hunderte Kilometer weit transportiert wird, um zehntausende Massenproduktionsfirmen von industriellen Systemen zu speisen. Jeder der großen, außerirdisch anmutenden Masten, mit seinen Leitungen zur Energieübertragung, die sich über die Erde winden und deren Drähte Elektrizität in entfernte Städte bringen, ist ein Denkmal zu Ehren Teslas; jedes Elektrizitätswerk, jeder Dynamo und jeder Motor, der alle Maschinen dieses Landes antreibt, ist ein Denkmal ihm zu Ehren.

Seine eigene Erfindung ersetzend, entdeckte er das Geheimnis der drahtlosen Übertragung von Elektroenergie zu den äußersten Enden der Welt und stellte sein System vor, mit dem nützliche Mengen Energie, an irgendeinem Ort, allein durch eine Verbindung zum Boden aus der Erde geschöpft werden konnten. Er ließ die gesamte Erde vibrieren, mithilfe eines Generators der Blitze spie, die es mit der feurigen Artillerie des Himmels aufnehmen konnten. Dass er das moderne Radiosystem schuf, machte nur einen kleine Teil seiner Entdeckungen aus; er plante unsere heutigen Rundfunkmethoden vor vierzig Jahren (um 1900, Anmerkung des Übersetzers), als andere Leute in drahtloser Kommunikation nur die Morsezeichen-Nachrichten sahen, die vielleicht Schiffe in Seenot retten könnten.

Er produzierte Lampen von hellerem Licht und größerer Sparsamkeit als diejenigen, die wir heute benutzen. Er erfand die Röhrenlampe, Leuchtstofflampen und drahtlose Lampen, die wir heutzutage als neueste Entwicklungen betrachten und er versuchte, die gesamte Erdatmosphäre mit seinen Elektroströmen zu erleuchten, unsere Welt zu einer einzigen, Erdenlampe zu machen und den Nachthimmel so zu erleuchten, wie es die Sonne am Tage tut.

Gelten andere äußerst wichtige Erfinder und Entdecker als Fackeln des Fortschritts, dann war Tesla eine Feuersbrunst. Durch ihn richteten die leuchtenden Sonnen einer helleren Zukunft ihre glühenden Strahlen auf eine Welt die noch nicht bereit war, ihr Licht zu empfangen. So ist es auch nicht weiter verwunderlich, dass diese strahlende Persönlichkeit

EINS

ein merkwürdiges und isoliertes Leben führen sollte. Der Wert seines Beitrags zur Gesellschaft kann nicht überschätzt werden. Wir können heute bis zu einem gewissen Grad die Persönlichkeit, die diesen leistete, analysieren. Er tritt als künstliches Genie auf, ein selbstgemachter Übermensch, die größte Erfindung des größten Erfinders aller Zeiten. Aber wenn wir Tesla, abgesehen von seinen reizenden und fesselnden gesellschaftlichen Manieren, als menschliches Wesen betrachten, dann kann man sich nur schwer einen schlimmeren Albtraum als eine Welt voller Genies vorstellen.

Führt die Natur einen Versuch durch und erreicht sie eine Verbesserung, dann muss diese so vollbracht werden, dass der Fortschritt nicht mit dem Individuum verloren geht, sondern an zukünftige Generationen weiter gegeben wird. Beim Menschen beinhaltet dies die Anwendung der sozialen Werte der Rasse, die Kooperation des Individuums mit seiner Art, sodass der verbesserte Zustand Verbreitung findet und zum Vermächtnis aller wird. Tesla baute absichtlich die Liebe und die Frauen aus seinem Leben aus, und während er einen gigantische intellektuellen Rang einnahm, verpasste er es, sein Vermächtnis durch seine eigenen Nachfahren oder durch Schüler zu verewigen. Der Übermensch, den er schuf, war nicht großartig genug, gleichzeitig einer Ehefrau gerecht zu werden und weiterhin in seiner Rolle zu bleiben. Die Liebe, die er aus seinem Leben unterdrücken wollte und die er allein mit Frauen assoziierte, ist eine Kraft, die in ihren zahlreichen Erscheinungsformen alle Mitglieder der menschlichen Rasse verbindet.

Bei seiner Suche nach der vollständigen Unterdrückung dieser Kraft durchtrennte Tesla die Bande, die er durch Schüler erhalten hätte und die, über andere Wege, die Gewalt seines verschwenderischen Genies bewahrt hätten. So konnte er der Welt nur einen kleinen Bruchteil der kreativen Produkte seines künstlichen Übermenschen vermitteln.

Die Schaffung eines Übermenschen, so wie von Tesla gezeigt, war ein großes Experiment der menschlichen Evolution, das dem riesigen, aus ihm entstehenden Intellekt würdig war. Aber es erfüllte nicht die

Anforderungen der Natur. Dieses Experiment muss noch viele Male durchgeführt werden, bevor wir eine Überrasse mit Teslas Geist erschaffen können, die die versteckten Schätze und Wissenslager der Natur ausgräbt — aber die zugleich mit der entscheidenden Kraft der Liebe ausgestattet ist. Diese Liebe wird Kräfte befreien, die stärker sind als alle, die wir jetzt erahnen können, um die Entwicklung der menschlichen Rasse voranzutreiben.

Es gab kein einziger Hinweis darauf, dass ein Übermensch geboren war, als um Punkt Mitternacht in der Nacht vom 9. auf den 10. Juli des Jahres 1856 ein Sohn, Nikola, im Haus von Pastor Milutin Tesla und seiner Frau Djouka im Weiler Smiljan, in der österreich-ungarischen Grenzprovinz Lica, heute Teil von Kroatien, das Licht der Welt erblickte. Der Vater des neuen Ankömmlings, Pastor der Dorfkirche, war ehemaliger Student einer Offiziersschule, der gegen die Einschränkungen des Armeelebens rebelliert und sich dem geistlichen Amt zugewendet hatte, das ihm einen befriedigenderen Ausdruck seiner Gedanken erlaubte. Die Mutter war, obwohl sie weder lesen noch schreiben konnte, eine intellektuell hervorragende Frau, die sich ohne die Hilfe von Büchern wirklich gut weiterbildete.

Sowohl Vater als auch Mutter gaben an ihr Kind ein kulturelles Erbe weiter, das von Generationen von Vorfahren, die Führer ihrer Gemeinde gewesen waren, stammte. Der Vater kam aus einer Familie, die ihre Söhne zu gleichen Teilen zur Kirche und zur Armee schickte. Die Mutter war ein Mitglied der Mandich-Familie, deren Söhne über zahllose Generationen hinweg, mit sehr wenigen Ausnahmen, Pfarrer der serbisch-orthodoxen Kirche geworden waren, und deren Töchter von Pfarrern als Ehefrauen gewählt wurden.

Djouka, Nikola Teslas Mutter (ins Deutsche übersetzt lautete ihr Vorname Georgina), war die älteste Tochter von sieben Kindern. Ihr Vater, genauso wie ihr Ehemann, war ein Pfarrer der serbisch-orthodoxen Kirche. Ihre Mutter erblindete, nachdem sich ihr Augenlicht über eine Zeit hinweg verschlechtert hatte, kurz nach der Geburt ihres

EINS

siebten Kindes; und so musste Djouka, die älteste Tochter, in jungen Jahren den Großteil der Pflichten ihrer Mutter übernehmen. Dies hielt sie nicht nur davon ab, zur Schule zu gehen, ihre Arbeit zu Hause nahm ihre gesamte Zeit in Anspruch, sodass sie nicht einmal in der Lage war, sich durch häusliches Lernen die Grundlagen des Lesens und Schreibens anzueignen. Dies war in der gebildeten Familie, der sie angehörte, eine außergewöhnliche Situation. Tesla allerdings schrieb seiner ungebildeten Mutter und nicht seinem belesenen Vater zu, der Ursprung seiner erfinderischen Fähigkeiten gewesen zu sein. Sie entwickelte zahlreiche arbeitssparende Haushaltsgeräte. Außerdem war sie eine sehr praktische Person und ihr gut gebildeter Ehemann ließ klugerweise alle Geschäftsdinge bezüglich der Kirche und des Haushalts in ihren Händen.

Ein außergewöhnlich gutes Gedächtnis diente dieser bemerkenswerten Frau als guter Bildungsersatz. Wenn sich die Familie in gebildeten Kreisen bewegte, nahm sie viele der kulturellen Reichtümer der Gemeinschaft durch Zuhören auf. Sie konnte tausende Verse der Poesie ihres Landes (die Sagen der Serben) ohne Fehler oder Auslassungen wiederholen und lange Bibelpassagen zitieren. Sie konnte aus dem Gedächtnis heraus das gesamte poetisch-philosophische Werk Gorski Vijenac (Der Bergkranz) von Fürstbischof Petar II. Petrovic-Njegos aufsagen. Sie hatte auch künstlerisches Talent und konnte dies, dank gewandter Fingerfertigkeit, auch ausdrücken. Für ihre schöne Handarbeit erlangte sie einen sehr guten Ruf auf dem Land. Tesla zufolge war ihre Fingerfertigkeit und Geduld so groß, dass sie mit über sechzig Jahren nur mit ihren Fingern einen dreifachen Knoten in eine Wimper knüpfen konnte.

Die außerordentlichen Fähigkeiten dieser klugen Frau, die keine formelle Ausbildung genossen hatten, wurden an ihre fünf Kinder vererbt. Dane Tesla, der ältere Sohn, wurde sieben Jahre vor Nikola geboren und war aufgrund der Aussicht auf eine herausragende Karriere, die seine jugendliche Klugheit ihm voraussagte, der Familienliebling. In seinen jungen Jahren ließ er schon das erahnen, was bei seinem überlebenden Bruder ein Vorspiel von Größe war.

Teslas Vater begann seine Karriere im Militärdienst, eine naheliegende Wahl für den Sohn eines Offiziers; aber anscheinend erbte er nicht seines Vaters Gefallen am Armeeleben. Ein so nichtiger Vorfall, wie die Kritik, seine Messingknöpfe nicht aufpoliert zu haben, ließ ihn die Militärschule verlassen. Er war wahrscheinlich mehr ein Poet und Philosoph als ein Soldat. Er schrieb Gedichte, die in zeitgenössischen Zeitungen veröffentlicht wurden. Er schrieb ebenfalls Aufsätze über gegenwärtige Probleme, die er mit dem Pseudonym „Srbin Pravicich" unterzeichnete. Dies ist Serbisch und bedeutet „Mann der Gerechtigkeit". Er sprach, las und schrieb Serbokroatisch, Deutsch und Italienisch. Es war wahrscheinlich sein Interesse an Poesie und Philosophie, das ihn zu Djouka Mandich hinzog. Sie war 25 und Milutin war zwei Jahre älter. Er heiratete sie im Jahre 1847. Die Anziehungskraft, die die Tochter eines Pastors auf ihn ausübte, beeinflusste wahrscheinlich seine spätere Karrierewahl, denn er trat dem geistlichen Amt bei und wurde bald zum Priester geweiht.

Er wurde zum Pastor der Kirche in Senj, einem wichtigen Seehafen mit großem, kulturellem Angebot. Seine Arbeit war zufriedenstellend, allerdings schien er sich unter seinen Gemeindemitgliedern eher aufgrund seiner angenehmen Persönlichkeit und seinem Verständnis von Problemen an Beliebtheit zu erfreuen, als aufgrund großer Belesenheit in theologischen und kirchlichen Dingen.

Ein paar Jahre nachdem er für diese Gemeinde verantwortlich gemacht wurde, wollte ein neuer Erzbischof, der an die Spitze der Diözese befördert worden war, die Fähigkeiten der Priester, die unter seiner Verantwortung standen, überprüfen und bot einen Preis für die beste Predigt während seines offiziellen Besuches. Pastor Milutin Tesla besonderes Interesse galt zu dieser Zeit der Arbeit, als der großer Faktor sozialer und wirtschaftlicher Probleme. Eine Predigt zu diesem Thema zu halten, war völlig unvernünftig und unratsam. Allerdings hatte nie-

EINS

mand Pastor Tesla jemals als vernünftig bezeichnet, und so stand das Unvernünftige in vollkommener Harmonie mit seiner Wesensart. Er wählte das Thema, für das er sich am meisten interessierte und als der Erzbischof eintraf, hörte er eine Predigt über „Arbeit".

Mehrere Monate später wurde Senj von einem unerwarteten Besuch des Erzbischofs überrascht, der verkündete, Pastor Tesla hätte die beste Predigt gehalten. Er belohnte ihn mit einer roten Schärpe, die er bei allen Gelegenheiten zu tragen privilegiert war. Kurz danach wurde er Pastor in Smiljan, wo seine Gemeinde zu diesem Zeitpunkt vierzig Haushalte umfasste. Später wurde er verantwortlich für die viel größere Gemeinde der nahegelegenen Stadt Gospic. Seine ersten drei Kinder Milka, Dane und Angelina wurden in Senj geboren. Nikola und seine jüngere Schwester Marica wurden in Smiljan geboren.

Teslas frühe Umgebung war zu dieser Zeit eine landwirtschaftliche Gemeinde nahe der Adriaküste auf einer Hochebene des Velebit, einem Teil der Alpen, der sich als eine Bergkette von der Schweiz bis nach Griechenland erstreckt. Da er erst als Jugendlicher seine erste Dampflokomotive sah, stammte seine mechanische Begabung nicht aus seiner Umgebung.

Teslas Heimat hieß lange Zeit Jugoslawien, ein Land, dessen Name „Land der Südslawen" bedeutete. Es umfasste mehrere zuvor getrennte Staaten: Serbien, Bosnien, Kroatien, Montenegro, Dalmatien und Slowenien. Die Tesla- und Mandich-Familien stammten ursprünglich aus dem westlichen Teil Serbiens in der Nähe von Montenegro. Smiljan, das Dorf in dem Tesla geboren wurde, befindet sich in der Lica Provinz. Zum Zeitpunkt seiner Geburt war sie eine unfreie Provinz, die als Teil von Kroatien und Slowenien zu Österreich-Ungarn zählte.

Teslas Familienname ist mehr als zweieinhalb Jahrhunderte alt. Vor dieser Zeit lautete der Familienname Draganic (so ausgesprochen, als ob er Drag'-a-nitch geschrieben würde). Der Name Tesla (ausgesprochen wie er geschrieben wird, mit gleichmäßiger Betonung auf beiden Silben) ist im rein wörtlichen Sinne ein Gewerbename wie Schmidt, Müller oder

Becker. Als normales Nomen beschreibt der Name ein Werkzeug zur Holzbearbeitung, das man auf Deutsch Dechsel nennt. Dies ist eine Axt mit breiter Klinge, die sich quer zum Stiel befindet und nicht parallel, wie in der üblicheren Form. Sie wird benutzt, um große Baumstämme in quadratische Bauhölzer zu zerhacken. Im Serbokroatischen heißt das Werkszeug Tesla. In der Draganic Familie bekamen die Mitglieder eines Zweiges aufgrund eines vererbten Gesichtsmerkmals traditionell den Spitznamen „Tesla". Dieses Gesichtsmerkmal äußerte sich in großen, breiten und hervorstehenden Vorderzähnen, die der dreieckigen Schneide der Dechsel stark ähnelten.

Der Name Draganic und dessen Derivate tauchen häufig in anderen Zweigen der Tesla Familie als Vorname auf. Als Vorname wird er oft mit „Charlotte" übersetzt, aber als allgemeiner Begriff bedeutet er „lieb" und als Nachname wird er mit „Liebling" übersetzt.

Die Mehrzahl von Teslas Vorfahren, über deren Alter Aufzeichnungen verfügbar sind, lebten viel länger als die gewöhnliche Lebensspanne der Zeit, aber es wurde keine eindeutige Aufzeichnung über jenen Vorfahren gefunden, von dem Tesla behauptete, er wäre einhundertvierzig Jahre alt geworden. (Sein Vater starb im Alter von 59 Jahren und seine Mutter mit 71.)

Obwohl die Mehrzahl von Teslas Vorfahren dunkle Augen hatten, waren seine Augen graublau. Er behauptete, seine Augen wären ursprünglich dunkler gewesen und dass sich ihre Farbe aufgrund einer übermäßigen Benutzung des Gehirns verändert hätte. Die Augen seiner Mutter aber waren grau, so wie auch die von einigen seiner Neffen. Daher ist es wahrscheinlich, dass seine grauen Augen geerbt und nicht durch übermäßige Benutzung des Gehirns verblasst waren.

Tesla wuchs zu einem sehr großen und sehr schlanken Mann — Größe war ein körperliches Merkmal der Familie und der Nation. Als er seine volle Größe erreicht hatte, war er genau zwei Meter groß, oder sechs Fuß zwei und ein Viertel Zoll. Obgleich sein Körper schlank war, besaß er dennoch normale Proportionen. Allerdings schienen seine Hände und vor allem seine Daumen ungewöhnlich lang.

Nikolas älterer Bruder Dane war ein brillanter Junge und seine Eltern schwelgten in dem Glück, mit einem so hervorragenden Sohn gesegnet worden zu sein. Es bestand allerdings ein Altersunterschied von sieben Jahren zwischen den beiden Jungen, und da der ältere Bruder mit zwölf Jahren an den Folgen eines Unfalls verstarb, (Nikola war gerade einmal fünf Jahre alt), scheint ein gerechter Vergleich zwischen den beiden nur schwer möglich. Der Verlust ihres erstgeborenen Sohnes war ein schwerer Schlag für Mutter und Vater; die Trauer und die Reue der Familie äußerte sich in der Idealisierung seiner Talente und der Vorhersage der Großartigkeit, die er möglicherweise erreicht hätte. Diese Situation stellte für Nikola in seiner Jugend eine Herausforderung dar.

Der Übermensch Tesla entwickelte sich aus dem Überjungen Nikola. Dazu gezwungen, besser als gut zu sein, um für seinen geliebten verstorbenen Bruder weiterzumachen und durch den eigenen Wunsch, die großen Errungenschaften, die sein Bruder hätte verwirklichen können, zu übertreffen, stützte er sich unbewusst auf unbekannte Fähigkeiten, die in ihm schlummerten. Die Existenz dieser Fähigkeiten wäre vielleicht ein Leben lang unvermutet geblieben, so wie es mit den meisten Personen geschieht, hätte Nikola nicht selbst die Notwendigkeit gespürt, einen größeren Lebensbereich für sich selbst zu erschaffen.

Er war sich bewusst, dass er sich in seinen Gedanken, in seinen Vergnügungen und in seinen Hobbys von den anderen Jungen unterschied. Er konnte die Dinge tun, die die anderen Burschen seines Alters normalerweise tun, und viele Dinge mehr, die sie nicht tun konnten. Es waren letztere Dinge, die ihn am meisten interessierten, doch konnte er keine Gleichgesinnten finden, die seine Begeisterung dafür teilten. Diese Situation brachte ihn dazu, sich von seinen Mitmenschen zu distanzieren und machte ihm bewusst, dass er zu Höherem, wenn nicht sogar zu großen Errungenschaften im Leben bestimmt war. Sein jungenhafter Geist erforschte konstant Gefilde, die seinem Alter weit voraus waren, und seine Errungenschaften als Jugendlicher waren häufig denen erwachsener Männer würdig.

Natürlich machte er die gewöhnlichen Erfahrungen mit ungewöhnlichen Vorfällen, wie es normal für einen kleinen Jungen ist. Eines der frühesten Ereignisse in der Erinnerung Teslas war, als er in einen Kessel mit heißer Milch fiel, die von den Einwohnern der Region als hygienische Maßnahme abgekocht wurde; ein Prozess, der die moderne Pasteurisierung vorwegnahm.

Kurz danach wurde er versehentlich in einer abgelegenen Bergkapelle eingeschlossen, die kaum besucht wurde. Er verbrachte die Nacht in dem kleinen Gebäude, bevor seine Abwesenheit entdeckt und sein mögliches Versteck erraten wurde.

Da er sehr naturverbunden lebte und reichlich Gelegenheit hatte, den Vogelflug, von jeher Objekt menschlichen Neids, zu beobachten, machte er das, was viele andere Jungen aus den gleichen Ergebnissen resümiert hatten: Ein Regenschirm plus seine Vorstellungskraft schien ihm die sichere Lösung für den freien Fluges durch die Luft. Ein Scheunendach war seine Startrampe. Der Regenschirm war groß, aber nach zahlreichen Dienstjahren in einem schlechten Zustand; er stülpte sich um, bevor der Flug überhaupt wirklich begonnen hatte. Er hatte sich zwar nichts gebrochen, aber hatte einen tiefen Schreck bekommen und verbrachte die nächsten sechs Wochen im Bett. Wahrscheinlich aber hatte er einen besseren Grund dafür gehabt, diesen Versuch durchzuführen, als die meisten anderen. Er verriet, dass er praktisch sein ganzes Leben lang ein besonderes Gefühl empfand, wenn er tief einatmete. Ihn überkam ein Gefühl von Leichtigkeit, so als ob sein Körper schwerelos geworden war; und er müsste, so schloss er, in der Lage sein, nur durch seinen Willen durch die Lüfte fliegen zu können. Während seiner Kindheit verstand er nicht, wie ungewöhnlich er in dieser Hinsicht war.

Eines Tages, in seinem fünften Lebensjahr, wurde einem seiner Kumpel eine Angelschnur geschenkt und die Jungen der Gruppe planten einen Angelausflug. Er hatte sich an diesem Tag aus einem vergessenen Grund mit seinen Kumpeln verkracht. Infolgedessen sagte man ihm, er dürfe sie nicht begleiten. Es war ihm nicht einmal gestattet, die Angelschnur aus der Nähe zu betrachten. Er hatte allerdings einen flüchtigen Blick auf den Haken am Ende der Schnur erhascht und sich eine Vorstellung davon machen können. In Kürze stellte er seine eigene Art von Haken her. Die Idee, das Ganze mit einem Widerhaken abzurunden war ihm nicht gekommen und er verpasste es auch, die Theorie des Köders zu entwickeln, als er auf seinen eigenen Angelausflug ging. Der köderlose Haken lockte zwar keine Fische an, aber während er in der Luft baumelte, fing er zu Teslas Überraschung und Freude einen Frosch, der nach diesem sprang. Er kam mit einem Sack mit fast zwei Dutzend Fröschen nach Hause. Vielleicht war es einer dieser Tage, an dem einfach kein Fisch anbeißen will, jedenfalls kamen seine Kumpel, nachdem sie Haken und Schnur eingeweiht hatten, ohne einen einzigen Fisch nach Hause. Sein Triumph war vollkommen. Als er später seine Technik enthüllte, kopierten alle Jungen der Nachbarschaft seinen Haken und die Methode, und in kurzer Zeit wurde die Froschpopulation der Region stark dezimiert.

Der Inhalte von Vogelnestern hatte immer Teslas Neugier erregt. Er störte nur selten ihren Inhalt oder ihre Bewohner. Einmal allerdings kletterte auf eine felsige Klippe, um ein Adlernest zu untersuchen. Er entnahm ihm ein Adlerbaby, das er in einer Scheune eingeschlossen hielt. Er sah einen fliegenden Vogel als angemessenes Ziel für seine Schleuder an, mit der er hervorragend umgehen konnte.

Um die gleiche Zeit faszinierte ihn ein Stück hohles Schilfrohr, das aus in der Nachbarschaft wachsendem Schilf geschnitten worden war. Er spielte damit, bis er eine Druckluftpistole und später ein Bolzengewehr entwickelt hatte, indem er einen Kolben herstellte und ein Ende des Rohrs mit einem nassen Hanfknäuel zustopfte. Er stellte dann größere Bolzengewehre her und ersann eines, für das ein Ende des Kolbens gegen die Brust gehalten und das Rohr kräftig zum Körper hin gezogen wurde. Als Fünfjähriger ersann er ein Geschäft mit der Herstellung dieses Artikels für seine Kumpel. Als zahlreiche Fensterscheiben unabsichtlich zu Bruch gingen, da sie seinem Hanfknäuel im Weg waren, erhielten seine erfinderischen Neigungen in diesem Bereich schnell durch die Zerstörung der Bolzengewehre und die Anwendung der elterlichen Rute einen Dämpfer.

Tesla begann seine formelle Ausbildung mit dem Besuch der Dorfschule in Smiljan, noch vor seinem fünften Geburtstag. Ein paar Jahre später erhielt sein Vater eine Stelle als Pastor in der Kirche der naheliegenden Stadt Gospic, und so zog die Familie dort hin. Dies war ein trauriger Tag für den jungen Tesla. Er hatte sehr naturverbunden gelebt und liebte das offene Land und die hohen Berge, in denen er bis dahin sein gesamtes Leben verbracht hatte. Der plötzliche Wechsel zu der Gekünsteltheit der Stadt war ein deutlicher Schock für ihn. Er konnte sich seiner neuen Umgebung nicht anpassen.

Seine Einführung ins Stadtleben von Gospic mit sieben Jahren nahm einen unglücklichen Anfang. Als neuer Pfarrer der Stadt war sein Vater darauf bedacht, dass alles reibungslos ablief. Tesla musste seine besten Kleider anziehen und dem Sonntagsgottesdienst beiwohnen. Natürlich graute es ihm vor dieser Tortur und er war sehr erfreut, als ihm die Aufgabe zuteilwurde, die Glocke, die die Kirchgänger zum Gottesdienst rief und das Ende der Zeremonie verkündete, zu läuten. Dies gab ihm die Möglichkeit, ungesehen im Glockenturm zu verharren, während die Kirchgänger, ihre Töchter und feinen Söhne kamen und wieder gingen.

Da er glaubte, nach Ende des Gottesdienstes an diesem ersten Sonntag lange genug gewartet zu haben, dass die Kirche sich geleert hatte, nahm er drei Stufen auf einmal die Treppe herunter. Eine wohlhabende Kirchengängerin, die einen Rock mit einer langen, modisch über den Boden schleifenden Schleppe trug und die mit einem Gefolge an Dienern zum Gottesdienst gekommen war, war noch nach den anderen Kirchgängern geblieben, um mit dem neuen Pastor zu sprechen. Sie machte gerade einen beeindruckenden Abgang, als Tesla mit seinem letzten Sprung die Treppe hinunter auf der Schleppe landete und den Würde bewahrenden Zusatz vom Kleid der Frau riss. Ihre Demütigung und Wut und seines Vaters Zorn trafen ihn gleichzeitig. Draußen herumlungernde Kirchgänger eilten zurück, um im Spektakel zu schwelgen. Danach wagte es niemand, zu diesem jungen Burschen, der die wohlhabende Matrone, die über die soziale Gemeinschaft herrschte, erzürnt hatte, freundlich zu sein. Er wurde von den Kirchgängern praktisch geächtet und es blieb so, bis er sich auf spektakuläre Weise rehabilitierte.

Tesla fühlte sich merkwürdig und in seiner Unkenntnis ob der Verhaltensweisen der Stadt niedergeschlagen. Zunächst vermied er jeglichen Kontakt zu anderen und mochte sein Zuhause nicht verlassen. Die Jungen seines Alters waren jeden Tag gepflegt angezogen. Sie waren feine Pinkel und er gehörte nicht dazu. Selbst als Kind war Tesla mit seiner Kleidung peinlich genau. Allerdings zog er, sobald es nur ging, Arbeitskleidung über seine gute Kleidung und ging in den Wäldern wandern oder beschäftigte sich mit mechanischer Arbeit. Er konnte sein Leben nicht genießen, wenn es auf Aktivitäten begrenzt war, bei denen er feine Kleidung tragen musste. Tesla aber besaß Einfallsreichtum und es gab nur selten eine Situation, in der er dieses nicht anwenden konnte. Er besaß auch Naturwissen. Dies verlieh ihm eine gewisse Überlegenheit gegenüber den Stadtburschen.

Ungefähr ein Jahr nachdem die Familie nach Gospic gezogen war, wurde eine neue Feuerwehr eingerichtet. Sie sollte mit einer Pumpe ausgestattet werden, die die nützliche aber unzureichende Eimerkette ersetzen sollte. Die Mitglieder der neuen Institution erhielten bunte Uniformen und übten sich im Marschieren für Paraden. Endlich kam die neue Pumpe an. Es war eine von sechzehn Mann betriebene Pumpe. Für die Vorstellung des neuen Apparats wurde eine Parade veranstaltet. Fast jeder Bürger Gospics kam zu dieser Veranstaltung und sie strömten zur Vorstellung der Pumpe ans Flussufer. Unter ihnen befand sich Tesla. Er schenkte den Reden keine Aufmerksamkeit, sondern war ganz Auge für das leuchtend bemalte Gerät. Er wusste nicht, wie es funktionierte, aber er hätte es gerne auseinander genommen und sein Inneres untersucht.

Die Zeit der Vorstellung kam, als der letzte Redner am Ende seiner Danksagungen den Befehl gab, die Pumpe zu starten, um einen Wasserstrahl aus der Düse in den Himmel zu schicken. Die acht an beiden Seiten der Pumpe beorderten Männer beugten und streckten sich in abwechselndem Einklang, als sie die Stangen, die die Kolben der Pumpe bedienten, hoben und senkten. Aber es passierte nichts, kein einziger Wassertropfen trat aus der Düse.

Einige Offizielle der Feuerwehr begannen fieberhaft, die Einstellungen zu verändern und veranlassten die sechzehn Männer nach jedem Versuch, die Pumpenhenkel auf- und abzuschwingen, aber jedes Mal ohne Erfolg. Die Schlauchleitungen zwischen der Pumpe und der Düse wurden glattgezogen, von der Pumpe gelöst und wieder mit ihr verbunden. Aber es trat kein Wasser aus der Schlauchöffnung, das die Bemühungen der schwitzenden Feuerwehrleute belohnt hätte.

Tesla befand sich in der üblichen Gruppe von Bengeln, die es immer schaffen, bei solchen Gelegenheiten ins Innere der Absperrungen zu gelangen. Er versuchte, alles, was geschah, aus nächster Nähe zu sehen und ging zweifellos den verärgerten Offiziellen auf die Nerven, wenn ihre wiederholten Bemühungen immer wieder scheiterten. Als einer der Offiziellen sich zum zehnten Mal umdrehte, um seinen Ärger an den Bengeln auszulassen und sie aus seinem Aktionsbereich wegzuschicken, fasste ihn Tesla am Arm.

„Ich weiß, was zu tun ist, mein Herr", sagte Tesla. „Pumpen Sie weiter."

Zum Fluss rennend, zog Tesla schnell seine Kleidung aus und sprang ins Wasser. Er schwamm zum Ansaugschlauch, der die Wasserzufuhr aus dem Fluss ermöglichen sollte. Er fand ihn geknickt und geplättet durch das aus dem Pumpen resultierende Vakuum vor. Als er den Knick glattstrich, rauschte das Wasser in den Schlauch. Die Männer an der Düse hatten lange Zeit auf ihrem Posten gestanden und regelmäßig die Warnung gehört, sich bereit zu halten, und zwar jedes Mal, wenn eine Veränderung vorgenommen wurde. Da bei diesen aufeinanderfolgenden Gelegenheiten nichts geschah, hatte ihre Aufmerksamkeit allerdings immer mehr nachgelassen und sie verschwendeten keinen Gedanken daran, in welche Richtung die Düse zeigte. Als der Wasserschwall dann in den Himmel schoss, sprühte er über die versammelten Offiziellen und Bürger. Diese unerwartete Dramatik versetzte die Menge am anderen Ende des Schlauchs in der Nähe der Pumpe in Erregung, und um ihrer Freude Luft zu machen, erfassten sie den spärlich bekleideten Tesla, hoben ihn auf die Schultern einiger Feuerwehrleute und führten eine Prozession durch die Stadt an. Der siebenjährige Tesla war der Held des Tages.

Später, als er den Vorfall erklärte, sagte Tesla, dass er nicht die geringste Idee gehabt hatte, wie die Pumpe funktionierte; aber als er sah, wie die Männer mit ihr kämpften, kam ihm ein intuitiver Geistesblitz, der ihm sagte, zum Schlauch im Wasser zu gehen. Auf dieses Ereignis zurückblickend sagte er, dass er wusste, wie sich Archimedes gefühlt haben muss, als er nach seiner Entdeckung des Gesetzes der Wasserverdrängung durch treibende Objekte, nackt und „Heureka!" schreiend durch Syrakus gerannt war.

Im Alter von sieben Jahren hatte Tesla Geschmack an öffentlichem Beifall für seinen Einfallsreichtum gefunden. Außerdem hatte er etwas getan, was weder Stadtburschen seines Alters noch ihre Väter tun konnten. Er hatte sich selbst gefunden. Jetzt war er ein Held und man konnte vergessen, dass er auf den Rock einer Frau gesprungen war und ihre Schleppe abgerissen hatte.

Tesla verpasste nie eine Gelegenheit, in den nahen Bergen zu wandern, wo er die Freuden seiner früheren, so naturverbundenen Jahre wieder genießen konnte. Zu diesen Gelegenheiten fragte er sich oft, ob ein grobes Wasserrad, das er über dem Bergbach in der Nähe seines Zuhauses in Smiljan hergestellt und installiert hatte als er nicht einmal fünf Jahre alt gewesen war, immer noch funktionierte.

Das Rad bestand aus einer nicht ganz glatten Radscheibe, die aus einem Baumstamm geschnitten worden war. Er hatte es geschafft, ein Loch durch ihren Mittelpunkt zu schnitzen und einen recht geraden

Ast durch zu zwängen. Dessen Enden lagen in den Gabelungen zweier Stöcke, die er in das Gestein an jeder Uferseite des Baches gezwängt hatte. Diese Anordnung ermöglichte es dem unteren Teil der Scheibe, ins Wasser einzutauchen und die Strömung versetzte es in Bewegung. Der Junge hatte eine ganze Menge Originalität bei Herstellung dieses archaischen Geräts an den Tag gelegt. Das Rad eierte ein bisschen, aber für ihn stellte es ein wunderbares Werk dar und es bereitete ihm endloses Vergnügen, zuzusehen, wie sich das Wasserrad durch Energie aus dem Bach speiste.

Dieses Experiment hinterließ zweifellos einen lebenslangen Eindruck auf seinen jungen, formbaren Geist und erweckte in ihm den Wunsch (der sich später immer in seiner Arbeit widerspiegeln würde), Energie aus den unerschöpflichen Quellen der Natur zu schöpfen.

In diesem Wasserrad mit glatter Scheibe finden wir einen frühen Hinweis auf seine spätere Erfindung der Turbine mit glatter Scheibe. Während seiner späteren Erfahrungen entdeckte er, dass alle Wasserräder Schaufeln besaßen — aber sein kleines Wasserrad hatte auch ohne diese Schaufeln funktioniert.

Teslas führte sein erstes Experiment bezüglich origineller Methoden zur Energieherstellung mit neun Jahren durch. Es bewies seinen Einfallsreichtum und nicht zuletzt seine Originalität. Es war ein von sechzehn Käfern angetriebener Motor. Er nahm zwei dünne Holzsplitter, so dick wie ein Zahnstocher und mehrere Male so lang, und klebte sie in Form eines Kreuzes zusammen, sodass sie wie die Arme einer Windmühle aussahen. Am Schnittpunkt klebten sie an einer Achse aus einem weiteren dünnen Holzsplitter. Darüber schob er eine kleine Rolle, die ungefähr den Durchmesser einer Erbse hatte. Ein als Antriebsriemen dienendes Stück Garn wurde über diese und um eine viel größere, aber leichte Rolle geschoben, die ebenfalls auf einer dünnen Achse ruhte. Die Kraft von sechzehn Maikäfern speiste diese Maschine mit Energie. Er hatte ein Glas voll von diesen Insekten gesammelt, die in der Nachbarschaft eine große Plage waren. Mit ein bisschen Kleber wurden vier Käfer in der gleichen Richtung an jedem der vier Arme der windmühlenartigen Anordnung festgeklebt. Die Käfer schlugen mit ihren Flügen und wären sie frei gewesen, wären sie in Höchstgeschwindigkeit davon geflogen. Allerdings waren sie an den Armen des Kreuzes festgeklebt und so drehten sie sie in Höchstgeschwindigkeit. Die Arme, die durch den Garn-Antriebsriemen mit der großen Rolle verbunden waren, versetzten Letztere in eine langsame Drehung; doch entwickelte sie, laut Tesla, ein überraschend hohes Drehmoment.

Voller Stolz auf seinen von Käfern angetriebenen Motor und dessen kontinuierlichen Betrieb—die Käfer hörten erst nach Stunden auf zu fliegen—rief er einen Jungen aus der Nachbarschaft herein, um den Motor zu bewundern. Der Junge war der Sohn eines Armeeoffiziers. Der Besucher war für kurze Zeit von dem Käfermotor amüsiert, doch dann erspähte er das Glas mit bisher unbenutzten Maikäfern. Ohne zu zögern öffnete er das Glas, fischte die Käfer heraus und aß sie. Dies rief bei Tesla eine solche Übelkeit hervor, dass er den Jungen aus dem Haus jagte und den Käfermotor zerstörte. Jahrelang konnte er den Anblick von Maikäfern nicht ertragen, ohne dass diese unangenehme Reaktion wieder auftrat.

Dieses Ereignis ärgerte Tesla sehr, denn sein Plan war es gewesen, noch mehr Achsen zum Schaft hinzuzufügen und noch mehr Käfer festzukleben, bis er einen von einhundert Käfern angetriebenen Motor erhalten hätte.

ZWEI

Teslas Schulzeit erlangte durch seine außerschulischen Aktivitäten mehr an Bedeutung, als durch das, was er im Klassenzimmer lernte. Nachdem er seine erste Ausbildung an der Normalen Schule beendet hatte, wechselte Tesla im Alter von zehn Jahren aufs Realgymnasium von Gospic. (Dies war kein ungewöhnlich frühes Alter, um aufs Realgymnasium zu gehen, denn es entspricht unserer heutigen Realschule.)

Eine der Voraussetzungen, der während der vier Jahre ein ungewöhnlich hoher Anteil Schulstunden gewidmet wurde, war das freie Zeichnen. Tesla hasste dieses Fach fast bis hin zu einer offenen Rebellion und seine Noten waren dementsprechend sehr schlecht. Dies lag aber nicht vollkommen an fehlender Eignung.

Tesla war als Junge ein Linkshänder gewesen, aber wurde später beidhändig. Linkshändigkeit war ein deutlicher Nachteil in den Studien des freien Zeichnens, aber er hätte viel bessere Arbeiten abliefern und bessere Noten erhalten können, wenn er nicht so selbstlos gewesen wäre. Ein Schüler, den er im Zeichnen durchaus übertreffen konnte, bemühte sich angestrengt um ein Stipendium. Bekäme er im freien Zeichnen die schlechteste Note der Klasse, dann würde er dieses Stipendium nicht erhalten. Tesla versuchte, seinem Mitschüler zu helfen, indem er absichtlich die schlechteste Note der kleinen Klasse erhielt.

Sein Lieblingsfach war Mathematik und er war darin ausgezeichnet. Seine ungewöhnliche Fertigkeit in diesem Bereich wurde allerdings nicht als ausgleichende Tugend angesehen und entschädigte nicht für seinen fehlenden Enthusiasmus im freien Zeichnen. Eine merkwürdige Macht ermöglichte es ihm, ungewöhnliche mathematische Meisterleistungen zu vollbringen. Er besaß sie von seiner frühen Kindheit an, aber betrachtete sie als Beeinträchtigung und da sie außerhalb seiner Kontrolle zu sein schien, bemühte er sich, sie loszuwerden.

Wenn er an einen Gegenstand dachte, dann erschien dieser vor ihm und schien fest und massig. Diese Visionen besaßen so sehr die Züge eines wirklichen Gegenstands, dass es ihm im Allgemeinen schwer fiel, zwischen Vision und Wirklichkeit zu unterscheiden. Diese anormale Fähigkeit war sehr nützlich für seine Schularbeit in Mathematik.

Stellte man ihm in Arithmetik oder Algebra ein Problem, dann war es für ihn unerheblich, ob er zu dessen Lösung an die Tafel ging oder an seinem Platz blieb. Seine merkwürdige Fähigkeit ermöglichte es ihm, vor seinem geistigen Auge eine Tafel zu sehen, an der das Problem geschrieben stand. Auf dieser Tafel erschienen alle Vorgänge und Symbole, die zur Ausarbeitung der Lösung nötig waren. Jeder Schritt erschien viel schneller, als er ihn per Hand an der wirklichen Schiefertafel ausarbeiten konnte. Infolgedessen konnte er die Lösung fast sofort nennen, sobald das vollständige Problem genannt wurde.

Zunächst zweifelten seine Lehrer an seiner Ehrlichkeit und glaubten, er habe eine schlaue List ausgearbeitet, um zu den richtigen Antworten zu gelangen. Mit der Zeit wurde ihre Skepsis allerdings zerstreut und sie akzeptierten ihn als einen Schüler, der im Kopfrechnen ungewöhnlich begabt war. Er eröffnete niemandem seine Fähigkeit und sprach allein mit seiner Mutter darüber, die ihn in der Vergangenheit in seinen Bemühungen, diese zu verbannen, bestärkt hatte. Jetzt, wo sich die Macht als eindeutig nützlich erwiesen hatte, war er allerdings nicht mehr so bestrebt darauf, sie vollkommen loszuwerden; er wollte sie nur unter seine vollständige Kontrolle bekommen.

Arbeiten, die Tesla außerhalb der Schulstunden durchführte, interessierten ihn viel mehr als seine Schularbeit. Er war ein schneller Leser und hatte ein Gedächtnis, mit dem er sich etwas fast unfehlbar merken konnte. Es fiel ihm leicht, sich Fremdsprachen anzueignen. Zusätzlich zu seiner Muttersprache, dem Serbokroatischen, sprach er fließend Deutsch, Französisch und Italienisch. Dies eröffnete ihm große Wissensschätze, auf die andere Schüler nicht zugreifen konnten, allerdings war ihm dieses Wissen in seiner Schularbeit anscheinend von wenig Nutzen. Er interessierte sich für mechanische Dinge, aber die Schule bot keine handwerkliche Ausbildung an. Trotzdem war er in der Bearbeitung von Holz und Metall mit selbst entwickelten Werkzeugen und Methoden geübt.

Im Klassenzimmer einer der höheren Klassen des Realgymnasiums wurden Modelle von Wasserrädern ausgestellt. Es waren keine Arbeitsmodelle, aber sie erregten dennoch Teslas Enthusiasmus. Sie erinnerten ihn an das grobe Rad, das er in den Hügeln Smiljans gebaut hatte. Er hatte ein Bild der herrlichen Niagara Fälle gesehen. Die von den majestätischen Wasserfällen eröffneten Energiemöglichkeiten in Verbindung mit den fesselnden Möglichkeiten, die er in den Wasserradmodellen sah, erweckten in ihm die Leidenschaft, solch eine große Errungenschaft zu vollbringen. Von diesem Thema schwärmend sagte er zu seinem Vater: „Eines Tages werde ich nach Amerika auswandern und die Niagara Fälle zur Energieproduktion nutzbar machen." Dreißig Jahre später sollte sich seine Vorhersage erfüllen.

Die Bibliothek seines Vaters enthielt zahlreiche Bücher. Das Wissen in diesen Büchern interessierte ihn mehr als das, was er in der Schule lernte und er wollte seine Abende mit dem Lesen dieser Bücher verbringen. So wie in anderen Dingen auch, trieb er dies bis zum Exzess, sodass sein Vater ihm das Lesen schließlich verbot. Dieser fürchtete, er würde sich in dem schlechten Licht der damals als Beleuchtung benutzten Talglichter die Augen verderben. Nikola versuchte, diese Regel zu umgehen, indem er Kerzen mit auf sein Zimmer nahm und las, nachdem er zu Bett geschickt wurde, aber sein Verstoß gegen das Verbot wurde bald entdeckt und der Kerzenvorrat der Familie versteckt. Als nächstes modellierte er eine Kerzenschale aus einem Stück Blech und stellte seine eigenen Kerzen her. Somit konnte er, indem er das Schlüsselloch und die Türspalten zustopfte, die nächtlichen Stunden mit dem Lesen von Werken verbringen, die er aus seines Vaters Bücherregalen entwendet hatte. Oft, sagte er, würde er die gesamte Nacht lesen und sich aufgrund des Schlafmangels kein bisschen schlechter fühlen. Die spätere Entdeckung brachte ihm allerdings eine heftige elterliche Strafe ein. Zu dieser Zeit war er ungefähr elf Jahre alt. So wie andere Jungen seines Alters auch spielte er mit Pfeil und Bogen. Er fabrizierte größere Bogen und bessere und gerader fliegende Pfeile; seine Treffsicherheit war ausgezeichnet. Zu diesem Zeitpunkt war er nicht gewillt, aufzuhören. Er fing an, Arbaleste zu bauen. Diese können als Pfeil-und-Bogen Gewehre beschrieben werden. Der Bogen befindet sich auf einem Rahmen, die Schnur wird gespannt und an einem Stift festgemacht, von dem sie durch einen Auslöser gelöst wird. Der Pfeil liegt auf dem Mittelpunkt des Bogens, mit seinem Ende gegen die gespannte Schnur. Der Bogen liegt waagerecht auf dem Rahmen, wohingegen der Bogen beim normalen Schießen mit der Hand in einer senkrechten Position gehalten wird. Aus diesem Grund wird das Gerät auch Armbrust genannt. Beim Spannen eines Arbalests wird der Balken gegen den Bauch gedrückt und die Schnur mit so viel Kraft wie möglich nach hinten gespannt. Tesla tat dies so oft, dass sich seine Haut, wie er sagte, am Druckpunkt so sehr verhärtete, bis sie eher einer Krokodilhaut ähnelte. Wenn sie in die Luft geschossen wurden, fand man die Pfeile seines Arbalests nie wieder, denn sie flogen weit außer Sichtweite. Aus der Nähe konnten sie ein zwei Zentimeter dickes Kieferbrett durchschlagen.

Tesla empfand eine solche Begeisterung für das Bogenschießen, die die anderen Jungen nicht empfanden. In seiner Vorstellung ritt er auf diesen Pfeilen, die er außer Sichtweite schoss, in die blauen Himmelsgewölbe. Wenn er einatmete, bekam er ein Gefühl von Heiterkeit. Dies verlieh ihm solch ein Gefühl von Leichtigkeit, dass er sich selbst davon überzeugte, es wäre für ihn in diesem Zustand relativ leicht, durch die Lüfte zu fliegen—wenn er bloß eine mechanische Hilfe entwickeln könnte, die ihn abschoss und es ihm ermöglichen würde, das, was er nur für ein geringes Restgewicht hielt, zu überwinden. Sein früherer, katastrophaler Sprung vom Scheunendach hatte ihn nicht entmutigt. Seine

Schlussfolgerungen standen mit seinen Gefühlen im Einklang; aber man kann einen zwölfjährigen Jungen, der dieses schwierige Gebiet allein erforscht, nicht zu stark dafür verurteilen, nicht entdeckt zu haben, dass uns unsere Sinne manchmal täuschen, oder vielmehr, dass wir uns manchmal selbst in der Interpretation dessen, was unsere Sinne uns sagen, täuschen.

Durch tiefes Einatmen belüftete er seine Lungen zu stark, entfernte einiges des restlichen Kohlenstoffdioxids, das chemische „Asche" darstellt und stark inert ist, und ersetzte es mit Luft, die eine Mischung von genauso inertem Stickstoff und sehr aktivem Sauerstoff enthielt. Da Letzterer in mehr als gewöhnlichen Mengen vorhanden war, störte er sofort das chemische Gleichgewicht im Körper. Die Reaktion des Gehirns führt zu einem Ergebnis, dass sich nur gering von einem Alkoholrausch unterscheidet. Zahlreiche Kulte benutzen diesen Prozess, um „mystische" oder „geheimnisvolle" Erfahrungen zu erzeugen. Wie konnte ein zwölfjähriger Junge all dies wissen? Er konnte sehen, dass Vögel sehr gut fliegen können. Er war davon überzeugt, dass auch der Mensch eines Tages fliegen würde und er wollte eine Maschine bauen, die ihn vom Boden in die Luft heben würde.

Die große Idee kam ihm, als er vom Vakuum lernte — einem luftleeren Raum in einem Behälter. Er lernte, dass sich jeder Gegenstand, der der Luft ausgesetzt ist, unter einem Druck von ungefähr vierzehn Pfund pro Quadratzoll (ca. 96 527 Pascal) befindet, während die Gegenstände in einem Vakuum von diesem Druck befreit sind. Er berechnete, dass ein Druck von vierzehn Pfund einen Zylinder mit Höchstgeschwindigkeit drehen müsste. Es gelang ihm, einen Vorteil aus solch einem Druck zu ziehen, indem er eine Hälfte des Zylinders mit Vakuum umgab und die andere Hälfte seiner Oberfläche dem Luftdruck aussetzte. Sorgfältig baute er eine Holzbox. An einem Ende befand sich eine Öffnung, in der ein Zylinder mit großer Präzision eingebaut wurde, sodass die Box luftdicht war; und an einer Seite des Zylinders bildete der Rand der Box einen rechtwinkligen Kontakt. Auf der anderen Seite des Zylinders bildete die Box einen tangentialen Kontakt oder Flachkontakt. Damit wollte er bewirken, dass sich der Luftdruck tangential auf die Oberfläche des Zylinders auswirkt—eine Situation, von der er wusste, sie würde zur Erschaffung einer Rotation benötigt werden. Würde er den Zylinder zum Drehen bringen, dann müsste er zum Fliegen nur noch einen Propeller an der Achse des Zylinders anbringen, die Box an seinem Körper festbinden und kontinuierlich Energie aus dieser Vakuumbox ziehen, die ihn schließlich durch die Lüfte tragen würde. Natürlich war seine Theorie abwegig, aber er konnte dies damals nicht wissen.

Die Ausführung dieser Box zwar zweifellos sehr gut, wenn man bedenkt, dass sie von einem selbstunterrichteten, zwölfjährigen Mechaniker gebaut worden war. Als er die Vakuumpumpe anschloss (eine normale Luftpumpe mit umgedrehten Ventilen), stellte sich heraus, dass die Box luftdicht war, und so saugte er die gesamte Luft heraus und beobachtete damit genau den Zylinder. Für mehrere Pumpenzüge passierte überhaupt nichts, außer dass sein Rücken durch das Hochziehen des Pumpengriffes ermüdete, während er das „höchstmögliche" Vakuum erzeugte. Er erholte sich einen Moment lang. Dann atmete er aufgrund der Anstrengung tief durch, belüftete seine Lungen zu stark und erhielt das erfreuliche, benommene, so-leicht-wie-die-Luft Gefühl, dass für sein Experiment eine stark befriedigende geistige Umgebung darstellte.

Plötzlich fing der Zylinder an, sich—langsam—zu drehen! Sein Experiment war ein Erfolg! Seine von Vakuum angetriebene Box funktionierte! Er würde fliegen!

Tesla war außer sich vor Freude. Er verfiel in einen Freudentaumel. Es gab niemanden, mit dem er seine Freude teilen konnte, da er niemanden ins Vertrauen gezogen hatte. Es war sein Geheimnis und er war gezwungen, seine Freude alleine zu ertragen. Der Zylinder drehte sich weiterhin langsam. Es war keine Einbildung. Es war Wirklichkeit. Er beschleunigte allerdings nicht, was enttäuschend war. Tesla hatte ihn sich mit gewaltiger Geschwindigkeit vorgestellt, aber in Wirklichkeit drehte er sich nur extrem langsam. Zumindest, schloss er, war seine Idee richtig. Mit einer leicht verbesserten Verarbeitung würde sich der Zylinder vielleicht schneller drehen. Er schaute gebannt zu, wie dieser sich im Schneckentempo für weniger als eine halbe Minute drehte — und dann stoppte der Zylinder. Dies hob den Zauber auf und beendete für den Moment seine mentalen Luftflüge.

Er suchte nach dem Problem und lokalisierte schnell etwas, was er für die Ursache des Problems hielt. Da das Vakuum, theoretisierte er, die Energiequelle darstellte, müsste das Stoppen der Leistung am aufgebrauchten Vakuum liegen. Er war sich sicher, dass seine Pumpe an Luft verlor. Er zog den Griff nach oben. Dieser bewegte sich ganz leicht und dies bedeutete definitiv, dass er das Vakuum in der Box verloren hatte. Er pumpte die Luft erneut heraus — und wieder begann sich der Zylinder für den Bruchteil einer Minute langsam zu drehen als er ein hohes Vakuum erreichte. Als der Zylinder wieder stoppte, erschuf er erneut ein Vakuum und wieder drehte er sich. Dieses Mal bediente er die Pumpe weiter und der Zylinder drehte sich weiter. Durch weiteres Erschaffen von Vakuum konnte er ihn solange in Bewegung halten, wie er wünschte.

Soweit er sehen konnte, war mit dieser Theorie alles korrekt. Sehr aufmerksam schaute er die Pumpe an, führte Verbesserungen durch, die ein höheres Vakuum erschaffen würden und überprüfte das Ventil, damit es das Vakuum besser in der Box beibehielt. Wochenlang arbeitete er an diesem Projekt, aber trotz höchster Anstrengung erzielt er kein besseres Ergebnis als die langsame Drehung des Zylinders.

Schließlich erschien ihm die Wahrheit in einem Geistesblitz — er verlor das Vakuum in der Box, weil die Luft an der Seite, an der sich das flache Brett tangential zur Zylinderoberfläche befand, um den Zylinder herum durchsickerte. Die Luft strömte in die Box und zog den Zylinder ganz langsam mit sich herum. Hörte die Luft auf, in die Box zu strömen, hörte der Zylinder auf, sich zu drehen. Er wusste jetzt, dass seine Theorie Fehler enthielt. Er war davon ausgegangen, dass sich der Luftdruck selbst mit einem beibehaltenen Vakuum und ohne durchsickernde Luft tangential auf die Zylinderoberfläche auswirken und dass der Druck auf die gleiche Weise Bewegung produzieren würde, wie wenn sich ein Rad durch Berührung des Radkranzes dreht. Später entdeckte er allerdings, dass sich der Luftdruck an allen Punkten rechtwinklig auf die Zylinderoberfläche auswirkt, genauso wie die Richtung der Radspeichen, und daher konnte der Luftdruck nicht wie geplant dazu benutzt werden, um eine Drehung zu erzeugen.

Dennoch war dieser Versuch keine komplette Zeitverschwendung, obwohl er ihn stark entmutigte. Das Wissen, das die in das Vakuum sickernde Luft tatsächlich eine geringe Rotation des Zylinders hervorgerufen hat, verblieb in seinem Kopf und führte ihn viele Jahre später direkt zu seiner Erfindung der „Tesla-Turbine", dieser Dampfmotor, der alle Rekorde bezüglich der pro Pfund entwickelten Pferdestärke brach — er nannte sie „Kraftwerk in einem Hut".

Die Natur schien ständig damit beschäftigt zu sein, spektakuläre Darstellungen für den jungen Tesla zu veranstalten und eröffnete ihm Stichproben des Geheimnisses ihrer gewaltigen Kräfte.

Eines Wintertags, nachdem ein Sturm nasskalten und klebrigen Schnee gebracht hatte, durchstreifte Tesla mit einigen Kameraden die Berge. Ein kleiner, auf dem Boden rollender Schneeball nahm schnell mehr Schnee auf und wurde schnell zu einem Ball, der nicht sehr leicht zu bewegen war. Als die Jungen dem Bauen von Schneemännern und Schneehäusern auf ebenen Abschnitten müde wurden, begannen sie, Schneebälle den Hang des Berges hinunterzuwerfen. Die meisten waren Blindgänger — sie stockten im weichen Schnee, bevor sie größer werden konnten. Ein paar rollten eine gewisse Distanz weit, wurden größer, blieben dann stecken und stoppten. Einer allerdings fand genau die richtigen Voraussetzungen; er rollte, bis er ein großer Ball war, breitete sich aus und rollte dann den Schnee an den Seiten hoch, als ob er einen riesigen Teppich zusammenrollen würde, und dann plötzlich wurde er zu einer Lawine. Schnell bewegte sich eine unaufhaltsame Schneemasse den steilen Hang hinunter. Sie säuberte den Bergabhang von Schnee,

Bäumen, Erde und allem Anderen, was sie vor sich und mit sich tragen konnte. Die große Masse landete unten im Tal mit einem Knall, der den gesamten Berg erzittern ließ. Die Jungen bekamen Angst, denn über ihnen auf dem Berg befand sich weiterer Schnee, der aufgerüttelt und nach unten rutschen und sie dabei in sich begraben mitnehmen könnte.

Dieses Ereignis hinterließ einen großen Eindruck auf Tesla und dominierte einen Großteil der Denkweise seines späteren Lebens. Er war Zeuge davon, wie ein wenige Gramm schwerer Schneeball eine unaufhaltsame, zerstörerische Bewegung von tausenden Tonnen inerter Materie auslöste. Es überzeugte ihn davon, dass gewaltige Kräfte in der Natur eingeschlossen waren, die durch Benutzung einer geringen Auslösekraft in riesigen Mengen zu nützlichen als auch zerstörerischen Zwecken befreit werden könnten. In seinen späteren Versuchen hielt er immer nach solchen Auslösern Ausschau.

Selbst als Junge war Tesla ein origineller Denker und er zögerte nie, Gedanken in großem Ausmaß zu denken und brachte alles als Mittel zur Erforschung des Kosmos immer zu ihrem größten, ultimativen Ausmaß. Dies wird durch ein anderes Ereignis demonstriert, dass im darauffolgenden Sommer vonstattenging. Er wanderte allein in den Bergen, als Sturmwolken aufzogen. Es gab einen Blitz und fast sofort ging ein Regenguss auf ihn nieder.

Bei dieser Gelegenheit pflanzte sich ein Gedanken in seinen dreizehnjährigen Geist, den er praktisch sein gesamtes Leben mit sich herumtragen würde. Er sah den Blitz und dann den sturzflutartig fallenden Regen und so schlussfolgerte er, dass der Blitz den Regenguss produzierte. Die Idee, dass Elektrizität den Regen kontrollierte und dass man, wenn man nach Belieben Blitz produzieren könnte, auch das Wetter kontrollieren könnte, verankerte sich in seinem Geist. Dann würde es keine Trockenperioden mehr geben, die die Ernten ruinierten; Wüsten könnten in Weingüter verwandelt werden, das Nahrungsangebot der Welt könnte stark vergrößert werden und es würde nirgendwo auf dem Globus mehr einen Mangel an Nahrung geben. Warum sollte er keine Blitze produzieren können? Die Beobachtung und die vom jungen Tesla daraus gezogenen Schlüsse waren einem reiferen Geist würdig und würde ein Genie unter den Erwachsen benötigen, um das Projekt zur Kontrolle des weltweiten Wetters durch solche Mittel zu entwickeln. Seine Beobachtung erhielt allerdings einen Fehler. Er sah den Blitz zuerst kommen und danach den Regen. Weitere Nachforschungen hätten ihm eröffnet, dass die Reihenfolge weiter oben in der Luft umgekehrt war. Hoch in der Wolke kam zuerst der Regen und danach der Blitz. Allerdings kam der Blitz zuerst an, denn er legte die Strecke von der Wolke bis zur Erde in weniger als 1/100 000 Sekunden zurück, wohingegen die Regentropfen mehrere Sekunden brauchten, um auf den Boden zu fallen.

Zu dieser Zeit wurde der Keim eines Projekts in Teslas Geist gepflanzt, der über dreißig Jahre später ausreifen würde, als er in den Bergen Colorados tatsächlich Blitze produzierte und sie später benutzen wollte, um Regen zu bringen. Er schaffte es nie, das U.S. amerikanische Patentamt von der Durchführbarkeit seines Regen-machen-Plans zu überzeugen.

Als Junge kannte das Universum von Teslas Gedanken keine Grenzen; und infolgedessen erschuf er einen ausreichend großen intellektuellen Bereich um reichlich Raum für seinen reiferen Geist zu schaffen, ohne dass dieser auf bremsende Hindernisse stieß.

Tesla beendete seine Ausbildung am Gospicer Realgymnasium im Jahre 1870 mit vierzehn Jahren. Er hatte sich als Schüler hervorgetan. Eines Schuljahres hatte ihm sein Mathelehrer allerdings für seine Jahresarbeit eine schlechtere Note als bestanden gegeben. Tesla fühlte sich ungerecht behandelt. Er ging zum Schulleiter und forderte, dass man ihm die strengste Prüfung in diesem Fach stellte. Diese wurde in Gegenwart des Direktors und des Lehrers durchgeführt und Tesla bestand sie mit einer nahezu perfekten Note.

Seine gute Schularbeit und die Anerkennung der Stadtbewohner, dass er einen größeren Wissensschatz besaß als jeder andere Jüngling der Stadt, veranlasste die Verwalter der Stadtbücherei dazu, ihn darum zu beten, die Bücher in ihrem Besitz zu sichten und einen Katalog zu erstellen. Er hatte schon die meisten der Bücher in seines Vaters umfassender Bibliothek gelesen und so freute er sich, direkten Zugang zu einer umso größeren Sammlung zu haben. Er führte die Aufgabe mit erheblicher Begeisterung durch. Er hatte kaum mit der Arbeit an diesem Projekt begonnen, als sie durch eine lange, zeitweilige Krankheit unterbrochen wurde. Fühlte er sich zu schwach, um in die Bücherei zu gehen, dann ließ er zahlreiche Bücher zu sich nach Hause bringen und las sie, während er ans Bett gefesselt war. Seine Krankheit erreichte ein kritisches Stadium und die Ärzte gaben die Hoffnung auf, sein Leben zu retten.

Teslas Vater wusste, dass er ein empfindliches Kind war, und da er schon seinen anderen Sohn verloren hatte, versuchte er, jeden möglichen Schutz um diesen Sohn zu werfen. Er war von den brillanten Errungenschaften seines Sohnes in fast jeder seiner unternommenen Aktivitäten sehr erfreut, aber er sah die große Intensität, mit der er seine Projekte in Angriff nahm, als Gefahr für Nikolas Gesundheit. Nikolas Tendenz zur Technik stellte für ihn eine gefährliche Entwicklung dar, denn er glaubte, eine Arbeit in diesem Bereich würde von ihm zu viel abverlangen; nicht nur aufgrund der Natur dieser Arbeit selbst sondern auch aufgrund der verlängerten Studienzeit, mit der er sich beschäftigen müsste. Würde der Junge allerdings ins Predigtamt eintreten, wäre es nicht mehr notwendig, noch länger als das Realgymnasium, das er gerade beendet hatte, zu studieren. Aus diesem Grund zog sein Vater für ihn eine Karriere in der Kirche vor.

Die Krankheit ließ alles düster erscheinen. Als das kritische Stadium seiner Krankheit erreicht war und seine Kraft sich an ihrem niedrigsten Punkt befand, zeigte Nikola keine Neigung dazu, sich durch Entwicklung eines Enthusiasmus für irgendetwas selbst dabei zu helfen, wieder gesund zu werden. Es geschah in diesem Stadium seiner Krankheit, dass er lustlos einen Blick auf eines der Büchereibücher warf. Es war ein Werk von Mark Twain. Dieses Buch interessierte ihn, weckte seinen Enthusiasmus fürs Leben und ermöglichte es ihm so, die Krise zu überwinden. Seine Gesundheit kehrte nach und nach wieder zurück. Tesla schrieb Mark Twains Buch zu, sein Leben gerettet zu haben, und als er Jahre später Twain höchstpersönlich begegnete, wurden die beiden sehr gute Freunde.

1870, im Alter von fünfzehn Jahren, fuhr er mit seinem Studium am höheren Realgymnasium in Karlstadt (Karlovac), Kroatien, fort. Sein Besuch dieser Schule wurde durch die Einladung durch eine Cousine seines Vaters möglich gemacht, die mit einem gewissen Oberst Brankovic verheiratet war und deren Haus sich in Karlstadt befand. Sie lud ihn ein, bei ihr und ihrem Ehemann, einem Armeeoffizier im Ruhestand, zu leben, während er die Schule besuchte. Sein Leben dort war nicht gerade glücklich. Gerade erst angekommen, erkrankte er durch die Mücken in der Karlstädter Tiefebene an Malaria und war in den Jahren darauf nie frei von dieser Krankheit.

Tesla erzählt, dass er während der drei Jahre, die er in Karlstadt verbrachte, immer hungrig war. Es gab in dem Haus ausreichend herrlich vorbereitetes Essen, aber seine Tante hatte die Theorie, dass er aufgrund seiner schlechten Gesundheit keine schweren Mahlzeiten zu sich nehmen sollte. Ihr Ehemann, ein unwirsches und raues Individuum, würde manchmal, wenn er sich Nachschlag nahm, versuchen, ein solides Stück Fleisch auf Teslas Teller zu gleiten, aber der Oberst wurde immer von seiner Frau überstimmt, die das Stück zurücknehmen, eine Scheibe so dünn wie Papier abschneiden und ihren Mann warnen würde: „Niko ist zart und wir müssen aufpassen, seinen Magen nicht zu überlasten."

Allerdings interessierte ihn sein Studium in Karlstadt und er beendete den vierjährigen Kursus in drei Jahren. Er packte die Schularbeit mit einem gefährlichen Enthusiasmus an, zum Teil auch als Fluchtmechanismus, um den nicht allzu erfreulichen Lebensbedingungen zu entkommen. Den anhaltenden, positiven Eindruck, den Tesla aus Karlstadt mitnahm, betraf seinen Physiklehrer, ein schlauer und origineller Experimentator, der ihn mit seinen mit dem Laborgerät durchgeführten Kunststücken faszinierte. Er konnte von diesem Kurs nicht genug bekommen. Fortan wollte er seine gesamte Zeit den elektrischen Versuchen widmen. Er wusste, er würde in einem anderen Feld nicht befriedigt werden. Er hatte sich entschieden; er hatte seine Karriere gewählt.

Sein Vater schrieb ihm kurz vor seinem Abschluss und riet ihm, nach Ende der Schule nicht nach Hause zu kommen, sondern auf einen langen Jagdausflug zu gehen. Tesla allerdings war begierig darauf, nach Hause zurückzukehren — er wollte seine Eltern mit der freudigen Nachricht, dass er seine Arbeit am höheren Realgymnasium ein Jahr früher als geplant beendet hatte, überraschen und seine Entscheidung kundtun, die Studie der Elektrizität zu seinem Lebenswerk zu machen. In höchster Sorge waren seine Eltern, die sich zu diesem Zeitpunkt eifrig bemühten, seine Gesundheit zu schützen, doppelt alarmiert. Erstens war das ein Verstoß gegen die Anweisung, nicht nach Gospic zurückzukommen. Sie hatten ihm den Grund für diesen Ratschlag nicht genannt — es wütete eine Cholera-Epidemie. Und zweitens war da seine Entscheidung, eine Karriere einzuschlagen, von der sie fürchteten, sie würde gefährliche Anforderungen an seine zarte Gesundheit stellen. Bei seiner Rückkehr nach Hause wurde sein Plan strikt abgelehnt. Dies machte ihn sehr unglücklich. Darüber hinaus würde er sich in Kürze einer anderen Situation stellen müssen, die umso abstoßender als eine Karriere in der Kirche war: der obligatorische, dreijährige Wehrdienst. Diese beiden mächtigen Faktoren arbeiteten gegen ihn und versuchten, ihn in seinem brennenden Wunsch, sofort mit des Rätsels Lösung und mit der Nutzbarmachung der großen Macht der Elektrizität zu beginnen, zu behindern.

Nichts, glaubte er, könnte die Schwere der Zwickmühle, in der er sich befand, übertreffen. Darin irrte er sich allerdings, denn schon bald musste er sich einem noch ernsteren Problem stellen. Genau einen Tag nach seiner Ankunft zu Hause, als seine Probleme immer noch hochaktuell waren, erkrankte er an Cholera. Aufgrund der unzureichenden

Nahrung, auf die er begrenzt gewesen war, und die Belastung durch seine intensive Hinwendung zu seinem Studium, war er unterernährt nach Hause gekommen. Außerdem litt er immer noch an Malaria. Dann kam die Cholera. Nun erschienen alle anderen Probleme sekundär zu dem unmittelbarsten Problem, sein Leben gegenüber dieser tödlichen Plage zu bewahren. Seine körperliche Verfassung ließ die zu seiner Rettung gerufenen Ärzte verzweifeln. Trotzdem überlebte er diese Krise, aber sie hinterließ ihn in einer schwachen und heruntergekommenen Verfassung. Neun Monate lang lag er im Bett, war ein fast totales körperliches Wrack. Er hatte regelmäßige, schwächende Anfälle und es erschien ihm mit jedem Anfall immer schwerer, sich zu erholen.

Das Leben reizte ihn nicht. Wenn er überlebte, würde man ihn dazu zwingen, der Armee beizutreten und wenn nichts geschah, was ihn davon abhielt, diese Zeit, die schlimmer als Sklaverei war, zu beenden, dann würde man ihn dazu zwingen, für das Predigtamt zu studieren. Er war ihm egal, ob er überlebte oder nicht. Hätte er selbst entscheiden können, dann hätte er sich von seinen früheren Anfällen nicht erholt; aber es war nicht seine Entscheidung. Eine Kraft, die stärker als sein eigenes Bewusstsein war, erhielt ihn am Leben, aber sie musste ohne seine Hilfe erfolgreich sein. Die schwächenden Anfälle kamen mit einer überraschenden Regelmäßigkeit, ein jeder mit zunehmender Heftigkeit. Es erschien wie ein Wunder, dass er den letzten überstanden hatte, und nun sank er mit noch weniger Reserve in einen weiteren und wurde schnell bewusstlos. Sein Vater betrat den Raum und versuchte verzweifelt, aber erfolglos, ihn wachzurütteln und ihn zu einer fröhlicheren und hoffnungsvolleren Einstellung zu reizen, mit der er sich selber helfen und mehr tun konnte, als die Ärzte für ihn tun konnten.

„Ich würde mich erholen, wenn du mich Elektrotechnik studieren lassen würdest", flüsterte der überwältigte, junge Mann kaum hörbar. Selbst für diese Anstrengung hatte er kaum die Energie; und nach dieser Rede schien er über den Rand ins Nichts zu fallen. Sein Vater, der sich aufmerksam über ihn beugte und fürchtete, dass das Ende gekommen war, packte ihn an.

„Nikola", befahl er, „du kannst nicht gehen. Du musst bleiben. Du wirst ein Ingenieur werden. Hörst du mich? Du wirst auf die beste technische Schule dieser Welt gehen und du wirst ein großartiger Ingenieur werden. Nikola, du musst zurückkommen, du musst zurückkommen und ein großartiger Ingenieur werden."

Die Augen der überwältigten Figur öffneten sich langsam. Nun befand sich ein Leuchten an der Stelle in seinen Augen, wo vorher ein totenähnlicher Blick vorherrschte. Das Gesicht bewegte sich ein bisschen, ein ganz kleines bisschen, aber die leichte Veränderung dieser Bewegung schien in Richtung eines Lächelns zu gehen. Es war ein schwaches Lächeln, und er konnte seine Augen offen halten, obwohl es ihm offensichtlich viel abverlangte.

„Gott sei Dank", sagte sein Vater. „Du hast mich gehört, Nikola. Du wirst auf eine technische Schule gehen und ein großartiger Ingenieur werden. Verstehst du mich?"

Er besaß nicht genug Energie, um zu sprechen, aber das Lächeln festigte sich ein bisschen.

Eine andere Krise, in der er dem Tod mit knappem Abstand entkommen war, war überstanden. Sein Aufstieg aus dieser Situation schien fast wie ein Wunder. Es schien ihm, erzählte Tesla später, dass er sich von diesem Moment an so fühlte, als ob er die Lebensenergie aus den Liebsten, die ihn umrundeten, zog; und er benutzte diese, um sich aus dem Schatten zu erholen.

Er konnte wieder flüstern. „Ich werde wieder gesund werden", sagte er schwach. Er atmete ihn tief ein, so tief, wie es seine schwache, müde Gestalt erlaubte, er atmete diesen Sauerstoff, den er in der Vergangenheit so anregend gefunden hatte. Es war das erste Mal, dass er dies in den neun Monaten seit Ausbruch seiner Krankheit getan hatte. Mit jedem Atemzug fühlte er sich wiederbelebt. Er schien mit jeder Minute stärker zu werden.

In Kürze nahm er Nahrung zu sich und innerhalb einer Woche konnte er sich aufsetzen. Einige Tage später stand er auf seinen Füßen. Das Leben würde nun herrlich sein. Er würde ein Elektroingenieur werden. All das, wovon er träumte, würde wahr werden. Während die Tage vergingen, erlangte er seine Kraft mit beachtenswerter Geschwindigkeit wieder und sein herzhafter Appetit kehrte zurück. Es war nun Frühsommer. Er bereitete sich darum vor, sich im Wintersemester an einer technischen Schule einzuschreiben.

Aber es gab etwas, was er vergessen hatte, was jeder der Familie im Stress seiner monatelangen Krankheit vergessen hatte. Er und sie wurden plötzlich darauf aufmerksam gemacht. Eine militärische Vorladung—ihm stehen drei Jahre Wehrdienst gegenüber! Sollte seine außerordentliche Entdeckung von dieser Katastrophe zerstört werden, die jetzt umso schlimmer schien, als seine gewählte Karriere immer näher rückte? Das Unterlassung, einer militärischen Vorladung zu antworten, bedeutete Gefängnis—und dann zusätzlicher Dienst. Wie könnte er dieses Problem lösen?

Es gibt keine Aufzeichnungen darüber, was wirklich geschah. Tesla vertuschte diesen Fleck in seiner Karriere mit der Aussage, sein Vater betrachtete es als empfehlenswert, auf einen einjährigen Jagdausflug zu gehen, um wieder gesund zu werden. Auf jeden Fall verschwand Nikola. Er ging mit einer Jagdausstattung, einigen Büchern und Papier. Wo er das Jahr verbrachte, weiß niemand—wahrscheinlich in irgendeinem Versteck in den Bergen. In der Zwischenzeit war er ein Flüchtling des Armeedienstes.

Für ein normales Individuum wäre diese Situation eine sehr ernste. Für Tesla war sie genauso ernst, wie in den normalen Fällen, allerdings kam die Komplikation hinzu, dass seine Familie auf der Seite seines Vaters eine traditionelle Militärfamilie war, deren Mitglieder in Aktivitäten der Armee hohen Rang und Ehren erlangt hatten und von denen viele jetzt im Dienste Österreich-Ungarns standen. Das ein Mitglied dieser Familie das Gleiche wie ein „Wehrdienstverweigerer" oder ein „Kriegsdienstverweigerer" wurde, war zugleich ein harter Schlag für ihr

Prestige und konnte ein Skandal werden, wenn ein Wort darüber in Umlauf geriet. Teslas Vater nutzte diesen Umstand und Nikolas delikate Gesundheit als Gesprächsansatz, um seine Verwandten in der Armee dazu zu bewegen, ihren Einfluss zu benutzen und es seinem Sohn somit zu ermöglichen, dem Wehrdienst zu entkommen und eine Bestrafung dafür, den Ruf der Armee nicht beantwortet zu haben, zu vermeiden. Anscheinend hatte er darin Erfolg, aber benötigte eine beträchtliche Zeit, um die Maßnahmen zu treffen.

Sich in den Bergen versteckend hatte Tesla ein Jahr Zeit totzuschlagen und schaffte es während dieser aufgezwungenen Ferien, sich dem Ausarbeiten vollkommen fantastischer Pläne für einige gigantische Projekte hinzugeben. Einer dieser Pläne war der Bau und der Betrieb eines Rohres unter dem Ozean, das Europa mit den Vereinigten Staaten verbinden würde und durch das mithilfe des Wasserdrucks die Post in kugelförmigen Behälter transportiert werden könnte. Er entdeckte früh in seinen Berechnungen, dass durch die Reibung des Wassers an den Wänden des Rohrs eine gewaltige Menge Energie überwunden werden musste. Dies ließ das Projekt vollkommen unpraktisch werden. Da er allerdings allein für sein eigenes Amüsement an diesem Projekt arbeitete, schloss er die Reibung von seinen Berechnungen aus und schaffte es so, ein sehr interessantes System zur interkontinentalen Hochgeschwindigkeitspostzustellung zu entwickeln. Den Faktor, der dieses interessante Projekt unpraktisch werden ließ — der Wasserwiderstand an den Seiten des Rohrs — konnte Tesla später benutzten, als er seine neuartige Dampfturbine entwickelte.

Das andere Projekt, mit dem er sich amüsierte, hatte einen noch größeren Maßstab und benötigte ein umso höheren Grad an Vorstellungskraft. Er stellte sich als Projekt vor, am Äquator einen Ring um die Erde zu bauen, der leicht den Ringen Saturns ähnelte. Der Ring der Erde sollte eine feste Struktur sein, während Saturns Ringe aus Staubpartikeln bestehen.

Tesla liebte es, mit der Mathematik zu arbeiten, und dieses Projekt gab ihm die vorzügliche Gelegenheit, alle ihm verfügbaren mathematischen Techniken zu benutzen. Der von Tesla geplante Ring sollte eine feste Struktur sein, die auf einem riesigen Gerüst ruhte, das sich vollkommen um die Erde erstreckte. Sobald der Ring vollständig aufgebaut war, sollte das Gerüst entfernt werden und der Ring würde im Weltraum schweben und mit der gleichen Geschwindigkeit wie die Erde rotieren.

Man könnte für dieses Projekt vielleicht einen Nutzen finden, sagte Tesla, wenn jemand das Mittel dazu entdecken würde, um reaktionäre Kräfte zur Verfügung zu stellen, die den Ring in Bezug auf die Erde still stehen lassen würden, während Letztere sich unter ihm mit einer Geschwindigkeit von 1600 km/h dreht. Dies würde ein Transportsystem mit einer „beweglichen" Hochgeschwindigkeitsplattform bieten, das es einer Person ermöglichen würde, an einem einzigen Tag um die Erde zu reisen.

Bei diesem Projekt, gab er zu, begegnete er dem gleichen Problem wie Archimedes, der sagte: „Gib mir einen Punkt, wo ich sicher stehen kann, einen Hebel, der lang genug ist, und ich bewege die Erde." „Der Punkt im Weltraum, auf dem der Hebel ruhen musste, war nicht leichter zu erreichen als die benötigte reaktionäre Kraft, um die Rotation des hypothetischen Rings um die Erde zu stoppen", sagte Tesla. Es gab zahlreiche andere Faktoren, die er bei diesem Projekt als zu ignorieren notwendig empfand, aber er ignorierte sie so, dass sie seine mathematische Methode und seine kosmischen Ingenieurspläne nicht behinderten.

Als er seine Gesundheit wiedererlangt hatte und die Gefahren der Bestrafung durch die Armee nicht mehr bestanden, kehrte Tesla zu seinem Zuhause in Gospic zurück, um dort eine kurze Zeit zu verweilen, bevor er nach Graz ging, wo er, wie sein Vater es ihm versprochen hatte, Elektrotechnik studieren sollte. Dies markiert den Wendepunkt seines Lebens. Beendet waren die Träume und Spiele seiner Kindheit, er war jetzt dazu bereit, sich mit seinem ernsthaften Lebenswerk zu beschäftigen. Er hatte Gott gespielt und nicht gezögert, die Umgestaltung der Erde als Planet zu planen. Es war sein Lebenswerk, Errungenschaften zu vollbringen, die kaum weniger fantastisch als die Träume seiner Kindheit waren.

DREI

Tesla trat mit dem eindeutigen Wissen, dass namenlose Kräfte sein unentdecktes Schicksal gestalteten, ins Mannesalter ein. Es war eine Situation, die er fühlen und nicht identifizieren und mit Worten beschreiben musste. Er konnte sein Ziel nicht sehen und den dahin führenden Kurs nicht erkennen. Er kannte sehr genau das Feld, mit dem er sein Leben verbringen wollte und entschied sich, durch Benutzung der ihm bekannten physischen Gesetze ein Leben zu planen, das als technisches Projekt mit Prinzipien arbeitete, die die höchste Leistung erbringen würden. Zu dieser Zeit hatte er noch keinen vollständigen Lebensplan ausgearbeitet, aber es gab gewisse Elemente, von denen er instinktiv wusste, dass er sie nicht in seine Tätigkeiten mitaufnehmen würde — und so vermied er alle Aktivitäten und Interessen, die diese Elemente als Komplikationen einbringen würden. Es sollte ein Leben mit einem einzigen Ziel sein, ein komplett der Wissenschaft zugetanes Leben ohne irgendwelche Vorschriften für Spiel und Romantik.

Mit dieser Lebensphilosophie ging Tesla 1875 im Alter von 19 Jahren nach Graz in Österreich, um an der dortigen Technischen Hochschule Elektrotechnik zu studieren. Fortan beabsichtigte er, all seine Energie der Beherrschung dieser merkwürdigen, fast übersinnlichen Kraft, der Elektrizität, zu widmen und sie für das menschliche Wohl nutzbar zu machen.

Seine erste Bemühung, diese Philosophie in der Praxis zu erproben, endete trotz der Tatsache, dass sie erfolgreich funktionierte, fast in einer Katastrophe. Tesla schloss seine Erholung komplett aus und stürzte sich mit solch enthusiastischer Hingabe in sein Studium, dass er sich nur vier Stunden Ruhe gönnte, von denen er nicht alle schlief. Er ging um elf Uhr zu Bett und las, bis er einschlief. In den frühen Morgenstunden war er wieder wach und nahm seine Studien in Angriff.

Mit so einem Zeitplan schaffte er es, seine Prüfungen am Ende des ersten Semesters in neun Fächern zu bestehen—fast doppelt so viele, wie gefordert. Sein Fleiß beeindruckte die Fakultätsmitglieder sehr. Der Dekan der Technischen Fakultät schrieb Teslas Vater: „Ihr Sohn ist ein erstrangiger Star." Die Belastung beeinträchtigte allerdings seine Gesundheit. Er wollte eine spektakuläre Vorstellung abliefern, um seinem Vater in der Praxis zu zeigen, wie sehr er dessen Erlaubnis, Ingenieurswissenschaften studieren zu dürfen, zu schätzen wusste. Als er am Ende des Schuljahres mit den höchsten Noten, die in den bestandenen Fächern gegeben werden konnten, nach Hause kam, erwartete er, von seinem Vater freudig empfangen und für seine gute Arbeit gelobt zu werden. Stattdessen zeigten seine Eltern nur sehr wenig Begeisterung für seine Errungenschaften und interessierten sich viel mehr für seine Gesundheit; sie kritisierten Nikola, dass er diese gefährdete, nachdem er erst kurz zuvor dem Tod knapp entronnen war. Tesla erfuhr erst Jahre später, dass ein Professor der Technischen Hochschule früh im Schuljahr seinem Vater geschrieben hatte und diesen bat, seinen Sohn von der Schule zu nehmen, da er Gefahr lief, sich durch Überarbeitung umzubringen.

Bei seiner Rückkehr an die Hochschule für das zweite Jahr entschied er sich, sein Studium auf die Physik, die Mechanik und die Mathematik zu begrenzen. Dies war eine glückliche Fügung, denn dies ließ ihm mehr Zeit, mit einer Situation umzugehen, die später in seinem Studium auftreten und zu seiner ersten und womöglich besten Erfindung führen sollte.

Früh in seinem zweiten Jahr an der Hochschule erhielt diese ein elektrisches Betriebsmittel aus Paris, eine Gramme Maschine, die sowohl als Dynamo als auch als Motor benutzt werden konnte. Wenn sie durch mechanische Leistung gedreht wurde, erzeugte sie Strom, und wenn sie mit Strom gespeist wurde, arbeitete sie als Motor und produzierte eine mechanische Leistung. Es war eine Gleichstrommaschine.

Als Professor Poeschl die Maschine vorstellte, war Tesla von ihrer Leistungsfähigkeit stark beeindruckt, allerdings nicht in einer Hinsicht: Es bildeten sich viele Funken am Kommutator. Tesla bekundete seine Einwände bezüglich dieses Fehlers.

„Er wohnt dieser Maschine aufgrund ihrer Natur inne", antwortete Prof. Poeschl. „Man könnte die Funken vielleicht größtenteils verringern, aber solange wir Kommutatoren benutzen, werden sie bis zu einem gewissen Grad immer vorhanden sein. Solange Strom in eine Richtung fließt und solange ein Magnet zwei Pole besitzt, die sich beide gegensätzlich auf den Strom auswirken, werden wir einen Kommutator benutzen müssen, um die Richtung des Stroms im rotierenden Läufer im richtigen Moment zu ändern."

„Das ist offensichtlich", konterte Tesla. „Die Maschine ist durch den benutzten Strom eingeschränkt. Ich schlage vor, dass wir den Kommutator komplett entfernen, indem wir Wechselstrom benutzen."

Lange Zeit bevor die Maschine empfangen wurde, hatte Tesla die Theorie des Dynamos und Motors studiert und war davon überzeugt, dass das gesamte System irgendwie vereinfacht werden könnte. Allerdings entwich die Lösung des Problems seinem Verständnis und er war sich auch nicht vollkommen sicher, dass das Problem überhaupt gelöst werden könnte—bis zur Vorführung von Prof. Poeschl. Die Gewissheit kam ihm dann wie ein befehlender Blitz.

Die ersten Stromquellen waren Batterien, die einen kontinuierlichen Fluss produzierten. Als der Mensch durch mechanische Leistung Strom produzieren wollte, strebte er danach, die gleiche Art wie die Batterien zu produzieren: ein kontinuierlicher Fluss in eine Richtung. Die Art Strom, den ein Dynamo produzieren würde, wenn Drahtrollen in einem magnetischen Feld rotierten, war nicht diese Art von Strom—er floss zunächst in eine Richtung und dann in die andere. Der Kommutator wurde als schlaues Gerät erfunden, um dieses scheinbare Handicap des künstlichen Stroms zu umgehen und den Strom mit einer einzigen Fließrichtung entstehen zu lassen.

Teslas Geistesblitz bestand einerseits darin, den Strom aus dem Dynamo mit seinen abwechselnden Fließrichtungen herauskommen zu lassen und somit den Kommutator zu beseitigen, und andererseits diese Motoren mit dieser Art Strom zu speisen und somit ihre Notwendigkeit für Kommutatoren zu beseitigen. Viele andere Wissenschaftler hatten mit dieser Idee gespielt lange bevor sie Tesla kam, aber in seinem Fall erschien sie ihn mit einem so eindringlichen, erhellenden Blitz von Verständnis, dass er wusste, seine Visualisierung erhielt die richtige und praktische Antwort. Er sah sowohl die Motoren und Dynamos, wie sie ohne Kommutatoren sehr effizient liefen. Er sah allerdings nicht die extrem wichtigen und wesentlichen Einzelheiten davon, wie dieses wünschenswerte Ergebnis erreicht werden könnte, trotzdem spürte er die überwältigende Sicherheit, dass er das Problem lösen konnte. Aus diesem Grund bekundete er seinem Professor seine Einwände gegenüber der Gramme Maschine mit so viel Zuversicht. Er erwartete allerdings nicht, einen Sturm Kritik heraufzubeschwören.

Prof. Poeschl wich von seinem festen Lehrprogramm ab und widmete seine nächste Vorlesung Teslas Einwänden. Mit methodischer Sorgfalt nahm er Teslas Vorschlag auseinander, tat einen Punkt nach dem anderen ab und bewies dessen unpraktische Natur so überzeugend, dass selbst Tesla zum Schweigen gebracht wurde. Er beendete seine Vorlesung mit der Aussage: „Herr Tesla wird sicherlich große Dinge vollbringen, aber er wird dies nie tun. Dies wäre so, als ob man eine ständige Anziehungskraft, wie die Gravität, in eine Drehbewegung umwandeln wollte. Es ist das Schema einer fortwährenden Bewegung, was unvorstellbar ist."

Obwohl Tesla vorübergehend zum Schweigen gebracht wurde, war er nicht überzeugt. Der Professor hatte ihm ein nettes Kompliment gemacht, in dem er seiner Beobachtung eine ganze Vorlesung widmete. Aber wie es so oft der Fall ist, war das Kompliment mit etwas geladen, was der Professor als vernichtende Niederlage dessen, den er lobte, zu sein erwartete. Dennoch war Tesla von seiner Autorität stark beeindruckt; und eine Zeit lang schwächelte er in seinem Glauben, die Vision richtig verstanden zu haben. Sie war genauso scharf und eindeutig gewesen wie die Visualisierungen, die er bezüglich der Lösung von mathematischen Problemen erhielt und die er immer als richtig beweisen konnte. Aber vielleicht wurde er in diesem Fall alles in allem Opfer einer selbstverursachten Halluzination. Alle anderen von Prof. Poeschl gelehrten Dinge begründeten sich auf solide und beweisbare Tatsachen, also hatte sein Lehrer mit seinen Einwänden angesichts der Wechselstromidee vielleicht recht.

Tief in seinem Innersten hielt Tesla allerdings stark an der Überzeugung fest, dass seine Idee richtig war. Kritik tauchte sie nur zeitweilig unter und schon bald erschien sie wieder an der Oberfläche seiner Gedanken. Er überredete sich nach und nach, dass Prof. Poeschl entgegen seiner üblichen Vorgehensweise in diesem Fall nur bewiesen hatte, dass er nicht wusste, wie man ein gegebenes Ergebnis erreichen konnte—ein Defizit, dass er mit allen anderen Leuten auf der Welt teilte—und dass er daher bezüglich dieses Themas nicht mit Autorität sprechen konnte. Und außerdem, argumentierte Tesla, stand die Schlussbemerkung, mit der Prof. Poeschl glaubte, sein Argument perfektioniert zu haben—es entspräche der Tatsache, eine ständige Anziehungskraft, wie die Gravität, in eine Drehbewegung umzuwandeln—im Gegensatz zu der Natur, denn ließ die ständige Anziehungskraft den Mond nicht um die Erde und die Erde nicht um die Sonne rotieren?

„Ich konnte meine Überzeugung zu dieser Zeit nicht beweisen", sagte Tesla, „aber sie entstand durch etwas, was ich aus Mangel eines besseren Namens Instinkt nennen könnte. Aber der Instinkt übersteigt das Wissen. Wir haben zweifellos feinere Fasern in unseren Gehirnen, die es uns ermöglichen, Wahrheiten zu erkennen, die wir durch logische Rückschlüsse nicht erreichen konnten und es wäre sinnlos, sie durch eine willentliche Denkanstrengung erreichen zu wollen."

Mit seinem wieder hergestellten Enthusiasmus und Selbstvertrauen nahm Tesla das Problem mit erneuertem Elan in Angriff. Seine

Vorstellungskraft—die Fähigkeit, die Dinge, die er sich im Geiste vorstellte, als feste Objekte vor sich zu sehen und die er in seiner Kindheit als solch ein großes Ärgernis angesehen hatte—stellte sich nun als große Hilfe in seinem Versuch, das Problem zu lösen, heraus. Er erholte sich von der von seinem Professor verabreichten intellektuellen Tracht Prügel und nahm das Problem methodisch in Angriff.

Im Geiste baute er eine Maschine nach der anderen, und als er diese vor sich visualisierte, konnte er die zahlreichen Kreise von Läufern und Feldspulen mit dem Finger trassieren und dem Verlauf des schnell wechselnden Stroms folgen. Aber er produzierte in keinem Fall die gewünschte Rotation. Er verbrachte praktisch den gesamten Rest des Semesters mit diesem Problem. Im ersten Semester hatte er so viele Prüfungen bestanden, dass er während des zweiten dem Problem genug Zeit widmen konnte.

Es schien allerdings so, als ob er in diesem Projekt zum Scheitern verurteilt war, denn am Ende des Semesters war er der Lösung keinen Schritt näher als am Anfang. Sein Stolz war verletzt worden und er kämpfte auf der defensiven Seite. Er wusste nicht, dass die scheinbaren Misserfolge seiner mentalen Experimente und derer im Labor ihm später als Rohmaterial dienen würden, aus denen noch eine andere Vision entstehen sollte.

Während seiner Zeit in Graz hatte sich Teslas Lebensweise radikal verändert. Im ersten Jahr hatte er sich wie ein intellektueller Nimmersatt benommen, seinen Geist überladen und dabei fast seine Gesundheit zerstört. Im zweiten Jahr gestattete er der Verdauung der mentalen Nahrung, die er zu sich nahm, mehr Zeit und erlaubte sich mehr Erholung. Um diese Zeit fing Tesla zur Entspannung an, Karten zu spielen. Sein eifriger Denkvorgang und seine hochentwickelte Kombinationsgabe ermöglichten es ihm, öfter zu gewinnen als zu verlieren. Das Geld, das er gewann, behielt er nie für sich, sondern gab es am Ende des Spiels den Verlierern zurück. Wenn er allerdings verlor, wurde diese Vorgehensweise von den anderen Spielern nicht erwidert.

Er entwickelte ebenfalls eine Leidenschaft fürs Billard und Schach, in denen er erstaunlich gut wurde.

Seine in Graz entwickelte Vorliebe fürs Kartenspiel brachte Tesla in eine peinliche Lage. Gegen Ende des Semesters sandte ihm sein Vater Geld, um für seine Reise nach Prag und die mit der Immatrikulation an der Universität als Student verbundenen Ausgaben zu bezahlen. Anstatt direkt nach Prag zu gehen, kehrte Tesla für einen Familienbesuch nach Gospic zurück. Einem Kartenspiel mit einigen Jugendlichen der Stadt beiwohnend, stellte Tesla fest, dass sein übliches Glück ihn verlassen hatte, und er verlor das gesamte, für seine Ausgaben an der Universität zurückgelegte Geld. Er beichtete seiner Mutter, was er getan hatte. Sie kritisierte ihn nicht. Vielleicht benutzte das Schicksal diese Methode, um ihn vor der Überarbeitung, die seine Gesundheit ruinieren könnte, zu schützten, argumentierte sie, denn er benötigte Rast und Entspannung. Geldverluste waren viel leichter zu handhaben als der Verlust der Gesundheit. Etwas Geld von einem Freund leihend gab sie es Tesla mit den Worten: „Bitte schön. Befriedige dich." Als er zum Spiel zurückkehrte, wandelte sich sein Glück und er verließ es nicht nur mit dem Geld, das seine Mutter ihm gegeben hatte, sondern auch mit fast dem gesamten Geld für die Studienausgaben, das er zuvor verloren hatte. Er gab diese Gewinne nicht den Verlierern, wie es zuvor seine Gewohnheit gewesen war. Er kehrte nach Hause zurück, gab seiner Mutter das Geld, das sie ihm vorgeschossen hatte und erklärte, dass er nie wieder dem Kartenspiel frönen würde.

Anstatt wie geplant im Herbst 1878 auf die Prager Universität zu gehen, nahm Tesla eine lukrative Stelle an, die ihm in einer technischen Einrichtung in Maribor (Marburg an der Drau) in der Nähe von Graz geboten wurde. Er bekam 60 Florin pro Monat und einen extra Bonus für fertiggestellte Arbeiten, eine sehr großzügige Entschädigung im Vergleich zu den damals vorherrschenden Löhnen. In diesem Jahr lebte Tesla sehr bescheiden und sparte sein Einkommen.

Das Geld, das er in Maribor gespart hatte, ermöglichte es ihm, ein

Jahr an der Prager Universität zu bezahlen, wo er seine Studien in der Mathematik und der Physik ausbaute. Er experimentierte weiterhin mit dieser einen, großen und herausfordernden Wechselstromidee, die seinen Geist beherrschte. Er hatte erfolglos eine große Zahl Methoden erforscht und obwohl seine Misserfolge Prof. Poeschls Behauptung, dass es ihm nie gelingen würde, unterstützten, wollte er seine Theorie nicht aufgeben. Er vertraute immer noch darauf, dass er die Lösung des Problems finden würde. Er wusste, dass die Elektrizitätslehre noch jung und am Wachsen war und er spürte tief in sich das Wissen, dass er diese wichtige Entdeckung machen würde, die die in den Kinderschuhen steckende Wissenschaft zum mächtigen Giganten der Zukunft ausweiten würde.

Es wäre Tesla eine Freude gewesen, mit seinen Studien fortzufahren, aber er musste jetzt seinen eigenen Lebensunterhalt verdienen. Der Tod seines Vaters, der auf Teslas Abschluss an der Prager Universität folgte, nötigte ihn dazu, finanziell unabhängig zu werden. Er brauchte jetzt Arbeit. Europa bereitete Alexander Graham Bells neuer, amerikanischen Erfindung, dem Telefon, einen enthusiastischen Empfang und Tesla hörte, dass eine neue Zentralstation in Budapest errichtet werden sollte. Ein Freund der Familie stand an der Spitze dieser Firma. Die Situation schien verheißungsvoll.

Ohne abzuwarten und die Situation in Budapest zu erkunden, reiste Tesla voll von jugendlicher Hoffnung und Selbstsicherheit, die für einen unversuchten Absolventen typisch ist, in diese Stadt und erwartete, eine Ingenieursposition im neuen Telefonprojekt zu übernehmen. Bei seiner Ankunft entdeckte er schnell, dass es keine offene Stelle gab; es konnte auch keine für ihn geschaffen werden, da das Projekt noch in der Anfangsphase steckte.

Es war aus finanziellen Gründen allerdings dringend notwendig, dass er sofort irgendeine Arbeit fand. Die beste, die er finden konnte, war viel bescheidener als erwartet. Das Gehalt war so mikroskopisch gering, dass er die Summe nie nannte, aber es war ausreichend, um dem Hungerstod zu entgehen. Er wurde als Bauzeichner im Zentralen Telegrafenbüro der ungarischen Regierung angestellt, in deren Zuständigkeitsbereich das neu entwickelte Telefon fiel.

Es dauerte nicht lange, bis Teslas überdurchschnittliche Fähigkeit die Aufmerksamkeit des obersten Kontrollbeamten erregte. Bald wurde er zu einer verantwortungsvolleren Position befördert, in der er die neuen Telefoninstallationen konzipierte und Berechnungen und Schätzungen bezüglich dieser durchführte. Als der neue Telefonaustausch endlich 1881 in Budapest in Betrieb genommen wurde, wurde ihm die Verantwortung darüber übertragen.

Tesla war in seiner neuen Position sehr glücklich. Mit 25 Jahren hatte er die komplette Aufsicht über ein Industrieunternehmen. Seine erfinderische Fähigkeit war vollauf beschäftigt und er führte viele Verbesserungen an den Geräten der zentralen Telefonstation durch. Hier machte er seine erste Erfindung, den sogenannten Telefonverstärker, der aber heute anschaulicher ein Lautsprecher genannt werden würde — ein Vorfahre des Klangerzeugers, der heute in Heim-Funkgeräten so üblich ist. Diese Erfindung wurde nie patentiert und nie öffentlich beschrieben, aber Tesla behauptete später, dass sie mit ihrer Originalität, Gestaltung, Leistung und Genialität neben den besser bekannten, folgenden Kreationen eine achtbare Leistung erbringen würde. Sein Hauptinteresse lag allerdings immer noch im Problem des Wechselstrommotors, dessen Lösung sich ihm immer noch entzog.

Stets der unermüdliche Arbeiter, stets seine vorhandene Energie mit der höchsten Anzahl Aktivitäten, die er in einen Tag zwängen konnte, aufbrauchend, stets rebellierend, da die Tage zu wenig Stunden und die Stunden zu wenig Minuten hätten und die Sekunden, die sie bildeten, von zu kurzer Dauer wären, und sich stets auf fünf Stunden Pause beschränkend, von denen nur zwei Stunden dem Schlaf gewidmet waren, verbrauchte er ständig seine Lebensreserven und musste letztendlich Abrechnung mit der Natur halten. Er wurde schließlich dazu gezwungen, seine Arbeit zu unterbrechen.

Die eigenartige Krankheit, die ihn damals befiel, wurde von den ihn betreuenden Ärzten nie diagnostiziert. Es war allerdings eine Erfahrung, die ihn fast das Leben kostete. Für die Ärzte schien er sich an der Schwelle des Todes zu befinden. Die merkwürdigen Ausprägungen, die er zeigte, erregten die Aufmerksamkeit eines renommierten Arztes, der erklärte, die Medizinwissenschaft könnte ihm nicht mehr helfen. Eines der Krankheitssymptome war eine starke Empfindlichkeit all seiner Sinnesorgane. Seine Sinne waren immer besonders scharf gewesen, aber seine Empfindlichkeit war nun so sehr überspitzt, dass die Auswirkungen zu einer Art Tortur wurden. Das Ticken einer Uhr, die drei Räume entfernt stand, klang wie das Schlagen eines Hammers auf einen Amboss. Die Vibrationen des normalen Stadtverkehrs, wenn sie über einen Stuhl oder eine Bank übertragen wurden, hämmerten durch seinen Körper. Er musste seine Bettpfosten auf Gummikissen stellen, um die Vibrationen zu stoppen. Normale Sprache klang wie ein donnernder Tumult. Die kleinste Berührung hatte die mentale Wirkung eines enormen Schlags. Ein auf ihn scheinender Sonnenstrahl hatte die Wirkung einer internen Explosion. Er konnte durch ein besonders unheimliches Gefühl in seiner Stirn ein Objekt in der Dunkelheit in einer Entfernung von über 3,5 m wahrnehmen. Sein gesamter Körper wurde ständig von Zuckungen und Zittern geplagt. Sein Puls, sagte er, variierte zwischen ein paar schwachen Schlägen pro Minute und mehr als einhundertfünfzig.

Während dieser mysteriösen Krankheit kämpfte er durchgehend mit dem mächtigen Wunsch, seine normale Verfassung wiederzuerlangen. Er hatte eine Aufgabe vor sich, die er vollenden musste — er musste die Lösung des Problems des Wechselstrommotors finden. Während dieser Monate voller Qualen spürte er instinktiv, dass die Lösung immer näher kam, und dass er leben musste, um dabei zu sein, wenn sie sich in seinem ohnmächtigen Geist kristallisierte. Während dieser Zeit konnte er sich nicht auf dieses oder irgendein anderes Thema konzentrieren.

Sobald die Krise überwunden war und die Symptome sich verringerten, trat schnell eine Besserung ein und mit ihr der alte Drang, Probleme in Angriff zu nehmen. Er konnte sein großes Problem nicht aufgeben. Es war Teil von ihm geworden. Daran zu arbeiten war nicht länger eine Wahl. Er wusste, dass, wenn er aufhören würde, er sterben würde, und er wusste genauso gut, dass wenn er scheitern würde, er zugrunde gehen würde. Er war in ein unsichtbares Netz von ungreifbaren Strukturen verstrickt, das sich um ihn herum zuzog. Das Gefühl, das es ihn der Lösung näher brachte—nur knapp außer Reichweite seiner Fingerspitzen—war gleichzeitig ein Grund für Bedauern und Jubel. Er fürchtete, dass das Problem, wenn es gelöst war, eine riesige Leere in seinem Leben hinterlassen würde.

Doch trotz seinem Gefühl von Optimismus war es immer noch ein riesiges Problem ohne Lösung.

Als die starke Empfindlichkeit wieder normal wurde und er seine Arbeit wieder aufzunehmen konnte, machte er eines späten Nachmittags im Februar 1882 einen Spaziergang mit einem früheren Klassenkameraden namens Szigeti durch den Stadtpark von Budapest. Während ein prachtvoller Sonnenuntergang den Himmel mit einem extravaganten Spritzer leuchtender Farben bedeckte, beschäftigte Tesla sich mit seinem Lieblingshobby, dem Vortragen von Gedichten. Als Jugendlicher hatte er zahlreiche Werke auswendig gelernt und er stellte nun erfreut fest, dass die unheimliche Strafe, die sein Gehirn erfahren hatte, sein Gedächtnis nicht beeinträchtigt hatte. Eines der Werke, die er von Anfang bis Ende aufsagen konnte, war Goethes Faust.

Das prismatische Panorama, das die untergehende Sonne auf den Himmel zeichnete, erinnerte ihn an einige von Goethes wunderschönen Zeilen:

Sie rückt und weicht, der Tag ist überlebt,
Dort eilt sie hin und fördert neues Leben.
O! daß kein Flügel mich vom Boden hebt,
Ihr nach und immer nach zu streben!

Tesla, groß, schlank und hager, aber mit einem Feuer in den Augen, das den lodernden Wolken des Himmels gleichkam, schwenkte seine Arme durch die Luft und sein Körper wankte, als er die wallenden Zeilen aussprach. Er wandte sich dem Farbenspiel des Himmels zu, so als ob er den rotglühenden Himmelskörper ansprach, als dieser seine formlosen Massen von Farbe, Tönung und Chrom über das verurteilte Himmelsgewölbe warf.

Plötzlich erstarrte Teslas belebte Figur, so als ob er in Trance verfallen wäre. Szigeti sprach ihn an, aber erhielt keine Antwort. Wieder wurden seine Worte ignoriert. Der Freund war drauf und dran, die hoch aufragende, bewegungslose Figur zu ergreifen und wach zu rütteln, als Tesla stattdessen sprach.

„Schau mir zu!", sagte Tesla und die Worte platzten aus ihm heraus wie aus einem Kind, das vor Freude übersprudelt: „Schau zu, wie ich ihn umkehre." Er blickte immer noch in die Sonne, so als ob ihn dieser glühende Ball in eine hypnotische Trance versetzt hatte.

Szigeti rief sich Goethes Bild ins Gedächtnis, das Tesla aufgesagt hatte: „Sie rückt und weicht ... Dort eilt sie hin und fördert neues Leben." Eine poetische Beschreibung der untergehenden Sonne, und dann seine nächsten Worte—„Schau mir zu! Schau zu, wie ich ihn umkehre." Meinte Tesla die Sonne? Meinte er, dass er die Bewegung der Sonne, die gerade hinter dem Horizont verschwand, stoppen könnte, ihre Handlung umdrehen und sie wieder zum Zenit aufsteigen lassen könnte?

„Lass uns hinsetzen und für eine Weile erholen", sagte Szigeti. Er drehte ihn zu einer Bank, aber Tesla ließ sich nicht bewegen.

„Kannst du es nicht sehen?", protestierte der aufgeregte Tesla. „Sehen, wie reibungslos er läuft? Jetzt drehe ich den Schalter—und kehre ihn um. Schau! Er läuft genauso reibungslos in die entgegengesetzte Richtung. Schau zu! Ich stoppe ihn. Ich starte ihn. Es gibt keine Funken. Es gibt nichts, was Funken sprühen kann."

„Aber ich sehe nichts", sagte Szigeti. „Die Sonne sprüht keine Funken. Bist du krank?"

„Du verstehst es nicht", strahlte der immer noch erregte Tesla und drehte sich um, als ob er seinen Begleiter segnen würde. „Ich rede von meinem Wechselstrommotor. Ich habe das Problem gelöst. Kannst du ihn nicht hier direkt vor mir sehen, wie er fast lautlos läuft? Es ist das rotierende Magnetfeld, das es möglich macht. Sieh, wie das Magnetfeld rotiert und den Läufer mit sich herumzieht. Ist er nicht wunderschön? Ist er nicht erhaben? Ist er nicht einfach? Ich habe das Problem gelöst. Jetzt kann ich glücklich sterben. Aber ich muss leben, ich muss wieder an die Arbeit gehen und den Motor bauen, sodass ich ihn der Welt geben kann. Der Mensch wird nicht länger der Sklave schwieriger Aufgaben sein. Mein Motor wird sie befreien, er wird die Arbeit der Welt erledigen."

Szigeti verstand nun. Tesla hatte ihm zuvor von seinem Versuch erzählt, das Problem des Wechselstrommotors zu lösen, und er verstand die volle Bedeutung der Worte des Wissenschaftlers. Tesla hatte ihm allerdings nie von seiner Fähigkeit erzählt, Gegenstände, die er sich mental vorstellte, zu visualisieren, und so musste er die Vision, die er sah, erklären und auch, dass ihm plötzlich die Lösung erschienen war, als sie den Sonnenuntergang bewunderten.

Tesla war jetzt ein bisschen gefasster, aber er schwebte in einem Rausch von fast religiöser Ekstase durch die Luft. Er hatte in seiner Erregung tief geatmet und die Überbelüftung seiner Lungen hatte einen Rauschzustand ausgelöst.

Er nahm einen Stock zur Hand und benutzte ihn, um ein Diagramm in die staubige Oberfläche des Sandwegs zu zeichnen. Er erklärte die technischen Prinzipien seiner Entdeckung und schnell verstand sein Freund die Schönheit seiner Idee, und sie blieben zusammen und diskutierten die Möglichkeiten bis spät in die Nacht.

Der Entwurf eines rotierenden Magnetfelds war ein majestätisch schöner. Es führte ein neues Prinzip von erhabener Grandeur in die wissenschaftliche Welt ein, dessen Einfachheit und Nutzen ein weites, neues Reich nützlicher Anwendungen eröffnete. Damit hatte Tesla die

Lösung gefunden, die sein Professor als unmöglich erreichbar deklariert hatte.

Wechselstrommotoren stellten bis dahin ein scheinbar unlösliches Problem dar, denn das von Wechselströmen produzierte Magnetfeld wechselte genauso schnell wie der Strom. Anstatt eine Drehkraft zu produzieren, erregten sie eine nutzlose Vibration.

Bis zu diesem Moment hatte jeder, der einen Wechselstrommotoren zu bauen versuchte, eine Einfachleitung wie beim Gleichstrom benutzt. Daher stellte sich der entworfene Motor als eine Art Einzylinder-Dampfmaschine heraus und stoppte am genauen Mittelpunkt oben oder unten des Schlags.

Tesla benutzte zwei Leitungen, von denen beide die gleiche Wechselstromfrequenz beförderten, aber in denen sich die Stromkurven nicht im gleichen Takt befanden. Dies entsprach dem Hinzufügen eines zweiten Zylinders zu einem Motor. Die Kolben in den beiden Zylindern waren mit der Achse verbunden, sodass ihre Kurbeln in einem Winkel zueinander standen, wodurch sie die Spitze oder den Boden des Takts zu unterschiedlichen Zeiten erreichten. Die beiden Kurbeln konnten nie zur gleichen Zeit im genauen Mittelpunkt sein. Wenn sich eine im Mittelpunkt befand, würde die andere unterwegs und bereit sein, den Motor mit einem Arbeitstakt zum Drehen zu bringen.

Diese Analogie vereinfacht die Situation natürlich sehr stark, denn Teslas Entdeckung war viel weitreichender und grundlegender. Tesla hatte das Mittel zur Herstellung eines rotierenden Magnetfelds entdeckt, ein magnetischer Wirbelwind im Raum, der traumhaft neue und faszinierende Eigenschaften enthielt. Es war ein vollkommen neues Konzept. In Gleichstrommotoren wurde ein festes Magnetfeld durch mechanische Mittel dazu überlistet, eine Rotation in einem Läufer zu produzieren, indem es durch einen Kommutator nacheinander eine Reihe von am Umfang des zylindrischen Läufers angebrachten Spulen verband. Tesla produzierte ein Kraftfeld, das mit Höchstgeschwindigkeit im Raum rotierte und schaffte es, einen Läufer, der keine elektrischen

Verbindungen benötigte, in seiner Umarmung fest zu verankern. Das rotierende Feld konnte Energie mithilfe seiner Kraftlinien drahtlos durch den Raum auf die einfachen Spulen mit geschlossenem Kreislauf auf dem isolierten Läufer übertragen, was es diesem ermöglichte, sein eigenes Magnetfeld zu produzieren, das in dem rotierenden, von den Feldspulen produzierten, magnetischen Wirbelwind einrastete. Der Bedarf eines Kommutators war vollkommen beseitigt.

Jetzt, da diese herrliche Lösung seines schwierigsten, wissenschaftlichen Problems entdeckt worden war, waren Teslas Mühen noch nicht beendet - sie hatten gerade erst begonnen; aber während der nächsten zwei Monate befand er sich in einem rauschhaften Freudenzustand und spielte mit seinem neuen Spielzeug. Er musste keine Modelle aus Kupfer und Eisen bauen: in seiner geistigen Werkstatt erbaute er sie in großer Vielfalt. Ein konstanter Fluss neuer Ideen rauschte beständig durch seinen Geist. Sie kamen so schnell, dass er sie nicht alle benutzten oder erfassen konnte. In diesem kurzen Zeitraum entwickelte er alle Motortypen, die später mit seinem Namen in Verbindung gebracht werden würden.

Er erarbeite die Gestaltung von Dynamos, Motoren, Transformatoren und all den anderen Geräten eines kompletten Wechselstromsystems. Er multiplizierte die Wirksamkeit des Zweiphasensystems, indem er es gleichzeitig mit drei oder mehr Wechselströmen arbeiten ließ. Dies war sein berühmtes Mehrphasenstromsystem.

Die mentalen Konstruktionen wurden mit akribischer Sorgfalt in Bezug auf Größe, Stärke, Design und Material gebaut; und sie wurden, behauptete er, im Geiste getestet, indem er sie wochenlang laufen ließ — danach würde er sie gründlich auf Abnutzungsspuren untersuchen. Hier wurde ein außergewöhnlichster Geist auf außergewöhnlichste Weise benutzt. Baute er eine „mentale Maschine", dann behielt sein Gedächtnis danach alle Einzelheiten, bis hin zu den kleinsten Dimensionen.

Der Zustand von höchster Zufriedenheit, den Tesla genoss, sollte allerdings bald enden. Die zentrale Telefonstation, bei der er angestellt war, und die von Puskas, diesem Freund der Familie, geleitet wurde, wurde verkauft. Als Puskas nach Paris zurückkehrte, empfahl er Tesla für einen Job in der Pariser Einrichtung, der er angegliedert war, und Tesla ging dieser Gelegenheit gerne nach. Paris, folgerte er, würde ein wundervolles Sprungbett sein, um seine große Erfindung in die Welt hinaus zu katapultieren.

Der angehende Übermensch Tesla kam nach Paris mit leichtem Gepäck und mit einem durch seine wundervolle Entdeckung des rotierenden Magnetfelds zum Bersten gefüllten Kopf sowie mit einer Partitur an auf diesem Magnetfeld basierenden, bedeutenden Entdeckungen. Wäre er ein typischer Erfinder gewesen, wäre er mit einem Erscheinen unter die Leute gegangen, das darauf hinwies, dass er etwas Wichtiges wusste, aber hätte vollkommene Verschwiegenheit über die Natur seiner Erfindungen gewahrt. Er würde Angst haben, dass jemand sein Geheimnis stehlen würde. Aber Teslas Haltung war das genaue Gegenteil. Er besaß etwas, das er der Welt geben konnte und er wollte, dass die ganze Welt davon wusste, von der gesamten faszinierenden Geschichte mit all ihren enthüllenden, technischen Einzelheiten. Damals hatte er das Handwerk, klug und gerissen zu sein, noch nicht erlernt und er erlernte es auch später nie. Sein Lebensplan beruhte auf einer weltlichen Grundlage. Er kümmerte sich weniger um die Vorteile des vorübergehenden Augenblicks und viel mehr um das endgültige Ziel; er wollte der menschlichen Rasse sein neu entdecktes mehrphasiges Wechselstromsystem geben, damit alle Menschen davon profitieren konnten. Er wusste, dass ein Vermögen in seiner Erfindung steckte. Er wusste aber nicht, wie er dieses Vermögen gewinnen konnte. Er wusste, dass es ein höheres Gesetz des Schadenersatzes gab, mit dem er einen angemessenen Gewinn aus seiner Entdeckung, dem Geschenk für die Welt, ziehen konnte. Die dazu verwendete Methode interessierte ihn bei weitem nicht so sehr wie die Notwendigkeit, jemanden dazu zu bringen, ihm bezüglich der Einzelheiten seiner faszinierenden Entdeckung zuzuhören.

188 cm groß, schlank, mit ruhigem Erscheinen, akribisch ordentlich gekleidet, voll mit Selbstbewusstsein, trat er mit einer Art auf, die rief: „Ich fordere Sie auf, mir ein elektrisches Problem zu zeigen, das ich nicht lösen kann" — eine Einstellung, die seinen fünfundzwanzig Jahren entsprach, aber von seiner Fähigkeit untermauert wurde.

Durch Puskas Empfehlungsschreiben erhielt er eine Stelle in der Continental Edison Company, einer französischen Firma für den Bau von Dynamos, Motoren und die Installation von Lichtsystemen unter den Edison Patenten.

Er fand ein Quartier auf dem Boulevard St. Michel, aber an den Abenden besuchte und dinierte er in den besten Cafés solange wie sein Gehalt reichte. In elektrischen Unternehmen stellte er Kontakte mit vielen Amerikanern her. Wo immer er unter denjenigen, die elektrische Dinge verstanden, ein geduldiges Ohr fand, beschrieb er sein Wechselstromsystem von Dynamos und Motoren.

Hätte jemand seine Erfindung gestohlen? Es bestand nicht die geringste Gefahr. Er konnte sie nicht einmal preisgeben. Niemand hegte auch nur das geringste Interesse. Die engste Annäherung an einen Happen geschah, als Dr. Cunningham, ein Amerikaner und Vorarbeiter in der Fabrik, in der Tesla angestellt war, die Bildung einer Aktiengesellschaft vorschlug.

Mit seiner großartigen Erfindung des Wechselstromsystems, die ihm im Kopf herumspukte und einen Weg verlangte, entwickelt zu werden, stellte es für ihn ein Elend dar, tagein tagaus an Gleichstrommaschinen arbeiten zu müssen. Inzwischen war seine Gesundheit allerdings widerstandsfähig. Er stand kurz nach fünf Uhr morgens auf, ging zur Seine, schwamm für eine halbe Stunde und ging dann nach Ivry, nahe der Pariser Stadttore, wo er angestellt war, eine Tour, die eine Stunde lebhaftes Gehen erforderte. Dann war es halb acht. In der nächsten Stunde aß er ein sehr reichhaltiges Frühstück, das allerdings nie auszureichen schien, damit sein Appetit nicht lange vor Mittag zu einem Störfaktor wurde.

Die Arbeit, die ihm in der Fabrik der Continental Edison Company zugewiesen wurde, war buntgemischt und größtenteils die eines Nachwuchsingenieurs. In kurzer Zeit erhielt er eine Reiseaufgabe als „Fehlersucher", die von ihm erforderte, Elektroinstallationen in zahlreichen Teilen Frankreichs und Deutschlands zu besuchen. Tesla fand keinen großen Gefallen in der „Fehlersuche", aber er erledigte eine gewissenhafte Arbeit und studierte die Schwierigkeiten, die ihm in jedem Kraftwerk begegneten, genau. Bald war er in der Lage, einen genauen Plan zur Verbesserung der von seinem Unternehmen hergestellten Dynamos zu präsentieren. Er stellte seine Vorschläge vor und erhielt die Erlaubnis, sie auf einige Maschinen anzuwenden. Als sie ausprobiert wurden, waren sie ein voller Erfolg. Dann wurde er darum gebeten, einen automatischen Regulator zu entwerfen, für den ein großer Bedarf bestand. Auch dieser lieferte eine exzellente Vorstellung.

Die Firma wurde in eine peinliche Position gebracht und ihr drohte aufgrund eines Unfalls am Straßburger Bahnhof im Elsass, und danach in Deutschland, wo ein Kraftwerk und elektrische Lichter installiert worden waren, ein schwerer Verlust. Bei der Eröffnungszeremonie, bei der Kaiser Wilhelm I. anwesend war, verursachte ein Kurzschluss in der Verkabelung eine Explosion, die eine der Wände sprengte. Die deutsche Regierung weigerte sich, die Installation anzunehmen. Früh im Jahre 1883 wurde Tesla ausgesandt, um die Fabrik betriebsfähig zu machen und die Situation zu korrigieren. Das technische Problem lieferte ihm keine Schwierigkeiten, aber er musste sehr viel Takt und ein gutes Urteilsvermögen zur Überwindung der zahlreichen, durch die deutsche Regierung als Vorsichtsmaßnahme für zusätzliche Pannen aufgestellten, bürokratischen Barrieren benutzen.

Als der Auftrag gut unterwegs gebracht war, nahm er sich die Zeit, einen wirklichen Zweiphasenwechselstrommotor zu bauen, der seine Erfindung des rotierenden Magnetfelds verkörperte. Seit dem unvergessenen Tag in Budapest, an dem er seine großartige Erfindung machte, hatte er so viele in seinem Geist gebaut. Zu diesem Zweck hatte er

Materialien aus Paris mitgebracht und fand eine Maschinenwerkstatt in der Nähe des Straßburger Bahnhofs, wo er einige der Arbeiten durchführen konnte. Er hatte nicht so viel Zeit zu Verfügung wie erwartet, und obwohl er ein schlauer Amateurmaschinenbauer war, dauerte die Arbeit trotzdem an. Er war sehr pingelig und fabrizierte jedes Metallstück in exakten Dimensionen, die einen tausendstel Zentimeter übertrafen und polierte es dann vorsichtig.

Schließlich befand sich eine vielseitige Sammlung von Teilen in jener Straßburger Maschinenwerkstatt. Sie waren ohne die Hilfe von Konstruktionszeichnungen gebaut worden. Tesla konnte vor seinen Augen ein Bild eines jeden Teils der Maschine projizieren, dass in jeder Einzelheit vollständig war. Diese Bilder waren lebendiger als ein jeder Entwurf und er erinnerte sich an die exakten Dimensionen, die er für jedes Element im Geiste berechnet hatte. Er musste die Teile nicht durch eine teilweise Montage testen. Er wusste, dass sie passen würden.

Aus diesen Teilen montierte Tesla schnell einen Dynamo zur Erzeugung des Zweiphasenwechselstroms, den er benötigte, um seinen Wechselstrommotor zu betätigen, und letztlich seinen neuen Induktionsmotor. Es bestand kein Unterschied zwischen dem gebauten und dem visualisierten Motor. Der visualisierte war so real, dass er komplett solide zu sein schien. Der Motor, den er in der Maschinenwerkstatt baute, wies für ihn kein einziges neuartiges Element auf. Er war genauso, wie er ihn ein Jahr zuvor visualisiert hatte. In den Monaten, die seit dem Moment vergangen waren, in dem ihm seine große Vision in Budapest gekommen war, während er vom Abendhimmel schwärmte, hatte er im Geiste mit deren genauem Pendant experimentiert sowie mit vielen Variationen von diesem.

Als die Montage beendet war, setzte er seinen Stromgenerator in Gang. Die Zeit war gekommen für den großen, abschließenden Test der Gültigkeit seiner Theorie. Er würde einen Kontakt schließen und wenn sich der Motor drehte, dann war seine Theorie korrekt. Passierte nichts, würde der Läufer oder sein Motor einfach nur still stehen aber vibrieren, dann war seine Theorie fehlerhaft und er hatte seinen Geist mit Halluzinationen, die auf Fantasien und keinen Tatsachen beruhten, gespeist.

Er schloss den Kontakt. Sofort drehte sich der Läufer, nahm blitzschnell volle Geschwindigkeit auf und funktionierte dann weiterhin fast vollkommen lautlos. Er schloss den Stromwender und der Läufer stoppte sofort und drehte sich genauso schnell in die entgegengesetzte Richtung. Dies stellte eine komplette Rechtfertigung seiner Theorie dar.

In diesem Experiment hatte er einzig sein Zweiphasensystem getestet; aber er brauchte keine Laborvorführung, um sich zu davon zu überzeugen, dass sein Dreiphasensystem zur Energieerzeugung und zur Benutzung dieses Stroms zur Übertragung und Produktion von Leistung sogar noch besser und sein Einphasensystem fast genauso gut funktionieren würde. Mit seinem Arbeitsmodell könnte er nun die Visionen, die er für so lange Zeit gehegt hatte, auf die Köpfe der Anderen übertragen.

Dieser Test bedeutete für Tesla viel mehr, als nur die erfolgreiche Fertigstellung einer Erfindung: Er bedeutete den Triumph seiner Methode, neue Wahrheiten durch einzigartige, geistige Prozesse zu entdecken, die er dazu benutzte, neue Konstruktionen zu visualisieren, lange bevor diese aus Materialien hergestellt wurden. Aus diesen Ergebnissen zog er ein grenzenloses Gefühl von Selbstvertrauen; er konnte seinen Weg hin zu jedem gesteckten Ziel erdenken und erarbeiten.

Es gab einen guten Grund für Teslas Selbstbewusstsein. Er hatte gerade seinen 27. Geburtstag gefeiert. Es erschien ihm, als ob Prof. Poeschl ihn erst gestern besiegt hatte, als er sagte, einen Motor mit Wechselstrom betreiben zu können. Nun hatte er nachweislich etwas vollbracht, von dem der gelernte Professor sagte, es könnte nie getan werden.

Tesla verfügte nun über einen komplett neuartigen Typ eines elektrischen Systems, das Wechselstrom benutzte und das sehr viel flexibler und erheblich wirksamer war als das Gleichstromsystem. Aber jetzt da er es besaß, was konnte er damit tun? Die Geschäftsführer der Continental Edison Company, von der beschäftigt wurde, hatten sich ständig geweigert, seinen Wechselstromtheorien zuzuhören. Er spürte, es war sinnlos sie für das Arbeitsmodell interessieren zu wollen. Während seines Aufenthalts in Straßburg hatte er viele Freundschaften geschlossen, unter ihnen mit dem Bürgermeister der Stadt, Herrn Bauzin, der seinen Enthusiasmus für die kommerziellen Möglichkeiten des neuen Systems teilte und hoffte, es würde zur Einrichtung einer neuen Industrie führen, die seiner Stadt Ruhm und Wohlstand brachte.

Der Bürgermeister rief eine große Zahl wohlhabender Straßburger zusammen. Sowohl Tesla als auch der Bürgermeister zeigten ihnen den neuen Motor in Bewegung, und beschrieben ihnen das neue System und seine Möglichkeiten. Aus technischer Sicht war die Vorstellung ein voller Erfolg, aber ansonsten eine komplette Niederlage. Nicht ein Mitglied der Gruppe zeigte das geringste Interesse. Tesla war niedergeschlagen. Es lag außerhalb seines Verständnisses, wie die großartigste Erfindung der Elektrizitätslehre mit ihren unbegrenzten kommerziellen Möglichkeiten so vollkommen abgewiesen wurde.

Herr Bauzin versicherte ihm, dass er zweifellos einen befriedigenderen Empfang seiner Erfindung in Paris bekommen würde. Verzögerungen in der Bürokratie hinsichtlich der endgültigen Annahme der vollendeten Installation im Straßburger Bahnhof schoben seine Rückkehr nach Paris allerdings bis ins Frühjahr 1884 hinaus. Währenddessen freute sich Tesla mit angenehmer Erwartung auf seine triumphale Rückkehr nach Paris. Ihm war eine erhebliche Entschädigung versprochen worden, wenn er die Aufgabe in Straßburg erfolgreich bewältigte; und auch, dass er für die Verbesserungen am Design der Motoren und Dynamos und für die automatischen Regulatoren der Dynamos ähnlich entschädigt werden würde. Möglicherweise würde ihm dies genügend Geld zur Verfügung stellen würde, um einen Demonstrationssatz seines mehrphasigen Wechselstromsystems in Originalgröße zu bauen, sodass die immensen Vorteile seines Systems gegenüber dem Gleichstrom in Betrieb aufgezeigt werden konnten. Dann hätte er kein Problem, die benötigen Gelder aufzubringen.

Als er zu den Geschäftsräumen der Firma in Paris zurückkehrte und eine Abfindung für seine Rechnungen in Straßburg und die des automatischen Regulators verlangte, wurde er, wie man heute sagt, von Pontius zu Pilatus geschickt. Um fiktive Namen zu benutzen, so wie Tesla die Geschichte erzählte, sagte ihm nun der Geschäftsführer Herr Schmidt, der ihm Aufträge gegeben hatte, dass er keine Zuständigkeit für finanzielle Absprachen besaß; all dies lag in den Händen vom Geschäftsführer Herrn Braun. Herr Braun erklärte, dass er die finanziellen Angelegenheiten verwaltete, aber dass er keine Befugnis dazu hätte, Projekte einzuleiten oder Auszahlungen zu machen, ausgenommen derjenigen, die vom Vorstandschef, Herrn Jones, geregelt wurden. Herr Jones erklärte, solche Angelegenheiten würden in den Händen seiner Abteilungsleiter liegen, und dass er sich immer aus ihren Entscheidungen raus hielt, und so müsste Tesla den für technische Dinge verantwortlichen Leiter sehen, Herrn Schmidt. Tesla durchlief diesen Teufelskreis mehrere Male mit dem gleichen Ergebnis und gab schließlich angewidert auf. Er entschied sich, weder sein Angebot des Wechselstromsystems zu erneuern, noch seinen Motor in Betrieb zu zeigen und kündigte seine Stelle unverzüglich.

Tesla war für seine entworfenen Regulatoren und seine Dienste in Straßburg zweifellos zu einem Betrag von mehr als 25 000 $ berechtigt. Wäre der Vorstand auch nur mit ein bisschen gesundem Menschenverstand dotiert gewesen, oder mit einer gewöhnlichen Ehrlichkeit, hätte sie den Versuch unternommen, sich mit wenigstens 5 000 $ zufrieden zu geben. Tesla, der dringend Geld benötigte, hätte zweifelsohne eine solche Summe akzeptiert, wenn auch mit dem Gefühl, stark betrogen worden zu sein.

Solch ein Angebot hätte Tesla wahrscheinlich auf der Lohnliste gehalten und die Firma hätte für sich den Besitz des größten Erfinders der Welt bewahrt und von jemandem, der definitiv bewiesen hatte, dass er ein extrem wertvoller Angestellter war.

Für eine läppische Summe von wenigen tausend Dollar verloren sie nicht nur einen Mann, der ihnen jedes Jahr ein vielfaches dieses Betrags eingebracht hätte, sondern sie verpassten auch die Gelegenheit, die Weltkontrolle über die beste und gewinnbringendste elektrische Erfindung, die je gemacht wurde, zu erhalten.

Einer der Firmenleiter, Herr Charles Batchellor, Betriebsleiter, ein ehemaliger Assistent und enger Freund Thomas A. Edisons, drängte Tesla dazu, in die Vereinigten Staaten zu gehen und mit Edison zu arbeiten. Dort würde er die Gelegenheit bekommen, an Verbesserungen der Edison Dynamos und Motoren zu arbeiten. Tesla entschied sich, Herrn Batchellors Vorschlag zu folgen. Er verkaufte all seine Bücher und alle anderen persönlichen Besitztümer bis auf wenige Gegenstände, die er mich sich nehmen wollte. Er klaubte seine stark begrenzten finanziellen Reichtümer zusammen und kaufte Fahrkarten für seine Zugfahrt und die transatlantische Reise nach New York. Sein Gepäck bestand aus einem kleinen Kleiderbündel, das er unter seinem Arm trug und aus anderen Gegenständen, die in seine Taschen gestopft waren.

Die letzten Stunden vor Abfahrt waren hektisch und gerade als er an Bord des Zuges steigen wollte, gerade als dieser bereit war, den Bahnhof zu verlassen, bemerkte er, dass sein Gepäck fehlte. Schnell nach seiner Geldbörse greifend, die seine Zugfahrkarte, das Dampferticket und all sein Geld enthielt, bemerkte er zu seinem Entsetzen, dass diese ebenfalls fehlte. Er hatte ein bisschen Kleingeld in seinen Taschen, aber wie viel wusste er nicht — er hatte keine Zeit, es zu zählen. Sein Zug fuhr ab. Was sollte er tun? Wenn er den Zug verpasste, würde er auch das Schiff verpassen — und ohne Fahrkarten konnte er auf keinem von beiden reisen. Er rannte neben dem sich bewegenden Zug her und versuchte, sich zu entscheiden. Seine langen Beine ermöglichten es ihm zunächst, problemlos mit diesem mitzuhalten, aber jetzt gewann der Zug an Geschwindigkeit. Er entschied sich schließlich, an Bord zu springen. Das Kleingeld, das er entdeckte, genügte, um für den Zugfahrpreis aufzukommen, es blieb ein vernachlässigbarer Rest. Er erklärte den skeptischen Dampferoffizieren die Situation und, als niemand anderes auftauchte, um seine Reservierung auf dem Schiff vor dem Ablegen in Anspruch zu nehmen, durfte er an Bord gehen.

Für jemand so mäkeligen wie Tesla war eine lange Reise mit dem Dampfer ohne passende Kleidung eine ermüdende Erfahrung. Er hatte damit gerechnet, beim Leben mit der Mindestausstattung an Kleidung, die er mitzunehmen geplant hatte, Ärgernissen zu begegnen, aber als selbst diese begrenzte Aufmachung verloren ging, wurde aus dem Ärgernis eine Not. Damit verbunden war die Erinnerung an die Enttäuschung und die Verstimmung bezüglich seiner jüngsten Erlebnisse.

Das Schiff bot für ihn wenig Interesse. Er erkundete es gründlich und knüpfte dabei einige Kontakte mit den Mitgliedern der Schiffsgesellschaft. Die Besatzung war ruhelos. Auch Tesla war ruhelos. Er drückte den Besatzungsmitgliedern in ihrer eingeklagten, ungerechten Behandlung sein Mitgefühl aus. Die Missstände, die die Besatzung beeinträchtigten, schaukelten sich aus einer dieser Situationen hoch, in der ein kleiner Funke eine große Explosion verursacht. Der Funken flog irgendwo auf dem Schiff, während sich Tesla in den Besatzungsquartieren aufhielt. Der Kapitän und die Offiziere zogen andere Saiten auf und entschieden sich mit einigen loyalen Besatzungsmitgliedern dazu, den Ärger mit Belegnägeln als Knüppel aus der Welt zu schaffen. Das Ärgernis wurde schnell zu einer heftigen Auseinandersetzung. Tesla fand sich in der Mitte eines solchen Kampfes wieder, in dem jeder, wenn er einen Kopf sieht, auf diesen einschlägt.

Wäre Tesla nicht sowohl jung als auch groß und stark gewesen, wäre seine nützliche Karriere vielleicht hier beendet gewesen. In Proportion zu seinen 188 cm hatte er lange Arme. Die Faust am Ende seines Armes konnte so weit reichen wie eine Keule in den Händen eines Gegners, und seine Größe ermöglichte es ihm, die anderen Kämpfer zu überragen, sodass sein Kopf nur schwer zu treffen war. Er schlug hart und oft zu und wusste nie für oder gegen welche Seite er kämpfte. Er stand am

Ende des Kampfes auf seinen Füßen, etwas, was man von einer großen Anzahl Besatzungsmitglieder nicht sagen konnte. Die Offiziere hatten eine von ihnen so genannte Meuterei niedergeschlagen, aber auch sie besaßen Anzeichen davon, dass ein Kampf hinter ihnen lag. Tesla wurde während der Reise definitiv nicht eingeladen, am Tisch des Kapitäns Platz zu nehmen.

Er verbrachte den Rest der Reise damit, zahlreiche Prellungen zu pflegen und meditierend am Heck des Schiffes zu sitzen, das zu langsam nach New York fuhr. Bald würde er das „Land der unbegrenzten Möglichkeiten" betreten und den berühmten Herrn Edison treffen.

Er war dazu bestimmt, zu lernen, dass es wirklich ein „Land der unbegrenzten Möglichkeiten" war—aber er war auch dazu bestimmt, etwas zu entdecken, das ihm seine Augen bezüglich der Erfüllung von Möglichkeiten öffnen würde.

VIER

Als Tesla im Sommer 1884 aus dem Immigrationsbüro in Castle Garden, Manhattan, trat, bestand sein Hab und Gut aus vier Dollar-Cent, einem Buch mit seinen eigenen Gedichten, ein paar von ihm geschriebenen Fachartikeln, Berechnungen zur Gestaltung einer Flugmaschine und ein paar mathematischen Arbeiten zur Lösung eines extrem schwierigen Integrals. Er hatte Herrn Batchellors Brief, der ihn Herrn Edison vorstellte, und die Adresse eines Freundes bei sich. In diesem Brief an Edison schrieb Batchellor: „Ich kenne zwei großartige Männer und Sie sind einer davon; der andere ist dieser junge Mann."

Da er kein Fahrgeld hatte, musste Tesla mehrere Kilometer zum Haus seines Freundes laufen. Die erste Person, die er nach einer Wegbeschreibung fragte, war ein Polizist, ein schroffes Individuum. Seine Art, die Informationen zu liefern, ließ Tesla glauben, dass er mit ihm einen Streit um dieses Thema anfangen wollte. Obwohl Tesla sehr gut Englisch sprach, war alles, was er von der Sprache des Polizisten verstand, die Richtung, in die er mit seinem Schlagstock zeigte.

Während er in die, wie er hoffte, richtige Richtung ging und sich fragte, wie er mit vier Cent eine Mahlzeit und eine Unterkunft arrangieren könnte, sollte er seinen Freund nicht finden, ging er an einem Laden vorbei, wo er sah, wie ein Mann an einer Elektromaschine arbeitete, die ihm bekannt vorkam. Er trat genau in dem Moment ein, wo der Mann vor der unmöglichen Aufgabe, das Gerät zu reparieren, kapitulieren wollte.

„Lassen Sie es mich tun", sagte Tesla, „ich werde sie zum Funktionieren bringen." Und ohne weitere Reden nahm er die Arbeit in Angriff. Sie stellte sich als schwierige Aufgabe heraus, aber letztendlich funktionierte die Maschine wieder.

„Ich brauche einen Mann wie Euch, um diese ver*piep*ten ausländischen Maschinen zu bedienen", sagte der Mann. „Brauchen Sie Arbeit?" Tesla dankte ihm und erzählte, dass er auf dem Weg zu einer anderen Arbeit war, woraufhin der Mann ihm zwanzig Dollar reichte. Er hatte keine Entschädigung für das, was er als kleinen Gefallen betrachtete, erwartet und sagte das auch, aber der Mann bestand darauf, dass seine Arbeit so viel wert sei und dass er es gerne zahlte. Tesla war einem Glücksfall noch nie so dankbar gewesen. Ihm waren nun vorerst Nahrung und Unterkunft zugesichert. Mit Hilfe einer Wegbeschreibung, die dieses Mal freundlicher ausgeteilt wurden, fand er seinen Freund und war für die Nacht ein Gast in dessen Haus. Am nächsten Tag ging der zu Edisons New Yorker Hauptquartieren, damals in der South Fifth Avenue (heute West Broadway).

Die Einführung durch Herrn Batchellor ermöglichte ihm einen direkten Zugang zu Herrn Edison, der mit den Verbindungsproblemen seines neuen Kraftwerks und seinem elektrischen Beleuchtungssystem stark beschäftigt war—erstgenanntes befand sich in der Pearl Street in der Innenstadt und belieferte ein relativ kleines Gebiet.

Bei ihrem ersten Treffen war Tesla positiv von Edison beeindruckt. Er staunte, dass ein Mann mit so begrenzter Bildung in einem so technischen Gebiet wie der Elektrizität so viel erreichen konnte. Es brachte Tesla dazu, zu hinterfragen, ob all die Zeit, die er damit verbracht hatte, eine hohe Bildung zu gewinnen, nicht verschwendet worden war. Wäre er schon weiter gewesen, wenn er seine praktische Arbeit so wie Edison auf der Grundlage von Erfahrung gestartet hätte? Bevor viele Tage vergangen waren, entschied er allerdings endgültig, dass die Zeit und Anstrengungen, die er seiner Bildung gewidmet hatte, die klügste Art Investition darstellten.

Edison für seinen Teil war von Tesla nicht allzu positiv beeindruckt. Edison war ein Erfinder, der seine Ergebnisse durch Versuchs-und-Irrtums-Methoden erreichte. Tesla berechnete alles im Geiste und löste seine Probleme, bevor er an ihnen „arbeitete". Infolgedessen sprachen die beiden großen Männer eine vollkommen verschiedene Fachsprache. Es gab einen weiteren, sehr wichtigen Unterschied. Edison gehörte dem Gleichstrom an und Tesla der Wechselstrom-Denkrichtung. Die Elektriker jener Tage konnten aufgrund ihrer Meinungsunterschiede in diesem Thema sehr emotional werden und wurden dies auch. Diskussionen erregten die Leidenschaft einer religiösen oder politischen Debatte und alles Unangenehme wurde mit den Anhängern der anderen Seite der Diskussion in Verbindung gebracht. Der am wenigsten unangenehmste Gedanke, der auf einen Gegner angewendet wurde, war, dass dieser von niedriger Denkweise war. Als Tesla sein Mehrphasensystem enthusiastisch beschrieb und Edison erzählte, dass er glaubte, der Wechselstrom wäre die einzig praktische Stromart für die Verwendung in Energie- und Beleuchtungssystemen, lachte Edison. Edison verwendete den Gleichstrom in seinem System. Er sagte Tesla sehr unverblümt, dass ihn der Wechselstrom nicht interessierte; er hatte keine Zukunft und jeder, der sich in diesem Feld versuchte, verschwendete seine Zeit; und außerdem war es ein tödlicher Strom, wohingegen sein Gleichstrom sicher war. Tesla lenkte in der Diskussion nicht ein — und konnte in seinen Bemühungen, Edison dazu zu bringen, einer Vorstellung seines Mehrphasenstromsystems zuzuhören, auch keine Fortschritte machen. Aus technischen Gründen trennten sie Welten.

Trotzdem gab man Tesla aufgrund Batchellors Aussage über die wertvolle Arbeit, die er an den Edison Gleichstrommaschinen in Europa geleistet hatte, ohne große Formalitäten eine Stelle unter Edisons Angestellten — die Erledigung von kleineren Routineaufgaben. Ein paar Wochen später bekam er eine Gelegenheit, seine Fähigkeit unter Beweis zu stellen. Edison hatte eine seiner Anlagen für elektrisches Licht auf dem Dampfer „Oregon" installiert, dem schnellsten und modernsten Passagierschiff jener Zeit. Viele Monate lang funktionierte die Anlage gut, aber schließlich gingen beide Dynamos außer Betrieb. Es war unmöglich, die Dynamos zu entfernen und neue zu installieren, und so mussten die alten irgendwie repariert werden — aber dies, sagte man Edison, wäre unmöglich, ohne sie in eine Werkstatt zu bringen. Der planmäßige Abfahrtstermin des Schiffes war vorbeigegangen und Edison wurde aufgrund der sich durch seine Maschinen ansammelnden Tage in eine peinliche Lage versetzt.

Edison fragte Tesla, ob er zum Schiff gehen und nachschauen könnte, was man bezüglich dieser Situation tun könnte. Dies war am Nachmittag. Die Werkzeuge nehmend, die er zu benötigen glaubte, ging Tesla an Bord der Oregon. Er fand heraus, dass einige der Ankerspulen aufgrund von Kurzschlüssen durchgebrannt, und dass anderswo in den Maschinen offene Stromkreise entstanden waren.

Einige Besatzungsmitglieder zu Hilfe rufend arbeitete Tesla die Nacht durch und um 4 Uhr morgens liefen beide Maschinen so gut wie an dem Tag, als sie installiert worden waren. Als er um 5 Uhr morgens zu der Werkstatt in der unteren Fifth Avenue zurückkehrte, traf er im dämmrigen Morgengrauen auf eine Gruppe Männer, die diese gerade verließen. Unter ihnen befanden sich Edison, Batchellor, der in der Zwischenzeit auf Paris zurückgekehrt war, und mehrere Andere, die ihre nächtliche Arbeit beendet hatten und nach Hause gingen.

„Und hier unser Pariser, der sich die ganze Nacht draußen herumtreibt", sagte Edison.

„Komme gerade von der Oregon", antwortete Tesla. „Beide Maschinen funktionieren."

Verwundert schüttelte Edison seinen Kopf und wandte sich ohne ein weiteres Wort ab. Als er die Gruppe erreichte, sagte er laut genug zu Batchellor, dass Tesla ihn mit seinem feinen Gehör hören konnte: „Batchellor, dieser Mann ist ungeheuerlich begabt."

Daraufhin stieg Tesla unter den Angestellten auf und er erhielt engere Kontakte zur Gestaltung und zur Handhabung von Problemen. Er empfand die Arbeit als interessant und widmete sich ihr jeden Tag, Sonntage miteingeschlossen, über achtzehn Stunden am Tag, von 10h30 Uhr morgens bis 5 Uhr am nächsten Morgen. Edison, der seine Industrie beobachtete, sagte ihm: „Ich habe viele schwer arbeitende

Gehilfen gehabt, aber Sie schießen den Vogel ab." Tesla beobachtete viele Wege, um die Dynamos in ihrer Gestaltung zu verbessern, damit sie effizienter funktionierten. Er schilderte Edison seinen Plan und betonte die höhere Leistung und die niedrigeren Betriebskosten, die aus seinen vorgeschlagenen Veränderungen resultieren würden. Edison, der sehr schnell den Wert einer gesteigerten Leistung erkannte, antwortete: „Sie erhalten fünfzig tausend Dollar, wenn Sie es schaffen."

Tesla entwickelte vierundzwanzig Dynamoarten, beseitigte die damals benutzten Feldmagnete mit langen Kernen, ersetzte sie durch die leistungsstärkeren kurzen Kerne und lieferte einige automatische Regelungen, auf die Patente erhalten wurden. Monate später, als die Aufgabe vollbracht und einige der neuen Maschinen gebaut, getestet und als seinen Versprechungen gewachsen angesehen wurden, verlangte Tesla die Auszahlung der 50 000 $. Edison antwortete: „Tesla, Sie verstehen unseren amerikanischen Humor nicht." Tesla war geschockt, dass das, was er für ein konkretes Versprechen gehalten hatte, einfach als normaler Witz des Tages abgetan wurde. Über seinen nicht sehr großzügigen Wochenlohn hinaus, erhielt er nicht einen Penny Entschädigung für seine neuen Designs und Erfindungen oder für die gewaltige Menge an gemachten Überstunden. Er kündigte seine Arbeit sofort. Dies geschah im Frühjahr 1885.

Im Zeitraum von weniger als einem Jahr, das er mit Edison verbracht hatte, hatte Tesla einen guten Ruf in elektrischen Kreisen entwickelt; und so wurde ihm, als er frei war, eine Gelegenheit geboten, um aus diesem Kapital zu schlagen. Eine Gruppe Förderer boten ihm an, eine Firma unter seinem Namen zu gründen. Dies schien eine mögliche Gelegenheit, um sein Wechselstromsystem hinauszubringen und er trat dem Projekt eifrig bei. Aber als er auf seinen Plan drängte, informierten ihn die Förderer, dass sie an seinem Wechselstromsystem nicht interessiert waren. Sie wollten, dass er ein praktisches Bogenlicht zur Straßen- und Fabrikbeleuchtung entwickelte. In circa einem Jahr entwickelte er die gewünschte Lampe, erhielt mehrere Patente auf seine

Erfindung und ihre Fabrikation und Benutzung war im Gange. Aus technischer Sicht war dieses Unterfangen ein Erfolg, aber im Zusammenhang mit diesem litt Tesla selbst unter einer weiteren schmerzhaften, finanziellen Erfahrung. Während der Entwicklungsphase bekam er ein vergleichsweise geringes Gehalt. Gemäß der Vereinbarung sollte er seine hauptsächliche Entschädigung in Form von Aktien im Unternehmen erhalten. Er bekam eine wunderschön gravierte Aktienurkunde und dann wurde er durch Manipulationen, die er nicht verstand, aus dem Unternehmen gedrängt und seine Fähigkeit als Ingenieur und Erfinder verunglimpft. Als er die Urkunde in Bargeld umtauschen wollte, fand er heraus, dass die Aktien neu gebildeter Unternehmen mit einer noch nicht unter Beweis gestellten Macht zum Erhalt von Dividenden sehr wenig Wert besitzen. Seine Meinung von Finanzleuten in sowohl der Alten als auch der Neuen Welt nahm ein entschieden unhöfliches Vorurteil an.

Dann kam das unangenehmste Erlebnis in Teslas Leben. Er war ohne Einkommensquelle vom Frühling 1886 bis zum Frühling 1887 gezwungen, als Tagelöhner zu arbeiten. „Ich durchlebte", sagte er, „ein Jahr voll schrecklichem Kummer und bitteren Tränen, mein Leiden wurde durch meine materielle Not verstärkt." Die Geschäftsbedingungen waren in diesem Land nicht allzu gut. Er hatte nicht nur Schwierigkeiten, jemanden dazu zu bringen, seinem Wechselstromprojekt zuzuhören, sondern hatte auch in seiner Bemühung, Kost und Logis als Arbeiter zu verdienen, eine enorme Konkurrenz. Daher fand er es nicht allzu leicht, sich die niedrigsten Aufgaben zu Hungerlöhnen zu sichern. Er würde über diese Zeit seines Lebens nie reden, vielleicht weil sie so unangenehm war, dass er alle Gedanken daran aus seinem Gedächtnis verbannte. Einige elektrische Reparaturarbeiten und sogar das Grabenziehen zu 2 $ pro Tag befanden sich unter den Arbeiten, die er anpackte. Er verübelte die komplette Verschwendung seiner Fähigkeiten mehr als die damit verbundene persönliche Erniedrigung. Seine Bildung, sagte er, schien wie eine Verhöhnung.

Im Winter früh im Jahre 1887, während er Gräben zog, erregte er die Aufmerksamkeit eines Vorarbeiters der Gruppe, der durch Umstände ebenfalls dazu gezwungen war, unter seinem gewohnten Niveau zu arbeiten. Der Vorarbeiter war von Teslas Geschichte seiner Erfindungen und seinen großen Hoffnungen für sein Wechselstromsystem beeindruckt. Durch den Vorarbeiter, sagte Tesla, wurde er Herrn A. K. Brown der Western Union Telegraph Company vorgestellt, der ein bisschen seines eigenen Geldes bereitstellte und ein Freund dafür interessierte, ihm sich in Teslas Projekt anzuschließen.

Diese beiden Herren organisierten und finanzierten die Tesla Electric Company und gründeten im April 1887 ein Labor in der South Fifth Avenue 33—35 (heute West Broadway), in der Nähe der Bleecker Street und nicht weit von der Werkstatt der Edison Company entfernt. Edison hatte Teslas Wechselstromidee ausgeschlagen—und nun war Tesla sein Nachbar mit einem eigenen Labor und fing an, die rivalisierende Idee zu entwickeln. In diesem kleinen Gebiet sollte die große Schlacht der Elektroindustrie um die Frage, ob Gleich- oder Wechselstrom benutzt werden sollte, geschlagen werden. Der schon berühmte Edison bekannte sich voll und ganz zum Gleichstrom; seine Kraftwerke waren in mehreren Städten in Betrieb und darüber hinaus besaß er die Unterstützung des berühmten Finanziers J. P. Morgan. Tesla hingegen war unbekannt und hatte nur eine sehr mäßige finanzielle Unterstützung. Der Gleichstrom war technisch einfach, wohingegen der Wechselstrom technisch komplex war. Tesla wusste allerdings, dass in dieser Komplexität Möglichkeiten zur Brauchbarkeit lagen.

Teslas dunkle Stunden waren vorüber. Doch sollte er bald entdecken, dass die Annahme oder Zurückweisung des Wechselstromsystems nicht auf technischen Fakten beruhte, sondern auf einer finanziellen Betrachtung, auf emotionellen Reaktionen und Vorurteilen, und dass die menschliche Natur einen größeren Faktor als wissenschaftliche Wahrheiten spielte. Trotzdem sollte er in kurzer Zeit seine größten Hoffnungen und Träume erfüllt und den Erfolg in hohem Maße seine

Anstrengungen belohnen sehen. Sobald er etwas erreicht hatte, was angemessenen Bedingungen ähnelte, unter denen er seine Arbeit weiterführen konnte, schoss der aufsteigende Stern von Teslas Genialität wie ein Meteor über den elektrischen Himmel. Sobald die neu aufgebaute Tesla Electric Company ihre Labore in der South Fifth Avenue öffnete, begann er mit dem Bau zahlreicher Teile von dynamoelektrischen Maschinen. Er musste keine Berechnungen durchführen oder Pläne ausarbeiten. In seinem Geist war alles glasklar, bis hin zu den kleinsten Einzelheiten eines jeden Geräts. Infolgedessen produzierte er schnell jene Nutzgeräte, mit denen er die Prinzipien seines Mehrphasenwechselstromsystems vorstellte. Das Einzelstück, das er in Straßburg gebaut hatte, das erste Modell des Induktionsmotors, lieferte den benötigten physischen Beweis, dass seine restlichen Berechnungen richtig waren.

Die in seinem neuen Labor gebauten Geräte waren mit jenen identisch, die er während seiner zwei Monate in Budapest, die auf die bemerkenswerte Enthüllung des Prinzips des rotierenden Magnetfelds folgten, konzipiert hatte. An den Maschinen, die er damals im Geiste gebaut hatte, sagte er, nahm er nicht die geringste Veränderung vor. Als die Maschinen materiell gebaut waren, versagte nicht eine einzige den Betrieb, so wie er es erwartet hatte. Fünf Jahre waren verstrichen, seit er die Pläne entwickelt hatte. In der Zwischenzeit hatte er nicht eine einzige Linie zu Papier gebracht — und doch erinnerte er sich perfekt an jedes kleinste Detail.

Tesla produzierte so schnell, wie die Maschinen gebaut werden konnten, drei komplette Systeme von Wechselstrommaschinen für Einphasen-, Zweiphasen- und Dreiphasenströmen — und führte Experimente mit Vier- und Sechsphasenströmen durch. In jedem der drei Hauptsysteme schuf er die Dynamos zur Stromerzeugung, die Motoren zur Energieproduktion aus diesen Dynamos und die Transformatoren zur Erhöhung und Verringerung der Spannungen; sowie eine Vielzahl von Geräten zur automatischen Regulierung der

Maschinen. Er stellte nicht nur die drei Systeme her, sondern lieferte auch Methoden, mit denen diese verschaltet werden konnten und Modifizierungen, die eine Vielzahl Benutzungsmöglichkeiten eines jeden Systems eröffneten. Ein paar Monate nach Eröffnung des Labors legte er seinen Zweiphasenmotor Professor W. A. Anthony von der Cornell Universität vor, damit er diesen testete. Prof. Anthony verkündete, dass er die gleiche Leistung hatte wie der beste Gleichstrommotor.

Tesla baute nun nicht nur die Maschinen, der er sich vorstellte, sondern er erarbeitete auch die dem gesamten Gerät zugrunde liegende mathematische Theorie. Diese war so grundlegend, dass sie nicht nur die Prinzipien umfasste, die auf die Maschinen bei einem Betrieb mit 60 Zyklen pro Sekunde zutrafen, die heute standardmäßig verwendete Frequenz, sondern genauso gut auf die gesamte Bandbreite von Nieder- und Hochfrequenzströmen. Mit Edisons Gleichstrom wurde es als unmöglich angesehen, mit einer Leistungsfähigkeit von über 220 Volt in Verteilungssystemen zu arbeiten; aber mit dem Wechselstrom war es möglich, Ströme von vielen tausend Volt zu produzieren und zu übertragen, wodurch eine wirtschaftliche Verteilung möglich gemacht wurde, und diese Ströme konnten von den Kunden zu ihrer Benutzung auf niedrigere Spannungen herabgesetzt werden.

Tesla versuchte, ein einziges Patent zu erhalten, das das gesamte System und all seine einzelnen Dynamos, Transformatoren, Verteilungssysteme und Motoren umfasste. Seine Patentanwälte Duncan, Curtis & Page beantragten dieses Patent am 12. Oktober 1887, sechs Monate nachdem das Labor eröffnet wurde und fünfeinhalb Jahre nachdem Tesla seine Erfindung des rotierenden Magnetfelds gemacht hatte.

Das Patentamt lehnte es allerdings ab, so einen „Sammelantrag" zu prüfen und bestand darauf, dass er in sieben getrennte Erfindungen untergliedert wurde, mit einem Antrag für jede einzelne. Es wurden zwei Gruppen von getrennten Anträgen gestellt, jeweils am 30. November und am 23. Dezember. Diese Erfindungen waren so originell und umfassten ein so jungfräuliches Feld der Elektrizitätslehre, dass sie im

Patentamt auf praktisch keine Widerstände trafen. Innerhalb von ca. sechs Monaten wurden die Patente erteilt. (Sie hatten die Nummern 381,968; 381,969; 381,970; 382,279; 382,280; 382,281 und 382,282. Diese umfassten seine Einphasen- und Mehrphasenmotoren, sein Verteilungssystem und seine Mehrphasentransformatoren. Im April des darauffolgenden Jahres, 1888, beantragte und erhielt er später fünf weitere Patente, die die Vier- und Dreileiter-Dreiphasensysteme miteinschlossen. Diese hatten die Nummern 390,413; 390,414; 390,415; 390,721 und 390,820. Im selben Jahr beantragte und erhielt er achtzehn weitere: 401,520; 405,858; 405,859; 416,191; 416,192; 416,193; 416,194; 416,195; 418,248; 424,036; 433,700; 433,701; 433,702; 433,703; 445,207; 445,067; 459,772 und 464,666.)

Als das Patentamt begann, Tesla eine Reihe grundlegender Patente zuzusprechen, wurde die Aufmerksamkeit des gesamten Elektroingenieur-Berufsstands auf diesen praktisch unbekannten Erfinder gelenkt. Die Bedeutung seiner bahnbrechenden Entdeckungen wurde schnell erfasst und er wurde eingeladen, einen Vortrag vor dem American Institute of Electrical Engineers am 16. Mai 1888 zu halten. Diese Erfindung war der Beweis, dass er „angekommen" war. Tesla nahm die Einladung an und steckte Leib und Seele in die Vorbereitung des Vortrags, der, so ahnte er, es ihm ermöglichen würde, der elektrischen Welt die prächtige Geschichte seines kompletten Wechselstromsystems zu erzählen und von den enormen Vorteilen, die es gegenüber dem Gleichstrom besaß, zu sprechen.

Dieser Vortrag wurde ein Klassiker des Elektroingenieurwesens. In ihm stellte Tesla die Theorie und praktische Anwendung seines Wechselstroms für die Energietechnik vor. Zusammen mit seinen Patenten beschrieb er das Fundament (in Sachen Kreisläufe, Maschinen und Betrieb, Theorie), auf dem fast das gesamte Elektrosystem des Landes aufgebaut wurde und heute immer noch arbeitet. Bis heute wurde keine neue Entwicklung im Bereich der Elektrotechnik gemacht, die einer vergleichbaren Größenordnung auch nur in die Nähe kam.

Teslas Vortrag und die Erfindungen und Entdeckungen, die er in diesen miteinschloss, etablierten ihn vor dem Elektroingenieur-Berufsstand als Vater des gesamten Feldes des Wechselstromsystems und als hervorragender Erfinder im elektrischen Bereich.

Es ist nicht leicht, sich den enormen Ausbruch von elektrischer Entwicklung und Fortschritt vorzustellen, die aus Teslas Labor in den wenigen Monaten nach seiner Eröffnung kamen. Er produzierte eine Flutwelle von Fortschritten, die die elektrische Welt in einer großen Woge zur Eröffnung des neuen Energiezeitalters trug — obwohl es natürlich Jahre dauerte, bis die kommerzielle Verwertung anfing. Die Welt der Elektrotechnik war von der Masse an Entdeckungen, die vom Tesla Labor in schneller Abfolge in ihre Mitte geworfen wurden, erstaunt, verblüfft und verwirrt und war voller Bewunderung für dieses erstaunliche, neue Genie, das in ihren Reihen aufgeblitzt war.

Teslas Stromsystem, das zur Übertragung Hochspannung benutzte, befreite die Gleichstrom benutzenden Elektrizitätswerke davon, als rein örtliche Firmen zu funktionieren, die ein Gebiet im Umkreis von allerhöchstens 1600 Metern beliefern konnten. Seine Motoren benutzten den Wechselstrom, der hunderte Kilometer weit wirtschaftlich übertragen werden konnte und er lieferte ein wirtschaftliches Zwei- und Dreiphasensystem für Leitungen.

Die gewaltigen Veränderungen, die Teslas Wechselstromerfindungen und -entdeckungen in der Elektroindustrie bewirkten, können dadurch festgestellt werden, indem man das Handikap, mit dem die Gleichstrom-Elektrizitätswerke des Edison Systems zu jener Zeit arbeiteten, betrachtet. Die Elektrizität wurde in Elektrizitätswerken von relativ kleinen Dynamos erzeugt und der Strom wurde dann über Kupferleiter, die in Kabelkanälen unter den Straßen lagen, an die Kunden verteilt. Einiges der am Elektrizitätswerk in diese Leiter geleiteten Elektroenergie erreichte das andere Ende der Leitung nicht als Elektrizität, sondern war aufgrund des Widerstands der Leiter unterwegs in nutzlose Wärme verwandelt worden.

Elektroenergie besteht aus zwei Faktoren: dem Strom, oder der Menge Elektrizität, und der Spannung, oder dem Druck unter dem der Strom bewegt wird. Ungeachtet der Spannung erfuhr der Strom Verlustwiderstände. Ein Ampere Strom erfuhr aufgrund des Widerstands einen klaren Verlust, und dieser war der gleiche, egal ob der Druck 100, 1 000 oder 100 000 Volt betrug. Würde der Stromwert unverändert bleiben, dann variierte die Menge der über einen Draht transportierten Energie mit der Spannung. Es wird zum Beispiel 100 000 Mal soviel Energie über ein Draht übertragen, der einen Strom von einem Ampere zu 100 000 Volt befördert, als wenn der Strom ein Ampere und der Druck ein Volt betragen.

Wenn der von einem Draht übertragene Strom verdoppelt wird, dann steigen die Hitzeverluste ums Vierfache an; wird der Strom verdreifacht, dann werden diese Verluste ums Neunfache gesteigert, und wird der Strom vervierfacht, dann steigen die Verluste aufs Sechzehnfache. Diese Situation setzte der Menge an Strom, die auf die Leiter geladen werden konnte, klare Grenzen auf.

Zusätzlich gibt es einen begleitenden Druckverlust. In einem 800 m langen Leiter von der übernommenen Größe und mit den durchschnittlich übertragenen Strömen, gäbe es einen Rückgang von ca. 30 Volt. Um dies einigermaßen auszugleichen, wurden die Dynamos so gestaltet, dass sie 120 Volt anstelle der standardmäßigen 110 Volt, für die die Lampen entwickelt waren, erzeugen konnten. In der Nähe des Elektrizitätswerks würden die Kunden eine Überspannung erhalten — und 800 Meter entfernt würde ihnen Strom mit 90 Volt geliefert. Die frühen Edison Kohlebogenlampen leuchteten mit ihren 100 Volt nicht allzu hell und lieferten mit 90 Volt eine sehr viel weniger zufriedenstellende Beleuchtung.

Durch diese Situation wurde die Herstellung und Verteilung von Gleichstrom zu einer stark eingegrenzten Angelegenheit. Das Edison Elektrizitätskraftwerk konnte ein Gebiet beliefern, dessen Durchmesser unter einer Meile (1,6 km) betrug. Um großen Städten Dienstleistungen zu bieten, müsste jede Quadratmeile (2,5 km²) ein Elektrizitätswerk stehen, oder noch näher, wenn ein gleichmäßig zufriedenstellender Strom geliefert werden sollte. Außerhalb von großen Städten war die Situation noch komplizierter. Dies war ein großes Handikap, sollte Elektrizität zur universellen Energiequelle werden.

Teslas Wechselstromsystem, das Edison so nachdrücklich abgewiesen hatte, als es ihm angeboten wurde, befreite die Elektrizität von ihrem Zwang zur örtlichen Isolation. Nicht nur waren seine Wechselstrommotoren einfacher und flexibler als die Gleichstrommaschinen, sondern es war durch die höchst effiziente Methode der Anwendung von Transformatoren, die aus zwei Drahtrollen um einen Eisenkern bestanden, möglich, die Spannung zu erhöhen und gleichzeitig den Strom proportional zu verringern, oder den Prozess umgekehrt zu verwenden. Die beteiligte Menge Energie würde allerdings praktisch gleich bleiben.

Kupferdraht erfordert eine große Investition, wenn er per Kilometer gekauft wird. Der Durchmesser des Drahts bestimmt die Grenze dafür, wie viel Strom er übertragen kann. Mit dem Edison Gleichstromsystem gab es keine praktische Möglichkeit, um Elektrostrom zu verwandeln. Die Spannung blieb die gleiche und wenn der Strom auf die Übertragungskapazität des Drahts erhöht wurde, dann war in diesem Kreislauf keine weitere Ausweitung möglich.

Mit dem Tesla System konnte die Menge Energie, die ein Draht transportieren konnte, enorm gesteigert werden, indem die Spannung erhöht und der Strom unterhalb der Übertragungsgrenze des Kreislaufs fest gehalten wurde. In Teslas Mehrphasenwechselstromsystem konnte ein ganz kleiner Draht tausend oder mehr Mal so viel Elektroenergie übertragen, wie in Edisons Gleichstromsystem.

Durch die Benutzung von Teslas Wechselstromsystem konnte Elektrizität ökonomisch weit entfernt vom Elektrizitätswerk übertragen werden. Es würde möglich sein, wenn gewünscht, Kohle am Eingang einer Mine zu verbrennen, um Elektrizität zu erzeugen und den Strom günstig in entfernte Städte zu leiten oder Elektrizität dort zu produzieren, wo Wasserkraft verfügbar war und sie an entfernte Orte, wo sie benutzt werden konnte, zu übertragen.

Tesla befreite den elektrischen Riesen von der Abhängigkeit vom Elektrizitätswerk und lieferte ihm eine geographische Freiheit, die Möglichkeit, sich in großen Freiflächen zu entwickeln und dort seine Arbeit zu tun. Er legte den Grundstein für unser aktuelles System der Supermächte. Eine Entwicklung von solchem Ausmaß ist dazu bestimmt, mit Dynamit geladen zu sein und Handlungen würden mit Sicherheit folgen, sobald jemand ein Streichholz an die Lunte hält.

FÜNF

Teslas spektakulärer Vortrag und Vorführung vor dem American Institute of Electrical Engineers in New York lenkte die Aufmerksamkeit der elektrischen Bruderschaft der gesamten Welt auf seine Arbeiten. Aus Sicht der großen Mehrzahl Elektroingenieure bestanden keine Zweifel, dass Teslas Entdeckungen eine neue Epoche in der Elektroindustrie einleiteten. Aber was kann man diesen Entdeckungen tun? Es gab nur wenige Hersteller, die sie sich zu Nutzen machen konnten. Seine Entdeckungen befanden sich im selben Dilemma wie ein 10 Pfund schwerer Diamant. Niemand würde den Wert des Steins in Frage stellen, aber wer könnte ihn kaufen oder benutzen?

Tesla hatte sich damals keine konkreten Gedanken über die Kommerzialisierung seiner Arbeit gemacht. Er befand sich inmitten eines Programms von experimenteller Arbeit, das weit von seiner Vollendung entfernt war und er wollte es beenden, bevor er sich anderen Tätigkeitsbereichen widmete. Er vermutete, dass es keine Alternative dazu gab, seine eigene Firma aufzubauen und die Herstellung seiner Dynamos, Motoren und Transformatoren durchzuführen. So ein Kurs würde ihn von der ursprünglichen experimentellen Arbeit wegsteuern, die ihn stark faszinierte und die er nicht unterbrechen wollte. Die Kommerzialisierung seiner Erfindungen war daher ein Problem, das, was ihn betraf, aufgeschoben werden konnte, zumindest solange die aktuelle Finanzierung seiner Arbeiten weiterlief.

George Westinghouse, Leiter der Westinghouse Electric Company in Pittsburgh, war ein Mann mit Weitblick. Als Erfinder von zahlreichen elektrischen Geräten, aber vor allem für seine Druckluftbremse für Züge, war er schon berühmt und hatte aus der Verwertung seiner eigenen Erfindungen ein Vermögen gemacht. Er kannte die von Teslas

Entdeckungen eröffneten enormen, kommerziellen Möglichkeiten und die große Überlegenheit des Wechselstromsystems gegenüber dem Gleichstromsystem. Er war ein praktischer Geschäftsmann und in seiner Wahl zwischen den beiden System nicht eingeschränkt. Edison, Leiter der Edison General Electric Company, dagegen war eingeschränkt. Edisons Erfindung war die elektrische Glühlampe. Nachdem er dieses Projekt entwickelt hatte, war er mit dem Problem konfrontiert, einen Weg zu dessen kommerzieller Nutzung zu finden. Um seine Lampen der Öffentlichkeit zu verkaufen, musste er zur ihrer Erleuchtung Elektrizität zu Verfügung stellen. Dies erforderte den Bau von Elektrizitätswerken und Verteilungssystemen. Eine andere elektrische Lampenart war schon vorhanden — die Bogenlampe — für die er sich nur wenig interessierte. Die Elektrizitätswerke des Edison Systems waren auf einen Niederspannung-Gleichstrom genormt. Zu dieser Zeit wurden Gleichstrommotoren benutzt und die meisten Techniker glaubten, es wäre sehr unwahrscheinlich, dass es je einen geeigneten Wechselstrommotor geben würde. Daher eröffnete das Gleichstromsystem von Edisons Standpunkt aus viele pragmatische Vorteile.

Westinghouse besaß kein mit der Glühlampe vergleichbares Lieblingsprojekt, um das er schützende Bedingungen wie Gleichstromeinschränkungen werfen musste, und so konnte er Teslas Wechselstromentdeckungen aus einem unvoreingenommenen und rein objektiven Standpunkt betrachten. Er kam einen Monat nach Teslas Vortrag zu einer Entscheidung. Danach sandte er Tesla eine kurze Mitteilung und verpflichtete sich, letzteren in seinem Labor zu besuchen.

Die zwei Erfinder waren sich vorher nie begegnet, aber beide waren gut mit den Arbeiten des Anderen vertraut. Westinghouse, geboren 1846, war 10 Jahre älter als Tesla. Er war ein kleines, beleibtes, bärtiges und imposantes Individuum und hatte die Angewohnheit einer Direktheit in seinen Geschäften, die fast einer Unverblümtheit gleichkam. Tesla,

32 Jahre alt, war groß, dunkelhaarig, gutaussehend, schlank und höflich. Sie bildeten ein stark gegensätzliches Paar, so wie sie in Teslas Labor standen, aber sie hatten drei Gemeinsamkeiten: beide waren sie Erfinder, Ingenieure und liebten die Elektrizität. Tesla besaß in seinem Labor Dynamos, Transformatoren und Motoren, mit denen er seine Entdeckungen und Modelle unter realen Betriebsbedingungen vorführen konnte. Hier fühlte sich Westinghouse sehr wohl und war schnell von dem Erfinder und seinen Erfindungen begeistert.

Westinghouse war so stark positiv beeindruckt, dass er sich entschied, schnell zu handeln. Diese Geschichte wurde dem Autor von Tesla selbst erzählt.

„Ich werde Ihnen eine Million Dollar in bar für Ihre Wechselstrompatente geben, plus Patentgebühren", platzte es aus Westinghouse vor dem erschreckten Tesla heraus. Dieser große, höfliche Gentleman lieferte allerdings kein äußeres Anzeichen dafür, dass er vor Überraschung fast aus dem Konzept gebracht wurde.

„Wenn Sie die Patentgebühren einen Dollar pro Pferdestärke machen, werde ich das Angebot annehmen", antwortete Tesla.

„Eine Million in bar, ein Dollar pro Pferdestärke Patentgebühren", wiederholte Westinghouse.

„Das ist annehmbar", sagte Tesla.

„Verkauft", sagte Westinghouse. „Sie werden in ein paar Tagen einen Scheck und einen Vertrag erhalten."

Hier waren zwei großartige Männer, jeder von der Fähigkeit besessen, Zukunftsvisionen in einem riesigen Panorama zu sehen, und jeder mit vollstem Vertrauen in den anderen, die ein enormes Geschäft mit völliger Missachtung der Einzelheiten abschlossen.

Der beteiligte Betrag war für diese Zeit für eine Erfindung unbestreitbar ein Rekord. Während Tesla von seinem kompletten Mehrphasensystem als eine einzige Erfindung dachte, verkaufte er trotzdem zwanzig Erfindungen, für die Patente schon erteilt worden waren, und fast genauso viele, für die sie noch erteilt werden mussten. Mit einer Summe von vierzig in diesem Geschäft beteiligten Patenten, die meisten von ihn von stark grundlegender Natur, erhielt er daher ca. 25 000 $ pro Patent. Westinghouse erhielt ein rekordverdächtiges Schnäppchen, indem er die Patente in pauschalen Mengen kaufte.

Westinghouse kam mit Tesla überein, dass dieser „für ein hohes Gehalt" für ein Jahr nach Pittsburgh kommen würde, um als Berater für die kommerzielle Anwendung seiner Erfindungen zu arbeiten. Das großzügige, von dem Pittsburgh Magnat gemachte Angebot für den Kauf seiner Patente, beseitigte Teslas Sorgen darüber, ein großes Stück seiner Zeit der kommerziellen Verwertung seiner Erfindungen durch seine eigene Firma widmen zu müssen. Daher konnte er es sich leisten, dieses eine Jahr seiner Zeit zur Verfügung zu stellen.

Der Apparat, den Tesla Westinghouse vorstellte, als Letzterer sein Labor besuchte, und der so wunderschön funktionierte, war für den Betrieb mit einem Strom von 60 Zyklen ausgelegt. Teslas Nachforschungen zeigten, dass dies die Frequenz war, um die höchste Betriebstätigkeit zu erreichen. Mit höheren Frequenzen konnte an der benötigten Menge Eisen gespart werden; aber der Verlust in Effizienz und die entstehenden Gestaltungsschwierigkeiten wurden durch die sehr geringen Einsparungen in Metallkosten nicht ausgeglichen. Mit geringeren Frequenzen ist die benötigte Menge Eisen höher und der Apparat wurde schneller größer, als es die gesteigerte Effizienz rechtfertigte.

Tesla ging nach Pittsburgh und erwartete, alle Probleme in unter einem Jahr geregelt zu haben. Er begegnete dort allerdings Ingenieuren, die dem Problem, einen Motor mit einem Design zu bauen, das erstens die Gewissheit eines reibungslosen und verlässlichen Betriebs, zweitens die Wirtschaftlichkeit des Betriebs, drittens die Wirtschaftlichkeit in der Benutzung von Materialien, viertens eine einfache Fertigungsweise, sowie anderen Problemen gegenüber standen. Tesla hatte die Probleme im Kopf, aber nicht mit jener Dringlichkeit, mit der die Ingenieure ihnen gegenüber standen. Außerdem war er recht unnachgiebig in der Wahl von 60 Zyklen als Standardfrequenz für Wechselstrom, während die Ingenieure, die mit 133 Zyklen Erfahrung hatten, sich nicht sicher waren, dass die niedrigere Frequenz die beste für Teslas Motoren war. Auf jeden Fall bestand ein Konflikt zwischen dem Erfinder, der sich vor allem für die Prinzipien interessierte, und den Ingenieuren, die sich für die Probleme des praktischen Designs interessierten. Bei dem Versuch, Teslas Motor in kleinen Größen mit einem Einphasenstrom laufen zu lassen, begegnete man sehr bestimmten Problemen. In dieser Art Design mussten Vorrichtungen in den Motor integriert werden, um aus dem Einphasenstrom, der zu dessen Betrieb geliefert wurde, einige der Eigenschaften eines Zweiphasenstroms zu machen.

Tesla war von der Situation gründlich angeekelt. Er fühlte sich, als ob sein Ratschlag hinsichtlich seiner eigenen Erfindung abgelehnt würde, und so verließ er Pittsburgh. Westinghouse war sich sicher, dass sich die Situation von selbst lösen würde. Tesla enthüllte viele Jahre später, dass Westinghouse ihm, im Versuch, Tesla zum Bleiben zu bewegen, 24 000 Dollar pro Jahr, ein Drittel des Reingewinns der Firma, und sein eigenes Labor geboten hatte, wenn er bleiben und die Entwicklung seines Systems leiten würde. Tesla, der jetzt wohlhabend und bestrebt war, zu seiner ursprünglichen Forschung zurückzukehren, lehnte das Angebot ab.

Die Entwicklungsarbeit wurde fortgesetzt, nachdem Tesla gegangen war, und so wurden bald praktische Designs für alle Motor- und Dynamogrößen produziert und mit ihrer Herstellung begonnen. Tesla stellte freudig fest, dass der 60-Zyklen Standard, seine ausdrückliche Wahl, aber die auf der Grundlage in Frage gestellt wurde, dass sie in kleineren Einheiten unpraktischer wäre, als die Standardfrequenz übernommen wurde.

Als er in sein New Yorker Labor zurückkehrte, erklärte Tesla, dass er während dem Jahr in Pittsburgh nicht einen einzigen lohnenswerten Beitrag zur Elektrizitätslehre geleistet hatte. „In Pittsburgh war ich nicht frei", erklärte er, „ich war abhängig und konnte nicht arbeiten. Um kreative Arbeit durchzuführen, muss ich vollkommen frei sein. Als ich mich von dieser Situation befreit hatte, strömten Ideen und Erfindungen durch mein Gehirn wie die Niagarafälle." In den folgenden vier Jahren widmete er einen Großteil seiner Zeit weiteren Entwicklungen seines Mehrphasenstromsystems und beantragte und erhielt 45 Patente. Die im Ausland verliehenen Patente würden die Summe auf mehrere Male so viel bringen.

Die Ideen der beiden Riesen unter den Erfindern—Edison und Tesla—trafen sich in einem frontalen Kampf. Aus den Laboren der beiden Genies, die sich in der South Fith Avenue in New York in Sichtweite befanden, waren welterschütternden Entwicklungen entstanden.

Es gab einen beträchtlichen Konflikt zwischen Edison, der strikt dem Gleichstrom angehörte, und denjenigen, die die Forderung nach Wechselstrom unterstützten. Die Thomson-Houston Company und die Westinghouse Electric Company hatten dieses Feld für elektrische Reihenbeleuchtung und Bogenbeleuchtung ausführlich entwickelt, bevor das Tesla Stromsystem entwickelt wurde. Edison hatte sich an vielen Schlägen gegen diese Konkurrenten beteiligt und bezeichnete den Wechselstrom aufgrund der benutzten Hochspannung als unsicher. Die Einführung vom Tesla System goss Öl ins Feuer.

Es war Teslas Glauben, dass, als die Leitung des New York State Gefängnis Hochspannungswechselstrom zur Hinrichtung der verurteilten Gefangenen auf dem elektrischen Stuhl übernahm, die Edison Interessen das Projekt eingefädelt hatten, um den Wechselstrom in Verruf zu bringen. Es gibt keinen Zweifel über die Hilfe, die die Wahl der Gefängnisleitung der Gleichstromgruppe lieferte; aber ihre Entscheidung begründete sich zweifelsohne auf die Tatsache, dass der Gleichstrom durch praktische Mittel nicht mit den benötigten Hochspannungen produziert, wohingegen die Leistungsfähigkeit von Wechselstrom sehr einfach erhöht werden konnte. Der Gleichstrom ist bei gleicher Spannung und elektrische Stromstärke genauso tödlich wie der Wechselstrom. In diesem „Stromkrieg" allerdings, genauso wie in anderen Kriegen, appellierten die regierenden Einflüsse an die Emotionen und nicht an einfache Fakten.

Die Aufgabe, die Vereinigten Staaten auf eine Grundlage von Elektroenergie zu stellen—und das ist, was George Westinghouse unternahm, als er begann, Teslas Patente zu verwerten—war eine riesige Aufgabe, die nicht nur Ingenieurstalent, sondern auch Kapital erforderte.

Die Westinghouse Electric Company erfuhr eine enorme Erweiterung ihres Geschäftsvolumens, aber der Aufstieg kam zu einer Zeit, als das Land in eine Phase von kommerzieller und finanzieller Depression eintrat; und Westinghouse befand sich schnell in Schwierigkeiten.

Es war außerdem eine Ära, in der gigantische, rivalisierende finanzielle Interessen um die Kontrolle der industriellen Struktur des Landes durch die Kontrolle von Kapital kämpften. Es war eine Zeit von Zusammenschlüssen, eine Zeit, in der finanzielle Interessen größere Produktionseinheiten durch Fusion kleinerer Firmen in verwandten Bereichen schufen und diese Verbindungen oft ohne Rücksicht auf das, was die Besitzer der Firmen wünschten, erzwangen.

Ein Zusammenschluss, der intern eingeleitet und durch gegenseitige Zustimmung vereinbart wurde, brachte die Thomson-Houston Company und die Edison General Electric Company, die zwei größten Rivalen von Westinghouse Electric, zusammen, um die heutige General Electric Company zu bilden. Dies stellte eine Hausforderung an rivalisierende finanzielle Interessen.

Durch Nutzung von Teslas Patenten hatte Westinghouse sein Geschäft sehr schnell vergrößert. Da seine Kapitalstruktur dadurch an einer gewissen Flexibilität verloren hatte, wurde er anfällig für Finanzdienstleister und befand sich schnell in den Fängen eines Zusammenschlusses, der darin bestand, mehrere andere Firmen mit seiner Gesellschaft zu vereinen. Finanzielle Interessen, die in die Situation eingetreten waren, verlangten, dass die Westinghouse Electric Company als Schritt in Richtung einer Fusion mit der U.S. Electric Company und der Consolidated Electric Light Company neuorgansiert wurde. Die neue Einheit sollte als die

Westinghouse Electric and Manufacturing Company bekannt werden. Bevor diese Neuorganisation vollendet wurde, bestanden die Finanzberater in strategischen Positionen darauf, dass Westinghouse einige seiner Pläne und Projekte über Bord warf, die sie als unratsam oder als Nachteil dafür betrachteten, um die neue Firma auf eine neue, aus finanzieller Sicht gesündere Grundlage zu stellen.

Eine der Bedingungen war, dass Westinghouse den Vertrag mit Tesla loswurde, der Bezahlungen von Patentgebühren über 1 $ pro Pferdestärke für alle, unter seinen Patenten verkauften Wechselstromwaren forderte. (Es existiert kein Urkundenbeweis bezüglich dieses Vertrags. Der Autor machte zwei Informationsquellen ausfindig. Eine stimmte mit der hier erzählten Geschichte vollkommen überein. Die andere besagt, dass die Bezahlung von 1 Millionen Dollar vorgeschossene Patentgebühren waren, und so beschrieb es ihm Tesla und erklärte, dass keine weiteren Patentgebühren gezahlt wurden.) Die Finanzberater wiesen darauf hin, dass, sollten die Geschäfte, die die Firma nach Westinghouse' Erwartung unter den Tesla Patenten im folgenden Jahr machen würde, Ansatzweise so groß wie geschätzt sein, dann würde die laut diesem Vertrag zu bezahlende Menge enorm sein, sich auf Millionen von Dollar belaufen; und dies erschien in einer Zeit von Neuorganisation eine gefährliche Last, die die Stabilität gefährdete, die sie für die neue Organisation zu schaffen versuchten.

Westinghouse widersprach dieser Vorgehensweise heftig. Diese Bezahlung von Patentgebühren, beharrte er, entsprach der gewöhnlichen Vorgehensweise und würde keine Last für die Firma darstellen, denn sie war in den Produktionskosten beinhaltet, wurde von den Kunden bezahlt und entstammte nicht aus den Firmeneinnahmen. Westinghouse, selbst ein Erfinder ersten Ranges, hatte in seinen Handlungen mit Erfindern ein starkes Gespür für Gerechtigkeit.

Die Finanzberater sollten allerdings nicht überstimmt werden. Sie nagelten Westinghouse vor Ort fest, indem sie darauf bestanden, dass die 1 Millionen Dollar, die er Tesla gezahlt hatte, eine mehr als angemessene Entschädigung für eine Erfindung wären und dass er durch so eine überzogene Summe die Kapitalstruktur seiner Firma gefährdet und das Interesse der Bankiers aufs Spiel gesetzt hätte. Man argumentierte, dass jegliche weitere Gefährdung der Neuorganisation durch jegliche Bemühung, den Vertrag über die Patentgebühren zu bewahren, im Zurückziehen der Unterstützung, die die Firma retten würde, resultiere. Die Situation lief auf die übliche „Entweder-Oder"-Technik hinaus. Westinghouse musste die Verhandlungen mit Tesla führen. Ihm hätte keine Situation peinlicher sein können. Trotzdem, Westinghouse war ein Realist unter Realisten. Er zögerte nie, die Tatsachen beherzt und mit unverblümter Direktheit anzupacken. „Ich werde Ihnen eine Million Dollar in bar für Ihre Wechselstrompatente geben, plus Patentgebühren": Er war sowohl knapp, als auch unverblümt gewesen, als er Tesla die Patente abgekauft hatte. Jetzt befand er sich dem Problem gegenüber, diese Situation rückgängig zu machen, in die er sich mit solcher Knappheit gebracht hatte. Damals sprach das Geld und er hatte das Geld. Jetzt befand sich Tesla in der dominanten Position; er besaß einen vollkommen gültigen, mehrere Millionen werten Vertrag und er konnte vor Gericht gehen, um die Einhaltung der Klauseln zu erzwingen. Edisons erfolgreiche Klage gegen die Verletzter seines Patents des elektrischen Lichts, die für viele Firmen, die gegen seine Patentschutzrechte verstießen, eine Katastrophe bedeutete, hatte die gesamte industrielle Welt dazu veranlasst, einen neuen und vollwertigen Respekt für Patentrechte zu entwickeln.

Westinghouse hatte keinen Grund dafür, zu glauben, dass Tesla auch nur die kleinste Neigung dazu zeigen würde, auf seinen Vertrag zu verzichten oder zu erlauben, dass die Konditionen geändert wurden, um eine kleinere Rate an Patentgebühren zu bestimmen. Er wusste, dass Teslas Stolz durch die Uneinigkeit mit Pittsburghs Ingenieuren verletzt worden war und dass er jetzt vielleicht in keiner versöhnlichen Laune wäre. Andererseits wusste Westinghouse auch, dass ihm die Annahme von Teslas Idee gelungen war. Sein größter Trost bestand in der Tatsache, dass er diesen Vertrag in gutem Glauben eingegangen war—und mit demselben guten Glauben versuchte er, eine sehr viel weniger befriedigendere Situation zu handhaben. Vielleicht könnte er Tesla anstelle des Vertrags eine Führungsposition in der Firma anbieten. Ein solches Abkommen hätte Vorteile für sie beide.

Es gibt keinen Weg, um den genauen Wert von Teslas Vertrag zu bestimmen. Seine Patente umfassten jeden Bereich des neuen Wechselstromsystems und es konnten Patentgebühren für die Ausstattung und die Motoren von Elektrizitätswerken eingenommen werden. Zu dieser Zeit hatte die Elektrizitätswirtschaft gerade erst begonnen; keiner konnte in die Zukunft schauen und das riesige Geschäftsvolumen sehen, dass entwickelt werden würde. (Die neuesten verfügbaren Angaben besagen, dass 1941 162 000 000 Pferdestärken an Elektrizität herstellenden Maschinen in den Vereinigten Staaten in Betrieb waren, fast alle mit Wechselstrom. Angenommen, es gab ein einheitliches Wachstum von 1891 bis 1945, dann hätte die Pferdestärke 1905, als Teslas Patente abgelaufen wären, ungefähr 20 Millionen betragen. Diese Zahl ist offensichtlich zu hoch.

Einer von T. Commerford Martin durchgeführten Zählung von Zentralstationen in den Vereinigten Staaten (*Electrical World*, 14. März 1914) zufolge, betrug, im Jahre 1902, die Pferdestärke von Generatoren in Betrieb 1 620 000 und war 1907 auf 6 900 000 angestiegen. Auf einer anteiligen, pro Jahr Grundlage, würde diese Zahl für 1905, dem Jahr, in dem Teslas erste Patente ausliefen, 5 000 000 ergeben. Während dieser Zeit installierten viele Fabrikanten, die die Dampfkraft verwendet hatten, Dynamos in ihren Fabriken und bedienten isolierte Werke. Diese waren in den Zahlen der Zentralstationen nicht enthalten und, wenn hinzugefügt, würden sie die gesamte Pferdestärke auf vielleicht 7 000 000 bringen. Auf der Grundlage seines 1 $-pro-Pferdestärke-Abkommen hätte Tesla für diese Ausstattung ein Recht auf 7 000 000 $ gehabt. Außerdem hatte er ein Recht auf Patentgebühren für Motoren, die die von diesen Dynamos erzeugte Energie benutzten. Wenn nur drei Viertel des erzeugten Stroms für Energie genutzt würden, dann hätte es ihm zu zusätzlichen Patentgebühren von 5 000 000 $ oder einer Gesamtsumme von 12 000 000 $ berechtigt.)

Es wäre für jeden Geschäftsführer, egal wie scharfsinnig oder schlau, eine schwierige Aufgabe, einem Mann einen Vertrag auszureden, der einen Reingewinn von vielen Millionen Dollar abwerfen würde, oder ihn dazu zu überreden, eine Verringerung der Raten in Höhe von Millionen zu akzeptieren.

Westinghouse suchte Tesla auf und traf ihn im selben Labor in der South Fifth Avenue, wo er die Patente vier Jahre zuvor gekauft hatte. Ohne Einleitung oder Entschuldigung erklärte Westinghouse die Situation.

„Ihre Entscheidung", sagte der Pittsburgh Magnat, „entscheidet das Schicksal der Westinghouse Gesellschaft."

„Angenommen, ich würde mich weigern, auf meinen Vertrag zu verzichten; was würden Sie dann tun?", fragte Tesla.

„In diesem Fall müssten Sie mit den Bankiers verhandeln, denn ich würde in der Situation keine Macht mehr haben", antwortete Westinghouse.

„Und wenn ich auf den Vertrag verzichte und Sie ihre Firma retten und die Kontrolle behalten, dann könnten Sie mit ihren Plänen fortfahren, mein Mehrphasensystem der Welt zu geben?", fuhr Tesla fort.

„Ich glaube, ihr Mehrphasensystem ist die größte Entdeckung im Bereich der Elektrizität", erklärte Westinghouse. „Es waren meine Anstrengungen, es der Welt zu geben, die uns in die aktuellen Schwierigkeiten brachten, aber ich habe die Absicht, weiterzumachen, egal was passiert, und mit meinem ursprünglichen Plan, das Land auf die Basis von Wechselstrom zu stellen, fortzufahren."

„Herr Westinghouse", sagte Tesla, richtete sich zu seiner vollen Größe von 188 cm auf und strahlte auf den Pittsburgh Magnat herab, der selbst ein großer Mann war, „Sie waren mein Freund, Sie glaubten in mich, als Andere kein Vertrauen in mich hatten; Sie waren mutig genug, voranzugehen und mir eine Million Dollar zu bezahlen, als den Anderen der Mut dazu fehlte; Sie haben mich unterstützt, als es Ihren eigenen Ingenieuren an Vorstellungskraft fehlte, um die großen, kommenden Dinge zu sehen, die Sie und sich sahen; Sie haben mir als Freund zur Seite gestanden. Der Nutzen, den die Zivilisation aus meinem Mehrphasensystem ziehen wird, bedeutet mir mehr als das involvierte Geld. Herr Westinghouse, Sie werden ihre Firma retten, sodass Sie meine Erfindungen entwickeln können. Hier ist Ihr Vertrag und hier ist mein Vertrag—ich werde sie beide in Stücke zerreißen und sie werden nicht länger Probleme aufgrund meiner Patentgebühren haben. Reicht das aus?"

Seinen Worten Taten folgen lassend, zerriss Tesla den Vertrag und warf ihn in den Mülleimer; und Westinghouse konnte dank Teslas großartiger Geste nach Pittsburgh zurückkehren und die Einrichtungen seiner neu organisierten Firma, die zur aktuellen Westinghouse Electric and Manufacturing Company wurde, nutzen, um sein Versprechen an Tesla, der Welt sein Wechselstromsystem zur Verfügung zu stellen, einzulösen.

Wahrscheinlich gibt es nirgendwo in der Geschichte eine Aufzeichnung über ein so herrliches Opfer für die Freundschaft, wie Teslas gewaltiges Geschenk an Westinghouse über 12 000 000 $ in unbezahlten Patentgebühren, obwohl Westinghouse selbst daraus nur einen indirekten Nutzen zog.

Es ist auch wahrscheinlich, dass sein Versagen, Tesla diese Patentgebühren zu zahlen, zu einem der größten Nachteile des wissenschaftlichen und industriellen Fortschritts wurde, den die menschliche Rasse erfuhr. Ein paar Jahre später fand sich Tesla, immer noch der weit vom Höhepunkt seines größten Wachstums entfernte intellektuelle Riese, immer noch einen Überfluss an Erfindungen und Entdeckungen von äußerster Wichtigkeit hervorbringend, mit der gleichen Bedeutung wie seine ersten Bemühungen, die die Welt auf eine Grundlage von elektrischer Energie stellten, ohne Kapital wider, mit dem er seine Entdeckungen hätte entwickeln können; mit dem Ergebnis, dass viele von ihnen verloren gegangen sind. Fast fünfzig Jahre nachdem er auf dem Altar der Freundschaft hoheitsvoll auf seinen Reichtum verzichtet hatte, während welcher Zeit Tesla die Möglichkeit dazu hatte, die Vereinigten Staaten und die Welt als ein gesamtes Wachs zu sehen, das aufgrund der Energie, die er zur Verfügung stellte, wohlhabend geworden war, appellierte man an ihn, mit einer Rede auf eine ehrenamtliche Benennung durch das Institute of Immigrant Welfare (Institut des Wohlergehens der Einwanderer) zu reagieren. Tesla, zu diesem Zeitpunkt ungefähr achtzig Jahre alt, war nicht in der Lage, persönlich zu erscheinen. Er hatte Jahrzehnte voll Armut erlebt, in denen er mit viel Spott für sein Verfehlen, Erfindungen zu entwickeln, die er gemacht zu haben behauptete, konfrontiert wurde und war aufgrund seines Unvermögens, seine Rechnungen zu bezahlen, dazu gezwungen gewesen, oft von Hotel zu Hotel zu ziehen. Trotz dieser Erlebnisse entwickelte er keinen Groll auf Westinghouse, in dessen Namen er seine 12 000 000 Dollar in Patentgebühren geopfert hatte. Stattdessen behielt er seine ursprüngliche, warme Freundschaft bei. Dies wird durch eine Aussage in einer Rede angedeutet, die er zum Institute sandte, damit sie bei seinem Mahl im Biltmore Hotel vom 12. Mai 1938 verlesen wurde:

„George Westinghouse war meiner Meinung nach der einzige Mann auf diesem Globus, der mein Wechselstromsystem unter den damals existierenden Umständen nehmen und den Kampf gegen Vorurteile und die Macht des Geldes gewinnen konnte. Er war ein Pionier von imposanter Statur, einer der wirklichen Edelleute der Welt, auf den Amerika stolz sein sollte und dem die Menschheit eine riesige Menge Dankbarkeit schuldig ist."

SECHS

Als Tesla 1889 die Westinghouse Fabrik in Pittsburgh verließ, um zu seinem Labor in New York zurückzukehren, betrat er eine neue Welt. Das wundervolle Mehrphasensystem, das er schon produziert hatte, war nur ein kleines Beispiel für die größeren Wunder, die immer noch aufgedeckt werden mussten, und es drängte ihn, mit der Erforschung des neuen Gefilde anzufangen.

Er betrat kein vollkommen unbekanntes Gefilde, in dem er in der Hoffnung, über etwas Wertvolles zu stolpern, seinen Weg in der Dunkelheit erfühlen musste - obwohl sich jeder andere zu dieser Zeit in solch einer Position befunden hätte. An jenem schicksalhaften Februarnachmittag 1882 in Budapest, als er die Vision des rotierenden Magnetfelds hatte, kam mit dieser eine Erleuchtung, die ihm den gesamten Kosmos mit seinen unendlichen Variationen und seiner Unzahl an Erscheinungsformen als eine Symphonie der wechselnden Ströme offenbarte. Für ihn wurden die Harmonien des Universums auf einer Tonleiter elektrischer Vibrationen mit vielen Oktaven gespielt. In einer der tieferen Oktaven gab es eine einzelne Note, den Wechselstrom mit 60 Zyklen pro Sekunde, und in einer der höheren Oktaven befand sich das sichtbare Licht mit einer Frequenz von Milliarden von Zyklen pro Sekunde.

Tesla hatte eine Versuchsrichtung im Sinn, um diesen Bereich elektrischer Vibrationen zwischen seinem Wechselstrom und den Lichtwellen zu erforschen. Er würde die Frequenz des Wechselstroms auf die unbekannten, dazwischenliegenden Bereiche erhöhen. Wenn eine Note in einer tieferen Oktav solch eine herrliche Erfindung wie das rotierende Magnetfeld und das Mehrphasensystem produzierte, wer konnte sich dann die prachtvollen Möglichkeiten, die hinter anderen Noten in höheren Oktaven versteckt lagen, vorstellen? Und es gab tausende Oktaven, die erforscht werden mussten. Er würde ein elektrisches Harmonium bauen, indem er elektrische Vibrationen mit allen Frequenzen produziert und ihre Eigenschaften untersucht. Somit würde er, hoffte er, das Leitmotiv der kosmischen Symphonie elektrischer Vibrationen verstehen, die das gesamte Universum durchdrang.

Tesla war nun, im Alter von 33 Jahren, wohlhabend. Er hatte 1 000 000 $ von der Westinghouse Gesellschaft für seinen ersten Ertrag an Erfindungen erhalten. Von diesen gingen 500 000 $ an A. K. Brown und seinen Partner, die seine Experimente finanziert hatten. Es würden noch größere Erfindungen folgen. Er würde nie Geld benötigen. Er würde, glaubte er damals, für seine Wechselstrompatente Gebühren in Millionenhöhe erhalten. Er konnte das Geld so freigiebig, wie er wollte, ausgeben, er konnte in die Geheimnisse der Natur eindringen und seine Entdeckungen zum menschlichen Wohl benutzen. Es lag in seiner Verantwortung, so engagiert zu sein. Er wusste, dass er begabt war, da kein anderer Mann mit Vision, Talent und Fähigkeit gesegnet war; und er wiederum würde die Welt mit übernatürlichen Schätzen an wissenschaftlichem Wissen ausstatten, die er aus den geheimen Tiefen des Universums ziehen und sie durch Aktivitäten in seinem mächtigen Geist in Kräfte umwandeln würde, um das Leben erheitern, die Arbeiten zu erleichtern und die Zufriedenheit der menschlichen Rasse zu steigern.

War er mit seiner Haltung ein Superegoist? Wenn ja, dann wurde er nicht durch selbstsüchtige Beweggründe angetrieben. Für ihn zählte es nicht, was er dachte, solange er in seiner Denkweise objektiv blieb und seine Gedanken in beweisbare Tatsachen übertragen werden konnten. Und was, wenn er sich als besser als andere Männer betrachtete: Passte dieser Standpunkt nicht zu den Tatsachen? Angenommen, er sah sich selbst als Mann des Schicksals. Könnte er keine Beweise erbringen, um die Behauptung zu unterstützen? Tesla musste nicht zwangsweise sehen, wie ein Ereignis geschah, um dessen Verwirklichung zu genießen. Hatte er als Jugendlicher nicht verkündet, dass er einen praktischen Wechselstrommotor bauen würde, nur damit sein Professor ihm sagte, dass sein Ziel unmöglich zu erreichen war—und hatte er diese „Unmöglichkeit" nicht schon vollbracht? Hatte er nicht die Gleichstromdynamos von Edison genommen, den die ganze Welt als großes Genie betrachtet, und hatte er ihr Design und ihren Betrieb nicht stark verbessert; und hatte er nicht zusätzlich ein weit besseres System zur Herstellung, Verteilung und Benutzung von Elektrizität produziert? Tesla konnte all diese Fragen bejahen, ohne den Rahmen der Bescheidenheit in Bezug auf seine Errungenschaften zu sprengen.

Seine Haltung war nicht die eines Egoisten. Es war eine Einstellung von tiefsten Glauben in sich selbst und in die Vision, die er erhalten hatte. Für einen fähigen Mann mit einem so tiefen Glauben in sich selbst und den nötigen finanziellen Ressourcen, um seine Zwecke voranzubringen, besitzt die Welt der Errungenschaften keine Grenzen. Dies war das Bild Teslas, als er in der zweiten Hälfte des Jahres 1889 in sein Labor in der unteren Fifth Avenue, New York, zurückkehrte.

Tesla hatte eine große Bandbreite von Wechselstromfrequenzen erforscht, um genau die Frequenz auszuwählen, mit der sein Mehrphasensystem am wirksamsten funktionierte. Seine Berechnungen wiesen auf wichtige Veränderungen in den Eigenschaften und Ergebnissen hin, wenn die Frequenz des Stroms erhöht wurde; und seine Beobachtungen der Elektromaschine, die er gebaut hatte, bestätigten seine Berechnungen. Er bemerkte, dass umso weniger Eisen benötigt wurde, wenn man die Frequenzen erhöhte, und nun wollte er diese Hochfrequenzen erkunden, mit denen ungewöhnliche Effekte ohne jegliches Eisen im Magnetkreislauf entstehen müssten.

Als er damals in Budapest nach seiner Entdeckung des rotierenden Magnetfelds mit den mentalen Berechnungen der Eigenschaften des Wechselstroms von der niedrigsten Frequenz bis hin zu der des Lichts gespielt hatte, hatte noch niemand diesen Bereich erforscht. Allerdings hatte James Clerk Maxwell an der Cambridge Universität, England, neun Jahre zuvor, 1873, seine schöne Darstellung bezüglich einer elektromagnetischen Theorie des Lichts veröffentlicht und seine Gleichungen zeigten, dass es oberhalb und unterhalb der Vibrationen des sichtbaren Lichts eine große Bandbreite elektromagnetischer Vibrationen von sehr viel längerer und kürzerer Wellenlänge gab. Während Tesla damit beschäftigt war, Modelle seines Mehrphasensystems zu bauen, stellte Professor Heinrich Hertz in Deutschland, ebenfalls im Jahre 1887, Maxwells Theorie im Bereich von ein paar Meter langen Wellen auf die Probe. Er konnte solche Wellen durch die Funkentladungen einer Induktionsspule produzieren und war in der Lage, solche Wellen aus dem Weltraum aufzunehmen und in einiger Entfernung der Spule in einen kleinen Funken zurückzuverwandeln.

Hertz' Arbeiten unterstützten Teslas Theorie, dass auf fast jeder Note der gesamten Vibrationsskala zwischen den bekannten Vibrationen des Elektrostroms und denen des Lichts eine interessante Entdeckung gemacht werden konnte. Tesla war sich sicher, dass, wenn er die Frequenz elektrischer Vibrationen kontinuierlich steigern könnte, bis sie denen des Lichts gleichkamen, er durch einen direkten und hochwirksamen Prozess Licht erzeugen könnte, der den extrem verschwenderischen Prozess in Edisons Glühlampen ersetzten würde. In diesen Glühlampen bildeten die nützlichen Lichtwellen nur einen sehr kleinen Teil der verschwendeten Hitzewellen, die in diesem Prozess abgestrahlt wurden, und nur fünf Prozent der Elektroenergie wurde tatsächlich benutzt.

Tesla begann seine Nachforschungen, indem er rotierende Wechselstromdynamos mit bis zu 384 magnetischen Polen baute. Mit diesen Geräten konnte er Ströme mit bis zu 10 000 Zyklen pro Sekunde erzeugen. Er fand heraus, dass diese Hochfrequenzströme viele faszinierende Möglichkeiten für eine noch effizientere Energieübertragung eröffneten, als sein sehr praktisches Mehrphasensystem mit 60 Zyklen. Daher führte er eine parallele Forschungslinie über Transformatoren zur Steigerung und Verringerung der Spannung solcher Ströme fort.

Hochfrequenzwechselstromdynamos, die denen von Tesla im Jahre

1890 gestalteten ähnelten, wurden später von F. W. Alexanderson zu drahtlosen Hochleistungssendern weiterentwickelt. Diese stellten die drahtlose transatlantische Übertragung über zwei Jahrzehnte später auf ein so solide praktische Basis, dass die Regierung deren Kontrolle nicht an ein fremdes Land übertrug und den Vereinigten Staaten ihre Vormachtstellung in der drahtlosen Welt bewahrte.

Die Hochfrequenzstromtransformatoren, die Tesla entwickelt hatte, stellten sich als spektakuläre Künstler heraus. Sie enthielten nicht eine Spur Eisen; tatsächlich stellte sich heraus, dass die Anwesenheit von Eisen ihren Betrieb beeinträchtigte. Sie waren Luftkerntransformatoren und bestanden allein aus konzentrischen Primär- und Sekundärspulen.

Die Spannungen, die er mit diesen Transformatoren, die später als Tesla-Spulen bekannt wurden, produzieren konnte, waren sehr hoch. Bei seinen frühen Versuchen erreichte er Potenziale, deren Funken ein paar Zentimeter durch die Luft fliegen würden, aber er machte in kurzer Zeit einen enormen Fortschritt und produzierte flammende Entladungen. Bei seiner Arbeit mit diesen Spannungen traf er auf Schwierigkeiten bezüglich der Isolation des Apparats und so entwickelte er die Technik, die heute allgemein in Hochspannungsgeräten benutzt wird: die Technik, den Apparat in Öl einzutauchen und die gesamte Luft aus den Spulen zu entfernen, eine Entdeckung von größter kommerzieller Bedeutung.

Es gab allerdings eine Grenze, über die hinaus die Benutzung von Hochfrequenzströmen nicht durchführbar war, und so nahm Tesla die Aufgabe in die Hand, einen anderen Generatortypen zu entwickeln. Seine benutzte, grundlegende Idee war nicht neu. In rotierenden Dynamos wird Strom erzeugt, indem ein Draht in einem Kreis an mehreren aufeinanderfolgenden magnetischen Polen vorbeigeführt wird. Man kann den gleichen Effekt erreichen, indem man den Draht in einer Oszillationsbewegung vor einem magnetischen Pol hin und her bewegt. Allerdings hatte niemand bis dahin einen praktischen Kolbendynamo gebaut. Tesla aber produzierte einen, der für sein bestimmtes Ziel nützlich war; aber für andere Dinge war er von wenig Nutzen und Tesla spürte später, dass er die damit verbrachte Zeit viel besser hätte nutzen können. Es war ein raffinierter Einzylinder-Motor ohne Ventile, der mit Druckluft oder Dampf betrieben werden konnte. Er war mit Schnittstellen ausgestattet wie ein kleiner Zweitaktschiffsmotor. Eine Stange verlängerte den Kolben durch den Zylinderkopf an beiden Enden. An jedem Ende der Stange war eine Flachspule aus Draht befestigt, die sich aufgrund der Hubbewegung des Kolbens im Feld eines Elektromagneten hin und her bewegte. Dieses Magnetfeld diente aufgrund seiner dämpfenden Wirkung als Schwungrad.

Tesla schaffte es, eine Geschwindigkeit von 20 000 Schwingungen pro Minute zu erreichen und während des Betriebs einen so bemerkenswerten Grad an Kontinuität beizubehalten, dass er die Beibehaltung einer ebenso konstanten Betriebsgeschwindigkeit für sein Mehrphasensystem mit 60 Zyklen vorschlug sowie die Benutzung von Synchronmotoren, die auf das richtige Ausmaß heruntergefahren wurden, als Uhren empfahl, die, wo immer Wechselstrom zur Verfügung stand, die richtige Uhrzeit liefern würden. Dieser Vorschlag lieferte die Grundlage für unsere modernen elektrischen Uhren. So wie bei vielen seiner praktischen und nützlichen Vorschläge erhielt er kein Patent für diese Idee und zog aus ihr keinen finanziellen Nutzen.

Durch die Arbeit mit seinem Mehrphasensystem erhielt Tesla ein gründliches Verständnis über die von den beiden Faktoren Kapazität und Induktivität gespielten Rolle in Wechselstromkreisen; der erste Faktor fungiert wie eine Feder und der zweite wie ein Lagerbehälter. Seine Berechnungen deuteten darauf hin, dass es mit Strömen von ausreichend hoher Frequenz möglich wäre, eine Resonanz mit relativ geringen Werten von Induktivität und Kapazität zu produzieren. Resonanz zu produzieren bedeutet, den Stromkreis elektrisch einzustellen. Die mechanischen Effekte, die der elektrischen Resonanz entsprechen, lassen ein Pendel in einem großen Bogen schwingen, indem sie es sehr leicht, aber genau zeitlich abgepasst berühren, oder sie verursachen die

Zerstörung einer Brücke durch die Soldaten, die im Gleichschritt über sie marschieren. Jede kleine Vibration verstärkt ihren Vorgänger, bis sich enorme Auswirkungen aufbauen.

In einem eingestellten Stromkreis liefert ein Kondensator die Kapazität und eine Drahtspule die Induktivität. Ein Kondensator besteht gewöhnlich aus zwei parallelen Metallplatten, die durch Isoliermaterial leicht voneinander getrennt sind. Jede Platte ist an beiden Enden mit der Induktionsspule verbunden. Die Größe des Kondensators und der Spule wird von der Stromfrequenz bestimmt. Die Spule-Kondensator-Kombination und der Strom sind aufeinander abgestimmt. Man kann sich den Strom so vorstellen, dass er so lange in den Kondensator fließt, bis dieser vollständig geladen ist. Dann fließt er elastisch in die Induktionsspule, die durch Aufbau eines Magnetfelds die Energie speichert. Fließt der Strom nicht mehr in die Spule, dann bricht das Magnetfeld zusammen und gibt der Spule die zuvor zum Aufbau des Magnetfelds benutzte Energie zurück. Somit fließt der Strom zurück in den Kondensator, lädt diesen bis er überläuft, und der Prozess beginnt wieder von vorne. Dieser Fluss zwischen dem Kondensator und der Spule hin und her, erfolgt im Gleichschritt mit der periodischen Umkehrung des Wechselstroms, der die Energie liefert, wenn eine Resonanz erzeugt wird. Jedes Mal wenn dies geschieht, kommt der ladende Strom in genau dem richtigen Moment hinzu, um die Resonanz zu verstärken, sodass die Schwingungen enorme Werte erreichen.

Als Tesla diesen Plan der elektrischen Einstellung von Stromkreisen in einem Jahre später gehaltenen Vortrag diskutierte, sagte er: „Die erste zu beantwortende Frage ist, ob reine Resonanzeffekte erzeugbar sind. Theorie und Versuch zeigen, dass dies in der Natur unmöglich ist; denn während die Schwingungen kräftiger werden, steigen die Verluste in vibrierenden Körpern und umgebenden Medien schnell an und kontrollieren notwendigerweise die Schwingungen, die sonst für immer weiter ansteigen würden. Es ist eine glückliche Fügung, dass eine reine Resonanz nicht erzeugbar ist, denn sonst ist nicht absehbar, welche Gefahren auf den unschuldigen Experimentator warten. Aber Resonanz ist bis zu einem gewissen Grad erzeugbar, das Ausmaß der Effekte wird durch die mangelhafte Leitfähigkeit und die mangelhafte Elastizität der Medien oder generell durch Reibungsverluste begrenzt. Je geringer diese Verluste sind, desto auffälliger sind die Effekte."

Tesla wandte die Prinzipien der elektrischen Einstellung auf seine Spulen an und entdeckte, dass er enorme Resonanzeffekte produzieren und sehr hohe Spannungen aufbauen konnte. Die von ihm im Jahre 1890 entwickelten Einstellungsprinzipien haben unser modernes Radio und die Entwicklung der früheren Kunst, dem „Drahtlosen", möglich gemacht. Er hatte mit diesen Prinzipien gearbeitet und sie vorgestellt, bevor andere, denen sie zugeschrieben wurden, überhaupt ihre ersten Lektionen in der Elektrizität erhalten hatten.

Als er eine neue Quelle für Hochfrequenzströme suchte, die höher waren, als sie von jeglichem mechanischen Gerät produziert werden konnten, machte Tesla von einer Entdeckung Gebrauch, die in seinem Geburtsjahr 1856 in England von Lord Kelvin gemacht wurde und für die bisher noch kein Nutzen gefunden worden war. Bis zu der Zeit von Kelvins Entdeckung glaubte man, dass wenn ein Kondensator entladen wurde, die Elektrizität von einer Platte zur anderen strömte, so wie Wasser, das aus einem Glas geschüttet wird und somit ein Gleichgewicht entstehen lässt. Kelvin zeigte, dass der Prozess weit interessanter und komplexer war, dass die Aktivität dem Auf- und Abschwingen ähnelte, das auftritt, wenn eine beschwerte Feder losgelassen wird. Die Elektrizität, zeigte er, strömt von einer Platte in eine andere und dann wieder zurück, dieser Prozess läuft immer so weiter, bis all die gespeicherte Energie durch die Überwindung von Reibungsverlusten aufgebraucht ist. Die hin- und herschwappenden Wellen passieren mit einer enorm hohen Frequenz, hunderte Millionen Mal pro Sekunde.

Die Kombination von Kondensatorentladungen und eingestellten Kreisläufen eröffnete ein neues Gefilde in der Elektrizitätslehre, das genauso signifikant und genauso bedeutend wie Teslas Mehrphasensystem war. Er erarbeitete bemerkenswert einfache und automatische Methoden für die Ladung der Kondensatoren mit Niederspannung (Gleich- und Wechselstrom) und für deren Entladungen mit seinen neuen Luftkerntransformatoren, oder Tesla-Spulen, um Ströme von enorm hohen Spannungen zu produzieren, die mit den extrem hohen Frequenzen der Kondensatorentladung mitschwangen. Die Eigenschaften dieser Ströme waren anders als alle, die zuvor gesehen worden waren. Er leistete erneute Pionierarbeit in einem komplett neuen Feld mit gewaltigen Möglichkeiten. Er mühte sich fieberhaft in seinem Labor ab; uns als er des Nachts für seine fünf Stunden Ruhe im Bett lag, von denen zwei dem Schlaf gewidmet wurden, formulierte er neue Versuche.

Tesla kündigte den Wärmeeffekt der Hochfrequenzströme auf den Körper im Jahre 1890 an und schlug ihre Benutzung als therapeutisches Gerät vor. Er war in diesem Gebiet ein Pionier aber hatte bald viele Nachahmer hier (in den Vereinigten Staaten, Anmerkung des Übersetzers) und im Ausland, die behaupteten, die Urheber zu sein. Er unternahm keine Bemühungen, seine Entdeckung zu beschützen oder das Kopieren seiner Erfindung zu vermeiden. Als dieselben Beobachtungen 35 Jahre später in Laboren mit Vakuumröhren-Oszillatoren als Quelle der Hochfrequenzströme gemacht wurden, wurden sie als neue Erfindung bejubelt und als ein modernes Wunder entwickelt. Teslas ursprüngliche Entdeckung ist allerdings die Grundlage einer großen Zahl jüngster (im Jahre 1944, Anmerkung des Übersetzers) elektronischer System, in denen Hochfrequenzströme zur Erzeugung von Hitze zu industriellen Zwecken benutzt werden.

Als er im Mai 1891 seinen ersten Vortrag zu diesem Thema vor dem American Institute of Electrical Engineers am Columbia College hielt, konnte er über 12 Zentimeter lange Funkenentladungen produzieren, die auf ein Potenzial von ca. 100 000 Volt hinwiesen, aber er war darüber hinaus in der Lage, Phänomene zu erzeugen, die Elektrobleche aus Feuer und eine Vielzahl neuer Beleuchtungsformen mit einschlossen — elektrische Lampen, wie sie noch nie zuvor gesehen und auch in der wildesten Vorstellung eines jeden Experimentators nicht erträumt worden waren.

Dieser Vortrag erregte Aufsehen in der Ingenieurswelt. Aufgrund der unglaublichen Enthüllungen, die er vor derselben Einrichtung zu früheren Gelegenheit gemacht hatte, als er seine Entdeckung des Mehrphasenwechselstromsystems beschrieb, war er auf diesem Gebiet schon berühmt. Diese Entdeckung war eine intellektuelle Errungenschaft von verblüffender Genialität und beeindruckte durch ihre gewaltige kommerzielle Bedeutung. Die Versuche mit den Hochfrequenz- und Hochleistungsströmen waren allerdings spektakulär; das Knistern der Hochspannungsfunken, das Blitzen der Hochleistungsbleche von elektrischer Flamme; die leuchtenden Birnen und Röhren elektrischen Feuers, die bewundernswerten physikalischen Auswirkungen, die er mit den neuen Strömen produzierte, hinterließen eine tiefe emotionale Anziehungskraft auf die erschreckten Betrachter.

Der Mann, der diese beiden bahnbrechenden Entwicklungen innerhalb zwei Jahre erzeugen konnte, musste mehr als ein Genie sein! Die Nachricht über seine neue Errungenschaft fuhr wie ein Blitz durch die Welt und Teslas Ruhm stützte sich nun auf zwei Säulen.

Der weltweite Ruhm, den er zu dieser Zeit erlangte, war bedauerlich. Tesla wäre ein vollständiger Übermensch geworden, hätte er nicht eine große Zufriedenheit aus der heldenverehrenden Schmeichelei gezogen, die man ihm nun zuteilwerden ließ. Es war nur zwei Jahre her, dass er hungrig und ohne Geld in den Straßen New Yorks gelebt hatte und mit den ebenso hungrigen Horden an Arbeitslosen um die wenigen, vorhandenen Jobs mit schwerer körperlicher Arbeit kämpfte, während sein Kopf vor wichtigen Erfindungen, die er dringend der Welt geben wollte, zu platzen drohte. Damals wollte ihm niemand zuhören — und nun ehrte ihn die intellektuelle Elite der Nation als konkurrenzloses Genie.

1891 war Tesla in New York eine spektakuläre Gestalt. Ein großes, dunkelhaariges, attraktives, wohl gebautes Individuum, das ein Gespür dafür hatte, Kleidung zu tragen, die ihm ein Auftreten von Herrlichkeit verlieh, das ein perfektes Englisch sprach, aber eine Art europäische Kultur mit sich trug, die zu dieser Zeit so angebetet wurde — für alle, die ihn erblickten, war er eine herausragende Persönlichkeit. Hinter seinem ruhigen, zurückhaltenden Auftreten und seiner extremen Bescheidenheit, die sich durch übertriebene Schüchternheit offenbarte, lag der Geist eines Genies versteckt, der elektrische Wunder erarbeitet hatte, die die Vorstellungskraft aller anfeuerte und das Verständnis der großen Mehrheit der Bevölkerung überstieg. Außerdem war Tesla ein junger Mann, noch keine 35 Jahre alt, der kürzlich eine Million Dollar erhalten hatte und Junggeselle war.

Ein Junggeselle mit einer Million Dollar, Kultur und Ruhm, konnte es nicht vermeiden, die leuchtende Zielscheibe New Yorks in den frühen Jahren der heiteren 1890er zu sein. Es gab viele planende Matronen mit heiratsfähigen Töchtern, die ein neidisches Auge auf diesen infrage kommenden jungen Mann warfen. Die gesellschaftlichen Vorreiter betrachteten ihn als faszinierendes Dekor ihrer Salons. Die großen Geschäftsmänner betrachteten ihn als Mann, den man kennen musste. Die Intellektuellen jener Zeit fanden in seinen fast unglaublichen Errungenschaften eine Inspirationsquelle.

Außer zu offiziellen Festmahlen aß Tesla immer allein und würde nie und unter keinen Umständen mit einer Frau bei einem Essen zu zweit dinieren. Egal wie sehr eine Frau von ihm schwärmte oder danach strebte, seine Gunst zu gewinnen, Tesla pflegte auf unerbittlichste Weise eine vollkommen unpersönliche Einstellung. Im Waldorf-Astoria und im Delmonic's hatte er bestimmte Tische, die immer für ihn reserviert waren. Sie befanden sich an abgelegenen Stellen im Speisesaal, denn sobald er beide Räume betrat, richteten sich alle Augen auf ihn und er mochte es nicht, auf dem Präsentierteller zu sein.

Trotz all der Schmeicheleien, mit denen er überhäuft wurde, hatte Tesla nur einen Wunsch — seine Laborversuche ungestört von äußeren Ablenkungen durchzuführen. Es musste ein riesiges Reich neuen

Wissens erforscht werden. Er wurde von einem Enthusiasmus zur Arbeit angetrieben, das so hoch wie die Spannung der Ströme, mit denen er arbeitete, war, und ihm kamen die neuen Ideen fast mit der Geschwindigkeit der Zyklen seines Hochfrequenzstroms.

Es gab drei große Bereiche, in denen er seine Anwendungen entwickeln wollte, die nun genau in seinem Kopf entworfen wurden: ein System zur drahtlosen Energieübertragung, das sein eigenes Mehrphasensystem übertreffen würde, eine neue Beleuchtungsart und die drahtlose Übertragung von Intelligenz. Er würde am liebsten an allen gleichzeitig arbeiten. Sie waren nicht getrennte und isolierte Themen, sondern alle eng verzahnt, alles Noten auf dieser breiten, kosmischen Tonleiter von Vibrationen, die seine geliebten Wechselströme darstellten. Er wollte nicht eine Note einzeln spielen, wie es ein Violinist tun würde; er zog es vor, wie ein Pianist zu spielen und so viele Noten zusammen wie möglich zu treffen und sie zu wunderschönen Akkorden zu verweben. Wäre es möglich gewesen, die Position des Dirigenten einzunehmen und gleichzeitig alle Instrumente in seinem großen Symphonieorchester zu spielen, so wäre er noch zufriedener gewesen. Die Instrumente in seinem Orchester waren allerdings elektrische Geräte, die im Takt der Ströme, die sie mit Energie versorgten, oder ihrer Umgebung schwangen. Da er seine ausgedehntesten Wünsche nicht erfüllen konnte, befand er sich unter einem mentalen Druck, der ihn zu einem Arbeitstempo antrieb, dem kein Individuum von normaler Stärke ohne einen folgenden körperlichen Zusammenbruch gewachsen wäre.

Der spektakuläre Vortrag und die Vorstellung seiner Hochfrequenz- und Hochspannungsströme, die er vor dem American Institute of Electrical Engineers im Februar 1891 am Columbia College hielt, hinterließen eine genauso tiefe Furore wie sein früherer Vortrag. Beide eröffneten ein neues Reich wissenschaftlicher Forschung und praktischen Entdeckungen. Die Entdeckungen, die in jedem Vortrag enthalten waren, hätten ausgereicht, um als die Frucht einer Lebensarbeit zu gelten und anhaltenden Ruhm zu bringen. Zwei solche Ereignisse in rascher Folge schienen fast unglaublich—und doch schien Tesla seine Karriere mit noch weiter bevorstehenden, wichtigen Arbeiten kaum gestartet zu haben.

Anfragen für Vorträge kamen von wissenschaftlichen Gesellschaften in den Vereinigten Staaten und Europa, aber er ließ sich aufgrund des enormen Zeitdrucks, den seine Arbeit nach sich zog, entschuldigen. Die sozialen Anforderungen, die man an ihn stellte, waren ebenso hartnäckig. Soziale Gruppen versuchten ihn auf alle Art zu verehren und beiläufig in seinem abgestrahlten Glanz zu scheinen. Tesla war für die Belästigungen der Herren der Gesellschaft, die ihn lediglich als funkelnden Satelliten begehrten, nicht anfällig, aber die schlauen „Promi-Jäger" jener Zeit entdeckten schnell seine Achillesferse—ein intelligentes Interesse für seine Errungenschaften und ein sympathisches Ohr für seine Träume von noch bevorstehenden Wundern.

Mit dieser Technik erfolgreich unterwegs wurde Tesla gefangen und bald vollkommen gefeiert. Er war ein Ehrengast bei ständigen Feiern und erfüllte die darin involvierten sozialen Verpflichtungen, indem er im Gegenzug Festmahle im Waldorf-Astoria veranstaltete, auf die Demonstrationsfeiern in seinem Labor in der South Fifth Avenue folgten. Tesla machte nie eine halbe Arbeit. Wenn er ein Festmahl veranstaltete, dann überließ er in Sachen Küche, Service und Dekorationen nichts dem Zufall. Er suchte seltenen Fisch und Geflügel, Fleisch von überdurchschnittlicher Exzellenz und die erlesensten Spirituosen und exquisitesten Weine der besten Jahrgänge aus. Seine Festmahle waren das Gespräch der Stadt und ein Gast bei einem von Teslas Festmahlen gewesen zu sein, war ein Kennzeichen für sozialen Unterschied, ein Beweis für die Mitgliedschaft in der inneren Gruppe der Elite innerhalb Ward MacAllisters „400". Bei diesen Festmahlen führte Tesla als überaus akribischer Gastgeber den Vorsitz, als ein altertümlicher, absoluter Monarch, denn er würde jedes in den Speisesaal gebrachte Essen verkosten; und es gab nur selten eine Veranstaltung, in der der eindrucksvolle Gastgeber eine Soße oder einen Wein von unbestrittener

Exzellenz nicht als seinen Gästen unwürdig zurückschickte.

Im Anschluss an jedes dieser Festmahle würde Tesla seine Gäste zu seinem Labor unterhalb des Washington Square begleiten und seine Vorführungen waren hier noch spektakulärer als seine Festmahle. Er hatte ein Gespür für das Dramatische; und die merkwürdig aussehenden Geräte, mit denen sein Labor ausgestattet war, lieferten einen grotesken und skurrilen Hintergrund für die fantastischen Darstellungen von scheinbar überirdischen Kräften, die Objekte mit unsichtbaren Fingern zum schnellen Drehen brachten, die verschiedenförmige Kugeln und Röhren prächtig in unbekannten Farben erglühen ließen, so als ob ein Teil einer weit entfernten Sonne plötzlich in den dunklen Raum versetzt worden war. Die ein Knistern von Feuer und zischende Feuerwände aus Monsterspulen entspringen ließen, begleitet von schwefligen Ozondämpfen, die von elektrischen Entladungen hervorgerufen wurden und suggerierten, dass diese Kammer des Zauberers direkt mit den siedenden Grüften der Hölle verbunden war. Diese Illusion wurde auch nicht zerstreut, als Tesla hundert tausende Volt von Elektrizität durch seinen Körper strömen und eine in seiner Hand gehaltene Lampe erleuchten oder einen Draht schmelzen ließ.

Die erstaunliche Leistung, Ströme von einer enorm hohen Spannung und Frequenz gefahrlos durch seinen Körper strömen zu lassen, war eine Heldentat, die Tesla lange bevor er die Gelegenheit dazu hatte, sie in seinem Labor zu testen, in seinen mentalen Experimenten entwickelt hatte. Er wusste aus unerfreulicher Erfahrung, dass die Niederfrequenzwechselströme, so wie sie heute in den Kreisläufen unserer Hausbeleuchtung verwendet werden, einen schmerzhaften Schock hervorrufen würden, wenn sie durch den Körper flossen. Wenn die Lichtwellen allerdings auf den Körper einwirkten, dann wurde kein solches schmerzhaftes Gefühl hervorgerufen. Der einzige Unterschied zwischen Elektroströmen und Lichtwellen, folgerte er, betraf die Frequenz; die Elektroströme vibrierten mit einer Rate von 60 pro Sekunde und die Lichtwellen mit ein von Milliarden pro Sekunde.

Irgendwo zwischen diesen beiden Extremen müsste die Eigenschaft der elektromagnetischen Vibrationen, die den Schock hervorruft, verschwinden; und er mutmaßte, dass dieser Punkt am unteren Ende der Skala lag. Er teilte den durch den elektrischen Schock verursachten Schaden am Körper in zwei Faktoren ein, erstens — die Zerstörung von Gewebe durch die Wärmewirkung, die sich mit der Steigerung oder Verringerung der Spannungszahl des Stroms erhöhte oder verringerte; und zweitens — das Gefühl von starkem Schmerz, der mit der Zahl an Veränderungen des Stroms variierte, jede Veränderung produzierte einen einzelnen Reiz, der von den Nerven als Schmerz übertragen wurde.

Nerven, so wusste er, konnten auf Reize mit einer Rate von bis zu 700 pro Sekunde reagieren, aber waren außerstande, die mit einer schnelleren Rate empfangenen Impulse zu übertragen. In dieser Hinsicht verhielten sie sich stark wie das Ohr, das Luftvibrationen mit einer Frequenz von über 15 000 pro Sekunde nicht hören kann, und wie das Auge, das für Farbvibrationen mit einer Frequenz, die über der des violetten Lichts liegt, blind ist.

Als er seine Hochfrequenzwechselstromdynamos baute, erhielt er Frequenzen von bis zu 20 000 pro Sekunde, um seine Theorie zu testen; und durch Fingerproben an den Endstationen konnte er beweisen, dass die Nerven die einzelnen Vibrationen bei dieser schnellen Geschwindigkeit nicht wahrnehmen konnten. Die Spannungszahl, die die gewebezerstörende Energie übertrug, war als Ausbringungsmenge dieser Maschinen immer noch zu hoch, um seinen Körper gefahrlos zu durchqueren, obwohl das Schmerzgefühl nicht auftrat.

Indem er diese Ströme durch seinen neu erfundenen Luftkerntransformator fließen ließ, konnte er ihre Spannung ums Zehntausendfache steigern und die Spannungszahl proportional verringern. Die Stromdichte würde dadurch auf unter den Punkt gesenkt werden, an dem sie Gewebe verletzen könnte. Dann würde er einen Strom erhalten, der weder das Gefühl hervorrufen, noch dem Gewebe schaden würde. Vorsichtig überprüfte er diese Theorie, indem er die

Ströme erst durch zwei Finger, dann durch seinen Arm, dann von Hand zu Hand durch seinen Körper und letztlich von Kopf bis Fuß strömen ließen. Wenn ein Funke auf oder von seinem Körper übersprang, dann spürte er einen Nadelstich am Kontaktpunkt, aber dies konnte beseitigt werden, in dem er ein Stück Metall hielt, von dem und auf das der Funke überspringen konnte, während der Strom sein Gewebe durchquerte, ohne irgendein Gefühl hervorzurufen.

Der Energiegehalt dieser Ströme, der proportional zum Strom multipliziert mit der Spannung ist, konnte sehr hoch sein und spektakuläre Effekte produzieren, nachdem sie schmerzlos durch seinen Körper geströmt waren, wie zum Beispiel schmelzende Metallstangen, explodierende Bleischeiben und erleuchtende Glüh- oder Vakuumröhrenlampen.

Die wissenschaftlichen Gesellschaften waren in ihren Bemühungen, Tesla dazu zu bewegen, ihre Einladungen anzunehmen und vor ihnen Vorträge zu halten, sehr beharrlich und schließlich stimmte er zu. Er setzte dem Inhalt seiner Vorträge übertrieben hohe Maßstäbe und ihre Vorbereitung brachte eine gewaltige Menge Arbeit mit sich. Alles Material musste komplett neu sein. Er würde ein zuvor vorgestelltes Experiment nie wiederholen. Jede technische Aussage musste mindestens zwanzig Minuten getestet werden, um eine vollständige Präzision zu gewährleisten. Seine Vorträge würden zwei oder drei Stunden dauern; und jede Minute dieser Zeit war mit neuen und ehrfurchtgebietenden Vorführungen seines konstanten Flusses an Entdeckungen vollgestopft. Er benutzte ein großes Aufgebot an von ihm selbst gestalteten und in seinen eigenen Laboren gebauten Geräten, um sein Gerede zu veranschaulichen. Daher war ein Tesla Vortrag ein extrem wichtiges Ereignis in der wissenschaftlichen Welt und eine höchst beeindruckende Gelegenheit für diejenigen, die glücklich genug gewesen waren, ihnen beiwohnen zu können.

Tesla plante, einen Vortrag vor der Institution of Electrical Engineers in London am 3. Februar 1892 zu halten und einen vor der International Society of Engineers in Paris am 19. Februar. Seine Entscheidung, die europäischen Vorträge zu halten, wurde bis zu einem gewissen Grad von der Tatsache beeinflusst, dass sie ihm die Gelegenheit eröffnen würden, sein Zuhause in Gospic zu besuchen, denn jüngste Briefe deuteten darauf hin, dass die Gesundheit seiner Mutter schwand.

Der Vortrag vor der Institution of Electrical Engineers war ein voller Erfolg. Englische Technikzeitschriften waren, wie wir sehen werden, sehr geizig damit gewesen, Telsa die Priorität seiner Entdeckung des rotierenden Magnetfelds anzuerkennen und hatten den praktischen Wert seines Mehrphasenwechselstromsystems herabgesetzt; aber mit dieser Haltung waren sie nicht repräsentativ für das große Gremium der Ingenieure, die mit ihrem Lob und Enthusiasmus sehr freigiebig waren, und diese Einstellung der Ingenieure wurde von den englischen Wissenschaftlern geteilt.

Als Tesla in London ankam, wurde er von berühmten Männern an vielen Orten bewirtet. An der Royal Institution of Great-Britain, wo der unsterbliche Michael Faraday seine grundlegenden Nachforschungen zum Magnetismus und zur Elektrizität durchgeführt hatte, versuchte Sir James Dewar und ein Ausschuss ebenso berühmter Wissenschaftler, Tesla dazu zu überreden, seinen Vortrag vor dieser Einrichtung zu wiederholen. Tesla konnte beim Einhalten eines Plans extrem stur sein und strahlte in diesem Fall seine normale Entschlossenheit aus. Der berühmte schottische Wissenschaftler zog mit Teslas Sturheit mit einer genauso überzeugenden Hartnäckigkeit gleich. Er geleitete Tesla zu Faradays Stuhl, ein für die englische Wissenschaft fast heiliges Relikt, setzte ihn auf diesen Thron und holte dann ein fast genauso kostbares Erbstück hervor, eine Portion einer Whiskey-Flasche, der Rest von Faradays persönlichem Vorrat, der für fast ein Vierteljahrhundert unberührt geblieben war. Er goss Tesla daraus ein großzügiges halbes Glas ein. Sir James gewann. Tesla gab nach und hielt den Vortrag am folgenden Abend.

Lord Rayleigh, der hervorragende englische Physiker, war Vorsitzender des Treffens in der Royal Institution, die von der Elite der wissenschaftlichen Welt und einer großzügigen Vertretung des Adels des Reiches besucht wurde. Rayleigh, nachdem er der Demonstration von Teslas Versuchen beigewohnt hatte, die für Wissenschaftler nicht weniger ehrfurchtgebietend waren als für Nichtfachleute, überhäufte den Erfinder mit lobenden Worten.

Rayleigh verkündete, dass Tesla eine große Gabe für die Entdeckung von fundamentalen wissenschaftlichen Prinzipien besaß und drängte ihn, seine Mühen auf eine einzige große Idee zu konzentrieren.

In seinen Gesprächen nach dem Treffen stritt Tesla seine Fähigkeit als großer Entdecker ab; aber hier war er einfach nur bescheiden, denn er wusste, dass er mit seiner Fähigkeit, grundlegende Wahrheiten entdecken zu können, unter den Menschen einzigartig war. Allerdings zog er Rayleighs Vorschlag, sich auf eine einzige große Idee zu konzentrieren, stark in Betracht. Es ist aber zweifelhaft, ob Rayleighs Vorschlag ein guter Ratschlag war. Teslas Geist hatte eine Bandbreite, die in ihrer Größe kosmisch war und sich an drastisch durchschlagende Fortschritte durch unbekannte Regionen anpasste. Rayleighs Ratschlag war so, als ob man einem Entdecker, der ein einzigartiges Talent für das Eindringen in einen unbekannten Kontinent und dessen Eröffnung für die Zivilisation besitzt, vorschlug, sesshaft zu werden und einen Bauernhof zu kultivieren, da ihm dies einen exakten und gezielten Ertrag für seine aufgewandten Mühen liefern würde.

Zwei Tage später hielt Tesla seinen geplanten Vortrag vor der Physikalischen Gesellschaft in Paris und wiederholte ihn vor der International Society of Electrical Engineers. Dies war sein zweiter Besuch in Paris, nachdem er acht Jahre zuvor seine Arbeit bei der Continental Edison Company gekündigt hatte. Sofort nachdem er die Westinhougse Gesellschaft im Oktober 1889 verlassen hatte — zu einer Zeit, in der er die Anforderungen für seine U.S. Staatsbürgerschaft erfüllte — machte er einen kurzen Besuch in Paris, um die Internationale Ausstellung zu besuchen. In der Zwischenzeit hatte sich der Ruhm seines Mehrphasensystems nach Europa ausgebreitet; und zu diesem kam die Ehre seiner spektakulären Arbeiten mit den neuen Hochfrequenzströmen. In Paris und auch in London wurde er wie ein Held empfangen.

Es wäre interessant zu wissen, welche Gedanken durch die Köpfe der Führungskräfte der Continental Edison Company fuhren, als sie die enormen Beiträge zur Wissenschaft und Industrie von dem Ingenieur beobachteten, dessen Dienste sie aufgrund ihrer sparsamen Taktiken verloren hatten, als sie ihnen im Jahre 1883 angeboten wurden und die sie zweifellos für einen recht kleinen Betrag hätten kaufen können, das Mehrphasensystem, für das Westinghouse Tesla fünf Jahre später 1 000 000 $ bezahlte.

Ein Tesla Vortag war eine Lawine von neuem und faszinierendem elektrischen Wissen. Er überwältigte seine Zuhörer komplett mit einem Reichtum an spektakulären, originellen Versuchen und infolgedessen verlor fast jeder individueller Beitrag seine Identität in der glanzvollen Konzentration der gesamten Galaxie an verblüffenden Entwicklungen.

In seinen 1892er Vorträgen mit dem Namen „Versuche mit Wechselströmen von Hochspannung und Hochfrequenz" beschrieb Tesla viele seiner Entdeckungen, die erst heute (1944, Anmerkung des Übersetzers) allgemein benutzt werden und als moderne Erfindungen bejubelt werden. Unter diesen befanden sich die „Neon-" und andere mit Gas gefüllte Lampen sowie Phosphoreszenzlampen. Viele von den beschriebenen Entdeckungen bleiben immer noch unbenutzt, einschließlich, wie wir sehen werden, die Kohle- oder metallischer Knopf Glühlampen, die allein einen Einzeldrahtanschluss erforderten; und andere, die er später entdeckte, waren ergiebige Erzeuger von mysteriösen X-Strahlen.

Das Protokoll dieser Vorträge beläuft sich auf 40 000 Wörter. Zahlreiche Gerätestücke wurden benutzt und gewöhnlich wurden mit jedem von ihnen Versuche durchgeführt. Er beschrieb „drahtlose" Lampen, leuchtende Glasröhren, die für ihren Betrieb keinen Kabelanschluss benötigten. Er beschrieb Motoren, die mit einem Kabel funktionierten und „kabellose" oder „ohne Kabel" Motoren. Aber vielleicht war die bedeutendste Erfindung, die er beschrieb, die empfindliche Elektronenröhre — das Modell all unserer modernen Radio- und Elektronenröhren — von der er voraussagte, dass sie das Gerät war, das es ermöglichen würde, drahtlose Telegramme vom anderen Ufer des Atlantiks zu empfangen. Über all diese Entdeckungen haben wie derzeit mehr Einzelheiten zu sagen.

Tesla hatte die Absicht, einen kurzen Besuch in seinem früheren Zuhause zu machen, sobald seine Vorträge aus dem Weg geschafft waren, aber die Umstände zwangen ihn dazu, die Reise früher als erwartet anzutreten. Als er in sein Hotel zurückkehrte, nachdem er den zweiten Pariser Vortrag gehalten hatte, erhielt er die Nachricht, dass seine Mutter schwer krank war. Er hastete zum Bahnhof und erreichte ihn gerade noch rechtzeitig, um einen Zug zu besteigen, der kurz davor war, aus dem Bahnhof zu fahren. Er funkte voraus und organisierte spezielle Verkehrseinrichtungen, um seine Reise zu verkürzen, und so schaffte er es, Gospic noch rechtzeitig zu erreichen, um seine Mutter lebend zu sehen. Er kam am Nachmittag an und sie starb jene Nacht.

Die große Angst, unter der Tesla während seiner schlaflosen Eile von Paris nach Gospic litt, ließ einen Haarschopf auf der rechten Seite seines Kopfes über Nacht weiß werden. Innerhalb eines Monats war seine pechschwarze Farbe wieder hergestellt.

Fast sofort nach dem Tod seiner Mutter fing sich Tesla eine Krankheit ein, die ihn viele Wochen lang außer Gefecht setzte. Nachdem er sich erholt hatte, besuchte er für zwei Wochen seine Schwester Marica in Plaski. Von dort ging er nach Belgrad, der Hauptstadt Serbiens, wo er im Mai ankam und als nationaler Held gefeiert wurde.

In den Wochen der durch seine Krankheit aufgezwungenen, körperlichen Untätigkeit, zog Tesla Bilanz über sich selbst und war von der Art, mit der er sein Leben geführt hatte, stark enttäuscht. Kein menschliches Wesen könnte etwas Anderes als eine angenehme Reaktion in Antwort auf die Schmeicheleien, mit denen er während der letzten zwei Jahre überhäuft worden war, fühlen. Tesla allerdings war stolz auf seine Weisheit, sein Leben so gestaltet zu haben, dass er kein Opfer von menschlichen Schwächen werden würde, sondern weit über dem normalen, menschlichen Level von körperlichen Grenzen und intellektuellen Aktivitäten funktionieren würde. Im Nachhinein sah Tesla jetzt, dass er, sofern er sein Lebensplan des Übermenschen eingehalten hatte, mit seinem Ziel, die Arbeiten eines Übermenschen in einem Tempo, das die Welt erstaunte, zu produzieren, Erfolg hatte. Als er sich allerdings nach seinem Vortrag in New York im Mai 1891 den ersten Schmeicheleien der Promi-Jäger hingegeben hatte, bemerkte er, dass die sozialen Aktivitäten seine verfügbare Zeit beschnitten und seine kreativen Aktivitäten gestört hatte. Er hatte den „prunkvollen Mann" den „Übermensch" verdrängen lassen und zwei Jahre von wertvoller Zeit waren verloren gegangen. Außerdem hatte er dieses vollkommen unproduktive Jahr in der Westinghouse Fabrik verbracht. Am Ende dieser Zeit hatte er sich geschworen, nie wieder für jemanden zu arbeiten. Jetzt schwor er, dass er seinen geistlosen gesellschaftlichen Aktivitäten, zu denen er verführt worden war, ein Ende setzen würde.

Es war für Tesla nicht leicht, seinen guten Vorsätzen gerecht zu werden, denn seine Reise nach Europa hatte seinen Ruhm stark vergrößert und triumphierende Feiern waren zu seiner Rückkehr nach New York angesetzt. Trotzdem lehnte er alle Einladungen ab. Er kehrte zum Gerlach Hotel zurück, wo er ein einsames Leben führte. Mit der durch seine lange Abstinenz von seiner schweren, täglichen Arbeitsroutine angestaute Energiereserve, tauchte er mit viel Energie in sein neues Programm ein, das neue und bezaubernde Gefilde wissenschaftlicher Wunder eröffnen sollte.

SIEBEN

Die erste öffentliche Anwendung von Teslas Mehrphasenwechselstromsystem geschah auf der Weltausstellung von Chicago, der Columbian Exposition, die 1893 eröffnete, um den 400. Jahrestag der Entdeckung Amerikas zu feiern. Dies war die erste Weltausstellung, für die die elektrische Beleuchtung eine Möglichkeit war und die Architekten machten von den Gelegenheiten Gebrauch, die es ermöglichten, spektakuläre Effekte für die Beleuchtung der Böden und Gebäude in der Nacht sowie für die Innenbeleuchtung am Tag zu erhalten. Die Westinghouse Electric Company sicherte sich den Vertrag, um alle Energie- und Beleuchtungsgeräte der Ausstellung zu installieren und machte sich diese Gelegenheit zu Nutze, um das Tesla System zu verwenden und seine große Vielseitigkeit vorzuführen. Es lieferte den gesamten für Licht und Energie genutzten Strom.

Während die Chicago Weltausstellung in Wirklichkeit ein Denkmal zu Ehren Teslas war, hatte er zusätzlich eine persönliche Ausstellung, in der er seine neuesten Erfindungen präsentierte. Eines seiner Ausstellungsstücke war ein sich drehendes Ei aus Metall. Das gezeigte Ei lag auf einer kleinen, mit Samt überzogenen, runden Drehscheibe. Als Tesla einen Schalter umlegte, stand das Ei auf seinem schmalen Ende und drehte sich wie durch Magie mit Höchstgeschwindigkeit. Die „magische" Phase dieses Kunststücks sagte einem Publikum zu, das allerdings nur wenig die Erklärung verstand, dass es das Prinzip des durch die Mehrphasenwechselströme produzierten rotierenden Magnetfelds veranschaulichte. In anderen Ausstellungen von ihm leuchteten im Raum hängende oder in seiner Hand gehaltene Glasröhren auf ebenso „magische" Weise auf.

Aber seine spektakulärste Heldentat war es, 1 000 000 Volt durch seinen Körper strömen zu lassen. Dies war ein Wechselstrom von einer sehr hohen Frequenz und einer Hochspannung. Er hatte die Wege entdeckt, um solche Ströme zu erzeugen. Acht Jahre waren vergangen, seit Edison, der den Hochspannungswechselstrom als tödlich bezeichnete, sich geweigert hatte, sich für Teslas Mehrphasensystem zu interessieren. Jetzt lieferte das Tesla System die Elektrizität für diese große Weltausstellung und das Edison Gleichstromsystem wurde ignoriert. Die letzte Siegesgeste bestand für Tesla darin, Edisons Angriff, dass der Wechselstrom tödlich war, zu beantworten, indem er die höchste Spannung, die er je produzierte, mehrere Minuten ohne das kleinste Anzeichen von Schmerzen durch seinen eigenen Körper strömen ließ. Dieser Teil von geschickter Zurschaustellung machte Tesla beim Publikum beliebt und brachte ihm einen gewaltigen weltweiten Ruhm. Unglücklicherweise verschleierte er seine wichtigere Arbeit mit Mehrphasenströmen.

Den nächsten großen Erfolg, den sein Mehrphasensystem erreichen sollte, war die Nutzbarmachung der Niagarafälle. (Bevor dies gemacht wurde und selbst vor Eröffnung der Weltausstellung in Chicago, wurde die Anwendbarkeit seines Systems in Europa bewiesen; aber dies war ohne seine Kenntnis unternommen worden. Ein praktischer Test zur Übertragung von Mehrphasenwechselstrom mit 30 000 Volt wurde zwischen einem Wasserkraftwerk in Lauffen und der Stadt Frankfurt am Main durchgeführt; der Strom wurde benutzt, um die in letzterer Stadt abgehaltene Ausstellung mit Elektrizität zu versorgen. Diese Installation wurde im Jahre 1891 gebaut. Der Strom wurde benutzt, um sowohl Glühlampen und Bogenlampen zu beleuchten, aber auch um einen Tesla-Motor zu betreiben.) Im Jahre 1886 war eine Urkunde zur Entwicklung von Energie an den Niagarafällen ausgestellt wurden. Das Projekt machte nur geringe Fortschritte und wurde von einer New Yorker Gruppe übernommen, die die Cataract Construction Company, zu dessen Präsident Edward Dean Adams gewählt wurde, organisierte. Herr Adams Firma wollte Energie mit größtmöglichem Ausmaß entwickeln. Der gesamte Energievorrat in den Wasserfällen war unterschiedlich auf 4 000 000 bis 9 000 000 Pferdestärken geschätzt worden. Herr Adams organisierte die International Niagara Commission mit dem Ziel, das beste Mittel zur Nutzbarmachung der Wasserfälle zu bestimmen und machte Lord Kelvin, den berühmten englischen Wissenschaftler, zu deren Vorsitzenden. Es wurde ein Preisgeld über 3 000 $ für den zweckmäßigsten eingereichten Plan geboten.

Tesla hatte fast zwanzig Jahre zuvor als Junge vorhergesagt, dass er eines Tages die Niagarafälle nutzbar machen würde. Jetzt hatte er die Gelegenheit. In der Zwischenzeit hatte die Erfüllung seiner Kindheitsprahlerei möglich gemacht, indem er eine Reihe von Erfindungen fertigstellte, die die Verwandlung der Wasserkraft der Fälle in Elektroenergie ermöglichte.

Allerdings war der von Herrn Adams aufgegriffene Plan eines Preisgelds Herrn Westinghouse unwillkommen. Als man ihn dazu drängte, einen Vorschlag einzureichen, antwortete er: „Diese Leute versuchen, Informationen im Wert von hundert tausend Dollar für dreitausend Dollar zu bekommen. Wenn sie dazu bereit sind, zur Sache zu kommen, werden wir unsere Pläne einreichen." Westinghouse' unnachgiebige Einstellung stellte ein Handikap für Teslas Wechselstromplan dar. Das zweite große Handikap war die Tatsache, dass Lord Kelvin selbst sich zugunsten der Benutzung von Gleichstrom ausgesprochen hatte.

Es wurden ungefähr zwanzig Pläne für den Wettbewerb eingereicht, aber keiner von ihnen wurde vom Ausschuss angenommen und kein Preisgeld vergeben. Die großen Energiegesellschaften Westinghouse, Edison General Electric und Thomson-Housten, reichten keine Pläne ein. Dies geschah 1890.

Die ursprünglichen Entwickler der Wasserfälle planten, die von Wasserrädern gelieferte mechanische Leistung vor Ort zu benutzen; aber der einzige durchführbare Plan war eindeutig die Produktion von Elektrizität durch von Wasserrädern angetriebene Dynamos und die

Verteilung des Stroms im Bezirk. Es gab für diesen einen guten zusätzlichen Markt in Buffalo, eine große, nur ca. 35 Kilometer entfernte Industriestadt. Es bestand auch immer die Hoffnung, dass der Strom bis nach New York City übertragen werden und dem reichen, dazwischenliegenden Gebiet dienen konnte. Wenn Gleichstrom benutzt würde, war seine Übertragung über die 35 km bis nach Buffalo vollkommen unmöglich. Das Tesla Wechselstromsystem machte die Übertragung nach Buffalo allerdings äußerst durchführbar und die Lieferung des Stroms nach New York City eine Möglichkeit.

Zu gegebener Zeit entschied die Cataract Construction Company, dass das hydroelektrische System, das einzig durchführbare war und Vorschläge und Angebote wurden von der Westinghouse Electric Company und der General Electric Company für ein Stromversorgungssystem verlangt, dass aus drei Kraftwerksblöcken mit jeweils 5 000 Pferdestärken bestand. Beide reichten einen Vorschlag ein, das Tesla Mehrphasenstromsystem zu installieren. Die General Electric Company, Nachfolger der Edison General Electric Company, die in der Zwischenzeit eine Lizenz zur Benutzung von Teslas Patenten erworben hatte, schlug vor, ein Dreiphasensystem zu installieren und Westinghouse ein Zweiphasensystem. Der erste Vorschlag betraf den Bau des Elektrizitätskraftwerks. Ein zweiter Vorschlag, für den Angebote verlangt wurden, betraf die Übertragungsleitung zwischen den Niagarafällen und Buffalo, sowie ein Verteilungssystem in letzterer Stadt.

Es wurden früh im Jahre 1893 Angebote verlangt und im Oktober jenes Jahres verkündete Herr Adams, dass der Westinhouse Plan für das Elektrizitätskraftwerk und der General Electric Plan für die Übertragungsleitung angenommen worden waren. Letzterer schloss eine Umwandlung des Zweiphasenstroms aus den Generatoren in einen bis nach Buffalo zu übertragenen Dreiphasenstrom mit ein. Diese Umwandlung deutete auf die Flexibilität von Teslas Mehrphasensystem hin.

Westinghouse stellte das Elektrizitätskraftwerk fertig und im Jahre

1895 war es dazu bereit, 15 000 Pferdestärken zu liefern; das riesigste bis dahin konzipierte und vollbrachte Stück Elektrotechnik. 1896 stellte General Electric das Übertragungs- und Verteilungssystem fertig und die aus den Niagarafällen geschöpfte Elektroenergie wurde an Industrien in den Gebieten der Wasserfälle und Buffalo geliefert, ohne die Schönheit des Spektakels, das die Fälle darstellten, zu beeinträchtigen. Die Installation war so erfolgreich, dass die Westinghouse Company sieben zusätzliche Kraftwerksblöcke einrichtete und die Produktion auf 50 000 Pferdestärken steigerte. Ein zweites entsprechendes Elektrizitätskraftwerk, das ebenfalls Wechselstrom benutzte, wurde später von der General Electric Company gebaut. Heute sind die Kraftwerke der Niagarafälle direkt mit dem Stromversorgungsnetz von New York City verbunden und benutzen allesamt das Tesla System.

Dr. Charles F. Scott, Professor Emeritus in Elektrotechnik an der Yale Universität und ehemaliger Präsident des American Institute of Electrical Engineers, der zur Zeit, als die Gesellschaft das Tesla System entwickelte, ein Westinghouse Ingenieur gewesen war, beschrieb die Niagara Entwicklung und ihre Ergebnisse in einer Denkschrift über Teslas Errungenschaften folgendermaßen (veröffentlicht im Electrical Engineering vom August 1943, S. 351—555):

„Die gleichzeitige Entwicklung des Niagara Projekts und des Tesla Systems war ein zufälliges Ereignis. 1890 stand keine angemessene Methode zur Verfügung, um mit viel Energie umzugehen; aber während der hydraulische Tunnel gebaut wurde, rechtfertigte die Entwicklung des Mehrphasengeräts die offizielle Entscheidung vom 6. Mai 1893, d. h. fünf Jahre und fünf Tage nachdem Teslas Patente erteilt worden waren, die Benutzung seines Systems. Die Mehrphasenmethode brachte dem Niagara Projekt Erfolg ein; und Niagara brachte dem neuen elektrischen System umgekehrt sofortiges Ansehen ein."

Im August 1895 wurde die Energie zur Produktion von Aluminium durch das im ereignisreichen Jahre 1886 patentierte Hall-Verfahren zum ersten Kunden geliefert, der Pittsburgh Reduction Company (heute

Alcoa, Aluminum Company of America)...
1896 wurde die Übertragung von den Niagarafällen bis nach Buffalo, d. h. über 35 km, eingeweiht. Vergleiche dieses riesige und universelle System, dass zahlreiche Energiequellen in einem Supermachtsystem vereinen konnte, mit der Vielzahl an winzigen „Systemen", die zuvor elektrische Dienste lieferten. Wie Herr Adams es treffend erklärte: „Früher wurden die zahlreichen Stromarten, die für die verschiedenen Lampen- und Motortypen benötigt wurden, vor Ort hergestellt; durch das Niagara-Tesla-System wird nur eine Art Strom hergestellt, die zum Verwendungsort übertragen und dann in die gewünschte Form umgewandelt wird."

Die Niagara-Vorführung eines Stroms für alle Zwecke aus großen Generatoren führte sofort zu ähnlichen Stromsystemen in New York City—für die Hoch- und Straßenbahnen und die U-Bahn; für die Elektrifizierung der Dampfeisenbahn; und für die Edison Systeme, entweder durch den Betrieb von Umspannwerken zur Umwandlung des Wechselstroms in Gleichstrom oder durch einen kompletten Wechsel zum Wechselstrom.

Das zum Höhepunkt kommende Jahr 1896 weihte zwei, für die Ausbreitung der Mehrphasenenergie weitreichende Entwicklungen ein, von denen eine kommerziell und die andere technisch war. Durch den Austausch von Patentrechten erhielt die General Electric Company Lizenzrechte unter den Tesla Patenten, die später durch eine Vielzahl Gerichtsurteile unantastbar gemacht wurden. Auch wurde die Parsons Turbine, begleitet von ihrem vordersten Ingenieur, nach Amerika versetzt und befähigte George Westinghouse dazu, durch eine neue Methode das Ideal seines ersten Patents, einer „rotierenden Dampfmaschine", zu verwirklichen. Der Inbegriff der Kolbenmaschine kam in den frühen 1900er Jahren, die Entwicklung eines Jahrhunderts brachte die großartigen Maschinen hervor, die 5 000 bis 7 500 Kilowatt Generatoren für die New Yorker Hoch- und Untergrundbahn antrieben. Aber die schnell wachsenden, verschiedenen Dampfturbinenarten verurteilten die Maschine schnell zur Überalterung; Einzelgeräte mit der Kapazität einer Vielzahl der größten Maschinen liefern nun die Energie zur Metropole. Einzelne Kraftwerke lieferten nun mehr Energie, als all die tausend Zentralstationen und getrennten Anlagen von 1890.

Prof. Scott folgerte: „Die Entwicklung der Elektroenergie von Faradays Entdeckung im Jahre 1831 bis hin zur ersten großen Installation des Tesla Mehrphasensystems im Jahre 1896 ist zweifelsohne das gewaltigste Ereignis der gesamten Technikgeschichte."

Lord Kelvin, der den Gleichstrom für Niagara ursprünglich vorgezogen hatte, räumte später, aber erst nachdem das System in Betrieb genommen worden war, ein, dass Wechselstrom viel mehr Vorteile für Verteilungssysteme über lange Strecken besäße, und erklärte: „Tesla hat mehr zur Elektrizitätslehre beigetragen, als jeder andere Mann bis zu seiner Zeit."

Es hätte nie den geringsten Zweifel daran geben dürfen, was Teslas Verdienst betrifft, und dies nicht nur aufgrund der Entdeckung des rotierenden Magnetfelds, sondern auch aufgrund der Erfindung des ersten, praktischen Wechselstrommotors, des Mehrphasenwechselstromsystems, der Dynamos, um diesen Strom zu erzeugen, einer Vielzahl von Motoren zur Umwandlung der Ströme in Energie, des Systems von Mehrphasentransformatoren zur Steigerung und Verringerung von Spannungen, und von wirtschaftlichen Methoden zur Übertragung von Elektroenergie über weite Strecken hinweg. Trotzdem wurde die Ehre der Priorität unberechtigter Weise anderen zugesprochen oder von ihnen genommen. Tesla schaffte es, seine Ansprüche geltend zu machen; aber in der Zwischenzeit war durch das Erheben dieser ungerechten Ansprüche der Schaden schon angerichtet worden und bis zum heutigen Tage haben der Berufsstand der Elektroingenieure, der öffentliche Dienst und bedeutende Elektroindustrien Tesla nie den Verdienst zugesprochen, zu dem er berechtigt ist. Hätten sie dies getan, würde der Name Tesla mindestens so viel Ruhm besitzen wie die Namen Edison und Westinghouse.

Wie wir gesehen haben, machte Tesla seine Erfindung des rotierenden Magnetfelds im Jahre 1882 und entwickelte innerhalb von zwei Monaten das gesamte Stromsystem mit all seinen Geräten, die er später patentierte. 1883 beschrieb er seine Erfindung den Offiziellen der Continental Edison Company. 1884 stellte er seinen Motor dem Bürgermeister von Straßburg und anderen Leuten vor. Im selben Jahr beschrieb er Thomas A. Edison seine Erfindung. 1885 versuchte er die Förderer der Tesla Arc Light Company davon zu überzeugen, sein System entwickeln zu lassen. 1887 sicherte er sich finanzielle Unterstützung und baute eine Reihe der Dynamos und Motoren, die von Prof. Anthony von der Cornell Universität getestet wurden. Am 12. Oktober 1887 wurden die ersten Patentanträge für seine grundlegenden Erfindungen dem Patentamt vorgestellt. Die Patente wurden zu verschiedenen Daten in den frühen Monaten des Jahres 1888 erteilt. Am 16. Mai 1888 präsentierte er eine Vorstellung und Beschreibung seiner grundlegenden Erfindungen vor dem American Institute of Electrical Engineers in New York. So viel zu den Aufzeichnungen.

Die erste Komplikation trat auf, als im März 1888 Prof. Galileo Ferraris, ein Physiker der Turiner Universität, ein Artikel zur „Rotazioni elettrodynamiche" (Elektrodynamische Rotation) vor der Turiner Akademie präsentierte. Dies geschah sechs Jahre nachdem Tesla seine Entdeckung gemacht, fünf Jahre nachdem er seinen Motor vorgestellt und sechs Monate nachdem er die Patente auf sein System beantragt hatte. Prof. Ferraris hatte Nachforschungen im Bereich der Optik betrieben. Das Problem, das ihn besonders interessierte, war das polarisierte Licht. Zu dieser Zeit wurde es als notwendig betrachtet, mechanische Modelle zum Beweis aller wissenschaftlichen Prinzipien zu bauen. Es war nicht schwer, Modelle zur Vorführung der Natur von eben-polarisiertem Licht zu entwerfen, aber zirkular-polarisiertes Licht stellte ein schwierigeres Problem dar.

Prof. Ferraris dachte über dieses Problem im Jahre 1885 nach, aber machte bis 1888 keinen Fortschritt, als er sich zu einer Lösung dem

Wechselstrom zuwandte. Zu dieser Zeit glaubte man irrtümlicherweise, dass das Licht im Äther eine kontinuierliche Welle sei. Prof. Ferraris betrachtete den kontinuierlich wechselnden Strom als Gegenstück der eben-polarisierten Lichtwelle. Für ein mechanisches Gegenstück der zirkular-polarisierten Lichtwelle stellte er sich einen zweiten Wellenzug vor, der um 90 Grad mit der ersten aus dem Takt war, was der Komponente einen rechtwinkligen Vektor verlieh, der sich selbst durch Rotation äußern müsste. Dies entsprach der Lösung, zu der Tesla sechs Jahre zuvor gekommen war.

Bei der Anordnung einer Labordemonstration benutzte Prof. Ferraris einen Kupferzylinder, der an einem Garn hing und die Lichtwellen darstellte, und ließ zwei Magnetfelder rechtwinklig zueinander auf diesen einwirken. Als die Ströme angestellt wurden, drehte sich der Zylinder, wickelte den Draht, an dem er hing, auf und hob sich hoch. Dies stellte ein exzellentes Modell für rotierende, polarisierte Lichtwellen dar. Dieses Modell ähnelte in keinster Weise einem Motor und der Turiner Wissenschaftler hatte auch keine Absicht, dass es als ein solcher angesehen werden sollte. Es war eine Labordemonstration in der Optik, die eine elektrische Analogie benutzte.

Prof. Ferraris' nächster Versuch befestigte den Kupferzylinder auf einer Achse und teilte jede seiner zwei Spulen in zwei Teile. Er platzierte eine Spule auf jeder Seite des Kupferzylinders. Das Gerät funktionierte mit einer Geschwindigkeit von bis zu 900 Umdrehungen pro Minute—und verlor über diesen Punkt hinaus so schnell an Energie, dass es komplett stoppte. Er probierte Eisenzylinder aus, aber diese funktionierten nicht so gut wie die aus Kupfer. Prof. Ferraris sah für das Gerät als Energiequelle keine Zukunft, allerdings sagte er voraus, dass es als Arbeitsprinzip für ein Instrument zur Messung von Strom nützlich sein würde.

Dadurch bewies Prof. Ferraris, dass er es weit verpasst hatte, das von Tesla entwickelte Prinzip zu verstehen. Der italienische Wissenschaftler fand, dass die Benutzung des magnetischen Eisenzylinders mit dem

Betrieb seines Geräts interferierte, wohingegen Tesla, der die richtige Theorie verfolgte, für das Magnetfeld seines Motors Eisenkerne verwendete, einen Eisenläufer benutzte und in seinem ersten Motor eine Leistung von ca. 95 Prozent erhielt, der eine Einschätzung von ca. einem Viertel Pferdestärke hatte. Die Leistung von Ferraris' Gerät betrug weniger als 25 Prozent.

Prof. Ferraris glaubt, dass er der Wissenschaft einen wichtigen Dienst geleistet hatte, indem er bewies, dass das rotierende Magnetfeld auf keiner praktischen Basis zur Produktion einer mechanischen Energie durch Wechselstrom benutzt werden könnte. Er wich von diesem Schluss nie ab und behauptete auch nie, dass er Teslas Entdeckung eines praktischen Mittels zur Benutzung des rotierenden Felds zur Energiegewinnung vorgegriffen hatte. In dem Wissen, dass sein Prozess vollkommen anders war, als der von Tesla, brachte er nie einen Anspruch auf eine unabhängige Entdeckung des Wechselstrommotors hervor. Er gestand sogar ein, dass Tesla vollkommen unabhängig von ihm zu seiner Entdeckung des rotierenden Magnetfelds gelangt war und das Tesla auf keinen Fall von seinen Arbeiten vor deren Veröffentlichung gewusst haben konnte.

Eine Beschreibung von Prof. Ferraris' Versuch wurde allerdings am 25. Mai 1888 im Electrician in London veröffentlicht (Seite 86). Diese wurde von folgender Aussage begleitet:

„Ob dieser von Prof. Ferraris entwickelte Apparat zur Entdeckung des Wechselstroms führen wird, ist eine Frage, von der wir nicht vorgeben, sie vorauszusagen, aber da das involvierte Prinzip auch andere Anwendungen besitzen könnte, vor allem für den Bau eines Instruments zur Messung des Elektrizitätsvorrats ..."

Ein Jahr zuvor hatte Prof. Anthony schon Teslas Wechselstrommotoren in den Vereinigten Staaten getestet und berichtet, dass sie eine Leistung erreichten, die der von Gleichstrommotoren entsprach; und Teslas U.S. Patente waren mehrere Monate zuvor öffentlich verkündet worden.

Es war offensichtlich, dass sich die Verleger dieser Londoner Druckschrift bezüglich der Entwicklungen in den Vereinigten Staaten nicht auf dem Laufen hielten.

Tesla antwortete schnell, informierte die Verleger über ihr Versehen und reichte einen Artikel ein, in dem er seine Motoren und die mit ihnen erreichten Ergebnisse beschrieb.

Die Verleger des Electrician zeigten nicht viel Enthusiasmus. Sie traten nur im kleinstmöglichen Ausmaß von ihrem Standpunkt zugunsten Ferraris' zurück, indem sie einen Vermerk des Herausgebers veröffentlichten:

„Unsere Ausgabe vom 25. Mai enthielt die Zusammenfassung eines Artikels von Prof. Galileo Ferraris, in dem eine Methode zur Produktion eines resultierenden, revolvierenden Magnetfelds mithilfe ein paar Spulen, deren Achsen sich im rechten Winkel befanden und von Wechselströmen durchströmt wurden, beschrieben wurde. Wir wiesen auf die Möglichkeit hin, dass das Prinzip dieses Geräts vielleicht zum Bau eines Wechselstrommotors angewendet werden könnte. Der Artikel von Herrn Nikola Tesla, der diese Woche in unseren Reihen erscheint, enthält die Beschreibung eines solchen Motors, der auf genau dem gleichen Prinzip beruht. (Bd. XX, S. 165, 15. Juni 1888.)"

Es wurde nicht auf die Tatsache hingewiesen, dass Ferraris zu dem Schluss gekommen war, dass dieses Prinzip nie zum Bau eines praktischen Motors verwendet werden könnte, wohingegen Tesla einen solchen Motor schon gefertigt hatte.

Diese Haltung gegenüber der amerikanischen Entwicklung verschwand aus den technischen Zeitungen Londons nicht. Später veröffentlichte der *Electrical Review* (London: Bd. XXVIII, S. 291, 6. März 1891) ein Leitartikel, der mit der Aussage begann:

„Mehrere Jahre lang, von den Tagen von Prof. Ferraris' Untersuchungen, auf die die von Tesla und Zipernowski und die von einer Unzahl an Nachahmern folgten, haben wir regelmäßig gehört, dass die Frage des Wechselstrommotors gelöst worden sei."

Zu dieser Zeit vermarktete die Westinghouse Gesellschaft bereits das erfolgreiche und praktische Tesla Mehrphasensystem in den Vereinigten

Staaten. Die technische Presse Londons verlor nicht ein Wort zu Ehren Teslas.

Ein Protestschreiben vom 17. März 1891 wurde von Tesla vorgebracht und einige Wochen später vom Review veröffentlicht (S. 446). Er sagte auszugsweise:

„In allen zivilisierten Ländern wurden Patente fast ohne einen einzigen Hinweis auf etwas, was die Neuigkeit der Erfindung im Geringsten in Frage gestellt hätte, erhalten. Der erste veröffentlichte Aufsatz—ein Bericht über Laborexperimente von Prof. Ferraris—wurde sechs oder sieben Monate, nachdem ich meine Anfrage für die fundamentalen Patente gestellt hatte, in Italien veröffentlicht. Und doch las ich in Ihrer Ausgabe vom 6. März: ‚Mehrere Jahre lang, von den Tagen von Prof. Ferraris' Untersuchungen, auf die die von Tesla und Zipernowski und die von einer Unzahl an Nachahmern folgten, haben wir regelmäßig gehört, dass die Frage des Wechselstrommotors gelöst worden sei'

Niemand kann sagen, dass ich nie frei den Verdienst von Prof. Ferraris anerkannt habe und ich hoffe, dass meine Darstellung der Tatsachen nicht fehlinterpretiert wird. Selbst wenn Prof. Ferraris' Aufsatz meinem Antragsdatum vorausgegangen wäre, hätte ich trotzdem nach Meinung aller gerechten Männer das Recht dazu, den Verdienst zugeschrieben zu bekommen, der erste gewesen zu sein, der einen praktikablen Motor fabrizierte; denn Prof. Ferraris bestreitet in seinem Aufsatz den Wert der Erfindung für die Energieübertragung.

So würde ich in den wesentlichsten Eigenschaften des Systems—den Generatoren mit zwei oder drei Strömen von unterschiedlicher Phase, das Dreileitersystem, der Läufer mit geschlossener Spule, die Motoren mit Gleichstrom im Feld etc.—alleine stehen, selbst wenn Prof. Ferraris' Aufsatz vor vielen Jahren veröffentlicht worden wäre.

Die meisten, wenn nicht alle dieser Tatsachen, sind in England wohlbekannt; aber einigen Aufsätzen zufolge, zögert einer der führenden englischen Elektriker nicht zu sagen, dass ich in die von Prof. Ferraris angedeutete Richtung hingearbeitet habe, und in der zuvor genannten

Ausgabe scheint es, dass ich ein Nachahmer genannt werde.

Nun, ich frage Sie, wo ist diese wohlbekannte englische Gerechtigkeit. Ich bin ein Pionier und werde ein Nachahmer genannt. Ich bin kein Nachahmer. Ich produziere ursprüngliche Arbeiten oder überhaupt keine."

Dieser Brief wurde zwar veröffentlicht, aber der *Electrical Review* drückte weder sein Bedauern für die falsche Darstellung noch eine Anerkennung Teslas aus.

Charles Proteus Steinmetz, der später als elektrischer Zauberer der General Electric Company berühmt werden sollte, kam Tesla zu Hilfe. In einem vor dem American Institute of Electrical Engineers präsentierten Aufsatz sagte er: „Ferraris baute nur ein kleines Spielzeug und seine magnetischen Kreisläufe wurden, so weit ich weiß, in der Luft und nicht aus Eisen vervollständigt, obwohl das nur wenig ändert." (Transactions, A.I.E.E., Bd. VIII, S. 591, 1891)

Auch andere amerikanische Ingenieure eilten zu Teslas Unterstützung.

Wie oben schon erwähnt, wurde eine industrielle Ausstellung in Frankfurt am Main, Deutschland, im Jahre 1891 abgehalten. Die US-Marine sandte Carl Hering, ein Elektroingenieur, der viele Berichte für technische Zeitschriften verfasst hatte, als Beobachter aus, um über jegliche Entwicklungen, die die Marine interessieren könnten, zu berichten. Unglücklicherweise hatte sich Hering nicht über die durch die Tesla Patente verkörperten Erfindungen informiert, bevor er ins Ausland ging.

Die herausragende, neue Entwicklung der Frankfurter Ausstellung war die erste öffentliche Anwendung von Teslas System. Das Gelände und die Gebäude wurden mit Elektrizität beleuchtet, die über eine Langstreckenübertragungslinie vom Wasserkraftwerk in Lauffen durch mit 30 000 Volt übertragenen Dreiphasenwechselstrom befördert wurde. Es gab die Ausstellung eines 2 PS-Motors, der durch den Dreiphasenstrom betrieben wurde.

Hering erkannte die Bedeutung dieser neuen Entwicklung und sandte enthusiastische Berichte, in denen er diese als von deutscher Herkunft beschrieb. In seinem Artikel in der *Electrical World* (N.Y.) schwang er enthusiastische Reden über Doliwo-Dobrowolskys Arbeit zur Gestaltung eines Dreiphasenmotors und des zugehörigen Systems und feierte es als eine herausragende wissenschaftliche Entdeckung von enormer kommerzieller Bedeutung. Es wurde der Eindruck erteilt, dass alle anderen Erfinder das Wesentliche verfehlt hatten und dass Dobrowolsky die große Heldentat vollbracht hatte, die das Tempo der zukünftigen Energieentwicklungen bestimmen würde. Hering war auch nicht der Einzige, der diesen Eindruck erhielt.

Ludwig Gutman, ein amerikanischer Elektroingenieur und Abgesandter zum Elektrikerkongress in Frankfurt, schlug in einem vor diesem Gremium vorgetragenen Aufsatz zu „Der Erfinder des Drehfeldsystems" gegen Dobrowolsky zurück. Er erklärte:
„Da wir in Amerika mehrere Jahre Erfahrung mit diesem von den Tesla Motoren repräsentiertem System gemacht haben, muss ich einer kürzlich bei einem hier in Frankfurt abgehaltenen Treffen der Elektrotechnischen Gesellschaft von Herrn von Dobrowolsky aufgestellten Behauptung widersprechen. Der Gentleman sagte: ‚Ich glaube behaupten zu können, dass das Problem der Motoren für große und kleine Arbeiten hiermit vollkommen gelöst worden ist.' Diese Behauptung geht sehr wahrscheinlich zu weit. Das Problem wurde theoretisch und elektrisch schon im Jahre 1889 gelöst." (Electrical World, N.Y.: 17. Oktober 1891)

Dobrowolsky begrenzte in einem in der *Electrotechnische Zeitschrift* (S. 149—150; 1891) erschienen Artikel seinen Anspruch darauf, den ersten praktischen Wechselstrommotor produziert zu haben; und er behauptete, dass es im Tesla Zweiphasenmotor Feldpulsationen gab, die auf 40 Prozent hinauslaufen würden, während diese in seinem Dreiphasenmotor, im Betrieb auf der Frankfurter Ausstellung, stark verringert wurden.

Auch dieser verringerte Anspruch von Dobrowolsky wurde schnell zerschlagen. Er zog die Kritiken von amerikanischen und englischen

Quellen auf sich, und auch vom Chefingenieur des Projekts, dessen Teil sein Motor war.

Dr. Michael I. Pupin von der Technischen Fakultät der Columbia Universität bewies, als er Dobrowolskys Behauptung untersuchte (Ibid., 26. Dez. 1891), dass dieser es verpasst hatte, die dem Tesla System zugrundeliegenden Prinzipien zu verstehen und dass das Dreiphasensystem, von dem er behauptete, es wäre sein eigenes, in Teslas Erfindungen miteingeschlossen war.

C. E. L. Brown, der federführende Ingenieur des bahnbrechenden Lauffen-Frankfurt 30 000 Volt Übertragungssystem und des Dreiphasengeneratorsystems, einschließlich dem Dobrowolsky Motor, entschied endgültig und vollkommen die Frage nach der Ehre für das gesamte System. Er schloss einen in der *Electrical World* (7. Nov. 1891) veröffentlichten Brief mit der Aussage: „Der Dreiphasenstrom, so wie er in Frankfurt angewendet wurde, wurde von den Arbeiten Herrn Teslas bedingt und ist in seinen Patenten genau angegeben."

Herr Brown schrieb diesbezüglich Briefe an andere technische Informationsschriften und kritisierte in ihnen Herrn Hering dafür, Tesla seinen schuldigen Verdienst nicht zugesprochen und diesen auf Dobrowolsky umgelenkt zu haben.

Diese Kritik veranlasste letztlich Herrn Hering zu einer Antwort. Sie erschien in der *Electrical World* am 6. Februar 1892:

„Da Herr C. E. L. Brown in Kommunikationen zum *Electrical World* und anderen Zeitungen entschlossen dazu scheint, darauf zu bestehen, dass ich Herrn Teslas Arbeiten zum Drehstrom vernachlässigt habe, möchte ich erklären, dass es niemanden gibt, der mehr als ich selbst dazu gewillt ist, Herrn Tesla den seiner Arbeit gebührenden Verdienst zuzuschreiben; und ich habe ihn immer als den ursprünglichen Erfinder des Drehfeldsystems und als die erste Person, die es praktisch anwendete, angesehen und ich glaube, es so in meinen Berichten gesagt zu haben. Wenn ich es jemals verpasst habe, ihm seinen Verdienst in dem Ausmaße zuzuschreiben, in dem er es entwickelte, lag dies daran, dass

Herr Tesla zu bescheiden (oder vielleicht zu vorsichtig) gewesen ist, um die Welt wissen zu lassen, was er erreicht hatte. Als die Berichte, die diese Diskussion verursachten, geschrieben wurden, waren mir Herrn Teslas Patente nicht zugänglich. Ich war nicht in der Lage, festzustellen, wo genau Herrn Dobrowolskys Verbesserungen anfangen ..." Dobrowolsky, obwohl er vielleicht kein unabhängiger Erfinder gewesen war, gibt zu, dass Teslas Arbeiten seiner vorausgehen ... Die Bescheidenheit dieser beiden Gentlemen, da bin ich mir sicher, führte zu einem klaren Verständnis. Was das Thema von Priorität betrifft, ist es hier vielleicht von Interesse zu sagen, dass mir Prof. Ferraris in einem Gespräch letzten Sommer mit sehr schicklicher Bescheidenheit sagte, dass, obwohl er mit dem rotierenden Feld experimentiert hatte, Jahre bevor Teslas Arbeit veröffentlicht wurde, er nicht glaubte, dass Tesla von seiner Arbeit gewusst haben könnte; und dass er somit glaubte, Tesla hätte es vollkommen unabhängig entwickelt. Er sagte auch, dass Tesla es sehr viel weiter entwickelte, als er (Ferraris) es je getan hatte.

Somit sprachen Wissenschaftler und Ingenieure der Vereinigten Staaten, Deutschlands und Italiens Tesla den klaren und unbestrittenen Verdienst zu, der einzige Erfinder des bewundernswerten Mehrphasensystems mit all seinen Einzelheiten zu sein. Französische und britische Zeitschriften schlossen sich an.

So gab es in technischen Kreisen um 1892 eine universelle Würdigung Teslas als der unbestrittene Erfinder des Wechselstrommotors und des Mehrphasensystems. Es gab daher niemanden, der seinen Anspruch bestreiten oder ihm seinen Verdienst rauben konnte, als sein Ruhm die Öffentlichkeit durch die Benutzung seines Systems auf der Weltausstellung von Chicago im Jahre 1893 erreichte, und später, als sein System die Nutzbarmachung der Niagarafälle möglich machte.

Mit der Zeit kamen allerdings viele, die behaupteten, Verbesserungen an Teslas Erfindungen durchgeführt zu haben; und es wurden weitgefächerte Bemühungen gemacht, diese „Verbesserungen" auszunutzen. Die Westinghouse Gesellschaft, jetzt die Besitzer der Tesla

Patente, übernahm die Verteidigung der Patente und die Verfolgung der Rechtsverletzer. Infolgedessen wurden ungefähr zwanzig Klagen vor die Gerichte gebracht und in jedem der Prozesse verhalfen die Entscheidungen Tesla zu einem entscheidenden Sieg.

Ein Beispiel der weitreichenden Entscheidungen, die überliefert wurden, ist die von Richter Townsend im United States Circuit Court (das amerikanische Berufungsgericht) von Connecticut im September 1900, wo er, als er ein Urteil über die erste Gruppe von zugrundeliegenden Patenten fällte, sagte:

„Es verblieb dem Genie Tesla, die unbändigen, unbeherrschten und bisher entgegenwirkenden Elemente im Bereich der Natur und der Kunst einzufangen und sie nutzbar zu machen, um die Maschinen der Menschen zu ziehen. Er war es, der als Erster zeigte, wie man das Spielzeug von Arago in eine Maschine von Energie, das ‚Laborexperiment' von Bailey in einen praktikablen und erfolgreichen Motor, den Indikator in einen Treiber verwandeln konnte; er ersann als Erster die Idee, dass genau diese Hindernisse der Richtungsumkehr und die Kontraindikationen der Wechsel in eine Energie liefernde Rotation umgewandelt werden könnten, in ein wirbelndes Kraftfeld."

Was andere nur als unüberwindliche Barrieren, unwegsame Ströme und gegensätzliche Kräfte ansahen, begriff er und benutzte durch Abstimmung der Direktionen die Energie der Niagarafälle in praktikablen Motoren in entfernten Städten.

Die Missgunst und Feindseligkeit, die durch die gleichbleibende Reihe und die erfolgreichen Entscheidungen hervorgerufen wurde, veranlasste Individuen, die negativ betroffen waren, dazu, ihre Feindseligkeit an Tesla auszulassen, obwohl er seit zehn Jahren keine persönlichen Interessen in seinen Patenten mehr hatte.

Die entstehende Situation wird von B. A. Behrend, dem späteren Vizepräsidenten des American Institute of Electrical Engineers, gut beschrieben:

„Es ist ein besonderer Wesenszug unwissender Menschen, immer von einem Extrem ins Andere zu gehen, und diejenigen, die einst blinde Bewunderer Herrn Teslas waren und ihn zu einem Ausmaß verherrlichten, der allein mit dem vernarrten Lob, das Opfern von Volksbewunderung verliehen wird, verglichen werden kann, befassen sich nun eifrig mit seinem Spott. In dieser Perspektive liegt etwas tief Bedauerliches und ich kann nie an Nikola Tesla denken, ohne mich für mein Subjekt zu erwärmen und die Ungerechtigkeit und Undankbarkeit, die er sowohl durch die Öffentlichkeit als auch durch den Ingenieursberufsstand erfahren hat, zu verurteilen." (*Western Electrician*, September 1907)

Mit den wissenschaftlichen und technischen Welten und den Gerichten, die ihm den klaren Titel verliehen, der großartige, wegbereitende Entdecker und Erfinder der Prinzipien und Maschinen zu sein, die das moderne Elektrosystem bilden, ist Tesla unangefochten das Genie, das der Welt das Zeitalter der Elektroenergie lieferte, die unsere industriellen Massenproduktionssysteme möglich machte. Der Name Tesla sollte daher heute mit absolutem Recht und absoluter Gerechtigkeit der berühmteste Name der technischen Welt sein.

RUHM UND REICHTUM

ACHT

Nachdem er seine europäischen und amerikanischen Vorträge gehalten hatte, verbannte Tesla bei seiner Rückkehr in sein Labor im März 1893 alle sozialen Aktivitäten aus seinem Lebensprogramm und stürzte sich voller Energie mit dem Kopf voran in die experimentelle Arbeit zu seinem Drahtlossystem. Er führte wiederholt Experimente durch, während er an der Feinheit seines Einstellungsprinzips von Stromkreisen arbeitete, sodass diese miteinander im Einklang sind. Er baute über einhundert Spulen mit einer großen Auswahl an elektrischen Eigenschaften zur Einstellung. Er baute ebenfalls zahlreiche Oszillatoren zur Erzeugung von Hochfrequenzströmen und Kondensatoren und Induktionsspulen, um sowohl die Sende- als auch die Empfangsspulen auf jede gewünschte Frequenz oder Wellenlänge abzustimmen.

Er zeigte auf, dass er jede der einhundert Spulen dazu bringen konnte, gezielt und kräftig auf ihre bestimmte, vom Oszillator ausgesandte Wellenlänge zu reagieren, während alle anderen inaktiv blieben. Er entdeckte aber, dass abgestimmte elektrische Spulen des Weiteren die gleichen Eigenschaften wie gestimmte Saiten haben, da sie nicht nur aufgrund der zugrunde liegenden Note vibrieren, sondern auch aufgrund zahlreichen höheren und vor allem niedrigeren Harmonien. Diese Eigenschaft könnte für die Gestaltung von sendenden—und empfangenden—Stationsantennen brauchbar genutzt werden, aber sie sprach gegen die scharfe, exklusive Abstimmung des Antwortverhaltens von Spulen. In geringer Entfernung und mit den Starkströmen, die Tesla in seinem Labor benutzte, bildeten die Ober- und Unterwellen ein Handikap—waren die Sende- und Empfangsspulen weiter entfernt, dann verringerte sich dieses Problem sehr.

Tesla wurde bewusst, dass es schwierig sein würde, eine frühe

Vorführung seines weltweiten Intelligenz- und Energiesystems einzurichten, und so plante er ein Kompromisssystem, in dem er einen kleineren Zentralsender und kleinere Relaisstationen in bestimmter Entfernung benutzen wollte.

In einem Interview mit Arthur Brisbane, dem berühmten Herausgeber, verkündete Tesla in *Der Welt* vom 22. Juli 1894 die Gewissheit seiner Pläne. Er sagte:

„Sie würden mich für einen Träumer und sehr weit weg gerückt halten, wenn ich ihnen erzählen würde, auf was ich wirklich hoffe. Aber ich kann Ihnen sagen, dass ich es mit vollkommener Zuversicht entgegensehe, Nachrichten ohne jegliche Kabel durch die Erde zu senden. Ich mache mir auch große Hoffnungen, elektrische Kraft auf die gleiche Art und ohne Verluste zu übertragen. Was die Übertragung von Nachrichten durch die Erde betrifft, sage ich ohne zu zögern einen Erfolg voraus. Zuerst muss ich ermitteln, wie viele Vibrationen pro Sekunde durch die Störung der Elektrizitätsmasse, die die Erde enthält, verursacht werden. Meine Sendemaschine muss genauso oft vibrieren, um mit der irdenen Elektrizität in Einklang zu geraten."

Im Laufe des folgenden Winters gestaltete und baute er zu diesem Zweck seine Sendestation sowie eine Empfangsstation. Diese funktionierte gut in der Nähe des Labors und zwischen zwei Punkten in der Stadt. Wie ein Künstler, der nicht gewillt ist, sein Bild als beendet zu erklären, sondern immer weiter eine endlose Reihe von kleinen Verbesserungen auftragen muss, fuhr Tesla fort, Verfeinerungen hinzuzufügen, sodass ein perfekter Test im Frühjahr gewährleistet war. Für diesen plante er, sein Empfangsgerät auf einem kleinen Boot den Hudson River mit rauf zu nehmen und so dessen Antwort in verlängerten Distanzen zu testen.

Genauso wie für Cäsar kam die Tragödie für Tesla allerdings an den Iden des März. Für Tesla war es der unglückliche 13. März 1895, als in der Nacht ein Feuer im unteren Teil des Gebäudes, in dem sich sein Labor befand, ausbrach und durch den gesamten Bau fegte. Die zwei Stockwerke, in denen sich seine Geräte befanden, fielen ins

ACHT

Untergeschoss ein und ihr gesamter Inhalt wurde zerstört. Nicht ein einziger Gegenstand konnte gerettet werden. Der Großteil von Teslas Reichtum war in die Apparate in diesem Gebäude investiert gewesen. Er hatte keine Versicherung darauf abgeschlossen. Der Verlust war vollkommen.

Der Geldverlust spielte nur einen geringen Teil im Schock, den Tesla erhielt. Das Gerät und die unzähligen Versuche für zahlreiche Gebiete, denen sie angehörten, waren ein Teil von Teslas Wesen. Sein Lebenswerk war fortgeschwemmt worden. All seine Aufzeichnungen, Papiere, Andenken, seine berühmte Darbietung von der Weltausstellung waren fort. Sein Labor, in dem er seine Wunder der Elite und den Intellektuellen New Yorks, den berühmtesten Männern und Frauen des Landes und der Welt vorgestellt hatte, war nicht mehr. Und diese Tragödie war gekommen, gerade als er dazu bereit war, seine erste Vorführung seines Drahtlossystems über eine Distanz hinweg zu machen.

Tesla befand sich finanziell in einer schwierigen Lage. Das Labor war im Besitz der Tesla Electric Company, im Eigentum von Tesla und A. K. Brown, der zusammen mit einem Partner die Gelder gestellt hatte, um Teslas Vorführung seines Mehrphasenwechselstromsystems vor dessen Verkauf an Westinghouse für 1 000 000 $ zu finanzieren. Wie gesagt, wurde etwas von diesem Geld als Bargeld unter den Partnern aufgeteilt; und der Rest wurde für weitere Entwicklungen ins Labor gesteckt. Die Ressourcen der Firma waren nun vernichtet und Teslas eigene Ressourcen fast verschwunden. Er erhielt einige Patentgebühren von Deutschland für seine Mehrphasenmotoren und -dynamos. Dieses Einkommen würde ausreichen, um für seine Lebenshaltungskosten aufzukommen, wären aber nicht genug, um ein Versuchslabor zu unterhalten.

Herr Adams, aktiver Kopf der Morgan Gruppe, die das Wasserkraftwerk an den Niagarafällen, das Teslas Mehrphasensystem benutzt, entwickelt hatte, kam zur Rettung des Erfinders. Er schlug vor und veranlasste die Gründung einer neuen Firma, die die Fortführung von Teslas Versuchen finanzieren würde, und er bot an, 100 000 $ des vorgeschlagenen Grundkapitals von 500 000 $ der Firma zu spenden. Mit dieser Unterstützung baute Tesla ein neues Labor auf. Er sicherte sich Quartiere in der East Houston Street 46 und startete dort mit seinen Arbeiten im Juli 1895, vier Monate nachdem sein Labor in der South Fifth Avenue zerstört worden war.

Adams zahlte 40 000 $ als erste Rate seiner Mitgliedschaft. Er interessierte sich aktiv und persönlich für Teslas Arbeit und verbrachte viel Zeit im Labor. Er wusste durch die erfolgreiche Unternehmung des Kraftwerks an den Niagarafällen, dass Tesla eigentlich extrem praktisch war, und so war Adams von den Plänen für die drahtlose Übertragung von Intelligenz und Energie tief beeindruckt. Er erklärte, dass er gewillt war, noch weiter zu gehen, als sein ursprünglicher Plan von finanzieller Unterstützung es voraus sah und er schlug vor, dass der Plan die Aufnahme seines Sohnes als aktiven Partner in Teslas Arbeit mit einschließen sollte.

Solch eine Vereinbarung würde einem Bündnis Teslas mit der mächtigen Morgan Financial Group gleichkommen. Es war die Unterstützung durch J. P. Morgan, die der Bildung der General Electric Company finanzielle Begleitung lieferte und den Bau der Waterside Station, dem ersten großen Edison Elektrizitätskraftwerk in New York, möglich machte, und es war die Morgan Gruppe, die dem Tesla System durch die Ermöglichung der Niagara-Entwicklung einen gewaltigen Schub gegeben hatte. Das Ansehen, das aus einem Bündnis mit der Morgan Gruppe entstehen würde, wäre wahrscheinlich noch durchschlagender als die tatsächlich involvierte Geldhilfe. Mit diesem Bündnis war Teslas finanzielle Zukunft gesichert. Dadurch würde ihm die Unterstützung des größten organisatorischen Genies und praktischen Förderungskraft der Welt zur Hilfe kommen. Die Feuertragödie, die diese Situation verursacht hatte, könnte sich noch als großer Segen erweisen.

Tesla traf seine Entscheidung. Was ihn beeinflusste, zu der

Entschlossenheit, die ihn leitete, zu kommen, erfuhr nie jemand. Er lehnte Herrn Adams Angebot ab. Aus praktischer Sicht gibt es keine Art, diese Tat zu erklären. Aber niemand konnte je erfolgreich beweisen, dass Tesla in kommerzieller und finanzieller Hinsicht praktisch war.

Mit den 40 000 $, die Adams spendete, konnte Tesla für ungefähr drei weitere Jahre aktiv Nachforschungen betreiben. Er hätte wahrscheinlich Spenden über ein Vielfaches dieses Betrags sicherstellen können, wäre er gewillt gewesen, auch nur die kleinsten Mühen in diese Richtung aufzuwenden, aber er war mehr daran interessiert, seine Versuche in Gang zu bringen, als sich um seine zukünftigen finanziellen Bedürfnisse zu sorgen. Er hatte vollstes Vertrauen, dass die Zukunft ihm mehrere Millionen Dollar als Pfandmarke für die vielen Milliarden von Wert, die er ihr durch seine Erfindungen liefern würde, einbringen würde.

Tesla benötigte ungefähr ein Jahr, um sein Labor auszustatten und eine Reihe von Versuchsgeräten zu bauen. Fast nichts, was er benutzte, konnte auf dem Markt gekauft werden; alles musste unter seiner Anleitung von Handwerkern speziell gebaut werden. Im Frühjahr 1897 war er dazu bereit, mit seinem drahtlosen Sender und Empfänger die Entfernungstests durchzuführen, die zwei Jahre zuvor durch das Feuer unterbrochen worden waren.

Der Erfolg dieser Tests wurde von Tesla in einem Interview mit dem Vertreter des *Electrical Review* verkündet, dass in der Ausgabe vom 9. Juli 1897 dieser Zeitschrift veröffentlicht wurde. Es besagte:

„Fast jeder Erfinder der Telegrafie träumte viele Jahre lang in seinen wachen Stunden von der Möglichkeit, drahtlos zu kommunizieren. Von Zeit zu Zeit erschien in den technischen Zeitschriften ein Hinweis auf Versuche, die den unter Elektrikern fast universellen Glauben zeigen, dass eines Tages Drähte abgeschafft werden. Es wurden Versuche durchgeführt, um diese Möglichkeiten zu beweisen, aber es blieb Herrn Nikola Tesla übrig, eine Theorie aufzustellen und experimentell zu beweisen, dass die drahtlose Kommunikation eine — durchaus nahe — Möglichkeit ist. Tatsächlich ist Herr Tesla nach sechs Jahren vorsichtiger und gewissenhafter Arbeit an einem Punkt angelangt, an dem ein Einblick in die Zukunft möglich ist.

Ein Vertreter des *Electrical Review* erhält die persönliche Zusicherung von Herrn Tesla, der übrigens sehr zurückhaltend ist, dass die elektrische, drahtlose Kommunikation eine vollbrachte Tatsache ist und dass die benutzte Methode und die involvierten Prinzipien nichts in sich haben, um Nachrichten davon abzuhalten, zwischen entfernten Punkten übertragen und verständlich empfangen zu werden. Er hat bereits sowohl eine Sendegerät als auch einen elektrischen Empfänger gebaut, der an entfernten Punkten ungeachtet von Erdströmen oder Himmelsrichtungen den Signalen des Senders gegenüber empfindsam ist. Und dies wurde mit einem überraschend kleinen Aufwand an Energie durchgeführt.

Natürlich ist Herr Tesla abgeneigt, alle Einzelheiten seiner Erfindung zu erklären, aber er gibt zu verstehen, dass er sich etwas zunutze macht, was vorerst elektrostatisches Gleichgewicht genannt werden kann. Er sagt, dass wenn dieses Gleichgewicht an jeglichem Punkt der Erde gestört wird, diese Störung mit dem richtigen Gerät an einem entfernten Punkt erkannt werden kann und das Senden und Lesen von Signalen somit durchführbar wird, sobald die konkreten Instrumente verfügbar sind. Herr Tesla verkündete seinen Glauben in die Möglichkeiten, aber er tat dies erst, nachdem er selbst durch reale Tests mit den von ihm gestalten Apparaten zufriedengestellt wurde. Es muss noch viel Arbeit gemacht werden und er hat seither das Problem eingehend beobachtet und studiert.

Einzelheiten sind aus offensichtlichen Gründen noch nicht verfügbar, und wir berichten einfach nur von Herrn Teslas Aussage, dass er die drahtlose Kommunikation über einigermaßen weite Distanzen mit einem geringen Aufwand an Energie wirklich vollbracht hat und nur noch den Apparat perfektionieren muss, um eine beliebige Distanz zu erreichen. Morses 65 Kilometer Experiment in den alten Zeiten befand sich auf einer weit unsichereren Grundlage als die drahtlosen

ACHT

Möglichkeiten von heute.

Teslas Arbeiten mit Hochfrequenz- und Hochspannungsströmen waren beachtlich gewesen. Schon 1891 sagte er die aktuellen Ergebnisse voraus, sowohl bezüglich der Vakuumröhrenbeleuchtung als auch der drahtlosen Kommunikation. Erstere hat in seinen Händen einen Zustand erreicht, der zu einer öffentlichen Vorstellung des Phänomens elektrostatischer Molekularkräfte in der Lage ist. Zahllose Versuche wurden durchgeführt und das, was damals eine verblüffende Frequenz von 10 000 pro Sekunde war, hat Herr Tesla auf etwas erhöht, was nun eine mäßige Geschwindigkeit von 2 000 000 Schwingungen pro Sekunde ist."

Diese Ankündigung dokumentiert die Geburt des modernen Radios—des Radios, wie es heute benutzt wird—geboren auf einem Boot, dass den Hudson River hoch fuhr und den Empfänger vierzig Kilometer weit vom Labor der Houston Street weg trug, eine Entfernung, die nur ein kleiner Teil der Reichweite des Geräts war, aber genug, um seine Fähigkeiten zu beweisen. So eine Heldentat war einer extravaganten, zerschlagenden Ankündigung würdig und nicht Teslas sehr bescheidener Aussage und der noch konservativeren Art, mit der der *Electrical Review* die Neuigkeit behandelte. Tesla hatte nicht nur seine Patentrechte zu schützen, die durch eine vorzeitige Bekanntgabe gefährdet würden, sondern er musste auch vor Erfindungseindringlingen und Patentpiraten auf der Hut sein, mit denen er zuvor unangenehme Erfahrungen gemacht hatte. Der *Electrical Review* fürchtete sich natürlich vor den Konsequenzen, durch eine zu enthusiastische Aufnahme „seinen Kopf hinzuhalten", bevor alle Einzelheiten verfügbar waren.

Die grundlegenden Patente auf Teslas System wurden am 2. September 1897 erteilt, nur zwei Monate nach seiner Ankündigung. Sie erhielten die Nummern 645,576 und 649,621. In diesen Patenten beschrieb er all die grundlegenden Eigenschaften der Rundfunk- und Empfangskreisläufe, die heute benutzt werden. Sobald der Patentschutz sichergestellt wurde, zögerte es Tesla nicht lange hinaus, die Öffentlichkeit in seine Entdeckungen einzuweihen. Seine Darstellung nahm die Form einer spektakulären Vorführung im Madison Square Garden ein.

Die drahtlose Intelligenzübertragung ist eine moderne Befriedigung von einem des ältesten Verlangen des Menschen, der immer die Entfernung durch eine Kommunikation durch den Raum ohne materielle Verbindungen in der dazwischenliegenden Fläche aufzuheben versuchte. Frühe Experimentatoren mit dem Telefon insbesondere waren enthusiastische Sucher einer Methode von drahtloser, elektrischer Kommunikation, die die Stimme durch den Raum übertragen würde, so wie die Luft das Geräusch weiterleitet. David Edward Hughes hatte 1879 vermerkt, dass wenn ein elektrischer Funke irgendwo in seinem Haus produziert wurde, er ein Geräusch in seinem Telefonempfänger wahrnahm. Er folgerte diesen Effekt auf die Aktion der Kohlekörner in Kontakt mit einer Metallscheibe in seinem Telefonsender zurück, die als Anzeiger der Raumwellen dienten, indem sie leicht zusammen klebten, den Widerstand der Masse verringerten und ein Klicken im Empfänger verursachten.

Prof. A. E. Dolbear vom Tufts College führte diese Beobachtung weiter aus und erbaute im Jahre 1882 einen Demonstrationsaufbau, der das Prinzip benutzte, aber den Telefonaufbau ausschloss. Er benutzte eine Zündspule, um Wellen zu erzeugen und Kohlekörner, um diese zu aufzuspüren. Dies ist genau das „drahtlose" System, das Marconi vierzehn Jahre später „entdeckte".

Edison, der von der Western Union Telegraph Company angeheuert wurde, um das Monopol, das Bell durch seine Erfindung des Telefons hielt, zu zerstören, hatte es 1885 geschafft, eine Nachricht „drahtlos" von einem sich bewegenden Zug zu senden. Ein Draht war parallel zu einer Telegrafenleitung, die auf Masten entlang des Gleises aufgezogen war, am Zug befestigte und machte es möglich, die dazwischenliegenden paar Fuß durch einen induktiven Effekt zu überbrücken—der gleiche Effekt, der durch „Übersprechen" eine Störung oder eine Vermischung von Gesprächen über zwei Telefonleitungen, die sich nah aneinander befinden, verursacht. W. M. Preece führte ungefähr zur gleichen Zeit in England ein ähnliches Experiment durch. Die extrem kurzen Entfernungen, über die solche Systeme funktionierten, hielten sie davon ab, einen praktischen Nutzen zu haben.

Eine komplett andere Art von drahtloser Kommunikation war von Alexander Graham Bell 1880 und 1881 entwickelt wurden. Diese erhielt den Namen Radiophon, aber Bell bestand darauf, es Photophon zu nennen. Das Photophon übertrug die Stimme über einen Lichtstrahl. Der Sender bestand auf einem sehr dünnen Glas oder einem Mikaspiegel, der durch die Stimme in Schwingungen versetzt werden konnte. Dieser reflektierte einen Lichtstrahl, normalerweise Sonnenlicht, auf ein entferntes Empfangsgerät. Der simple Empfänger bestand aus dem Reagenzglas eines Chemikers, in das ein ausgewähltes Material gesteckt wurde. Die Öffnung des Glases wurde mit einem Korken verschlossen, durch den zwei Gummiröhrchen eingefügt wurden, deren andere Enden man in die Ohren steckte. Eine große Vielzahl Materialien konnte in das Reagenzglas als Detektoren gesteckt werden. Wenn der Lichtstrahl, der durch die Stimme in Schwingungen versetzt wurde, auf das Material im Glas traf, wurde die Hitze absorbiert, was die Luft in dem Glas in Schwingungen versetzte und somit die Stimme, die über den Lichtstrahl übertragen worden war, reproduzierte. Bell benutzte auch Selen als Detektoren. Es reagierte auf die sichtbaren Strahlen und produzierte einen elektrischen Effekt. Die Experimente waren offensichtlich von geringem praktischem Wert als Grundlage eines Systems der drahtlosen Kommunikation.

Michael Faraday hatte 1845 in London seine Theorie der Beziehung von Licht und elektromagnetischen Kraftlinien beschrieben; und James Clerk Maxwell veröffentlichte 1862 eine Analyse von Faradays Arbeit, die eine mathematische Basis für die Theorie schaffte, dass Lichtwellen von elektromagnetischer Natur waren und dass solche Wellen sehr viel kürzer oder sehr viel länger als die bekannte Wellenlänge des sichtbaren Lichts sein konnten. Dies forderte die Wissenschaftler heraus, die Existenz solcher Wellen zu beweisen.

Prof. Heinrich Hertz führte in Bonn, Deutschland, von 1886 bis 1888 die Suche nach Wellen durch, die länger als Licht oder Hitze waren. Er produzierte sie durch die Funkenentladung einer Induktionsspule und fing sie in kurzer Entfernung in Form eines winzigen Funkens, der den Spalt in einem geschlitzten Drahtring übersprang, aus dem Raum wieder auf. Sir Oliver Lodge versuchte gleichzeitig in England, genauso kleine elektrische Wellen in Leiterschaltungen zu messen.

Dies war damals die Situation der wissenschaftlichen Welt, als Tesla 1889 mit seinen Arbeiten anfing. Der Plan über drahtlose Kommunikation, den er 1892 und '93 vorstellte, zeigt, wie wir in Kürze beschreiben werden, wie sein wunderbares Konzept und sein enorm fortschrittliches Wissen seine Zeitgenossen mannshoch überragte.

Als Tesla im Herbst 1889 die Westinghouse Fabrik verließ, wandte er sich sofort der nächsten Phase seiner Entwicklung des Wechselstromgebiets zu — ein neues System zur Energieverteilung durch Hochfrequenzwechselströme, die eine weitaus herrlichere Entdeckung als sein Mehrphasensystem darstellen sollten. In den nächsten zwei Jahren erforschte er die Prinzipien, mit denen Energie ohne die Benutzung von Drähten übertragen werden konnte, und demonstrierte dies mit leistungsfähigen Spulen in seinem Labor. Die Verteilung von Intelligenz, später „drahtlos" genannt, war nur eine einzelne Phase des größeren Projekts.

Tesla beschrieb 1892 die erste Elektronenröhre, die als Detektor in einem Radiosystem entwickelt worden war und stellte ihre Eigenschaften in seinen Vorträgen in London und Paris im Februar und März desselben Jahres vor. (Die Röhre war allerdings 1890 entwickelt worden.) Er beschrieb im Februar und März des folgenden Jahres 1893 sein Rundfunksystem und stellte dessen Prinzipien ausführlich in Vorträgen vor dem Franklin Institute in Philadelphia und bei dem Kongress der National Electric Light Association in St. Louis vor.

Teslas Elektronenröhre, seine 1890er Erfindung, war der Vorfahre der aufspürenden und verstärkenden Röhren, die heute benutzt werden. Seine Vorstellung dieser Röhre wurde in den Archiven von vier Verbänden dokumentiert, vor denen er sie im Februar und März 1892 ausstellte — das Institute of Electrical Engineers und die Royal Society von London, die Physical Society von Frankreich und die International Society of Electrical Engineers in Paris. Er erklärte in diesen Vorträgen: „Wenn es irgendeine messbare Bewegung im Raum gibt, dann sollte solch eine Bürste sie entdecken. Sie ist sozusagen ein reibungsfreier Lichtstrahl frei von Trägheit.

Ich denke, sie könnte in der Telegrafie praktisch angewandt werden. Mit solch einer Bürste würde es möglich sein, Telegramme beispielsweise mit jeglicher Geschwindigkeit über den Atlantik hinweg zu senden, denn ihre Empfindlichkeit könnte so groß sein, dass die kleinste Veränderung sie beeinflusst."

Die „Bürste" in Teslas Röhre war ein Elektronenstrahl. Das Elektron war allerdings noch nicht entdeckt worden. Trotzdem lieferte Tesla eine präzise Beschreibung seiner Natur und bewies somit die bewundernswerte Exaktheit seiner Interpretation von merkwürdigen Phänomenen. Dieser Elektronenstrahl war so empfindlich, dass ein kleiner, zwei Zentimeter breiter Hufeisenmagnet in einer Entfernung von fast zwei Metern eine Bewegung des Elektronenstrahls in ein jede Richtung verursachte, je nach Position, in der der Magnet gehalten wurde.

Wenn jemand sich der Röhre aus einer Entfernung von mehreren Metern näherte, dann schlug der Strahl, oder Bürste, zur anderen Seite der Röhre aus. Selbst wenn jemand in einer Entfernung von drei Metern um die Röhre herum ging, dann bewegte sich der Strahl gleichfalls, hielt sein Zentrum und zeigte immer auf das sich bewegende Objekt. Die kleinste Bewegung eines Fingers, oder sogar die Anspannung eines Muskels, rief ein Ausschlagen des Strahls hervor.

Im gleichen 1892er Vortrag, in dem er seine erste Elektronenröhre beschrieb, stellte Tesla Lampen vor, die ohne Kabelverbindungen erleuchtet wurden (kabelloses Licht) und auch einen Motor, der ohne Kabelverbindungen zur erregenden Spule funktionierte (kabellose Energie); und er stellte diese Entwicklungen noch einmal bei seiner Ausstellung auf der Columbian Exposition in Chicago früh im Jahre 1893 vor.

Mit all dieser Erfahrung hinter sich, die ihm die volle Sicherheit lieferte, dass sein System vollkommen praktikabel und betriebsbereit war, präsentierte Tesla im Februar und März 1893 am Franklin Institute und beim Kongress der National Electric Light Association eine sehr vorsichtige und konservative Aussage bezüglich seines Plans. Selbst bei diesen 1893er Vorträgen hätte Tesla eine Demonstration der drahtlosen Übertragung von Intelligenz veranstalten können, indem er eine Resonanzspule, die von seinen „Bürsten"-Elektronenröhren überspannt wurde, oder eine seiner Niederdruckluftlampen im Auditorium aufbaute und sie dazu brachte, auf Signale zu antworten, die von einer Erzeugerspule mit ähnlicher Wellenlänge ausgesandt wurden, die sich allerdings in erheblicher Entfernung vom Gebäude befand. Dieser Versuch war in seinem Labor ein Standardverfahren.

Dies wäre allerdings ein rein lokaler Effekt, wohingegen sein Radioübertragungssystem ein System war, dass auf einer weltweiten Grundlage geplant war und ein sehr viel leistungsstärkeres Gerät benötigte, als er es bisher erbaut hatte. Einen rein lokalen Effekt als Vorführung eines weltweiten Systems auszugeben, wäre, obwohl die beobachteten Ergebnisse identisch gewesen wären, ein Fall von intellektueller Unehrlichkeit, zu der sich Tesla nicht herablassen würde — und doch wäre eine solche Vorführung des Drahtlosen spektakulärer und gewaltiger gewesen, als jede von einem anderen Erfinder in den folgenden über sechs Jahren inszenierte.

Als er sein weltweites System 1893 beim Kongress der National Electric Light Association beschrieb, sagte er:

„Im Zusammenhang mit den Resonanzeffekten und den Problemen der Energieübertragung über einen Einzelleiter, die zuvor in Erwägung gezogen worden waren, werde ich ein paar Worte zu einem Thema sagen, das ständig meine Gedanken erfüllt und das Wohlergehen aller betrifft. Ich meine die drahtlose Übertragung von verständlichen Signalen oder vielleicht sogar von Energie über jegliche Distanz hinweg. Ich bin immer mehr von der Durchführbarkeit dieses Systems überzeugt; und obwohl ich genau weiß, dass die große Mehrheit der Wissenschaftler nicht glauben wird, dass solche Ergebnisse praktisch und sofort erreicht werden können, glaube ich doch, dass sie alle die jüngsten Entwicklungen durch eine Vielzahl von Arbeitern als ermutigenden Gedanke und Versuch in diese Richtung ansehen. Meine Überzeugung ist so stark geworden, dass ich den Plan der Energie- oder Intelligenzübertragung nicht mehr als eine bloße theoretische Möglichkeit betrachte, sondern als ein ernstes Problem in der Elektrotechnik, das eines Tages gelöst werden muss.

Die Idee, Intelligenz drahtlos zu übertragen, ist das natürliche Ergebnis der jüngsten Ergebnisse elektrischer Nachforschungen. Einige Enthusiasten haben ihren Glauben ausgedrückt, dass die Telefonie über jegliche Entfernung hinweg durch die Luft mithilfe der Induktion möglich ist. Ich kann meine Vorstellungskraft nicht so weit erweitern, aber ich glaube fest daran, dass es möglich ist, die elektrostatischen Bedingungen der Erde durch leistungsstarke Maschinen zu stören und somit verständliche Signale und möglicherweise Energie zu übertragen. Was spricht in der Tat dagegen, solch ein Schema durchzuführen?

Wir wissen jetzt, dass elektrische Vibrationen durch einen Einzelleiter übertragen werden können. Warum sollten wir also nicht versuchen, uns für diesen Zweck die Erde zu Nutzen zu machen? Wir müssen vor der Idee von Entfernung keine Angst haben. Für den müden Wanderer, der die Kilometersteine zählt, mag die Erde sehr groß erscheinen; aber dem glücklichsten Mann aller, dem Astronom, der den Himmel bestaunt und an diesem die Größe unseres Globus misst, erscheint sie sehr klein. Und so denke ich, muss es dem Elektriker erscheinen; denn wenn er die Geschwindigkeit betrachtet, mit der eine elektrische Störung durch die

Erde verbreitet wird, müssten all seine Vorstellungen von Entfernung komplett verschwinden.

Ein Punkt von großer Wichtigkeit wäre es zuerst zu wissen, wie groß die Leistungsfähigkeit der Erde ist und welche Ladung sie enthält, wenn sie elektrisiert wird. Obwohl wir keinen stichhaltigen Beweis dafür haben, dass ein Körper im Weltraum existiert, ohne dass ein gegensätzlich elektrisierter Körper in der Nähe ist, besteht eine große Wahrscheinlichkeit, dass die Erde solch ein Körper ist—denn durch welchen Prozess auch immer sie getrennt wurde—und dies ist die akzeptierte Auffassung ihrer Herkunft—muss sie eine Ladung bewahrt haben, so wie es bei allen Verfahren von mechanischer Spaltung erfolgt.

Wenn wir je feststellen könnten, mit welcher Schwingungszeit die Ladung der Erde, wenn gestört, bezüglich einem gegensätzlich geladenen System oder bekanntem Kreislauf schwingt, werden wir eine Tatsache wissen, die vielleicht von höchsten Wichtigkeit für das Wohlergehen der menschlichen Rasse ist. Ich schlage vor, nach der Schwingungszeit mit einem elektrischen Oszillator oder einer Wechselstromquelle zu suchen.

Eine der Endstellen dieser Quelle wäre mit der Erde verbunden, zum Beispiel mit den Wasserleitungen der Stadt; die andere mit einem isolierten Körper von sehr großer Oberfläche. Es ist möglich, dass die außenliegenden Luftschichten oder der freie Raum eine entgegengesetzte Ladung enthält und dass sie zusammen mit der Erde einen Kondensator von großer Leistung bildet. In so einem Fall wäre die Schwingungszeit sehr gering und eine alternierende Dynamomaschine könnte dem Zweck dieses Experiments dienen. Dann würde ich den Strom zu einem Potenzial umwandeln, das so groß wie möglich wäre, und die Enden der Hochspannungssekundärseite mit dem Boden und dem isolierten Körper verbinden. Indem ich die Frequenz der Ströme verändere und das Potenzial des isolierten Körpers aufmerksam beobachte und nach einer Störung an zahlreichen benachbarten Punkten auf der Erdoberfläche Ausschau halte, könnte eine Resonanz entdeckt werden.

Sollte, wie die Mehrheit der Wissenschaftler aller Wahrscheinlichkeit nach glaubt, die Schwingungszeit extrem gering sein, dann würde eine Dynamomaschine nicht ausreichen und ein angemessener elektrischer Oszillator müsste gebaut werden und vielleicht wäre es nicht möglich, solch schnelle Vibrationen zu erhalten. Aber ob dies möglich ist oder nicht, und ob die Erde eine Ladung enthält oder nicht, und was auch immer ihre Vibrationsschwingungszeit ist, ist es sicherlich möglich—denn dafür haben wir den täglichen Beweis—eine elektrische Störung zu produzieren, die mächtig genug ist, um von einem geeigneten Instrument an jedem Punkt der Erdoberfläche wahrgenommen zu werden.

Theoretisch würde es dann nicht viel Energie erfordern, um eine wahrnehmbare Störung in großer Entfernung oder sogar überall auf der Oberfläche des Globus zu produzieren. Nun, es ist ziemlich sicher, dass an einem Punkt innerhalb eines gewissen Radius der Quellen ein richtig eingestelltes Kapazitäts- und Selbstinduktionsgerät durch die Resonanz in Gang gesetzt werden kann. Aber man kann nicht nur dies tun, sondern es kann eine andere Quelle $s1$, ähnlich zu s, oder eine jegliche Anzahl solcher Quellen synchron mit letzterer in Gang gesetzt werden und die Vibration somit verstärkt und über eine große Fläche verbreitet werden, oder es könnte ein Elektrizitätsfluss von oder zu der Quelle $s1$ produziert werden, wenn diese von der gleichen oder entgegengesetzten Phase der Quelle s ist.

Ich glaube, dass es zweifellos möglich ist, elektrische Geräte über den Boden oder über ein Leitungssystem und durch die Resonanz von einem elektrischen Oszillator, der sich an einem zentralen Punkt befindet, zu betreiben. Aber die praktische Lösung dieses Problems würde von unvergleichbar geringerem Nutzen für den Menschen sein, als die Durchführung des Schemas der Übertragung von Intelligenz oder möglicherweise Energie über jegliche Entfernung hinweg durch die Erde oder ein umgebendes Medium. Wenn dies überhaupt möglich ist, dann spielt die Entfernung keine Rolle. Zuerst müssen angemessene Apparate gebaut werden, mit deren Hilfe das Problem in Angriff genommen werden kann, und ich habe mir über dieses Thema viele Gedanken gemacht. Ich bin fest davon überzeugt, dass es möglich ist, und ich hoffe wir werden lange genug leben, um zu sehen, wie es gemacht wird."

Der Vortrag vor dem Franklin Institute enthielt eine ähnliche Aussage. Man kann einen zusätzlichen Paragrafen zitieren:

„Wenn mithilfe von leistungsstarken Maschinen schnelle Vibrationen des Potenzials der Erde produziert würden, dann würde ein geerdeter Draht, der in eine gewisse Höhe reicht, von einem Strom durchflossen werden, der durch Verbindung des freien Endes des Drahts mit einem Körper von einer gewissen Größe verstärkt werden könnte ... Der Versuch, der von großer wissenschaftlicher Bedeutung wäre, würde wahrscheinlich am besten auf einem Schiff auf hoher See funktionieren. Auf diese Weise könnte Intelligenz ziemlich sicher übertragen werden, selbst wenn es unmöglich wäre, die Maschinen zu betreiben."

Somit stellte Tesla in diesen Vorträgen die Prinzipien vor, von denen er während der drei vorherigen Jahre in seinen Laborversuchen lernte, dass sie für eine erfolgreiche drahtlose Kommunikation vonnöten waren.

Es wurden mehrere zugrundeliegende Anforderungen vorgestellt, die von jeder nichttechnischen Person verstanden werden können, die selbst nur die kleinste Erfahrung mit Radioempfängern gemacht hat. 1. eine Antenne oder ein Antennenkabel; 2. eine Erdverbindung; 3. ein Luft-Boden-Kreislauf mit Induktivität und Kapazität; 4. einstellbare Induktivität und Kapazität (für die Abstimmung); 5. Sende- und Empfangsstationen, die darauf eingestellt sind, miteinander zu schwingen; und 6. Detektoren von Elektronenröhren. Er hatte schon viel früher einen Lautsprecher erfunden.

Diese verkörpern die wesentlichen Prinzipien des Radios und werden heute in jedem Sender und Empfänger benutzt.

Daher ist das Radio, wie es heute existiert, das Erzeugnis vom Genie Nikola Tesla. Er ist der ursprüngliche Erfinder des Systems als Ganzes und aller hauptsächlichen elektrischen Bestandteile. Der Mann, der, neben Tesla, einen Anspruch auf den größten Verdienst hat, ist Sir Oliver Lodge, der großartige englische Wissenschaftler. Aber selbst Lodge verpasste ist, das von Tesla vorgestellte, wesentliche Bild zu verstehen.

Früh im Jahre 1894 hatte Lodge eine Hertzsche Funkenstrecke in einen an einem Ende offenen Kupferzylinder gesteckt und produzierte somit einen Strahl von Ultrakurzwellen-Oszillationen, die in jegliche Richtung übertragen werden konnten. Er machte das gleiche mit dem Empfangsgerät. Da die eintreffenden Wellen nur aus einer Richtung empfangen werden konnte, konnte dieses Empfangsgerät die Richtung lokalisieren, aus der die übertragenen Wellen kamen. Mit diesem Gerät griff er Marconi um zwei Jahre voraus. Im Sommer jenen Jahres sandte er bei einer Vorführung vor der British Association for the Advancement of Science in Oxford mit einem verbesserten Gerät Morsezeichen zwischen zwei Gebäuden hin und her, die mehrere hundert Fuß auseinander standen.

Somit verwundert es kaum, dass Marconi, der mit seinen Studien des Drahtlosen 1895 begann, in den wissenschaftlichen Kreisen Englands keine Wellen schlug, als er 1896 mit einem drahtlosen Gerät von Italien nach London kam, das in jeder wesentlichen Eigenschaft das gleiche war wie das von Lodge 1894 vorgestellte. Er benutzte einen Parabolreflektor und so war sein Gerät wenig mehr als ein elektrischer Scheinwerfer. Er brachte allerdings eine alternative Besonderheit mit, um den Parabolreflektor von Strahlen zu ersetzen: eine Erdverbindung und eine Antenne, oder ein Antennenkabel, für sowohl das Sende- als auch das Empfangsgerät. Dies war genau das, was Tesla in seinem drei Jahre zuvor veröffentlichten Plan beschrieben hatte.

Als Hertz seine Experimente durchführte, um die identische Natur des Lichts und der längeren elektromagnetischen Wellen zu beweisen, benutzte er absichtlich die kürzesten Wellen, die man praktisch produzieren konnte. Sie wurden in Zentimetern gemessen—und waren sehr viel weniger als einen Meter lang. Sie waren für seinen Versuch vollkommen befriedigend. Als die Experimentatoren des Drahtlosen seine Methoden kopierten, übernahmen sie den Kurzwellenplan, ohne sich je zu fragen, welche Wellenlänge für die drahtlose Kommunikation benutzt werden sollte; der Gedanke, das es andere Wellenlängen gab, die erzeugt und benutzt werden konnten, schien ihnen nicht gedämmert zu sein—ihnen allen außer Tesla.

Tesla machte sich mit dem Geist eines wirklichen Wissenschaftlers die Mühe, Hertz' Versuche genau zu wiederholen; und er veröffentlichte seine Ergebnisse und erklärte, dass er zahlreiche wichtige Unterschiede gefunden hatte und machte auf Unzulänglichkeiten in Hertz' Versuchsmethoden aufmerksam.

Da er mit einer großen Tonleiter der Wellenlängen von Hochfrequenzströmen experimentiert und die Eigenschaften eines jeden Abschnitts des Spektrums studiert hatte, wusste er, dass die kurzen Wellenlängen für Kommunikationszwecke vollkommen ungeeignet waren. Er wusste, dass die geeigneten Wellenlängen von 100 Metern bis hin zu vielen tausenden Metern reichten. Er wusste, dass die Kombination einer Induktionsspule mit dem kugelförmigen Hertzschen Funkenstreckenoszillator nie einen praktischen Nutzen für die Erzeugung der benötigten elektrischen Pulsationen hätte. Selbst mit den heute verfügbaren stark leistungsfähigen Geräten sind Wissenschaftler nicht in der Lage, die Ultrakurzwellen, die Tesla in seiner Weisheit verurteilte und Marconi aufgrund seiner Unerfahrenheit zu benutzen versuchte, für die Kommunikation zu verwenden (außer für besondere Zwecke).

Die Geschichte der erfolgreichen Jahre des Drahtlosen ist die Geschichte des Scheiterns der Kurzwellen von Lodge und Marconi und ihren Anhängern, und der Verlagerung zu den von Tesla beschriebenen längeren Wellen; die Geschichte des Fallenlassens ihrer Krachmethode der Nachrichtenübertragung und ihrer Ersetzung durch die raffinierte und hoch wirksame Methode, die Sende- und Empfangsstation durch die von Tesla entdeckten Mittel aufeinander abzustimmen; und die Geschichte der Übernahme von Teslas ungedämpften Wellen.

Des Weiteren sahen die herumtappenden Arbeiter im Drahtlosen allein eine Punkt-zu-Punkt oder Station-zu-Station-Methode der Nachrichtenübertragung. Keiner von ihnen sah das Rundfunksystem hervor, das Tesla 1893 beschrieb. Das von Tesla erfundene und entdeckte System ist das, was heute benutzt wird; aber wer hat je davon gehört, dass Tesla auch nur der geringste Verdienst dafür zugesprochen wurde?

NEUN

Tesla war sehr erfolgreich darin, neue, weite Wissensreiche zu eröffnen. Er überhäufte die Welt mit einer solch schnellen Geschwindigkeit und solch einer gleichgültigen Art mit Entdeckungen, dass er die Köpfe der Wissenschaftler seiner Zeit gelähmt zu haben schien. Er war zu beschäftigt, um mit der Entwicklung der technischen oder kommerziellen Anwendung einer jeden neuen Entdeckung Zeit zu verbringen — es gab zu viele andere neue und wichtige Offenbarungen in seiner Vision, die ans Licht gebracht werden mussten. Entdeckungen waren für ihn keine zufälligen Ereignisse. Er visualisierte sie lange vor ihrer Entfaltung im Labor. Er besaß ein konkretes Programm zur Pionierarbeit in jungfräulichen Forschungsfeldern; und wenn diese Arbeit vollbracht war, so glaubt er, hätte er immer noch ein langes Leben vor sich, in dem er auf die praktische Benutzung der schon entdeckten Felder zurückkommen könnte.

In der Zwischenzeit hatte er eine ganze neue Welt von interessanten Auswirkungen der von seinen Spulen produzierten Entladungen gefunden, wenn diese Spulen durch Ströme von extrem hoher Frequenz mit Energie geladen wurden. Er baute immer größere Spulen und experimentierte mit einer Vielzahl an Aufbauformen. Aus der normalen zylindrischen Spule entwickelte er die kegelförmige Spule und brachte diese Entwicklung noch weiter, indem er die flache Spiralspule oder Pfannkuchen-artige Spule gestaltete.

Die extremen Hochfrequenzströme lieferten ein mathematisches Paradies, in dem Tesla seine Gleichungen nach Herzens Willen entwickeln konnte. Durch seine mathematische Fähigkeit und seine merkwürdige Vorstellungskraft konnte er oft und sehr schnell eine ganze Reihe von Erfindungen machen, von denen es lange dauerte, sie mit realen

Laborbauten einzuholen. Dies galt auch für das Resonanzphänomen, oder eingestellte Kreisläufe. Aufgrund ihrer relativ kurzen Wellenlänge war es vergleichsweise einfach, Kondensatoren zur Abstimmung der Kreisläufe zu bauen. Wenn ein Kreislauf eingestellt wird, dann schwingt der Elektrostrom, der in diesem strömt, rhythmisch, genauso wie eine Saite, die, wenn sie gestrichen oder gezupft wird, vibriert und Schwingungsbäuche von gleicher Länge bildet, mit bewegungslosen Punkten dazwischen. Es kann nur einen dieser Schwingungsbäuche geben, oder viele. Tesla erfand nicht die Idee der elektrischen Resonanz. Sie wohnte der mathematischen Beschreibung der Kondensatorentladung, wie sie von Lord Kelvin entwickelt wurde, und der physikalischen Natur von Wechselströmen inne; aber Tesla änderte sie von einer begrabenen mathematischen Gleichung hin zu einer zündenden physikalischen Realität. Es ist die Analogie von akustischer Resonanz, die eine natürliche Eigenschaft der Materie ist. Allerdings gab es keine praktischen Kreisläufe, in denen sich Resonanz manifestieren konnte, bis Tesla die Wechselströme und insbesondere die Hochfrequenzströme entwickelte. Er gab der Forschung in diesem Gebiet den letzten Schliff, indem er das Resonanzprinzip in individuellen Kreisläufen durch die Anpassung von Kapazität und Induktivität, die Verstärkung dieser Effekte durch induktive Kopplung zweier eingestellter Kreisläufe und die eigenartigen Erscheinungsformen von Resonanz in einem Kreislauf, der auf eine Viertel Wellenlänge Energie liefernden Stroms eingestellt ist, entwickelte. Die letzte Entwicklung war ein Streich puren Genies.

In der vibrierenden Saite bemessen zwei Schwingungsbäuche eine komplette Wellenlänge und ein Schwingungsbauch bemisst eine halbe Wellenlänge, da sich einer der Schwingungsbäuche oben befindet, während der andere unten ist. Zwischen den beiden Schwingungsbäuchen befindet sich ein Knotenpunkt, der sich nicht bewegt. Die Strecke vom Knotenpunkt bis zur Spitze eines Schwingungsbauches bildet eine Viertel Wellenlänge. Nimmt man eine Viertel Wellenlänge als Einheit, dann ist ein Ende bewegungslos und das andere schwingt durch die größte Schwingungsamplitude.

Indem man die Spulen auf eine Viertel Wellenlänge einstellt, würde ein Ende der Spule, befand Tesla, vollkommen inaktiv sein, während das andere Ende aufgrund der enormen elektrischen Aktivität schwingen würde. Hier entstand eine einzigartige Situation: ein Ende einer kleinen Spule ist inert und das andere Ende speit Funken von hundert tausenden oder sogar Millionen Volt. Benutzt man eine physikalische Analogie, dann scheint es, als ob der Niagara River den Rand des Abgrunds erreichen würde—und dessen Wasser dann in einer riesigen Fontäne so hoch wie ein Berg schießen würde, anstelle dass es in die Schlucht fällt.

Die Viertel-Wellenlängen-Spule ist das elektrische Gegenstück der vibrierenden Zinke der Stimmgabel, der gewöhnlichen Pendeluhr oder des schwingenden Rohrblatts. Sobald sie entwickelt wurde, war sie etwas Einfaches—aber die Entdeckung war die Arbeit eines Genies. Es war eine Entwicklung, die mit Sicherheit einem klugen Kopf hätte kommen können, der an wesentlichen Grundsätzen arbeitete, so wie es Tesla sein ganzes Leben getan hatte, und nur sehr unwahrscheinlich denjenigen gekommen wäre, die ohne Erhellung an Geräten herumbasteln, in der Hoffnung auf etwas zu stoßen, mit dem sie ein Vermögen machen könnten.

Eine Hochspannungsspule mit einem toten Ende würde viele Probleme stark vereinfachen. Eines von Teslas großen Problemen war das Finden eines Mittels gewesen, die Hochspannungssekundärspule des Transformators von der Niederspannungsprimärspule, die sie mit Energie versorgte, zu isolieren. Teslas Entdeckung beseitigte die Spannung komplett aus einem Ende der Sekundärspule, sodass diese direkt mit der Primärspule oder der Erde verbunden werden konnte, während das andere Ende weiterhin seine Blitze spie. Für die Benutzung dieser Situation entwickelte er die konische und Pfannkuchen-artige Spule.

Teslas Labor war mit einer Vielfalt an Spulen gefüllt. Er entdeckte früh in seinen Nachforschen, dass während er eine Spule mit einer bestimmten Wellenlänge betrieb, andere Spulen im Labor, die entweder auf die gleiche Wellenlänge oder auf eine ihrer Harmonien abgestimmt waren, mitfühlend antworteten, indem sie eine Funkenkrone ausstießen, obwohl sie überhaupt nicht mit der laufenden Spule verbunden waren.

Dies war ein Beispiel für die Energieübertragung durch den Raum und über eine Entfernung hinweg. Tesla hatte es nicht nötig, eine Reihe von Versuchen durchzuführen, um die Folgen dieser Situation zu verstehen. Er verlor sich nie in einem neuen Gebiet, dass er öffnete. Sein Geist hatte ein so großes Verständnis, dass er eine enthüllte Welt mit einem Blick überschauen konnte.

Tesla plante eine spektakuläre Demonstration seines neuen Prinzips. Er ließ seine Arbeiter einen Draht auf isolierende Träger in der Nähe der Decke und an allen vier Wänden des größten Raumes seines Labors fädeln. Der Draht war mit einem seiner Oszillatoren verbunden.

Es war spät in der Nacht, als die Installation für seinen Versuch bereit war. Um den Test zu machen, bereitete Tesla zwei ca. 1 Meter lange Glasröhren mit einem Durchmesser von 1,2 Zentimetern vor. Er verschloss ein Ende von beiden, machte die Röhren leicht luftleer und versiegelte dann die anderen Enden.

Tesla sagte den Arbeitern, dass er den Raum für den Test komplett verdunkelt haben wolle, alle Lichter müssten aus sein; und als er das Zeichen gab, musste der Schalter seines Oszillators geschlossen werden. „Wenn meine Theorie richtig ist", erklärte er, „dann werden diese Röhren Feuerschwerter sein, wenn Sie den Schalter schließen."

Tesla ging in die Mitte des Raums und gab den Befehl, alle Lichter auszuschalten. Das Labor war pechschwarz. Ein Arbeiter stand mit seiner Hand auf dem Schalter des Oszillators.

„Jetzt!", rief Tesla.

Sofort wurde der große Raum mit einem leuchtenden, aber merkwürdigen blauweißem Licht geflutet und die Arbeiter erblickten die große, schlanke Figur Teslas in der Mitte des Raums, wo er energisch etwas herumwirbelte, das wie zwei lodernde Schwerter aussah. Die beiden Glasröhren leuchteten überirdisch und er parierte und stieß mit ihnen, so als ob er sich in einer doppelten Fechtpartie befand.

Für die Arbeiter im Labor war es ein gewöhnliches Erlebnis, dass Tesla spektakuläre Kunststücke vollbrachte; aber dies überschritt alle Grenzen. Er hatte zuvor seine elektrischen Vakuumlampen erleuchtet, aber sie waren immer mit Spulen verbunden gewesen, die sie mit Elektrizität versorgten. Nun leuchteten sie, ohne mit irgendeiner Elektrizitätsquelle verbunden zu sein.

Diese 1890 gemachte Vorführung veranlasste Tesla dazu, diese Technik als permanente Beleuchtungsmethode seiner Labore zu übernehmen. Die Schleife um die Decke wurde immer mit Energie gespeist; und wenn irgendjemand an irgendeinem Ort Licht benötigte, dann musste er nur eine Glasröhre nehmen und sie an irgendeine geeignete Stelle legen.

Als Tesla sich die Entwicklung einer neuen Art elektrischen Lichts vornahm, nahm er die Sonne als Modell. Er sah, dass in der Photosphäre, oder äußeren gasförmigen Schicht der Sonne, Licht durch die Vibration von Molekülen entstand. Dies war die zu jener Zeit vorherrschende Theorie; und er wollte die gleiche Methode verwenden.

Im enormen Ausbruch von Offenbarungen, die er im Park von Budapest erhalten hatte, als in den lodernden Himmelskörper der untergehenden Sonne schaute, blitzte durch seinen Kopf nicht nur, wie wir gesehen haben, die wunderbare Erfindung des rotierenden Magnetfelds und die vielen Verwendungszwecke von mehrfach wechselndem Strom, sondern auch die große Verallgemeinerung, dass alles in der Natur auf den Prinzipien von Vibrationen funktionierte, die den Wechselströmen entsprachen. Die zahlreichen Erfindungen und Entdeckungen, die er in all den darauffolgenden Jahren machte, hatten ihre Wurzeln ebenfalls in diesem überragenden Erlebnis.

In der Sonne, glaubte man, entstand Licht, wenn die Moleküle durch die Hitze vibrierten. Tesla wollte die Methode verbessern, indem er die Moleküle durch elektrische Kräfte vibrieren ließ. Die Funken und elektrischen Flammen, die von seinen Hochspannungsspulen erschaffen wurden, standen, glaubte er, im Zusammenhang mit den Molekülschwingungen in der Luft. Wenn er die Gase in der Luft in Flaschen füllen und sie elektrisch in Vibrationen versetzen könnte, dann müssten sie ohne Hitze Licht produzieren, da die Energie von kalten Elektroströmen geliefert wurde.

Sir William Crookes, der lange vor Edison ein glühendes, elektrisches Licht produzierte, indem er einen elektrisch erhitzten Draht in einer Vakuumröhre versiegelte, hatte eine ausgedehnte Reihe an Versuchen durchgeführt, in denen er unter zahlreichen verschiedenen Bedingungen, die vom einfachen Luftdruck bis hin zum höchsten erreichbaren Vakuum reichten, Elektrizität durch die Gase in Glasgefäßen leitete, und er hatte einige merkwürdige Effekte produziert. Crookes benutzte den von der altmodischen Induktionsspule produzierten Hochspannungsstrom.

Tesla erwartete, dass wenn er die merkwürdigen Effekte, die er mit seinen Strömen von extrem hoher Frequenz beobachtet hatte, in Falschen füllte, er Erscheinungsformen produzieren würde, die sich von denen von Crookes oder dem ebenfalls in diesem Gebiet arbeitenden Geissler gefunden radikal unterschieden. Er wurde darin nicht enttäuscht.

Es wurden von Tesla vier Arten eines vollkommen neuen elektrischen Lichts produziert, die elektrisch aktivierte Gasmoleküle benutzten. 1. Röhren, in denen ein fester Körper zum Glühen gebracht wurde; 2. Röhren, in denen phosphoreszierende und fluoreszierende Stoffe zum Leuchten gebracht wurden; 3. Röhren, in denen verdünnte Gase leuchteten, und 4. Röhren, in denen Leuchtkraft durch Gase mit normalen Drücken produziert wurden.

So wie Crookes ließ auch Tesla seine Hochfrequenzströme durch Gase mit Drücken laufen, die vom Vakuum mit dem geringsten Druck bis hin zum normalen Luftdruck reichten. Er erhielt glänzend leuchtende Effekte, die alles zuvor Erreichte überstiegen. Er ersetzte die Luft in seinen Röhren durch andere Gase, einschließlich Quecksilberdampf, und beobachtete die eigenartige Farbe und anderen Effekte, die sie lieferten. Als er die Farbvielfalt der verschiedenen Gase und selbst der Luft unter verschiedenen Drücken feststellte, vermutete Tesla, dass nicht all die abgestrahlte Energie als sichtbares Licht abgegeben wurde, sondern dass etwas von ihr als Schwarzlicht ausströmte. Zur Überprüfung dieser Hypothese steckte er Zinksulfid und andere phospohreszierende und fluoreszierende Materialien in die Röhren und brachte diese zum Glühen. In diesen Versuchen (sie wurden 1889 durchgeführt) legte Tesla die Grundlage für unseren neuen entwickelten Typ hochwirksamer und in der Neonbeleuchtung benutzter Lampen, von denen man allgemein glaubt, dass sie vor Kurzem entwickelt wurden. Dieses System, das verschwendete Ultraviolettlicht oder unsichtbare Schwarzlicht zu benutzen, indem man es durch phosphoreszierende Substanzen in sichtbares Licht verwandelt, ist Teslas Erfindung. Röntgen benutzte ähnliche Röhren, aber aus reinem Glas und die fluoreszierenden Substanzen auf einem Tisch in seinem Labor, als er sechs Jahre später die X-Strahlen entdeckte. Tesla erfand ebenfalls die Neonröhrenlampenarten und bog seine Röhren, damit sie Buchstaben und geometrische Formen bildeten, so wie es für die Neonreklame gemacht wird. Dies ist trotz einiger vorhergehenden und konkurrierenden Laborversuche von Crookes und J. J. Thompson wahr, da keiner von beiden Lampen oder praktische Anwendungen entwickelte.

Tesla hatte früh im Jahre 1890 erkannt, dass seine Hochfrequenzströme Eigenschaften besaßen, die sich so sehr von den Strömen der gewöhnlichen Induktionsspule oder Funkenspule unterschieden, sodass er seine Röhren genauso gut und manchmal sogar besser erleuchten konnte — und dies mit nur einem Draht, der sie mit dem Hochspannungstransformator verband, die Rückleitung geschah drahtlos durch den Raum.

Durch seine Arbeit mit Lampenarten, die aus Röhren bestanden, in deren Zentrum sich ein leitender Draht befand, und mit der Röhre, die mit Luft in einem Teilvakuum gefüllt war, entdeckte Tesla, dass Gas als besserer Leiter von Hochfrequenzstrom als Draht dienen würde. Von dieser Beobachtung ausgehend konnte er viele spektakuläre Versuche entwickeln, die die elementarsten Gesetze der Elektrizität zu brechen schienen. Er war in der Lage, Lampen und andere Geräte mit schweren Metallstangen kurzzuschließen, die die Geräte mit gewöhnlichen Strömen ihrer Elektrizität berauben würden, sodass sie nicht funktionieren könnten. Allerdings würden die Lampen mit seinen Hochfrequenzströmen leuchten und die Geräte würden genauso funktionieren, als ob die kurzschließende Stange nicht vorhanden wäre.

Einer seiner verblüffenden Versuche bestand darin, eine lange Glasröhre, aus der die Luft teilweise herausgelassen wurde, in eine leicht längere Kupferröhre mit einem geschlossenen Ende zu stecken. In ihrer Zentralstation wurde ein Schlitz in die Kupferröhre geschnitten, sodass die innere Röhre gesehen werden konnte. Als die Kupferröhre an den Hochfrequenzkreislauf angeschlossen wurde, wurde die Luft in der Röhre leuchtend erhellt; aber es konnte kein Beweis dafür gefunden werden, dass Strom durch die kurzschließende Kupferhülle floss. Die Elektrizität zog es vor, durch die Glasröhre, durch Induktion zur eingeschlossen, teilweise herausgelassenen Luft, über die komplette Länge der Röhre hinweg durch die Luft mit geringem Druck zu strömen und dann durch Induktion am anderen Ende auszutreten, anstatt den vollständigen Metallweg in der umgebenden Metallröhre zu nehmen.

Dann haben wir, [sagte Tesla], soweit wir es jetzt sehen können, im Gas einen Leiter, der in der Lage ist, elektrische Impulse von jeglicher Frequenz, die wir vielleicht produzieren können, zu übertragen. Wenn die Frequenz ausreichend gesteigert werden könnte, dann könnte ein eigenartiges Verteilungssystem realisiert werden, das wahrscheinlich Gasunternehmen interessieren würde: mit Gas gefüllte Metallrohre — das Metall ist der Isolator und das Gas der Leiter — die phosphoreszierende Birnen versorgen oder vielleicht noch nicht erfundene Geräte.

Diese erstaunliche Leitfähigkeit von Gasen mit Niederdrücken, Luft eingeschlossen, ließ Tesla später in einer im Jahre 1914 veröffentlichten

Aussage ein Beleuchtungssystem im terrestrischen Umfang vorschlagen, für das er vorschlug, die gesamte Erde mit ihrer umgebenden Atmosphäre als eine einzige Lampe zu behandeln. Die Atmosphäre befindet sich aufgrund des Gewichts der darüber liegenden Luft an der Erdoberfläche unter dem höchsten Druck. Je höher wir in die Luft steigen, gibt es mehr Mengen unter uns als über uns, daher ist der Luftdruck geringer, je höher wir uns befinden.

In größeren Höhen befinden sich die Gase der Atmosphäre im gleichen Zustand wie die Luft in seinen teilweise geleerten Röhren, die er in seinem Labor vorbereitete, und daher, erklärte Tesla, würde sie als exzellenter Leiter von Hochfrequenzströmen dienen. Das Polarlicht ist ein natürliches Beispiel für den Effekt, den Tesla suchte und es wird, wie Tesla plante, von der Natur produziert; aber dies war noch nicht bekannt, als er seine Idee entwickelte.

Der Fluss einer ausreichenden Menge Elektrizität in der richtigen Form durch die höheren Regionen der Atmosphäre würde die Luft leuchten lassen. Die gesamte Erde würde in eine gigantische Lampe verwandelt werden, mit einem vollkommen erhellten Nachthimmel. Es wäre unnötig, zeigte er auf, Lampen an Straßen, Wegen oder anderen Außenbereichen zu benutzen, außer wenn Stürme oder niedrige Wolken vorherrschten. Reisen über den Ozean würden sicherer und angenehmer gemacht werden, denn der Himmel über dem gesamten Ozean würde erhellt sein und die Nacht so hell wie den Tag sein lassen.

Die Methoden, mit denen Tesla seinen Hochfrequenzstrom in die höhere Luft leiten wollte, wurden nicht veröffentlicht. Als er das Projekt entwarf, erklärte er, dass der Plan keine Schwierigkeiten aufweisen würde, die nicht auf praktische Art bewältigt werden könnten. Dies bedeutete, dass er eindeutige Mittel hatte, um seinen Zweck zu erreichen.

Die Luft, erklärte er, besitzt in einer Höhe von 10 000 Metern eine hohe Leitfähigkeit für seine Hochfrequenzströme, aber könnte in geringeren Höhen wirksam genutzt werden. Die Genauigkeit von Teslas Prognose bezüglich der Leitfähigkeit der höheren Luft wird durch eines der Probleme bescheinigt, denen wir heute im Betrieb von Flugzeugen in noch geringeren Höhen als 7600 Metern begegnen. Die Zündanlage, die Hochspannungsströme zu den Zündkerzen des Flugzeugmotors leitet, der wiederum das Gas in den Zylindern explodieren lässt, machte bei größeren Höhen Probleme, da die Elektrizität mit einer großen Freiheit in die umgebende Luft entkommen konnte. In geringeren Höhen ist die Luft ein exzellenter Isolator, vor allem für Gleichstrom und Niederfrequenzströme, aber sie wird, wie Tesla entdeckte, in größeren Höhen, wo ein niedriger Druck vorherrscht, zu einem exzellenten Leiter für Hochfrequenzströme. Die Drähte, die zu den Zündkerzen führen, werden von einer Corona oder elektrischem Strahlenkranz umgeben, der auf das Ausströmen des Stroms hinweist. Dies beeinträchtigt die Effizienz, sofern es nicht vollkommen den Betrieb von Geräten mit Hochfrequenzströmen oder Hochpotenzialströmen, wie zum Beispiel Radiogeräte, beeinflusst. (Da Tesla entdeckte, dass Metalldrähte oder -stangen, die exzellente Leiter für Gleich- und Niederfrequenzströme darstellen, exzellente Isolatoren für seine Hochfrequenzströme waren, ist es offensichtlich, dass der allgemeine Vorschlag, einen Strom mithilfe von Metallkabeln, die von Ballons hängen, in die obere Luft zu leiten, vollkommen untauglich ist.)

Dieser Vorschlag von Tesla, die Erde in eine riesige Lampe zu verwandeln, wurde von ihm noch einmal in den 1920er Jahren genannt. Zu jener Zeit hatte er keine Gelder mehr, um Versuchsarbeiten durchzuführen, und da er nie Einzelheiten verkündete, bevor er sie nicht in der Praxis getestet hatte, enthielt er die Offenlegung seiner Methoden vor. Er war allerdings zuversichtlich, dass er bald genug Geld sicherstellen würde, um seinen Plan zu testen.

Der Autor bombardierte Tesla mit Fragen, in der Bemühung, den Gesamtplan, den er im Kopf hatte, zu erhalten. Tesla allerdings blieb unnachgiebig.

„Würde ich drei weitere Ihrer Fragen beantworten, würden Sie genauso viel über meinen Plan wissen, wie ich", antwortete er.

„Trotzdem, Dr. Tesla", antwortete ich, „werde ich in einem Artikel den einzigen Plan skizzieren, der mir unter unseren bekannten physikalischen Gesetzen machbar erscheint, und sie können diesen leugnen oder bestätigen. Ihre Röhren mit Molekülbeschuss sind produktive Erzeuger von Ultraviolett- und X-Strahlen und könnten einen mächtigen Strahl dieser Strahlung erzeugen, der die Luft über große Entfernungen hinweg ionisieren würde. Wenn diese Strahlen die Luft durchströmen, ionisieren sie diese und machen sie zu einem guten Leiter von jeglicher Elektrizität mit ausreichend hoher Spannung. Indem man solch einen Strahl auf einem hohen Berg erzeugt und ihn nach oben richtet, würde dies einen leitenden Weg durch die Luft schaffen, bis hin zu jeder gewünschten Höhe. Dann könnten Sie ihre Hochfrequenzströme in die höhere Luft senden, ohne den Boden zu verlassen."

„Wenn Sie dies veröffentlichen", sagte Tesla, „muss es wie ihr Plan erscheinen und nicht wie meiner."

Der Artikel wurde mit der vorangehenden Spekulation veröffentlicht; aber der Erfinder teilte weder eine Bestätigung noch eine Ablehnung mit, und es kann nichts Weiteres zu seinen Gunsten gesagt werden. Tesla hat vielleicht einen einfacheren und praktischeren Plan im Kopf gehabt. (Seit der Fertigstellung dieses Buches hat der Autor erfahren, dass Tesla plante, eine Reihe leistungsstarker Ultraviolettlampen auf seinem Wardencliff-Turm zu installieren und die obere Plattform so gestalten ließ, um diese zu empfangen.)

Es gab einen anderen Plan, den Tesla zu mehreren Gelegenheiten diskutierte, als die elektrischen Bedingungen der Erde betrachtet wurden und den er in diesem Zusammenhang vielleicht im Sinn hatte. Er wies darauf hin, dass die Erde ein guter Leiter von Elektrizität ist und dass die obere Luft ebenfalls ein guter Leiter ist, wohingegen die dazwischen liegende untere Luftschicht für viele Stromarten einen Isolator darstellt. Diese Kombination liefert das, was man als Kondensator kennt, ein Gerät, das Elektrizität speichert und entlädt. Wenn die Erde geladen wird, würde die höhere Luft durch Induktion geladen werden. Wenn unsere sich drehende Erde somit in eine irdische Leidener Flasche verwandelt würde, könnte sie abwechselnd geladen und entladen werden, sodass der Strom sowohl in die obere Luft als auch in den Boden fließen, den elektrischen Fluss schaffen und dadurch die obere Luft selbst leuchten lassen würde. Tesla allerdings wurde nie so präzise in der Anwendung seines Kondensatorplans auf dieses Problem, wie der vorhergehende Satz erkennen lässt. Sein Plan könnte immer noch in seinen Aufsätzen existieren, die, zum Zeitpunkt dieses Schreibens, noch allein von Regierungsbeamten eingesehen werden können.

Aus dem fast leeren Raum in einer 15 Zentimeter langen Vakuumröhre schaffte es Tesla, mindestens fünf Epochemachende Entdeckungen zu gewinnen. Teslas Lampe war für die Produktion von Wundern besser als Aladdins Lampe aus Tausendundeiner Nacht. Er lieferte seine „magische" Lampe der Wissenschaft vor fünfzig Jahren. Dieser magische Talisman war Teslas Kohlenstoffknopflampe, die, abgesehen von den anderen aus ihr entstehenden Entdeckungen, in sich selbst als Lampe eine brillante wissenschaftliche Entdeckung war—und immer noch unbenutzt bleibt. Edison entwickelte die praktische Glühlampe und war zu einem riesigen Betrag von Ruhm für seine Errungenschaft berechtigt und erhält diesen auch. Tesla erfand eine vollkommen originelle Lampenart, die Glühknopflampe, die mit der gleichen Menge verbrauchtem Strom zwanzigmal so viel Licht liefert—und sein Beitrag bleibt weitgehend unbekannt.

Die Kohlenstoffknopflampenart wurde von Tesla in seinem Vortrag vor dem American Institute of Electrical Engineers in New York im Mai 1891 beschrieben und weitere Entwicklungen wurden in Vorträgen vorgestellt, die er im Februar und März 1892 in England und Frankreich hielt. In seinem New Yorker Vortrag sagte er:

„Elektrostatische Effekte stehen auf vielfache Art zur Produktion von Licht zur Verfügung. Zum Beispiel könnten wir einen Körper aus einem feuerfesten Material in eine geschlossene und vorzugsweise mehr oder weniger luftleere Kugel stecken und diese mit einer Quelle von hohem, sich schnell ändernden Potenzial verbinden. Dadurch treffen die Gasmoleküle mehrere Male pro Sekunde mit gewaltiger Geschwindigkeit auf diesen und behämmern ihn auf diese Art mit Billionen an unsichtbaren Hämmern, bis dass er glüht. Oder wir könnten einen Körper in eine stark ausgeschöpfte Kugel legen und ihn durch Benutzung von sehr hohen Frequenzen und Potenzialen wie erwünscht glühen lassen."

Er führte zahlreiche Experimente mit seiner Kohlenstoffknopflampe durch und lieferte eine Beschreibung der bedeutendsten in seinem Vortrag vor den englischen und französischen wissenschaftlichen Verbänden im Frühjahr 1892. Sie war allerdings nur eine von vielen neuen Lampenarten und anderen wichtigen Erfindungen, die er in diese spektakuläre Vorstellung seiner Arbeit mit einschloss.

Die Kohlenstoffknopflampen waren von sehr einfacher Bauart. Sie bestanden im Wesentlichen aus einer sphärischen Glaskugel mit einem Durchmesser von 7 bis 15 Zentimetern, in deren Zentrum ein Stück eines festen, feuerfesten Materials am Ende eines Drahtes befestigt war. Dieser ragte aus der Kugel heraus und diente als Einzeldrahtverbindung mit der Hochfrequenzstromquelle. Die Kugel enthielt verdünnte Luft.

Wenn der Hochfrequenzstrom mit der Lampe verbunden wurde, dann luden sich die Luftmoleküle in der Kugel, die in Kontakt mit dem zentralen Knopf kamen, auf und wurden mit hoher Geschwindigkeit in Richtung der Glaskugel abgestoßen, wo sie ihre Ladung verloren und dann wieder mit ebenso hoher Geschwindigkeit in Richtung des Knopfes abgestoßen wurden. Mehrere Millionen dieser Prozesse pro Sekunde ließen den Knopf heiß werden, bis er glühte.

In diesen einfachen Glaskugeln konnte Tesla extrem hohe Temperaturen erreichen, deren obere Grenze durch die Menge an benutztem Strom festgelegt wurde. Er konnte den Kohlenstoff direkt zu Gas verdampfen lassen und beobachtete, dass der flüssige Zustand so unbeständig war, dass er nicht existieren konnte. Zirconium, die am hitzebeständigste Substanz, die bekannt ist, konnte sofort geschmolzen werden.

Er versuchte Diamanten und Rubine als Knöpfe—und auch sie verdampften. Als er das Gerät als Lampe benutzte, war es nicht seine Absicht, die Substanzen zu schmelzen; aber er brachte die Versuche immer zu ihren höchsten und niedrigsten Grenzen. Carborundum, beobachtete er, war so feuerfest, dass, wenn die Knöpfe aus diesem Material (Kalziumkarbid) bestanden, die Lampen mit einer höheren Stromdichte betrieben werden konnten, als mit anderen Substanzen. Carborundum verdampfte nicht so leicht und hinterließ auch keine Ablagerungen an der Innenseite der Kugel.

Somit entwickelte Tesla eine Technik zum Betrieb von Lampen, wobei der glühende Knopf seine Hitzeenergie auf die Moleküle der sehr geringen Menge Gas in der Röhre übertrug, sodass diese zu einer Lichtquelle wurden und somit die Lampe wie die Sonne funktionieren ließen—der Knopf war der massige Körper der Sonne und die umgebenden Gase die Photosphäre, oder die atmosphärische, licht ausstrahlende Schicht, dieses Körpers.

Tesla hatte ein ausgeprägtes Gespür für dramatische Werte, aber ungeachtet dessen spürte er zweifellos eine einzigartige Genugtuung, als er die Miniatursonne mit den Strömen, die durch seinen Körper strömten, erleuchten ließ—Hochfrequenzströme von hundert tausenden Volt. In einer Hand eine Endstation seines Hochfrequenztransformators haltend und mit der anderen Hand diese Birne, die die von ihm geschaffene glühende Miniatursonne enthielt hoch haltend—so wie die Freiheitsstatue—konnte seine neue Lampe ihre glänzende Beleuchtung ausstrahle. Hier, könnten Sie sagen, war der Übermensch, der seine extrem weltlichen Errungenschaften offenbarte. Zusätzlich gab es die Befriedigung, die allein mit einfachen Sterblichen in Verbindung gebracht wird. Edison hatte über seinen Plan zur Entwicklung des Wechselstromsystems gelacht und hatte erklärt, dass diese Ströme nicht nur unbrauchbar sondern auch tödlich wären. Sicherlich war dies eine hinreichende Antwort; Tesla würde die Natur antworten lassen.

Als er dieses Arbeitsmodell der glühenden Sonne, die er in seiner Hand halten konnte, beobachtete, sah Tesla schnell viele der Auswirkungen ihrer Phänomene. Jede Elektrowelle, die durch die winzige zentrale Perle strömte, ließ einen Teilchenschauer mit enormer Geschwindigkeit ausströmen und auf die umgebende Glaskugel treffen, nur um dann wieder zur Perle zurück reflektiert zu werden. Die Sonne, folgerte Tesla, ist ein glühender Körper, der eine hohe elektrische Ladung enthält und er wird ebenfalls Schauer von winzigen Teilchen abgeben, von denen jeder aufgrund seiner extrem hohen Geschwindigkeit viel Energie trägt. Im Fall der Sonne oder anderen ähnlichen Sternen gab es keine Glaskugel, die als Barriere dienen konnte, und so strömten die Teilchenschauer raus in die weiten Gefilde des umgebenden Weltraums.

Der gesamte Weltraum war mit diesen Teilchen gefüllt und sie bombardierten ständig die Erde und strahlten Materie ab, wo immer sie auftrafen, genauso wie in seiner Kugel. Er hatte gesehen, wie dieser Prozess in seiner Kugel stattfand, wo die feuerfesteste Kohlenstoffperle aufgrund der Bombardierung durch die energiegeladenen Teilchen in atomaren Staub zerschmettert werden konnte.

Er versuchte, diese die Erde treffenden Teilchen zu entdecken: Er erklärte, dass eine der Erscheinungsformen dieser Bombardierung die Aurora Boreales war. Die Aufzeichnungen über die experimentellen Methoden, mit denen er diese Strahlen entdeckte, stehen nicht zur Verfügung; aber er veröffentlichte eine Bekanntgabe, dass er sie entdeckt, ihre Energie gemessen und herausgefunden hatte, dass sie sich mit extrem hohen Geschwindigkeiten bewegten, die ihnen durch das Potenzial von hunderten Millionen Volt der Sonne verliehen wurden.

Weder die Wissenschaftler noch die breite Öffentlichkeit war in den frühen 1890er Jahren in der Stimmung für solch fantastische Darstellungen oder für jegliche Behauptung, dass die Erde von solch zerstörerischen Strahlen bombardiert wurde. Zu sagen, dass Teslas Bericht nicht ernst genommen wurde, beschreibt die Situation nur sehr konservativ.

Als der französische Physiker Henri Becquerel 1896 allerdings die mysteriösen, von Uran abgegebenen Strahlen entdeckte und anschließende Nachforschungen in Pierre und Marie Curies Entdeckung von Radium kulminierten, dessen Atome spontan und ohne ersichtlichen Grund explodierten, konnte Tesla auf seine kosmischen Strahlen als einfache Ursache der Radioaktivität von Radium, Thorium, Uran und anderen Substanzen deuten. Und er sagte vorher, dass man von anderen Substanzen ebenfalls feststellen würde, dass sie durch die Bombardierung mit diesen Strahlen radioaktiv gemacht werden. Teslas Sieg war allerdings nur vorübergehend, denn die wissenschaftliche Welt akzeptierte seine Theorie nicht. Trotzdem war Tesla ein besserer Prophet als er glaubte oder alle vermuteten.

30 Jahre später entdeckte Dr. Robert A. Millikan diese Strahlen wieder und glaubte, sie besäßen wie das Licht eine vibrierende Eigenschaft. Ihm folgte Dr. Arthur H. Compton, der die Existenz von kosmischen Strahlen aus Hochgeschwindigkeitsteilchen der Materie bewies, genau wie Tesla sie beschrieben hatte. Sie fingen an, Energien von Zehnmillionen Volt zu finden; und heute befinden sich diese Energien weit in den Milliarden oder sogar Billionen Elektronenvolt. Diese und andere Forscher beschreiben diese Strahlen als zertrümmernde Atome der Materie, die Trümmerschauer produzieren — genauso wie es Tesla voraussagte.

1934 entdeckte Frederick Joliot, der Schwiegersohn der Curies, dass künstliche Radioaktivität in normalen Materialien produziert wurde, indem diese auf genau die Weise, wie Tesla sie beschrieben hatte, mit Teilchen bombardiert wurden. Joliot erhielt den Nobelpreis für seine Entdeckung und niemand schreibt Tesla einen Verdienst zu.

Teslas Lampe der Molekülbombardierung war der Vorfahre einer sehr modernen Entwicklung — dem teilchenbeschleunigenden Zyklotron. Das von E. O. Lawrence von der University of California ab 1930 entwickelte Zyklotron ist ein Gerät, in dem die elektrisierten Teilchen in einem Magnetfeld in einer kreisförmigen Kammer herumgewirbelt werden, bis sie eine sehr hohe Geschwindigkeit erreichen. Dann werden sie in einem schmalen Strahl aus der Kammer gelassen. Die riesige Maschine mit einem haushohen Magneten, die zu diesem Zeitpunkt, an dem ich schreibe, teilweise vollendet ist, wird einen so starken Strahl von geladenen Teilchen abgeben, der Prof. Lawrence zufolge einen Mauerstein vollständig zerfallen lässt, wenn er auf diesen trifft. Die kleineren Modelle wurden benutzt, um zahlreiche Substanzen zu bombardieren, um sie radioaktiv zu machen, sie zu zerstören oder ihre Atome in die von anderen Elementen zu verwandeln.

Die kleine Glaskugel mit einem Durchmesser von 15 Zentimetern oder weniger, die Teslas Lampe der Molekülbombardierung enthielt, produzierte auf einer festen Materie den gleichen zerstörerischen Effekt — ein Effekt, der trotz deren geringen Größe wahrscheinlich stärker ist als jedes teilchenbeschleunigende Zyklotron, dass heute existiert. (Selbst die kleinen wiegen zwanzig Tonnen.)

Als er einen der Versuche mit seiner Lampe beschrieb, in der ein Rubin in einen Kohlenstoffknopf eingebaut war, sagte Tesla:

„Es wurde unter anderem herausgefunden, dass in solchen Fällen im Allgemeinen einer der Körper den Großteil der Bombardierung auf sich nimmt, sobald eine hohe Temperatur erreicht wurde, wodurch der andere oder die anderen Körper entlastet werden — und dies egal, wo die Bombardierung beginnt. Diese Eigenschaft scheint prinzipiell vom Schmelzpunkt und von der Leichtigkeit, mit der der Körper „verdampft" oder, allgemein gesagt, zerstört wird, abzuhängen — mit dem letzten Begriff bezeichnet man nicht nur das Abstoßen von Atomen sondern ebenfalls von größeren Klumpen. Die gemachte Beobachtung entspricht den allgemein akzeptierten Konzepten. In einer stark geleerten Birne wir Elektrizität durch unabhängige Träger von der Elektrode fortgetragen, die zum Teil Atome oder Moleküle der verbleibenden Atmosphäre und zum Teil Atome, Moleküle oder Klumpen, die von der Elektrode weggestoßen werden, sind. Wenn die Elektrode aus Körpern mit verschiedenen Eigenschaften bestand und wenn einer von diesen leichter zu zerstören ist als die anderen, dann wird der Großteil der gelieferten Energie von diesem Körper abgetragen, der dann eine höhere Temperatur erhält als die anderen, und dies um so mehr, wenn der Körper durch Erhöhung der Temperatur noch leichter zerstört wird." Substanzen, die durch die in den Laboröfen jener Tage erreichbare Temperatur nicht schmolzen, wurden durch Teslas einfachen Lampenzerkleinerer leicht zerstört. Dieser lieferte einen mächtigen Strahl an zerfallenden Teilchen, indem sie aus allen Richtungen durch einen sphärischen Reflektor (die Kugel seiner Lampe), einer Art dreidimensionalem Brennspiegel, konzentriert wurden. Allerdings arbeitet dieser mit elektrisierten Teilchen anstatt mit Hitzestrahlen. Er erreichte den gleichen Effekt wie die schweren Teilchenbeschleuniger unserer Tage, aber war in einer Kugel, die so leicht war, dass sie fast in der Luft davon schwebte, sehr viel effizienter. Seine Einfachheit und Effizienz wird durch die Tatsache, dass er die zerfallende Substanz dazu bringt, die Teilchen, durch die die Zerkleinerung bewirkt wird, selbst zu liefern, noch weiter verstärkt.

Teslas Lampe der Molekülbombardierung verkörpert noch eine weitere moderne Entdeckung von hoher Wichtigkeit — das Punktelektronenmikroskop, das Vergrößerungen von Millionen Diameter liefert, oder zehn bis zwanzigmal so leistungsstark ist, wie das besser bekannte Elektronenmikroskop, das zu bis zu fünfzig Mal so starken Vergrößerungen als das Lichtmikroskop in der Lage ist.

Im Punktelektronenmikroskop schießen elektrisierte Teilchen in geraden Linien aus einem winzigen, aktiven Fleck auf Substanz, die mit einem hohen Potenzial geladen wird, heraus und produzieren auf der sphärischen Oberfläche der Glaskugel das Muster des mikroskopisch kleinen Bereichs, aus dem die Teilchen stammen. Die Größe der Glaskugel liefert die einzige Grenze des erreichbaren Vergrößerungsgrads; je größer der Radius, desto größer die Vergrößerung. Da Elektronen kleiner sind als Lichtwellen, können Gegenstände, die zu klein sind, um sie mit Lichtwellen zu sehen, aufgrund der von den abgegebenen Elektronen produzierten Muster enorm vergrößert werden.

Tesla produzierte auf der Oberfläche der Glaskugel seiner Lampe phosphoreszierende Bilder von dem, was auf dem sich auflösenden Knopf passierte, wenn er ein extrem hohes Vakuum benutzte. Er beschrieb diesen Effekt in seinen Vorträgen vom Frühling 1892 und seine Beschreibung gilt mit kaum einem veränderten Wort für die Beschreibung des millionenfach vergrößernden Punktelektronenmikroskops. Aus seinem Vortrag zitierend:

„Für das Auge erscheint die Elektrode einheitlich glänzend, aber auf ihr sind Punkte, die sich ständig bewegen und herumwandern, von einer Temperatur, die weit über dem Mittelwert liegt, und dies beschleunigt wesentlich den Abbauprozess. Entleeren Sie eine Birne so stark, dass die Entladung mit einem recht hohen Potenzial nicht passieren kann — d. h. keine leuchtende, denn es geschieht immer und in aller Wahrscheinlichkeit eine schwache, unsichtbare Entladung. Nun erhöhen Sie langsam und vorsichtig das Potenzial, den Primärstrom nicht mehr als für einen Moment verlassend. Ab einem gewissen Punkt werden zwei, drei oder sechs phosphoreszierende Punkte auf der Kugel entstehen. Diese Stellen auf dem Glas werden offensichtlich stärker bombardiert als andere, dies liegt an der ungleichmäßig verteilten Stromdichte, die natürlich von scharfen Projektionen oder allgemein gesagt von Unregelmäßigkeiten in der Elektrode erforderlich gemacht wird. Aber die leuchtenden Flecke ändern konstant ihre Position, dies kann besonders gut beobachtet werden, wenn man es schafft, nur sehr wenige zu produzieren. Dies zeigt, dass sich die Gestaltung der Elektrode schnell ändert."

Es wäre eine einfachere Gerechtigkeit, wenn Wissenschaftler zukünftig Tesla den Verdienst zusprechen würden, derjenige zu sein, der das Elektronenmikroskop entdeckt hatte. Der Ruhm, der ihm zusteht, wird nicht dadurch verringert, dass er das damals unbekannte Elektron in seinen Aktionen nicht ausdrücklich beschrieb, sondern stattdessen annahm, dass der Effekt an elektrisch geladenen Atomen lag.

Als Tesla die Leistung von verschiedenen Modellen dieser und seiner anderen Gaslampen untersuchte, beobachtete er, dass sich die Erzeugung von sichtbarem Licht unter zahlreichen Betriebsbedingungen veränderte. Er wusste, dass sowohl sichtbare als auch unsichtbare Strahlen abgegeben wurden. Er benutzte eine Vielzahl von phosphoreszierenden und fluoreszierenden Substanzen zur Erkennung des Ultraviolett- oder Schwarzlichts. Normalerweise glichen sich die Veränderungen im sichtbaren und im Ultraviolettlicht fast aus; wenn eines anstieg, verringerte sich das andere, während Hitzeverluste den Rest der Energie ausmachten. In seiner Lampe der Molekülbombardierung fand er, wie er in seinen 1892er Vorträgen berichtete, „sichtbares Schwarzlicht und eine sehr spezielle Strahlung". Er experimentiert mit dieser Strahlung, die, so berichtete er, Schattenbilder auf Platten in Metallcontainern in seinem Labor produzierte, als es durch ein Feuer im März 1895 zerstört wurde.

Diese „sehr spezielle Strahlung" wurde in damals veröffentlichten Artikeln nicht weiter beschrieben, aber als Prof. Wilhelm Konrad Röntgen im Dezember 1895 in Deutschland die Entdeckung der X-Strahlen verkündete, war Tesla sofort in der Lage, die gleichen Ergebnisse mithilfe seiner „sehr speziellen Strahlung" zu reproduzieren, was darauf hinwies, dass diese und die X-Strahlen sehr ähnliche Eigenschaften besaßen, obwohl sie auf recht verschiedene Arten produziert wurden. Sofort als er Röntgens Ankündigung las, schickte Tesla dem deutschen Wissenschaftler von seiner „sehr speziellen Strahlung" produzierte Schattenbilder. Röntgen antwortete: „Diese Bilder sind sehr interessant. Wenn Sie nur so nett wären, die Art, wie sie diese erhalten haben, preiszugeben."

Tesla erachtete nicht, dass ihm diese Situation irgendeine Priorität für die Entdeckung der X-Strahlen gab, er brachte auch nie irgendwelche Ansprüche vor; aber er fing sofort mit einer umfangreichen Reihe an Nachforschungen zu ihrer Natur an. Während andere versuchten, aus der von Röntgen benutzten Röhre genug X-Strahlen zu locken, um Schattenaufnahmen durch solch dünne Strukturen wie Hände und Füße, die sehr nah an die Birne gehalten wurden, zu machen, nahm Tesla Aufnahmen durch den Schädel in einer Entfernung von 12 Metern von der Röhre. Er beschrieb woanders zu dieser Zeit einen nicht identifizierten Strahlungstyp, der aus einem Funkenspalt entstand und als Starkstrom weitergegeben wurde. Diese Strahlung war kein querlaufendes, wellenartiges Licht oder keine Hertzschen Wellen und konnte durch eingefügte Metallplatten nicht gestoppt werden.

Somit bot Tesla in einem seiner Vorträge zu seinen Erfindungen in einem Zeitraum von zwei Jahren der Welt—zusätzlich zu seinen neuen elektrischen Vakuumlampen, seinen hocheffizienten Glühlampen und seinen Hochfrequenz- und Hochpotenzialströmen und Geräten—mindestens fünf hervorragende wissenschaftliche Entdeckungen: 1. kosmische Strahlen; 2. künstliche Radioaktivität; 3. zersetzender Strahl von elektrisierten Teilchen, oder Teilchenbeschleuniger; 4. Elektronenmikroskop; und 5. „Sehr spezielle Strahlung" (X-Strahlen).

Mit mindestens vier von diesen Entdeckungen gewannen andere, als sie diese bis zu vierzig Jahre später „wiederentdeckten", Nobelpreise; und Teslas Name wird nie mit ihnen in Verbindung genannt.

Doch Teslas Lebenswerk war kaum begonnen!

ZEHN

Tesla besaß die erstaunliche Fähigkeit, gleichzeitig mehrere vollkommen verschiedene wissenschaftliche Forschungslinien weiterzuführen. Während er seine Studien zu elektrischen Hochfrequenzschwingungen mit all ihren Konsequenzen von den Vakuumlampen hin zum Radio fortsetzte, untersuchte er ebenfalls mechanische Vibrationen; und er hatte einen seltenen Weitblick bezüglich der vielen nützlichen Einsätze, für die sie verwendet werden könnten und die seitdem realisiert wurden.

Tesla machte nie halbe Sachen. Fast alles, was er versuchte, verlief wie ein Blitzschlag mit einem folgenden sehr befriedigend hallenden Donnerschlag. Selbst wenn er Vorfälle nicht so plante, schienen sie sich selbst zu spektakulären Höhepunkten zu formen. Während sich sein Ruhm 1896 noch im Aufstieg befand, plante er in seinem Labor in der Houston Street ein nettes, leises, kleines Vibrationsexperiment. Seit er 1895 in diese Quartiere gezogen war, hatte sich der Ort aufgrund der besonderen Geräusche und Lichter, die zu allen Stunden des Tages und der Nacht aus ihm drangen, selbst einen Namen gemacht und auch, weil er ständig von den berühmtesten Leuten des Landes besucht wurde.

Das leise, kleine Vibrationsexperiment produzierte ein Erdbeben, ein wirkliches Erdbeben, währenddessen Leute und Gebäude und alles in ihnen stärker durchgeschüttelt wurden, als in all den natürlichen Erdbeben, die die Metropole je erreicht hatten. In einem Gebiet von zwölf quadratischen Häuserblocks mit hunderten Gebäuden in denen tausende Personen wohnten, gab es ein plötzliches Getöse und Schütteln, Zerbrechen von Glasscheiben, Zerbarsten von Dampf-, Gas- und Wasserleitungen. Es herrschte ein wildes Durcheinander, als kleine Gegenstände durch die Räume tanzten, Putz von Wänden und Decken kam und sich Teile von tonnenschweren Maschinen aus ihren verriegelten Verankerungen bewegten und sich in Fabrikloften an merkwürdige Orte verschoben.

„All dies wurde völlig unerwartet von einem kleinen Gerät verursacht, das Sie in Ihre Tasche stecken können", sagte Tesla.

Das Gerät, das die plötzliche Krise herbeiführte, war lange Zeit von Tesla als Spielzeug benutzt wurden, um seine Freunde zu unterhalten. Es war ein mechanischer Oszillator und wurde benutzt, um Vibrationen zu produzieren. Das durch einen Motor angetriebene Gerät, das der Friseur auf seine Hand schnallt, um den Kunden eine „elektrische Massage" zu geben, ist ein Nachfahre von Teslas mechanischem Oszillator. Natürlich ist außer der Energie, die zur Erzeugung von Vibrationen genutzt wird, die über die Finger des Friseurs auf die Kopfhaut übertragen werden, nichts Elektrisches an der „elektrischen Massage".

Tesla entwickelte in den frühen 1890er Jahren einen elektromechanischen Oszillator zur Erzeugung von Hochfrequenzwechselströmen. Der Antriebsmotor produzierte auf einer Welle eine einfache Wechselbewegung, die nicht in eine Drehbewegung umgewandelt wurde. An jedem Ende der Welle war eine Spule mit vielen Drahtwindungen befestigt, die sich mit hoher Frequenz zwischen den Polen von Elektromagneten hin- und herbewegte, und so Hochfrequenzwechselströme erzeugte.

Tesla behauptete, dass der Motor im Vergleich zu den gewöhnlichen Motortypen, die mit Hilfe einer Kurbelwelle die Wechselbewegung in eine Drehbewegung veränderten, eine sehr hohe Leistungsfähigkeit hatte. Er besaß keine Ventile oder andere sich bewegende Teile außer dem Hubkolben mit den am ihn befestigten Welle und Spulen, sodass mechanische Verluste sehr gering waren. Er behielt eine Geschwindigkeit so extrem stark bei, erklärte er, dass der vom Oszillator erzeugte Wechselstrom dazu benutzt werden könnte, Uhren ohne Pendel oder ohne Unruh-Kontrollmechanismen anzutreiben und sie würden die Zeit genauer anzeigen als die Sonne.

Dieser Motor hätte vielleicht industrielle Möglichkeiten besessen, aber Tesla interessierte sich nicht für diese. Für ihn war es nur eine praktische Möglichkeit, in ihrer Frequenz und Spannung konstante Hochfrequenzwechselströme oder mechanische Vibrationen, wenn er ohne elektrische Teile benutzt wurde, zu produzieren. Er betrieb den Motor mit Druckluft und auch mit Dampf mit einem Druck von 2 206 320 Pascal und auch von 551 580 Pascal.

Während er dieses Gerät perfektionierte, hatte er die Gelegenheit, interessante, durch Vibrationen produzierte Effekte zu beobachten. Diese waren im Motor bedenklich, wenn er als Dynamo benutzt wurde, und so ergriff er angebrachte Maßnahmen, um sie zu beseitigen oder zu unterdrücken. Die Vibrationen als solche interessierten ihn allerdings. Obwohl sie für die Maschine schädlich waren, fand er, dass ihre physiologischen Effekte zuweilen recht angenehm waren. Später baute er einen kleinen mechanischen Oszillator, der von Druckluft angetrieben wurde und allein zu dem Zweck entwickelt worden war, Vibrationen zu erschaffen. Er baute eine Plattform, die durch Gummi und Kork vom Boden isoliert war. Dann befestigte er einen Oszillator an der Unterseite der Plattform. Der Zweck des Gummis und Korks unter der Plattform war es, die Vibrationen davon abzuhalten, auf das Gebäude überzugehen und somit die Wirkung der Plattform zu verringern. Besucher empfanden die vibrierende Plattform als eine der interessantesten der großen Paletten an faszinierenden und fantastischen Ausstellungen, mit denen er das Gesellschaftsvolk, das in sein Labor strömte, verwirrte.

Tesla unterhielt große Hoffnungen, diese Vibrationen für therapeutische und gesundheitsfördernde Effekte anzuwenden. Er hatte die Gelegenheit, durch seine eigene Erfahrung und die seiner Angestellten zu beobachten, dass sie sehr bestimmte physiologische Aktionen produzieren.

Samuel Clemens, der Öffentlichkeit besser als „Mark Twain" bekannt, und Tesla waren enge Freunde. Clemens war ein häufiger Besucher von Teslas Labor. Tesla hatte für einige Zeit mit seinem Vibrationsmechanismus gespielt und eine Menge über die Ergebnisse gelernt, die auf unterschiedliche Dosierungen von Vibrationen folgten, als Clemens eines Abends vorbeischaute.

Als er von dem neuen Mechanismus hörte, wollte Clemens die belebenden Vibrationen erfahren. Er stand auf der Plattform, während der Oszillator in Betrieb genommen wurde. Er war von der neuen Erfahrung begeistert. Er war erfüllt von Adjektiven. „Dies verleiht einem Kraft und Vitalität", rief er aus. Nachdem er für eine Weile auf der Plattform gestanden hatte, riet Tesla ihm: „Sie haben genug gehabt, Herr Clemens. Es ist besser, wenn Sie jetzt runter kommen."

„Bei weitem nicht", antwortete Clemens. „Ich amüsiere mich."

„Aber Sie sollten besser runter kommen, Herr Clemens. Es ist besser, wenn Sie dies tun", bestand Tesla.

„Selbst mit einem Kran könnten Sie mich hier nicht runter bekommen", lachte Clemens.

„Denken Sie daran, ich rate es Ihnen, Herr Clemens."

„Ich amüsiere mich großartig. Ich werde genau hier bleiben und es genießen. Sehen Sie, Tesla, Sie wissen nicht zu schätzen, was für ein wunderbares Gerät Sie hier haben, um der müden Menschlichkeit einen Anschub zu verleihen ..." Clemens machte mehrere Minuten lang in diese Richtung weiter. Plötzlich hörte er auf zu reden, biss sich auf die Unterlippe, richtete seinen Körper auf und stakste steif aber plötzlich von der Plattform.

„Schnell, Tesla! Wo ist es?", blaffte Clemens, halb flehend, halb fordernd.

„Genau hier, durch die kleine Tür in der Ecke", sagte Tesla. „Und vergessen Sie nicht, Herr Clemens, ich habe Ihnen vor einiger Zeit geraten, herunterzukommen", rief er der sich schnell bewegenden Figur nach.

Die abführende Wirkung des Vibrators war eine alte Geschichte unter den Mitgliedern der Laborangestellten.

Tesla setzte seine Studien der mechanischen Vibrationen in viele Richtungen fort. Dies war in der wissenschaftlichen Forschung ein fast jungfräuliches Feld. Es war in diesem Gebiet kaum eine grundlegende Forschung gemacht worden, seit Pythagoras 2 500 Jahre zuvor die Musikwissenschaft durch seine Studie vibrierender Saiten begründet hatte; und viele der Wunder, mit denen Tesla die Welt auf dem Gebiet der Hochfrequenz- und Hochpotenzialströme überrascht hatte, waren aus seinem einfachen Geheimnis entstanden, die elektrischen Kreisläufe so abzustimmen, dass die Elektrizität in Resonanz mit ihrem Kreislauf vibrierte. Jetzt visualisierte er mechanische Vibrationen, die Resonanzbedingungen auf die gleiche Weise aufbauten, um Effekte von gewaltiger Größenordnung auf physische Objekte zu produzieren.

Um das durchzuführen, was er geringe und kleinformatige Versuche zu sein erwartete, schraubte er die Basis von einem seiner kleinen mechanischen Oszillatoren auf einen eisernen Stützpfeiler in der Mitte seines Labors und versetzte ihn in Schwingungen. Er hatte beobachtet, dass der Oszillator einige Zeit brauchte, um seine maximale Vibrationsgeschwindigkeit aufzubauen. Je länger er in Betrieb war, desto schneller war die Geschwindigkeit. Er hatte bemerkt, dass nicht alle Gegenstände auf die gleiche Art auf Vibrationen reagierten. Einer der vielen Gegenstände im Labor würde plötzlich heftig zu vibrieren anfangen, als er in Resonanz mit der grundlegenden Vibration des Oszillators oder einer Harmonie davon kam. Als sich die Schwingungszeit des Oszillators änderte, würde der erste Gegenstand aufhören und andere Gegenstände würden mit der neuen Geschwindigkeit in Resonanz treten und zu vibrieren anfangen. Der Grund für die gezielte Antwort war Tesla vollkommen klar, aber er hatte nie zuvor die Gelegenheit gehabt, das Phänomen im großen Rahmen zu beobachten.

Teslas Labor befand sich in einem oberen Stockwerk eines Loftgebäudes. Es lag auf der Nordseite der Houston Street und war das zweite Haus östlich der Mulberry Street. Ungefähr 90 Meter südlich der Houston Street, auf der östlichen Seite der Mulberry Street, befand sich das lange, vierstöckige Gebäude aus rotem Backstein, das als Polizeipräsidium berühmt war. In der Nachbarschaft befanden sich viele Loftgebäude mit fünf bis zehn Stockwerken, die von Fabriken aller Art belegt waren.

Zwischen ihnen eingeklemmt waren die kleinen, schmalen Mietshäuser einer dicht gedrängten italienischen Bevölkerung. Ein paar Blöcke südlich war Chinatown, ein paar Blöcke im Westen das Gebiet des Bekleidungshandels, eine kurze Entfernung im Osten ein dicht gedrängter Stadtteil mit Mietshäusern.

Es war in einer bunt gemischten Nachbarschaft, dass Tesla unerwartet eine spektakuläre Vorstellung der Eigenschaften von anhaltenden, mächtigen Vibrationen inszenierte. Die umgebende Bevölkerung wusste von Teslas Labor, wusste, dass es ein Ort war, wo merkwürdige, magische, mysteriöse Ereignisse stattfanden und wo ein ebenso merkwürdiger Mann furchtbare und wundervolle Dinge mit diesem ungeheuer gefährlichen Geheimagenten, auch bekannt als Elektrizität, vollbrachte. Tesla, wussten sie, war ein Mann, der sowohl verehrt als auch gefürchtet werden sollte und sie leisteten eine bessere Arbeit darin, ihn zu fürchten als ihn zu verehren.

Recht unbedacht über das, was andere von ihm dachten, führte Tesla seinen Vibrationsversuch und alle anderen durch. Man wird nie wissen, genau welchen Versuch er an diesem bestimmten Morgen im Kopf hatte. Er beschäftigte sich mit Vorbereitungen dafür, während sein Oszillator auf dem eisernen Stützpfeiler der Struktur eine immer höhere Vibrationsfrequenz aufbaute. Er bemerkte, dass von Zeit zu Zeit ein schweres Gerät stark vibrieren und der Boden unter ihm für ein oder zwei Sekunden poltern würde — dass eine Fensterscheibe hörbar singen und andere ähnliche, vorübergehende Ereignisse passieren würden — all dies war ihm recht vertraut. Diese Beobachtungen zeigten ihm, dass sich sein Oszillator gut einstimmte und er wunderte sich wahrscheinlich, warum er ihn nicht vorher fest an einem soliden Gebäudeträger angebracht ausprobiert hatte.

Allerdings liefen die Dinge in der Nachbarschaft nicht so gut. Im Polizeipräsidium in der Mulberry Street waren die „Bullen" mit den merkwürdigen Geräuschen und Lichtern, die aus Teslas Labor entstammten, recht vertraut. Sie konnten das scharfe Schnappen der von seinen Spulen geschaffenen Blitze deutlich hören. Wenn irgendetwas Komisches in der Nachbarschaft passierte, dann wussten sie, dass Tesla auf die eine oder andere Art dahinter steckte.

An diesem bestimmten Morgen waren die Polizisten überrascht, das Gebäude unter ihren Füßen rumpeln zu hören. Stühle bewegten sich über den Boden, ohne dass jemand in ihrer Nähe war. Gegenstände auf den Schreibtischen der Offiziere tänzelten hin und her und die Schreibtische selbst bewegten sich. Es müsste ein Erdbeben sein! Es wurde stärker. Putzstücke vielen von den Decken. Eine Wasserflut schwappte aus einem kaputten Rohr eine der Treppen herunter. Die Fenster fingen an, mit einem schrillen Geräusch zu vibrieren, das immer stärker wurde. Einige der Fenster zerbarsten.

„Das ist kein Erdbeben", rief einer der Offiziere, „es ist dieser ver*piep*te Tesla. Gehen Sie da schnell hoch", rief er einer Gruppe Männer zu, „und stoppen Sie ihn. Wenden Sie wenn nötig Gewalt an, aber stoppen Sie ihn. Er wird die Stadt zerstören."

Die Offiziere starteten ein Wettlauf zum Gebäude um der Ecke. Viele Leute strömten aufgeregt in die Straßen, verließen nahegelegene Miet- und Fabrikhäuser. Sie glaubten, ein Erdbeben hätte die Fenster und Rohre bersten lassen, die Möbel bewegt und die merkwürdigen Vibrationen verursacht.

Ohne auf den sehr langsamen Fahrstuhl zu warten, stürmten die Polizisten die Treppen hoch—und als sie dies taten, spürten sie das Gebäude noch stärker vibrieren, als das Polizeipräsidium. Es bestand ein Gefühl von drohendem Unheil—dass das gesamte Gebäude zusammenbrechen würde—und ihre Ängste wurden durch das Geräusch von berstendem Glas und dem komischen Getöse und Geschrei, dass aus den Wänden und Böden kam, nicht gelindert.

Könnten sie Teslas Labor noch rechtzeitig erreichen? Oder würde das Gebäude über ihren Köpfen einstürzen und alle in seinen Ruinen begraben, und wahrscheinlich sogar jedes Gebäude in der Nachbarschaft? Vielleicht ließ er die ganze Welt so erzittern! Würde dieser Verrückte die Welt zerstören? Sie wurde schon zuvor durch Wasser zerstört. Vielleicht würde sie dieses Mal von diesem Agenten des Teufels, den sie Elektrizität nennen, zerstört werden!

Gerade als die Polizisten in Teslas Labor stürmten, um — sie wussten nicht was — zu überwältigen, stoppten die Vibrationen und ihnen bot sich ein merkwürdiger Anblick. Sie kamen genau zur rechten Zeit an, um zu sehen, wie die große, hagere Gestalt des Erfinders einen schweren Vorschlaghammer schwang und die kleine Eisenvorrichtung, die auf dem Pfosten mitten im Raum befestigt war, zertrümmerte. Das große Durcheinander wich einer tiefen, schweren Stille.

Tesla durchbrach als Erster diese Stille. Er lehnte seinen Vorschlaghammer gegen den Pfeiler und drehte seine große, dünne, Mantellose Gestalt den Polizisten zu. Er war immer selbstbeherrscht, immer eine gebieterische Präsenz — ein Effekt, der auf keine Weise seinem schlanken Bau zugesprochen werden konnte, sondern eher aus seinen Augen zu entstammen schien. Sich seiner höfischen Manier zufolge in der Taille beugend, sprach er die Polizisten an, die zu sehr außer Atem waren, um zu sprechen, und wahrscheinlich durch ihr fantastisches Erlebnis zum Schweigen gebracht worden waren.

„Meine Herren", sagte er, „es tut mir leid, aber sie sind nur etwas zu spät, um meinen Versuch zu erleben. Ich fand es notwendig, ihn genau als sie eintraten, plötzlich und unerwartet und auf ungewöhnliche Art zu stoppen. Wenn Sie gegen Abend wieder kommen wollen, werde ich einen weiteren Oszillator an dieser Plattform befestigt haben und jeder von ihnen kann auf ihr stehen. Sie werden es, da bin ich mir sicher, ein höchst interessantes und angenehmes Erlebnis finden. Nun müssen Sie gehen, denn ich habe noch viel zu tun. Einen guten Tag, meine Herren."

George Scherff, Teslas Sekretär, stand in der Nähe als Tesla seinen Erdbebenmacher so dramatisch zerschmetterte. Tesla erzählte diese Geschichte nie über diesen Moment hinaus und Herr Scherff gibt an, sich nicht daran zu erinnern, wie die Antwort der Polizisten lautete. Die Vorstellungskraft muss die Schlussszene dieser Geschichte beenden.

In dem Moment aber war Tesla in seiner Einstellung recht ehrlich. Er hatte keine Ahnung von dem, was anderswo in der Nachbarschaft aufgrund seines Versuchs geschehen war, aber die Auswirkung auf sein eigenes Labor war bedrohlich genug gewesen, um ihn zu veranlassen, ihn plötzlich zu stoppen. Als er allerdings von den Einzelheiten erfuhr, war er davon überzeugt, dass er in seinem Glauben recht hatte, dass das Feld der mechanischen Vibrationen voller Möglichkeiten für die wissenschaftliche Forschung war. Es stehen uns keine Aufzeichnung über weitere große Versuche mit Vibrationen in jenem Labor zur Verfügung. Vielleicht hatten die Polizei- und Baubehörde ihm energische Vorschläge bezüglich der Versuche von dieser Natur gemacht.

Teslas Beobachtungen in diesem Versuch waren auf das beschränkt, was in dem Stockwerk vor sich ging, in dem sich sein Labor befand, aber anscheinend geschah dort nur sehr wenig, bis sehr viel woanders passierte. Der Oszillator war fest auf einer stützenden Säule befestigt, und direkt unter dieser befanden sich ähnliche Stützsäulen in jedem Stockwerk bis hin zum Fundament. Die Vibrationen wurden durch die Säulen auf den Boden übertragen. Dieser Teil der Stadt ist auf tiefem Sand gebaut, der sich mehrere hundert Meter erstreckt, bis das Grundgestein erreicht wird. Unter Seismologen ist gut bekannt, dass die Vibrationen von Erdbeben von Sand viel stärker übertragen werden als von Gestein. Der Boden unter dem Gebäude und um es herum war daher ein hervorragender Leiter für mechanische Vibrationen, die sich in alle Richtungen verteilten. Sie können einen Kilometer oder mehr erreicht haben. Natürlich waren sie in der Nähe der Quelle stärker und wurden schwächer, je größer die Entfernung. Allerdings können selbst schwache Vibrationen, die anhalten, überraschend große Auswirkungen haben, wenn sie von einem Gegenstand, mit dem sie in Resonanz sind, aufgenommen werden. Ein entfernter Gegenstand in Resonanz kann stark zu vibrieren anfangen, wohingegen ein weit näherer Gegensand, der sich nicht in Resonanz befindet, unbeeinflusst bleibt.

Es war diese selektive Resonanz, die anscheinend in Teslas Versuch agierte. Lange bevor sein eigenes Gebäude betroffen war, traten andere Gebäude mit dem ansteigenden Tempo seines Oszillators in Resonanz. Nachdem das Chaos anderswo für einige Zeit im Gang und die höheren Frequenzen erreicht worden waren, begann seine unmittelbare Umgebung, in Resonanz zu kommen.

Wenn eine Resonanz erreicht wird, folgen die Auswirkungen sofort und heftig. Tesla wusste dies und als er beobachtete, wie sich die gefährlichen Resonanzeffekte in seinem Gebäude entwickelten, bemerkte er, dass er schnell handeln musste. Der Oszillator wurde von Druckluft angetrieben, die von einem Kompressor mit Motorantrieb geliefert wurde, der die Luft in einen Tank speiste, wo sie unter Druck gelagert wurde. Selbst wenn der Motor abgestellt wurde, war noch genügend Luft in dem Tank, um den Oszillator viele Minuten lang laufen zu lassen — und in dieser Zeit konnte das Gebäude vollkommen zerstört und zu einem Haufen Schrott zerkleinert werden. Da die Vibrationen diese gefährliche Amplitude erreichten, war keine Zeit mehr, um zu versuchen, den Vibrator von der Luftleitung zu trennen oder irgendetwas zu tun, um die Luft aus dem Tank zu lassen. Es war nur Zeit für eine einzige Sache, und Tesla tat diese. Er griff einen nahen Vorschlaghammer und schwang ihn kräftig gegen den Oszillator, in der Hoffnung, ihn außer Betrieb zu setzen. Er schaffte es beim ersten Versuch.

Das Gerät bestand aus Gusseisen und hatte eine robuste Bauweise. Es gab keine empfindlichen Teile, die leicht zerstört werden konnten. Tesla hat nie eine Beschreibung des Geräts veröffentlicht, aber seine Bauart war im Wesentlichen die eines Kolbens, der sich innerhalb eines Gusseisenzylinders hin und her bewegt. Die einzige Möglichkeit, seinen Betrieb zu stoppen, war, den äußeren Zylinder zu zerstören. Glücklicherweise ist es das, was beim ersten Schlag geschah.

Als Tesla sich umdrehte, nachdem er seinen glücklichen Hieb gemacht und die besuchenden Polizisten erblickt hatte, konnte er den Grund für ihren Besuch nicht verstehen. Die gefährlichen Vibrationen waren in seinem Gebäude nur innerhalb der vorangehenden Minuten entstanden und die Polizisten hätten keine Zeit gehabt, einen Besuch in Verbindung mit ihnen zu planen, so dachte er, also mussten sie aus einem weniger bedenklichen Grund gekommen sein und daher schlug er vor, ihn bis zu einem günstigeren Zeitpunkt zu entlassen.

Tesla erzählte mir von diesem Erlebnis, als ich den Erfinder nach seiner Meinung bezüglich eines Plans fragte, den ich einige Zeit vor Elmer Sperry Junior, Sohn des berühmten Erfinders vieler Kreiselinstrumente, vorgeschlagen hatte. Wenn ein schweres Kreiselinstrument, so wie es zur Stabilisierung von Schiffen benutzt wird, dazu gezwungen wird, sich auf seiner Achse zu drehen, dann überträgt es über die Lager, in denen der stützende Kardanring fest gemacht ist, einen starken Schub nach unten. Wenn eine Reihe solcher Kreiselinstrumente in Regionen aufgebaut würden, wo sich starke Erdbeben abspielen, würde es die Schübe in gleichmäßig festgelegten Intervallen auf den Boden übertragen und Resonanzvibrationen in den Schichten der Erde aufbauen, die dafür sorgen würden, dass die Spannungen des Erdbebens befreit werden, während sie von geringer Größenordnung sind. Somit würden sehr kleine Erbeben produziert werden, anstatt dass sich die Spannungen zu einem großen Ausmaß aufbauen würden, die, wenn losgelassen, verheerende Erdbeben verursachen könnten.

Die Idee bot einen starken Anreiz für Tesla. Nachdem er mir von dem hier wiedergegebenen Erlebnis erzählt hatte, erklärte er in seiner darauffolgenden Diskussion, dass er seine Studie der Vibrationen so weit entwickelt hatte, dass er eine neue Wissenschaft der „Telegeodynamik" aufstellen könnte, die nicht nur die Übertragung von kräftigen Impulsen durch die Erde zu entfernten Punkten zur Produktion von Effekten von großem Ausmaß behandeln würde, sondern er könnte die gleichen Prinzipien anwenden, um entfernte Gegenstände zu erkennen. In den späten 1930er Jahren, vor dem Ausbruch des Krieges, erklärte er, dass er diese Prinzipien auf die Entdeckung von Unterseebooten oder anderen Schiffen in der Entfernung anwenden könnte, selbst wenn sie vor Anker liegen und keine Maschinen sie antreiben würde.

Sein System der Telegeodynamik, das mechanische Vibrationen benutzte, behauptete Tesla, würde es möglich machen, die physikalische Konstante der Erde zu bestimmen und Erzlager weit unter der Oberfläche zu lokalisieren. Diese letzte Vorhersage wurde mittlerweile erfüllt, denn es wurden viele Ölfelder entdeckt, indem man die von den unterirdischen Schichten reflektierten Vibrationen untersuchte.

„Die Effekte des telegeodynamischen Oszillators sind so gewaltig", sagte Tesla, als er das Thema in den 1930er Jahren nochmals aufnahm, „das ich jetzt hinüber zum Empire State Building gehen könnte und es in sehr kurzer Zeit in einen Trümmerwust reduzieren könnte. Ich könnte dieses Ergebnis mit absoluter Sicherheit und ohne irgendeine Schwierigkeit erreichen. Ich würde ein kleines Gerät von mechanischen Vibrationen benutzten, eine so kleine Maschine, dass Sie es in Ihre Tasche stecken könnten. Ich könnte es an irgendeinem Teil des Gebäudes festmachen, es in Betrieb nehmen, ihm zwölf bis dreizehn Minuten geben, um zur vollen Resonanz zu kommen. Das Gebäude würde zunächst mit einem sanften Beben antworten und dann würden die Vibrationen so stark werden, dass die gesamte Struktur in Resonanzschwingungen von solcher Amplitude und Leistung kommen würde, dass Nieten in den Stahlträgern gelöst und abgekantet werden würden. Der äußere Stein-Belag würde abgeworfen werden und dann würde die Stahlskelettstruktur in all ihre Teile zusammenbrechen. Es würde ungefähr 2,5 (Diese Zahl mag ,25 oder 2,5 Pferdestärken gewesen sein. Die Notizen sind alt und recht undeutlich. Das Gedächtnis bevorzugt letztere Zahl.) Pferdestärken benötigen, um den Oszillator diesen Effekt hervorrufen zu lassen."

Tesla entwickelte seine Erfindungen, bis dass sie spektakuläre Darsteller waren, bevor sie der Öffentlichkeit vorgestellt wurden. Wenn sie präsentiert wurden, dann überstieg die Leistung stark das Versprechen. Dies war der Fall seiner ersten öffentlichen Vorstellung des „Drahtlosen", allerdings verkomplizierte er die Situation, indem er eine neue Idee mit der Radioerfindung koppelte — den Roboter.

Tesla inszenierte seine Vorführung im großen Auditorium im Madison Square Garden, damals auf der Nordseite des Madison Square, im September 1898 als Teil der ersten jährlichen Elektrischen Ausstellung. Er ließ ein großes Becken im Zentrum der Arena einbauen und setzte darin ein mehrere Fuß langes Eisenboot in Form eines Bogens, das er mithilfe seines Drahtlossystems über eine Fernbedienung steuerte. Ein schmales Metallstäbchen von wenigen Fuß Höhe, das als Antenne diente, um die drahtlosen Wellen zu empfangen, erstreckte sich vom Mittelpunkt des Bootsdaches nach oben. In der Nähe des Bugs und des Hecks befanden sich zwei schmale Metallröhren von ungefähr 30 Zentimetern Höhe, die von kleinen Elektrolampen überragt wurden. Das Innere des Rumpfes war voll mit einem Radioempfangsgerät und einer Vielzahl von Mechanismen mit Motorantrieb, die die dem Boot über drahtlose Wellen gesandten Aufträge vollzogen. Es gab einen Motor, um das Boot anzutreiben und einen weiteren Motor, um den Servomechanismus, oder das mechanische Gehirn, zu betreiben, der die vom drahtlosen Empfangsgerät gesandten Befehle interpretierte und in mechanische Bewegungen übersetzte, darin enthalten sind das Steuern des Boots in jegliche Richtung, das Stoppen, Starten, vorwärts oder rückwärts Fahren oder Erleuchten beider Lampen. Das Boot konnte somit die schwierigsten Manöver durchfahren.

Jeder, der die Ausstellung besuchte, konnte die Manöver für das Boot rufen, und Tesla würde das Boot mit ein paar Berührungen einer Morsetaste antworten lassen. Sein Kontrollpunkt befand sich am anderen Ende der großen Arena.

Die Vorstellung schuf eine Sensation und wieder war Tesla der beliebte Held. Es war eine Geschichte für die Titelseiten der Zeitungen. Jeder wusste, dass diese Errungenschaft eine wunderschöne war, aber nur wenige verstanden die Tragweite des Ereignisses oder die Bedeutung der grundlegenden Entdeckung, die sie vorstellte. Die elementaren Aspekte der Erfindung wurden durch den Glanz der Vorführung verdeckt.

Der Spanisch-Amerikanische Krieg war unterwegs. Der Erfolg

der U.S. Marine, die spanischen Flotten zu zerstören, war das führende Gesprächsthema. Es gab Verstimmung über die Sprengung der USS Maine im Hafen von Havanna. Teslas Vorführung fachte die Vorstellungskraft aller aufgrund ihrer Möglichkeiten als Waffe in der Seekriegsführung an.

Waldemar Kaempffert, damals ein Student am City College und später Wissenschaftsredakteur der New York Times diskutierte mit Tesla ihre Benutzung als Waffe.

„Ich sehe", sagte Kaempffert, „wie man ein noch größeres Boot mit Dynamit beladen, es untergetaucht fahren lassen, es aufgetaucht fahren lassen und den Dynamit wann immer man wollte genauso leicht explodieren lassen könnte, wie wenn man das Licht am Bug des Schiffes erleuchten lässt, indem man die Taste drückt und somit durch das Drahtlose aus einer Entfernung selbst das größte aller Kriegsschiffe sprengen könnte." (Edison hatte zuvor einen elektrischen Torpedo gestaltet, der seine Energie über ein Kabel erhielt, das mit dem Mutterschiff verbunden blieb.)

Tesla war ein Patriot und war stolz auf seinen 1889 erhaltenen Status als Bürger der Vereinigten Staaten. Er hatte der Regierung seine Erfindung als Marinewaffe angeboten, aber im Herzen war er gegen den Krieg.

„Sie sehen dort nicht einen drahtlosen Torpedo", schnappte Tesla zurück mit einem Feuer in seinen Augen, „Sie sehen dort den ersten einer Rasse von Robotern, von mechanischen Menschen, die die mühselige Arbeit der menschlichen Rasse erledigen wird."

Die „Roboterrasse" war ein weiterer von Teslas originellen und bedeutenden Beiträgen zum menschlichen Wohlergehen. Sie war einer der Gegenstände in seinem riesigen Projekt der Steigerung der menschlichen Energie und der Verbesserung der Effizienz ihrer Benutzung. Er stellte sich die Anwendung seiner Roboteridee genauso zur Kriegsführung wie auch zum friedlichen Streben vor; und aus den klar formulierten umfassenden Prinzipien entwickelte er ein akkurates Bild der Kriegsführung, wie er heute mit der Benutzung von riesigen Maschinen als Waffen ausgeführt wird — die Roboter, die er beschrieben hatte. „Diese Entwicklung", erklärte er in einem Artikel im *Century Magazine* von Juni 1990, „wird die schrittweise Einrichtung einer Maschine oder eines Mechanismus, die immer weniger militärische Betreiber benötigen, ermöglichen ... Das wichtigste Ziel wird es sein, eine Kriegsvorrichtung mit einer maximalen Geschwindigkeit und energetischen Kraft zu erhalten. Die menschlichen Verluste werden immer geringer werden ..."

Als er die Erfahrungen umriss, die ihn dazu brachten, Roboter oder Automaten, wie er sie nannte, zu gestalten, erklärte Tesla:

„Ich habe alltäglich und durch all meine Gedanken und all meine Bewegungen zu meiner vollkommenen Befriedigung bewiesen, dass ich ein Automat bin, der sich bewegen kann und der allein auf externe Stimuli reagiert, die meine Sinnesorgane reizen, und der dementsprechend denkt und sich bewegt ...

Dank dieser Erfahrung war es nur natürlich, dass mir vor langer Zeit die Idee kam, einen Automaten zu erbauen, der mich in mechanischer Hinsicht darstellte und der auf die äußeren Einflüsse so reagierte wie ich, aber natürlich auf sehr viel primitivere Art und Weise. Offensichtlich musste dieser Automat mit einer Antriebskraft, Bewegungsorganen, Bedienfeldern und einem oder mehreren Sinnesorganen ausgestattet sein, die so angepasst waren, dass sie durch externe Stimuli gereizt werden konnten.

Ich glaubte, diese Maschine würde ihre Bewegungen wie ein menschliches Wesen ausführen, denn sie würde alle seine wesentlichen Eigenschaften besitzen. Um dieses Modell zu vervollständigen, fehlte nur die Fähigkeit zum Wachstum, zur Fortpflanzung und vor allem die Intelligenz. In diesem genauen Fall allerdings war die Fähigkeit zum Wachstum nicht notwendig, da man eine Maschine bauen kann, dessen Entwicklung sozusagen beendet ist. Was ihre Fähigkeit zur Fortpflanzung betrifft, kann man ebenfalls darauf verzichten, da sie in einem mechanischen Modell nur den Fabrikationsprozess betrifft.

Egal, ob der Automat aus Haut und Blut oder aus Holz und Metall bestand, er muss in der Lage sein, all die Aufgaben eines intelligenten Lebewesens zu erfüllen. Darum benötigte er ein der Psyche entsprechendes Element, das all die Bewegungen und Handlungen kontrollierte und ihn in allen unerwarteten Umständen mit Sachkenntnis, Menschenverstand, Grips und Erfahrung handeln ließ. Es fiel mir leicht, dieses Element in die Maschine einzubauen, indem ich ihr meine eigene Intelligenz und mein eigenes Verständnis übertrug. So entwickelte ich diese Erfindung und eine neue Technik war geboren, der man den Namen „Teleautomatik" gab, d. h. die Kunst, aus der Distanz die Bewegungen und Handlungen der Automaten zu steuern."

Um dem Automaten eine individuelle Identität zu verleihen, erklärte Tesla, würde er mit einer bestimmten elektrischen Einstellung ausgestattet sein, auf die er nur reagieren würde, wenn die Wellen dieser bestimmten Frequenz von einem Steuersender ausgesandt wurden; und andere Automaten würden untätig bleiben, bis ihre Frequenz übertragen wurde. Dies war Teslas grundlegende Erfindung der Radioeinstellung, dessen Bedarf andere Radioerfinder noch nicht erblickt hatten, obwohl Tesla sie sechs Jahre zuvor öffentlich beschrieben hatte.

Nicht nur benutzte Tesla für die Kontrolle seines Automaten die Langwellen, die heute im Rundfunk benutzt werden—die sich stark von den von Marconi und allen anderen benutzten Kurzwellen unterscheiden; denn diese konnten durch einen dazwischenkommenden Gegenstand gestört werden—sondern er erklärte durch sein Einstellungssystem den Nutzen der Zuweisung von Frequenzen auf die einzelnen Sender, was nun auf den Einstellern der Radioempfangsgeräte erscheint. Er fuhr fort:

„Mit diesen sehr einfachen gerade beschriebenen Mitteln wurden die Intelligenz, die Erfahrung und das Urteilsvermögen des entfernten Betreibers—sozusagen seine Psyche—in diese Maschine eingebaut, die demnach in der Lage war, sich zu bewegen und all ihre Handlungen mit Menschenverstand und Intelligenz durchzuführen. Sie verhielt sich wie eine Person, die mit verbundenen Augen den Anweisungen gehorcht, die sie über ihr Gehör erhält.

Die bis heute gebauten Automaten hatten eine „geliehene Psyche", wenn man das so sagen kann, da jeder nur ein Teil des entfernten Betreibers darstellte, der ihm seine intelligenten Befehle übertrug; diese Technik steckt allerdings noch in ihren Anfängen.

Obwohl es zur aktuellen Stunde noch nicht vorstellbar ist, ist mein Ziel, zu zeigen, dass man einen Automaten mit einer „eigenen Psyche" erfinden kann, und darunter verstehe ich, dass er unabhängig ist von jeglichem Betreiber und komplett sich selbst überlassen auf externe Faktoren, die seine Sinnesorgane betreffen, reagiert sowie eine Vielzahl von Taten und Handlungen durchführen kann, so als ob er eine Intelligenz besäße.

Er wird in der Lage sein, einem vorherbestimmten Weg zu folgen oder für lange Zeit vorher gegebenen Befehlen zu gehorchen. Er wird in der Lage sein, zwischen dem, was er tun muss und dem, was er nicht tun muss, zu unterscheiden, Erfahrungen zu machen oder mit anderen Worten Eindrücke zu speichern, die für seine nachfolgenden Handlungen eine entscheidende Rolle spielen. Tatsächlich habe ich einen solchen Plan schon entwickelt.

Obwohl ich diese Erfindung vor vielen Jahren gebaut und schon sehr oft Besuchern anlässlich Vorführungen in meinem Labor erklärt hatte, wurde sie nur sehr viel später und nachdem ich sie perfektioniert hatte, bekannt, und verursachte — was vollkommen normal ist — Auseinandersetzungen und wurde zum Gegenstand aufsehenerregender Berichte.

Die meisten Leute haben allerdings weder die wirkliche Bedeutung dieser neuen Technik verstanden noch das riesige Potenzial des zugrunde liegenden Prinzips anerkannt. Insofern ich die zahlreichen ertönten Kommentare beurteilen konnte, wurden die Ergebnisse, die ich erzielte, als vollkommen unmöglich angesehen. Selbst die seltenen Personen, die dazu bereit waren, die Durchführbarkeit meiner Erfindung anzuerkennen, gestanden ihr nicht mehr Wert zu als dem selbst angetriebenen Torpedo, der dazu bestimmt war, Kriegsschiffe zu sprengen, aber dessen Erfolg nicht garantiert war. Allerdings begnügte sich die Technik, die ich entwickelt hatte, nicht damit, die Richtung eines sich bewegenden Schiffes zu ändern, sondern sie ermöglichte Wege, die in jeder Hinsicht unzähligen Fahrbewegungen sowie auch alle Handlungen von allen internen Organen eines individuellen Automaten, wie groß auch immer ihre Zahl ist, perfekt zu steuern."

Tesla hielt seine Erfahrung mit der Entwicklung von automata und seine ergebnislosen Bemühungen, das Kriegsministerium und ebenso kommerzielle Betriebe für seine drahtlos kontrollierten Geräte zu interessieren, in einer fünfzehn Jahre später vorbereiteten und unveröffentlichten Erklärung fest.

„Ich hatte sehr früh die Idee, einen Automaten zum Beweis meiner Theorie zu bauen; allerdings fing ich mit meinen Arbeiten erst 1893 an, in der Zeit, als ich mit meinen Forschungen zur drahtlosen Technologie begann. In den zwei bis drei folgenden Jahren erbaute ich zahlreiche automatische Mechanismen, die ferngesteuert waren, und die ich den Besuchern in meinem Labor zeigte.

Trotzdem entwarf ich 1896 ein komplettes Gerät, das eine große Anzahl von Funktionen ausführen konnte. Die Fertigstellung meiner Arbeit wurde allerdings auf Ende 1897 verschoben. Die Abbildung und Beschreibung dieser Maschine wurden in meinem im *Century Magazine* vom Juni 1900 erschienenen Artikel sowie in anderen Zeitschriften dieser Zeit veröffentlicht. Als sie im Jahre 1898 zum ersten Mal dem Publikum vorgestellt wurde, rief sie Reaktionen hervor, wie noch keine meiner Erfindungen vor ihr.

Im November 1898 erhielt ich ein erstes Patent für dieses neue Gerät, nachdem sich der leitende Prüfer nach New York begeben hatte, um sich von dessen Leistungen zu überzeugen, da meine Behauptungen ihm zweifelhaft erschienen. Ich erinnere mich daran, wie ich später mit einem Funktionär in Washington telefonierte, um ihm meine Erfindung zu erklären, die ich der Regierung schenken wollte—und dass er in

Gelächter ausbrach. Damals glaubte niemand, dass es auch nur die geringste Möglichkeit gäbe, ein derartiges Gerät zu entwickeln.

Leider erwähnte ich in diesem Patent, auf Anraten meiner Anwälte, dass es durch einen einzigen Kreis und einen sehr bekannten Detektor gesteuert wurde, da ich den Schutz der Spezifizierungen meiner Methoden und Apparate noch nicht sichergestellt hatte. Tatsächlich wurden meine Schiffe durch eine gemeinsame Handlung mehrerer Kreise gesteuert, und von Interferenzen konnte keine Rede sein. Die meiste Zeit benutzte ich schlaufenförmige Empfangskreisläufe und fügte Kondensatoren bei, da die Entladungen meines Hochfrequenzsenders die Luft im Raum so stark ionisierten, dass selbst eine kleine Antenne mehrere Stunden lang Elektrizität aus der umgebenden Luft schöpfen konnte.

Ich habe zum Beispiel entdeckt, dass eine luftleere Birne von 30 cm Durchmesser, mit einem einzigen Anschlusspunkt, an dem ein sehr kurzer Draht befestigt war, bis zu tausend aufeinanderfolgende Blitze abgeben konnte, bis die gesamte Luft im Labor neutralisiert war. Die Schlaufenform des Empfängers war gegenüber dieser Störung unempfindlich und seltsamerweise wird er in letzter Zeit immer populärer. In Wirklichkeit speichert der Empfänger viel weniger Energie als die Antennen oder als ein langes mit der Erde verbundenes Kabel, und daher hat er nicht die gleichen Mängel wie die aktuellen kabellosen Geräte.

Als ich meine Erfindung dem Publikum vorstellte, konnten die Besucher jegliche Fragen stellen, selbst die schwierigsten, und der Automat antwortete ihnen in Form von Zeichen. Damals wurde es als Zauberei angesehen, doch eigentlich war es ganz einfach, da ich selbst über die Maschine die Fragen beantwortete.

Zur selben Zeit baute ich außerdem ein großes ferngesteuertes Schiff. Es wurde von mehreren Kreisläufen mit mehreren Schlaufen im Rumpf des Bootes gesteuert, der hermetisch geschlossen war und untertauchen konnte. Die Vorrichtungen ähnelten denen, die ich im ersten Schiff benutzte, mit dem Unterschied, dass ich einige spezielle Eigenschaften eingeführt hatte wie zum Beispiel die Glühlampen, die den sichtbaren

Beweis für das gute Funktionieren der Maschine lieferten und anderen Zwecken dienten.

Diese in der Sichtweite des Bedieners gesteuerten Automaten stellten allerdings nur eine erste, recht grobe Etappe in der Entwicklung der Technik der ‚Teleautomaten', wie ich sie entworfen hatte, dar. Logischerweise war die nächste Etappe ihre Anwendung außerhalb der Sichtweite und weit vom Kontrollzentrum entfernt. Seitdem habe ich immer behauptet, dass sie als Kriegswaffe dienen und die Feuerwaffen ersetzen könnten. Es scheint, als ob man ihnen heute diese Wichtigkeit zugesteht, zumindest wenn man von den gelegentlichen Bekanntmachungen sogenannter außergewöhnlicher Errungenschaften in der Presse ausgeht, die aber in Wirklichkeit nichts Neues erbringen.

Die heutigen Radioinstallationen ermöglichen es, wenn auch auf unvollkommene Weise, ein Flugzeug in die Lüfte zu schicken, es ungefähr über eine gewisse Strecke zu steuern und es in mehreren hundert Kilometern Entfernung eine gewisse Anzahl von Operationen durchführen zu lassen. Eine Maschine dieses Typs könnte außerdem mechanisch auf mehrere Arten gesteuert werden und ich zweifle nicht daran, dass sie zu Kriegszeiten eine gewisse Nützlichkeit erweisen könnte. Allerdings existiert heute, soweit ich weiß, kein Instrument oder keine Vorrichtung, die es ermöglichen würde, präzise vorzugehen. Ich widmete ganze Jahre voller Forschungen diesem Thema und ich entwickelte Mittel, die eine einfache Umsetzung dieser und anderer Meisterleistungen ermöglichten.

Wie ich bereits erwähnte, habe ich als Student an der Universität eine Flugmaschine entworfen, die sich quasi von den heute existierenden unterscheidet. Das Basisprinzip war korrekt aber es war unmöglich, es in die Praxis umzusetzen, da eine motorische Kraft von ausreichender Stärke fehlte. In den letzten Jahren habe ich es geschafft, dieses Problem zu lösen und ich plane den Bau von Luftschiffen ohne Querruder, Flügel, Propeller oder anderes externes Zubehör, die eine enorme Geschwindigkeit erreichen und gewichtige Argumente für

Frieden in der nahen Zukunft erbringen könnten. Ein Gerät dieses Typs, dessen Start und Antrieb nur durch Reaktion geschieht muss entweder mechanisch oder durch drahtlose Energie gesteuert werden. Durch Bau der geeigneten Installationen wäre es möglich, eine Rakete dieses Typs in die Luft zu entsenden und sie nahezu am gewünschten Ort fallen zu lassen, selbst Tausende Kilometer entfernt. Dennoch muss man noch weiter gehen."

Tesla beschreibt hier—vor fast fünfzig Jahren—die Funkrakete, die eine vertrauliche Entwicklung des Zweiten Weltkriegs ist und die von den Deutschen benutzten Raketenbomben, um England anzugreifen. Das raketenähnliche Luftschiff ist ein Geheimnis, das wahrscheinlich mit Tesla starb, außer es ist in seinen Schriften enthalten, die zum Zeitpunkt seines Todes von der Regierung versiegelt wurden. Allerdings ist dies unwahrscheinlich, da Tesla zum Schutz seiner Geheimnisse seine Haupterfindungen nicht zu Papier brachte, sondern zu ihrer Erhaltung von einem fast unfehlbaren Gedächtnis abhing.

„Wir werden schließlich ‚Teleautomaten' erfinden", schloss er, „die so handeln können, als hätten sie eine eigene Intelligenz und deren Erscheinen eine Revolution auslösen wird. Schon 1898 schlug ich Vertretern einer großen Industriegesellschaft vor, ein Gefährt zu bauen und öffentlich auszustellen, das auf autonome Art und Weise in der Lage wäre, eine große Reihe von Operationen auszuführen, von denen einige gewisses Urteilsvermögen verlangen. Mein Vorschlag wurde allerdings für utopisch erklärt und blieb unbeachtet."

Damals präsentierte Tesla der Welt bei der Vorführung im Madison Square Garden von 1898, die eine Woche andauerte, zwei erstaunliche Entwicklungen, von denen eine allein schon zu gigantisch gewesen wäre, um von der Öffentlichkeit in einer einzigen Präsentation ausreichend aufgenommen zu werden. Jede der beiden Ideen dämpft die Herrlichkeit der anderen.

Die erste öffentliche Vorstellung der drahtlosen Technologie, dem Vorgänger des modernen Radios, mit dem verblüffenden

Entwicklungsstand, zu dem Tesla es brachte, war zu diesem frühen Zeitpunkt ein zu gewaltiges Projekt, um mit einer einzigen Dramatisierung herbeigeführt zu werden. In den Händen eines kompetenten PR-Beraters, oder Werbefachmanns, wie er damals genannt wurde (aber die Beschäftigung eines solchen war Tesla vollkommen zuwider), wäre die Vorführung allein auf das Drahtlose begrenzt gewesen und hätte allein ein einfaches wechselseitiges Sende- und Empfangsgerät zur Übertragung von Nachrichten über Morsepunkte und -striche enthalten. Geeignet dramatisiert hätte dies einen ausreichenden Nervenkitzel für eine einzige Vorführung verliehen. In einer nachfolgenden Schau hätte er die Abstimmung vorführen können, die die selektive Antwort einer jeden Spule in einer Reihe von Spulen gezeigt hätte, welche durch die merkwürdig aussehenden Vakuumröhrenlampen angezeigt würde.

Die gesamte Geschichte der Abstimmung von drahtlosen Kreisläufen und Stationen aufeinander wäre zu groß für eine einzelne Vorführung gewesen. Einen Hinweis auf ihre Möglichkeiten war alles, was die Öffentlichkeit aufnehmen konnte.

Die Idee des Roboters oder Automaten war ein neues und ebenso gewaltiges Konzept, dessen Möglichkeiten allerdings schlauen Erfindern nicht entgingen; denn es läutete die Ära des modernen, arbeitssparenden Geräts ein—die Mechanisierung der Industrie auf der Grundlage einer Massenproduktion.

Durch Benutzung der Tesla Prinzipien entwickelte John Hays Hammond Jr. einen elektrischen Hund auf Rädern, der ihm wie ein lebendiger Welpe folgte. Er wurde von einem Motor angetrieben und durch einen Lichtstrahl mithilfe von Selenzellen kontrolliert, die sich hinter den Augen befanden. Er betrieb auch eine komplette Yacht mit Besatzung, die aus dem Hafen von Boston auf hohe See geschickt und durch drahtlose Kontrolle zurück zum Landeplatz geführt wurde.

Ein unbemanntes Flugzeug wurde gegen Ende des Ersten Weltkriegs entwickelt. Es hob sich vom Boden, flog 160 Kilometer zu einem ausgewählten Ziel, warf seine Bomben ab und kehrte zum Heimatflughafen zurück, und all dies durch drahtlose Kontrolle. Es wurde ebenfalls so entwickelt, dass sich das Flugzeug auf ein Signal einer entfernten Radiostation hin in die Lüfte heben, die richtige Richtung wählen, zu einer hunderte Kilometer entfernten Stadt fliegen und auf dem Flughafen in dieser Stadt landen würde. Dieser Tesla-artige Roboter wurde in der Fabrik der Sperry Gyroscope Company entwickelt, wo Elmer Sperry eine Reihe von wunderbaren, durch Kreiselinstrumente kontrollierte, mechanischer Roboter entwickelte, so wie die automatischen Piloten von Flugzeugen und Schiffen.

All die modernen Kontrollgeräte, die Elektronenröhren und Elektroaugen benutzen, die Maschinen fast menschlich erscheinen lassen und es ihnen ermöglichen, mit übermenschlicher Aktivität, Zuverlässigkeit, Präzision und geringen Kosten zu handeln, sind Kinder von Teslas Roboter oder Automat. Die jüngste Entwicklung war in personenbezogener Form der mechanische Mann, ein metallener, menschlicher Monsterriese, der ging, redete, eine Zigarette rauchte, gesagten Befehlen gehorchte, bei der Ausstellung der Westinghouse Electric and Manufacturing Company bei der New Yorker Weltausstellung. Roboter wurden auch benutzt, um Wasserkraftwerke und isolierte Umspannwerke zu bedienen.

Als er seinen Überfluss an wissenschaftlicher Entdeckung in einer einzigen Vorführung präsentierte, zeigte Tesla den Übermenschen in einer zusätzlichen Rolle, die ihn stark erfreute—die des großartigen Menschen. Er würde die Welt mit einer superlativischen Vorführung in Erstaunen versetzen, und dies nicht nur aufgrund der Tiefgründigkeit der Errungenschaften des Übermenschen, sondern auch aufgrund der produktiven Natur des großartigen Menschen, der die Welt mit einem Überfluss an wissenschaftlichen Entdeckungen überhäufen konnte.

ELF

Tesla war jetzt dazu bereit, neue Welten zu erobern. Nachdem er der Öffentlichkeit seine Entdeckungen bezüglich der drahtlosen Signaltechnik oder der Intelligenzübertragung, wie er es nannte, vorgestellte hatte, war Tesla gespannt darauf, sich mit der Leistungsphase zu beschäftigen: seine geplante weltweite drahtlose Energieverteilung.

Wieder stand Tesla einem finanziellen Problem gegenüber oder, um es einfach zu sagen, er war pleite. Die 40 000 $, die für das Grundkapital der Nikola Tesla Company von Adams gezahlt worden waren, waren ausgegeben. Die Gesellschaft hatte kein Geld verfügbar; aber sie besaß Patente, die mehrere Millionen Wert waren, wären sie praktisch behandelt worden. Ein Geschenk über 10 000 $ von John Hays Hammond, dem berühmten Bergbauingenieur, hatte die Arbeiten finanziert, die zu der Vorstellung des Drahtlosen und der Roboter im Madison Square Garden führten.

Tesla hatte immer größere und leistungsstärkere Oszillatoren in seinem Labor in der Houston Street gebaut. Als er einen baute, der über 4 000 000 Volt erreichte, überschritt er die Grenzen, in denen Hochspannung innerhalb eines Stadtgebäudes gehandhabt werden konnte. Die Funken sprangen auf die Wände, Böden und Decken über. Er benötigte einen größeren, offenen Raum. Er wollte viel größere Spulen bauen. Er träumte von einer enormen Struktur, die er irgendwo auf dem offenen Land zu bauen wünschte. Er war sich sicher, dass sich seine Patente des Drahtlosen in kurzer Zeit als überaus wertvoll erweisen würden und dann hätte er all das benötigte Geld, um sein Labor zu bauen. Aber er war bereits an den Punkt gelangt, an dem weiterer Fortschritt die Benutzung eines solchen Gebäudes erforderte — und er war pleite. Ein von seinem Freund Crawford, von der Kurzwarenfirma

Simpson and Crawford, gestelltes Darlehen über 10 000 $ erledigte die unmittelbaren Bedürfnisse.

Als Leonard E. Crutis, von der Colorado Springs Electric Company und großer Bewunderer Teslas, von dessen Plan hörte, Versuche im gigantischen Ausmaß durchzuführen, lud er ihn ein, sein Labor in Colorado Springs einzurichten, wo er ihm das nötige Land und all die für seine Arbeit benötigte Energie zur Verfügung stellen würde.

Col. John Jacob Astor, Besitzer des Waldorf-Astorias, hatte als persönlichen Freund größten Respekt vor seinem Speisegast und blieb in enger Verbindung mit dem Fortschritt seiner Nachforschungen. Als er hörte, dass die Forschung aufgrund von fehlenden Geldern stockte, stellte er Tesla die benötigten 30 000 $ zur Verfügung, um Curtis' Angebot zu nutzen und eine vorläufige Anlage in Colorado Springs zu bauen. Tesla kam im Mai 1899 in Colorado an, brachte mit sich einige seiner Laborarbeiter und war in Begleitung eines Ingenieurkollegen, Fritz Lowenstein.

Während Tesla in seinem Berglabor Versuche über natürlichen Blitze und andere Themen durchführte, wurden die Baumaßnahmen an seinem Hochleistungsübertragungsgerät überstürzt. Er beaufsichtigte selbst die kleinsten Einzelheiten eines jeden Geräteteils persönlich. Er arbeitete in einem jungfräulichen Feld. Es gab niemanden vor ihm, um den Weg zu bereiten oder Erfahrungen zu sammeln, die ihm bei der Gestaltung seiner Versuche oder seiner Maschinen helfen würde. Er war vollkommen alleine, arbeitete ohne menschliche Hilfestellung jeglicher Art und erforschte ein Wissensgebiet, das weit über das hinausreichte, was irgendjemand je erreicht hatte. Er hatte zuvor die Welt in Erstaunen versetzt, als er ein Energieübertragungssystem entwickelte, in dem Drücke von zehntausenden Volt benutzt wurden; jetzt arbeitete er mit Millionen Volt und niemand wusste, was geschehen würde, wenn solch enorme Potenziale produziert wurden. Er glaubte allerdings, dass er sein eigenes, wunderbares Mehrphasensystem überholt werden ließ, indem er ein besseres schuf.

Innerhalb von ca. drei Monaten nach seiner Ankunft in Colorado

Springs wurde das Gebäude mit seinen fantastischen Formen, Türmen und Masten fertiggestellt und der gigantische Oszillator, mit dem das Hauptexperiment durchgeführt werden sollte, war betriebsbereit.

Das wilde, schroffe, bergige Terrain von Colorado, in dem Tesla sein Labor aufbaute, ist ein natürlicher Generator von enormer elektrischer Aktivität und produziert Blitzentladungen von einer Größe und Intensität, wie sie wahrscheinlich nirgendwo sonst auf der Erde geschahen. Während der fast täglichen Gewitter zuckten überwältigende Blitze mit beängstigender Frequenz sowohl von der Erde als auch dem Himmel. Tesla führte eine sehr detaillierte Studie der natürlichen Blitze durch, während sein Gerät, das sie imitieren würde, gebaut wurde. Er lernte viel über die Eigenschaften der verschiedenen Entladungsarten.

Die Götter der natürlichen Blitze sind vielleicht ein bisschen eifersüchtig auf dieses Individuum geworden, das versuchte, ihnen die Schau zu stehlen — so wie Prometheus das Feuer gestohlen hatte — und begehrten, ihn zu bestrafen, in dem sie sein fantastisch aussehendes Gebilde zerstörten. Es wurde schwer beschädigt und entkam nur knapp der Zerstörung durch einen Blitzschlag; allerdings nicht einem Blitzschlag, der es direkt traf, sondern der 16 Kilometer entfernt einschlug.

Die Druckwelle traf das Labor auf den Sekundenbruchteil genau zu der Zeit, zu der Tesla es vorausgesagt hatte. Sie wurde durch eine Luftwelle verursacht, die aus einem bestimmten Typ von Blitzentladung entstammt. Tesla erzählt die Geschichte in einem unveröffentlichten Bericht. Er erklärte:

„Ich habe viele Gelegenheiten gehabt, um diesen Wert durch Beobachtung von Explosionen und Blitzentladungen zu überprüfen. Ein Idealfall dieser Art bot sich mir im Juli 1899 in Colorado Springs, während ich Versuche mit meinem Rundfunkelektrizitätswerk durchführte, das das einzige, zu dieser Zeit existierende drahtlose Werk war.

Eine dicke Wolke hatte sich über der Pikes Peak Gebirgskette gesammelt und plötzlich schlug ein Blitz an einem Punkt ein, der nur 16 Kilometer weit entfernt war. Ich bestimmte den Blitz sofort zeitlich und nach einer schnellen Berechnung sagte ich meinen Assistenten, dass uns die Druckwelle in 48,5 Sekunden erreichen würde. Genau nach Ablauf dieses Zeitintervalls traf ein ungeheurer Schlag das Gebäude, das vom Fundament hätte gelöst werden können, wäre es nicht gut befestigt gewesen. Alle Fenster auf einer Seite und eine Tür wurden zerstört und im Inneren ein großer Schaden angerichtet.

Durch Berücksichtigung der elektrischen Entladungen und ihrer Dauer sowie die der Explosion schätzte ich, dass die Erschütterung ungefähr der gleichkam, die durch die Zündung von zwölf Tonnen Dynamit in gleicher Entfernung produziert werden würde."

Die von Tesla errichtete Versuchsstation war ein fast quadratischer, scheunenartiger Aufbau mit fast 30 Metern Seitenlänge. Die Seiten waren 7,5 Meter hoch und von dort neigte sich das Dach schräg nach oben zum Mittelpunkt. Aus der Dachmitte ragte das Grundgerüst eines hölzernen, pyramidalen Turms. Die Spitze dieses Turms befand sich fast 24 Meter über dem Boden. Verlängerungen der schrägen Dachbalken reichten bis auf den Boden, um als Strebebögen zu dienen und so den Turm zu verstärken. Durch den Mittelpunkt des Turms streckte sich ein Mast, der fast 60 Meter hoch war und an dessen Spitze eine Kupferkugel mit einen Durchmesser von ca. 91 Zentimetern angebracht war. Der Mast enthielt einen schweren Draht, der die Kugel mit dem Apparat im Labor verband. Er war in Sektionen arrangiert, die zerlegt und herabgesetzt werden konnten.

Im Gebäude befanden sich viele Geräteteile und viele Formen und Größen seiner Tesla-Spulen oder Hochfrequenzstromtransformatoren. Das Hauptgerät war sein „Verstärkersender". Dies war lediglich eine sehr große Tesla-Spule. Eine kreisförmige, zaunartige Wand mit einem Durchmesser von 23 Metern wurde im großen Hauptraum des Gebäudes erbaut und auf dieser waren die Windungen der riesigen Primärspule des Verstärkersenders aufgewickelt. Die Sekundärspule war eine Spule mit einem Durchmesser von ca. 3 Metern und mit ungefähr 75 Drahtwindungen, die auf einem zylindrischen, skelettierten

Holzrahmen aufgewickelt waren. Dieser hatte eine vertikale Länge von ca. 3 Metern und war im Mittelpunkt des Raumes mehrere Fuß über dem Boden aufgebaut. Im Zentrum dieser Spule befand sich das untere Ende des Masts. Das Dach über diesem Teil des Raums konnte in zwei Teilen nach außen geschoben werden, sodass im unteren Drittel der Entfernung vom Boden kein Material in Nähe des Masts und seinem Drahtleiter kam.

Eines der ersten Probleme, die Tesla zu lösen begehrte, als er mit seinen Nachforschungen in den Bergen Colorados begann, war, ob die Erde ein elektrisch geladener Körper war oder nicht. Die Natur ist gewöhnlich sehr großzügig mit ihrer Antwort, wenn Wissenschaftler ihr in ihren Versuchen Fragen von höchster Größenordnung stellen. Tesla erhielt nicht nur eine sehr befriedigende Antwort auf seine Frage, sondern zusätzlich eine Enthüllung von enormer Bedeutung, die Enthüllung eines Geheimnis bezüglich der Operationen der Natur, das den Menschen ein Mittel in die Hand legte, um elektrische Kräfte in irdischem Umfang zu manipulieren.

Tesla wollte aus dem gleichen Grund lernen, ob die Erde elektrisch geladen war oder nicht, aus dem ein Violinist wissen wollen würde, ob die Saiten seines Instruments lose und inaktiv auf dem Steg lagen, oder ob sie gespannt und straff waren, sodass sie, wenn gezupft, eine musikalische Note produzieren könnten, oder aus dem ein American Football Spieler wissen wollen würde, ob der Football aufgeblasen oder platt war.

War die Erde nicht geladen, dann würde sie als großes Becken agieren, in das Elektrizität in riesigen Mengen geschüttet werden müsste, um sie in einen Zustand zu versetzten, in dem sie zum elektrischen Vibrieren gebracht werden könnte. Eine ungeladene Erde würde Teslas Pläne ein wenig verkomplizieren. Er entdeckte schnell, dass die Erde mit einem extrem hohen Potenzial geladen und mit einer Art Mechanismus ausgestattet ist, der es ihr ermöglicht, ihre Spannung beizubehalten. Während er diese Tatsache bestimmte, machte er seine zweite große Entdeckung.

Tesla machte die kündigte seine Entdeckung zum ersten Mal kurz nach seiner Rückkehr nach New York in einem erstaunlichen Artikel im Century vom Juni 1900 an, aber die Geschichte wird von Tesla am besten in der *Electrical World and Engineer* vom 5. Mai 1904 erzählt: „Mitte Juni, während Vorbereitungen anderer Arbeiten getroffen wurden, richtete ich einen meiner Empfangstransformatoren ein, in der Absicht, auf neue und versuchsweise Art das elektrische Potenzial des Globus zu bestimmen und seine periodischen und flüchtigen Fluktuationen zu untersuchen. Dies war Teil meines vorab sorgfältig entworfenen Plans.

Ein hoch empfindliches, selbst wiederherstellendes Gerät, das ein Schreibgerät kontrollierte, war im Sekundärkreis inbegriffen, während der Primärkreis mit dem Boden verbunden und der sekundäre mit einer erhöhten Endstation von verstellbarer Kapazität verbunden war. Die Veränderungen des elektrischen Potenzials riefen im Primärkreis elektrische Wellen hervor; diese erzeugten Sekundärströme, die wiederum das empfindliche Gerät und den Schreiber in Proportion zu ihrer Intensität beeinflussten.

Es wurde herausgefunden, dass die Erde, wortwörtlich, mit elektrischen Vibrationen lebendig war, und bald war ich stark in diese interessante Untersuchung vertieft. Es konnte nirgendwo eine bessere Gelegenheit für solche Beobachtungen, die ich zu machen gedachte, gefunden werden.

Colorado ist ein Land, das für seine natürlichen Darstellungen von elektrischer Kraft berühmt ist. In dieser trockenen und verdünnten Atmosphäre treffen die Strahlen der Sonne mit starker Intensität auf Gegenstände. Ich erhöhte Dampf in Fässern voll mit konzentrierten Kochsalzlösungen zu einem gefährlichen Druck und die Stanniolbeschichtung einiger meiner erhöhten Endstationen schrumpfte in der feurigen Glut. In einem experimentellen Hochspannungstransformator, der nachlässig den Strahlen der untergehenden Sonne ausgesetzt worden war, schmolz der Großteil der Isoliermasse und er wurde unbrauchbar gemacht.

Unterstützt von der Trockenheit und der Verdünnung der Luft, verdampft das Wasser in einem Kessel und statische Energie wird in Hülle und Fülle erzeugt. Blitzentladungen geschehen dementsprechend sehr oft und sind manchmal von unbegreiflicher Gewalt. Einmal geschahen ca. 12 000 Entladungen innerhalb von zwei Stunden und alle innerhalb eines Radius von sicherlich unter 50 Kilometern vom Labor. Viele von ihnen ähnelten riesigen Feuerbäumen, deren Stämme oben oder unten waren. Ich sah nie Feuerbälle, aber als Entschädigung für meine Enttäuschung gelang es mir später, ihre Bildungsweise zu bestimmen und sie künstlich zu produzieren.

In der zweiten Hälfte des gleichen Monats bemerkte ich mehrere Male, dass meine Instrumente von Entladungen, die weiter entfernt stattfanden, stärker beeinflusst wurden als von denen, die in der Nähe stattfanden. Dies verwirrte mich stark. Was war der Grund dafür? Zahlreiche Beobachtungen bewiesen, dass dies nicht an Unterschieden in der Intensität der einzelnen Entladungen liegen konnte und ich stellte ohne weiteres fest, dass dieses Phänomen nicht das Ergebnis eines unterschiedlichen Verhältnisses zwischen den Schwingungszeiten meiner Empfangskreise und denen von irdischen Störungen war.

Eines Nachts, als ich mit einem Assistenten nach Hause ging und über die Erfahrungen nachdachte, wurde ich plötzlich von einem Gedanken erfasst. Vor Jahren, als ich ein Kapitel für meinen Vortrag vor dem Franklin Institute und der National Electric Light Association schrieb, war mir dieser Gedanke erschienen, aber ich hatte ihn als absurd und unmöglich abgetan. Wieder verdrängte ich ihn. Trotzdem war mein Instinkt geweckt und ich fühlte irgendwie, dass ich einer großen Enthüllung nahe war.

Es war am 3. Juli [1899] — ich werde das Datum nie vergessen — als ich den ersten, entscheidenden experimentellen Beweis einer Wahrheit von überwältigender Bedeutung für den menschlichen Fortschritt erhielt.

Eine dichte Masse von stark geladenen Wolken sammelte sich im Westen und gegen Abend brach ein gewaltiger Sturm los, der, nachdem er vieles seiner Wut in den Bergen aufgebraucht hatte, mit hoher Geschwindigkeit über die Ebenen getrieben wurde. Schwere und lang anhaltende Bögen bildeten sich in fast regelmäßigen Zeitintervallen. Meine Beobachtungen wurden nun durch die schon erhaltenen Erfahrungen stark erleichtert und präziser gemacht. Ich war in der Lage, meine Instrumente schnell zu bedienen und ich war vorbereitet.

Das Schreibgerät war richtig eingestellt und seine Angaben wurden mit der größer werdenden Entfernung des Sturms immer schwacher, bis sie komplett stoppten.

Ich beobachtete das Gerät in gespannter Erwartung. Tatsächlich begannen die Angaben nach einer kurzen Zeit wieder, wurden stärker und stärker und, nachdem sie einen Höhepunkt durchlaufen hatten, verringerten sich schrittweise und stoppten dann wieder. Die gleichen Auswirkungen wurden in periodisch wiederkehrenden Intervallen wiederholt, bis der Sturm, der sich, durch einfache Berechnungen bewiesen, mit fast gleichmäßiger Geschwindigkeit bewegte, auf ca. 300 Kilometer entfernt hatte. Aber diese merkwürdigen Auswirkungen hörten dann nicht auf, sondern zeigten sich mit unverminderter Kraft.

Mein Assistent, Herr Fritz Lowenstein, machte danach ähnliche Beobachtungen und kurz darauf boten sich mehrere, bewundernswerte Gelegenheiten, die, noch gewaltsamer und unmissverständlicher, die wahre Natur des wunderbaren Phänomens betonten. Es verblieb überhaupt kein Zweifel: Ich beobachtete stehende Wellen.

Als sich die Quelle der Störungen weiter weg bewegte, kam der Empfangskreislauf nacheinander auf ihre Knotenpunkte und Schwingungsbäuche. So unmöglich es auch scheint, dieser Planet verhielt sich, trotz seines großen Ausmaßes, wie ein Leiter von begrenzten Dimensionen. Die enorme Bedeutung dieser Tatsache für mein Energieübertragungssystem war mir schon recht klar geworden.

Es war nicht nur möglich, telegraphische Nachrichten drahtlos über jegliche Entfernung hinweg zu senden, wie ich vor langer Zeit entdeckte, sondern auch die schwachen Modulationen der menschlichen

Stimme auf den gesamten Globus zu prägen und, mehr noch, Energie in unbegrenzten Mengen über jegliche irdische Entfernung und fast vollkommen ohne Verlust zu übertragen."

Um ein gewohnteres Bild des Problems zu erhalten, das Tesla in Angriff nahm, als er zu bestimmen versuchte, ob die Erde geladen war und ob sie in elektrische Vibrationen versetzt werden könnte, kann man sich den Unterschied zwischen einer leeren und einer mit Wasser gefüllten Badewanne vorstellen. Die ungeladene Erde würde wie eine leere Badewanne sein; die geladene Erde wie eine, die Wasser enthält. Es ist leicht, in der Wanne mit Wasser Wellen zu produzieren. Indem man eine Hand ins Wasser hält und sie in Längsrichtung, eine kurze Distanz und im richtigen Rhythmus hin und her bewegt, strömt das Wasser bald in einer Welle hin und her, deren Amplitude mit einer gewaltigen Geschwindigkeit steigt, bis, wenn die Bewegung der Hand fortgeführt wird, das Wasser bis an die Decke spritzen kann.

Die Erde kann als extrem großer, mit Flüssigkeit gefüllter Behälter visualisiert werden; und im Mittelpunkt befindet sich eine kleine Kolbenvorrichtung, die eine kurze Distanz und im richtigen Rhythmus hoch und runter bewegt werden kann. Die Wellen laufen zum Rand des Behälters und werden vom Zentrum zurückgeworfen, von dem sie wiederum durch die Bewegung des Kolbens verstärkt nach außen strömen.

Die Reaktion zwischen den abgehenden und eintreffenden Wellen, beide in Resonanz mit dem Medium, durch das sie laufen, veranlasst die Produktion von stehenden Wellen auf dem Wasser, wobei die Oberfläche das Erscheinungsbild einer einzigen Wellenreihe hat, die in einer festen Position eingefroren sind.

In Teslas Versuchen bewegten sich die Blitzentladungen, die die Rolle des Kolbens spielten, der die Wellen verursachte, schnell nach Osten und nahmen eine ganze Reihe fester, oder stationärer, Wellen mit sich. Das Messgerät blieb fest; so bewegte sich die Wellenreihe mit ihren Knotenpunkten und Schwingungsbäuchen an ihm vorbei und ließ die gemessenen Potenziale ansteigen und fallen.

Der Versuch zeigte nicht nur, dass die Erde mit Elektrizität gefüllt ist, sondern auch, dass diese Elektrizität so verteilt werden konnte, dass rhythmische Vibrationen angeschlagen und Resonanz produziert werden konnte. Dadurch entstanden Effekte von enormer Größenordnung. Soldaten, die im Gleichschritt über eine Brücke marschieren und sie durch die entstehenden Vibrationen zerstören, wären ebenfalls ein gutes Beispiel.

Tesla produzierte die spektakulären Effekte von extrem hohen Potenzialen und hoher Frequenz, indem er eine elektrische Resonanz in seinen Kreisläufen schuf—indem er die Elektrizität abstimmte—und jetzt hatte er entdeckt, dass er leicht den gleichen Effekt in der Erde produzieren konnte, indem er sie rhythmisch mit seinen Hochfrequenz- und Hochpotenzialschwingungen lud und entlud, so als ob sie eine Kombination aus einem einfachen Kondensator und einer Spule war, eine rein elektrische Resonanzeinheit.

In diesem großartigen Versuch zeigte sich der Übermensch Tesla in Höchstform; die Kühnheit seines Unternehmens feuerte die Vorstellungskraft an und der Erfolg, den er erzielte, hätte ihm unsterblichen Ruhm einbringen müssen.

Schließlich waren die gigantischen Spulen mit ihren Kondensatoren und anderen Apparaten im Colorado Labor dazu bereit, in ausgewachsenen Experimenten benutzt zu werden. Jedes Gerät wurde genau von Tesla untersucht und getestet und endlich war der Moment für den kritischen Test des Versuchs mit der höchsten Spannung, der je gemacht worden war, gekommen. Er erwartete, seine eigenen früheren Rekorde um einhundert Mal zu übertreffen und zehntausende Mal höhere Spannungen zu produzieren, als sie je in den Hochspannungsübertragungsleitungen der Niagarafälle erzeugt worden waren.

Ins Teslas Geist bestand nicht der geringste Zweifel daran, ob sein riesiger Oszillator funktionieren würde. Er wusste, dass er funktionieren würde, aber er wusste auch, dass er Millionen von Volt und ungeheuer starke Ströme produzieren würde; und weder er noch jemand anderes wusste, wie sich diese grandiosen Elektroenergieexplosionen verhalten würden. Er wusste, dass er das Experiment so geplant hatte, dass die ersten, jemals künstlich erschaffenen Blitze von der Spitze des 60 Meter hohen Mastes nach oben schießen würden.

Tesla bat Kolman Czito, der viele Jahre lang mit ihm in seinen New Yorker Laboren gearbeitet hatte, die Schalttafel zu bedienen, durch die Strom vom Elektrizitätswerk der Colorado Springs Electric Company über eine drei Kilometer lange Freileitung in das Labor geliefert wurde.

„Wenn ich ihnen das Wort sage", sagte Tesla zu Czito, „dann schließen Sie den Schalter für eine Sekunde—und nicht länger."

Der Erfinder nahm eine Position in der Nähe der Labortür ein, von der aus er die gigantische Spule in der Mitte des scheunenartigen Raums sehen konnte—aber nicht zu nah, denn ein sich verirrender Blitzschlag seiner eigenen Blitze könnte ihm eine schmerzhafte Verbrennung zufügen. Von dem Punkt aus, an dem er stand, konnte er nach oben zum offenen Dach blicken und die 90 Zentimeter große Kupferkugel an der Spitze des dünnen, 60 Meter hohen Mastes sehen, dessen Sockel sich im Zentrum der käfigartigen Sekundärspule befand. Eine schnelle, visuelle Begutachtung der Situation und Tesla gab das Zeichen—„Jetzt."

Czito haute den Schalter rein und zog ihn genauso schnell wieder raus. In diesem kurzen Intervall war die Sekundärspule einem fadenförmigen elektrischen Feuer gekrönt, es entstand ein knisterndes Geräusch in zahlreichen Teilen des Raums und ein scharfer Knall weit oben.

„Gut", sagte Tesla, „der Versuch funktioniert wunderbar. Wir werden es noch einmal auf genau die gleiche Weise versuchen. Jetzt!"

Wieder haute Czito den Schalter für eine Sekunde rein und öffnete ihn dann. Wieder kamen elektrische Feuerfahnen aus der Spule, kleine Funken knisterten in allen Teilen des Labors und ein sehr scharfer Knall kam von weit oben durch das offene Dach.

„Dieses Mal", sagte Tesla, „werde ich die Spitze des Masts von draußen beobachten. Wenn ich Ihnen das Zeichnen gebe, möchte ich, dass Sie den Schalter schließen und so lange geschlossen lassen, bis ich Ihnen das Zeichen gebe, ihn zu öffnen." Nachdem er dies gesagt hatte, machte er sich auf den Weg zur naheliegenden, offenen Tür.

Als er draußen einen Punkt erreicht hatte, an dem er die Kupferkugel an der Spitze des nadelförmigen Masts sehen konnte, rief Tesla durch die Tür: „Czito, schließen Sie den Schalter — jetzt!"

Czito rammte den Schalter wieder rein und sprang zurück — aber er hielt den Arm ausgestreckt, um die Flügel schnell aufzureißen, sollte er ein Notsignal erhalten. Als der Kontakt schnell geschlossen wurde geschah nicht viel, aber nun hatte der Apparat die Gelegenheit, seine volle Kraft zu entfalten und niemand wusste, was zu erwarten war. Er wusste, dass das Gerät einen sehr starken Strom durch die Primärspule ziehen würden, der wie ein „Kurzschluss" aussah, und er wusste auch, dass Kurzschlüsse sehr zerstörerisch sein könnten, wenn man dem Strom weiterhin fließen ließ. Die Schalttafel könnte zur Schaufläche einer interessanten Aktivität werden, wenn etwas kaputt ging. Czito erwartete den schnellen Blitz und den explosiven Knall eines Kurzschlusses ein oder zwei Sekunden nachdem der Schalter geschlossen wurde. Es vergingen mehrere Sekunden ohne einen Kurzschluss.

Sobald der Schalter geschlossen wurde, entstand wieder das gleiche Knistern, der gleiche Knall hoch oben in der Luft, den er zuvor gehört hatte. Nun folgte diesem ein gewaltiges Anschwellen des Geräusches. Das Knistern der Spule schwoll in einem Crescendo zu einem brutalen Knall an. Auf den ursprünglichen, stakkatoartigen Knall von über dem Dach folgte ein schärferer — und dann noch einer, so wie der Knall eines Gewehrs. Der nächste war noch lauter. Sie folgten immer näher aufeinander, wie das Geknatter eines Maschinengewehrs. Der Knall hoch oben in der Luft wurde extrem laut; es war nun das Getöse einer Kanone, wo die Entladungen schnell aufeinander folgten, als ob eine gigantische Artillerieschlacht über dem Gebäude stattfand. Das Geräusch war furchterregend und das Donnern durchschüttelte das Gebäude auf bedrohlichste Art.

Im großen, scheunenartigen Gebäude war ein merkwürdiges, gespenstisch blaues Licht. Die Spulen loderten mit massenhaftem, feurigem Haar. Alles im Gebäude spie Feuernadeln und der Ort wurde mit dem schwefligen Geruch von Ozon, den Dämpfen der Funken, gefüllt. Dies war alles, was benötigt wurde, um seine Überzeugung zu vervollständigen, dass die Hölle ausbrach und Lava in das Gebäude spie.

So nah wie Czito an dem Schalter stand, konnte er fühlen und sehen, wie die Funken von seinen Fingern sprangen, jeder so stechend wie eine Nadel, die in sein Fleisch sticht. Er fragte sich, ob er in der Lage wäre, den Schalter zu ergreifen und den Strom abzustellen, der dieses elektrische Chaos schuf—„Würden die Funken länger und kräftiger werden, wenn er sich dem Schalter näherte?" „Muss dieses dröhnende Spektakel für immer weitergehen?" „Es wird schlimmer, dieses gewaltige, ohrenbetäubende Bums, Bums, Bums dort oben." „Warum stoppt Tesla es nicht, bevor es das Gebäude zertrümmert?" „Sollte er den Schalter von sich aus schließen?" „Vielleicht wurde Tesla getroffen, oder sogar getötet, und kann nicht mehr den Befehl geben, den Schalter zu öffnen!"

Es schien Czito so, als ob die Vorführung schon Stunden andauerte, aber tatsächlich dauerte sie bis dahin nur eine Minute; trotzdem war eine gewaltige Menge Aktivität in diesen kurzen Zeitraum gedrängt worden.

Draußen stand Tesla, für den vielversprechenden Anlass angemessen gekleidet in einem Cutaway-Mantel und einer schwarzen Melone, seine dünne, 188 cm große Figur besaß Anzeichen für eine enge Beziehung mit der mastartigen Stange, die aus seinem merkwürdigen, scheunenartigen Gebäude herausragte. Seine Größe wurde durch eine 2,5 Zentimeter dicke Schicht Gummi unter den Sohlen und den Absätzen seiner Schuhe gesteigert, die als elektrische Isolation benutzt wurde.

Als er Czito das „Jetzt"-Zeichen zum Schließen des Schalters gab, richtete er seine Augen gen Himmel zur Kugel an der Mastspitze. Kaum hatte er gesprochen, da sah er, wie ein kurzer, fadenförmiger Funken von der Kugel sprang. Er war nur ca. 3 Meter lang und dünn. Bevor er Zeit hatte, erfreut zu sein, gab es einen zweiten, einen dritten und einen vierten Funken, jeder länger, heller und blauer als der vorherige.

„Ah!", stieß Tesla hervor und vergaß, seinen Mund zu schließen, der für einen Ruf weit offen stand. Vor Freude ballte er seine Hände zu Fäusten und hob sie gen Himmel in Richtung der Mastspitze.

„Mehr Funken! Immer länger! 3, 6, 9, 12, 15, 18, 21, 24 Meter. Heller und blauer! Jetzt keine fadenähnliche Funken sondern Feuerfinger, sich schlängelnde Feuerzungen, die brutal in den Himmel peitschen. Die Funken waren nun so dick wie sein Arm, als sie die Kugel verließen."

Tesla traten fast die Augen aus dem Kopf, als er die ausgewachsenen Lichtblitze sah, die in die Luft schnellten und von einem Sperrfeuer an gewaltigen Donnerschlägen begleitet wurden. Diese Blitzschläge waren nun halb so lang wie das Gebäude, über 41 Meter lang, und der Donner konnte im 24 Kilometer entfernten Cripple Creek gehört werden.

Plötzlich — Stille!

Tesla hastete ins Gebäude.

„Czito! Czito! Czito! Warum haben Sie das getan? Ich habe ihnen nicht gesagt, den Schalter zu öffnen. Schließen Sie ihn schnell!"

Czito zeigte auf den Schalter. Er war immer noch geschlossen. Dann zeigte er auf das Spannungs- und das Strommessgerät auf der Schalttafel. Die Nadeln von beiden Geräten zeigten auf null.

Tesla schätzte die Situation sofort ab. Die eingehenden Drähte, die dem Labor Energie lieferten, waren „tot".

„Czito", schnappte er, „rufen Sie schnell das Elektrizitätswerk an. Sie dürfen das nicht tun. Sie haben mir den Strom abgeschaltet."

Der Telefonanruf wurde zum Elektrizitätswerk vermittelt. Tesla ergriff das Telefon und rief hinein:

„Hier ist Nikola Tesla. Sie haben mir den Strom abgestellt! Sie müssen mir sofort wieder Energie geben! Sie dürfen meinen Strom nicht abstellen!"

„Ihnen den Strom abgestellt, nichts da", kam die schroffe Antwort vom anderen Ende der Leitung. „Sie haben mit ihren verdammten Versuchen einen Kurzschluss in unserer Leitung verursacht und unser Kraftwerk zerstört. Sie haben unsere Generatoren von der Leitung geschlagen und er brennt jetzt. Sie werden keine weitere Energie erhalten!"

Tesla hatte seinen Apparat solide gebaut, sodass er in der Lage wäre, die enorm starken Ströme, die er aus der Leitung zu ziehen erwartete, auszuhalten. Während seine eigene Ausrüstung dem widerstehen konnte, was auf einen extrem starken Kurzschluss hinauslief, hatte er den Generator im Kraftwerk der Colorado Springs Electric Company überlastet, der mannhaft versuchte, die zusätzliche Ladung zu tragen — aber die starke Überspannung des Stroms war zu viel für den Dynamo, der nicht dazu ausgelegt war, solch schweren Überlastungen zu widerstehen. Seine Drähte wurden immer heißer und letztlich entzündete sich die Isolierung und die Kupferdrähte in den Läuferspulen schmolzen wie Wachs und öffneten seine Kreisläufe, sodass er aufhörte, Energie zu erzeugen.

Das Elektrizitätskraftwerk hatte einen zweiten Standby-Generator, der nach kurzer Zeit eingeschaltet wurde. Tesla bestand darauf, dass ihm sofort Strom geliefert würde, sobald diese Maschine lief, aber seine Forderung wurde ihm verweigert. In der Zukunft, sagte man ihm, würde er Strom von einem Dynamo geliefert bekommen, der unabhängig von den anderen, die die Stammkunden der Firma versorgten, arbeitete. Der unabhängige Dynamo, sagte man ihm, wäre derjenige, der schon ausgebrannt war — und er würde keine Dienstleistungen erhalten, bis er repariert wurde. Tesla bot an, die Kosten eines besonderen Eilauftrags für die Reparaturen zu übernehmen, wenn man ihm erlaubte, die Arbeiten zu erledigen. Wechselstromdynamos waren für ihn kein Mysterium. Die Arbeiter aus seinem Labor zum Elektrizitätskraftwerk mitnehmend, war die Reparaturarbeit schnell im Gang und in weniger als einer Woche war der Dynamo wieder in Betrieb.

Ein Blitzschlag produziert seine pyrotechnischen und erderschütternden Effekte mit Elektrizität im Wert von unter 5 US-Cents — zu einem Tarif von 5 US-Cents-pro-Kilowattstunde, was weniger ist, als der Stromtarif eines durchschnittlichen Haushalts. Er besteht aus enorm starken Strömen, vielen Tausend Ampere zu Millionen von Volt, aber er dauerte nur wenige millionstel einer Sekunde an. Wenn er ständig mit Strom „im Wert von 5 US-Cents" gespeist werden würde, dann würde der Blitzschlag endlos andauern.

Tesla pumpte in seinem Labor in Colorado Springs einen stetigen Stromfluss in die Erde, der, zu dem oben genannte Tarif, ungefähr 15,00 $ pro Stunde wert war. In einer Stunde lud er die Erde mit mehreren hundertmal so viel Elektroenergie auf, wie in einem einzigen Blitzschlag enthalten ist. Aufgrund von Resonanzphänomenen konnte er elektrische Effekte in der Erde aufbauen, die die von Blitzen stark übertrafen, denn, sobald eine Resonanz eingerichtet war, musste nur noch die den Reibungsverlusten entsprechende Energie geliefert werden, um diese Bedingung beizubehalten.

Als er seine Arbeit mit dem riesigen Oszillator beschrieb, benutzte Tesla vorsichtige Einschätzungen seiner Ergebnisse und erklärte in seinem Artikel im *Century Magazine* vom Juni 1900:

„Selbst wenn die gezeigten Ergebnisse außergewöhnlich zu sein scheinen, sind sie gegenüber denen, die man mit Geräten erreichen kann, die nach den gleichen Prinzipien entwickelten wurden, vernachlässigbar. Ich habe elektrische Entladungen produziert, die von einem Ende bis zum anderen über 30 m lang waren; es wäre allerdings nicht schwierig, hundertmal so große Längen zu erhalten.

Ich habe elektrische „Bewegungen" von einer Leistung von ungefähr 100 000 PS produziert, aber es wäre leicht, Leistungen von 1, 5 oder 10 Millionen PS zu erhalten. Bei meinen Experimenten habe ich Effekte erreicht, die bedeutender waren, als alle je vom Menschen produzierten und dennoch sind diese Ergebnisse nur der Embryo von dem, was noch zu kommen bleibt."

Die von Tesla benutzte Methode, um die Erde in elektrische Schwingungen zu versetzen, ist das elektrische Gegenstück des zuvor beschriebenen mechanischen Geräts, wo sich der Kolben, der die stehenden Wellen im Wasser erschuf, im richtigen Rhythmus auf- und ab bewegt.

Tesla benutzte einen Elektronenstrom, der mit schneller rhythmischer Geschwindigkeit in die Erde gepumpt und aus ihr gezogen wurde. Zu der Zeit, wo die Experimente durchgeführt wurden, kannte man das Elektron noch nicht als elementares Atom der Elektrizität, und so wurde die Operation einfach „Elektrizitätsfluss" genannt. Der Pumpvorgang wurde mit einer Geschwindigkeit von 150 000 Schwingungen pro Sekunde durchgeführt. Diese würden elektrische Pulse mit einer Wellenlänge von 2 000 Metern produzieren.

Als sich die beweglichen Wellen von Colorado Springs ausbreiteten, reisten sie in alle Richtungen in immer größer werdenden Kreisen, bis sie die größte Ausbuchtung der Erde überquert hatten, und liefen dann in immer kleineren Kreisen und mit immer stärker werdender Intensität am diametral entgegengesetzten Punkt der Erde zusammen, leicht westlich der französischen Inseln Amsterdam und St. Paul, in dem Gebiet zwischen dem Indischen und dem Antarktischen Ozean in der Mitte zwischen der südlichen Spitze Afrikas und der südwestlichen Ecke Australiens. Hier baute sich ein enormer elektrischer Südpol auf, gekennzeichnet von einer Welle von großer Amplitude, die sich im Gleichklang mit Teslas Apparat an seinem Nordpol in Colorado Springs hob und senkte. Als sich dieser Welle senkte, sandte sie ein elektrisches Echo zurück, das in Colorado Springs den gleichen Effekt produzierte. Gerade als sie in Colorado Springs ankam, arbeitete der Oszillator daran, eine Welle aufzubauen, die sie verstärken und noch mächtiger als zuvor zum Antipode zurückschicken würde, um so die Durchführung zu wiederholen.

Würde es in dieser Operation keine Verluste geben — wäre die Erde ein perfekter elektrischer Leiter und gäbe es keine anderen Widerstandsquellen — dann würde sich dieses Resonanzphänomen zu einer zerstörerischen Aktion von gigantischen Proportionen aufbauen, selbst mit der Ladequelle von allein ca. 300 PS, die Tesla benutzte. Spannungen von gigantischem Ausmaß würde aufgebaut werden.

Geladene Materieteilchen würden von der Erde mit gewaltiger Energie abgestoßen werden und irgendwann würde selbst die feste Materie der Erde betroffen sein und der gesamte Planet zerfallen. Reine Resonanz ist allerdings nicht erreichbar. Tesla betonte oft die glückliche Natur dieser Tatsache; denn andererseits könnten verheerende Ergebnisse mit kleinen Energiemengen produziert werden. Der elektrische Widerstand des Globus würde das Erreichen von reiner Resonanz verhindern; aber praktische Resonanz kann gefahrlos erreicht werden, indem man ständig die durch Widerstand verlorene Menge Energie lieferte—und dies ermöglicht eine perfekte Kontrolle der Situation.

Wenn die Erde in elektrische Schwingungen versetzt wird, dann ist an allen Punkten der Erde für eine Energiequelle gesorgt. Diese Energie könnte durch einen geeigneten, einfachen Apparat abgezapft und zur Verfügung gestellt werden. Dieser Apparat würde die gleichen Elemente wie die Abstimmeinheit eines Radiogeräts, nur größer (eine Spule und einen Kondensator) enthalten, einen Erdanschluss und eine Metallstange, die so hoch wie eine Hütte ist. Solch eine Kombination würde an jedem Punkt an der Erdoberfläche die Energie der Wellen absorbieren, die zwischen den vom Tesla-Oszillator erschaffenen Nord- und Südpolen hin und her strömen würden. Es würde keine weitere Ausrüstung benötigt werden, um dem mit Teslas einfachen Vakuumröhrenlampen ausgestattetem Haus Licht zu liefern oder um Wärmeeffekte zu produzieren. (Für den Betrieb von gewöhnlichen Motoren würde ein Frequenzwandler benötigt werden. Tesla entwickelte in der Tat Motoren ohne Eisen, die mit Hochfrequenzströmen betrieben werden konnten, aber sie konnten in ihrer Leistungsfähigkeit nicht mit den mit Niederfrequenzströmen betriebenen Motoren konkurrieren. Die Frequenzumwandlung ist jetzt allerdings ein sehr praktisches Verfahren.)

Der Apparat, den Tesla benutzte, um die Erde zu laden, ist in seinem Prinzip sehr einfach. In seiner reinen Form besteht er aus einem Kreislauf, der eine große Spule und einen Kondensator von den richtigen elektrischen Dimensionen, um ihm die gewünschte Schwingungsfrequenz zu liefern, eine Quelle von Elektrostrom, um dem Kreislauf Energie zu liefern, und einen ebenfalls abgestimmten Aufwärtstransformator enthält, um die Spannung zu steigern.

Der vom Elektrizitätskraftwerk erhaltene Strom von ein paar hundert Volt wurde durch einen gewöhnlichen Eisenboxtransformator auf über 30 000 Volt erhöht und wurde mit diesem Potenzial in den Kondensator gespeist, der, wenn er voll war, über die Anschlussstellen in die angeschlossene Spule entlud. Die Geschwindigkeit des hin und her wogenden Stroms vom Kondensator in die Spule und von der Spule zurück in den Kondensator und dies mit endlosen Wiederholungen wird von der Kapazität des Kondensators zum Halten vom Strom und der Länge, oder Induktivität der Spule, durch die die Entladung fließen muss, bestimmt. Ein Bogen zwischen den Verbindungsklemmen des Kondensators und der Spule vervollständigte den freien Schwingungsweg des Hochfrequenzstroms.

In einem Schwingkreis hat der Strom am Beginn eines jeden Zyklus einen Wert Null, steigt zu einem hohen Wert an und fällt am Ende einer jeden Halbwelle wieder auf null zurück. Die Spannung macht das gleiche. Beide bauen sich am Mittelpunkt von jeder Halbwelle zu hohen Werten auf.

Die Spule, durch die der Strom fließt, ist von einem durch den Strom geschaffenen Magnetfeld umgeben. Mit Starkströmen können diese Felder vor allem am Mittelpunkt von jeder Halbwelle sehr großflächig und hoch intensiv werden.

Die Primärspule, oder der erregende Kreislauf von Teslas Oszillator, bestand aus mehreren schweren Drahtwindungen, die auf einem Runden Zaun mit einem Durchmesser von 24 Metern in der großen Halle seines Labors montiert waren. In dem Raum der Einzäunung baute sich das Magnetfeld mit jeder Halbwelle des Stroms in der Primärspule zu einem Crescendo an Intensität auf. Als sich die magnetischen Kraftkreise zum Zentrum der Einzäunung hin bewegten, verdichteten sie sich immer mehr und bauten eine hohe Energiedichte im Raum in diesem Bereich auf. Hier zentriert war eine weitere Spule, die perfekt darauf eingestellt war, elektrisch in Resonanz mit dem Energie-Crescendo zu vibrieren, in das es 300 000 Mal pro Sekunde eingetaucht war. Diese Spule—mit einem Durchmesser von ca. 3 Metern und aus fast einhundert Windungen auf einem käfigartigen Rahmen von ca. 3 Metern Höhe bestehend—baute durch mitschwingende Reaktion Potenziale mit Höchstwerten von über 100 000 000 Volt auf. Keinem Wissenschaftler ist es seit dieser Zeit je gelungen, Ströme mit auch nur einem Zehntel dieses Potenzials aufzubauen.

Als die erste Welle magnetischer Energie in diese Spule krachte, verursachte sie eine Elektronenlawine von der Spule nach unten in die Erde, pumpte die Erde somit elektrisch auf und hob ihr Potenzial. Die nächste Welle magnetischer Energie war von entgegengesetzter Polarität und ließ eine Flutwelle an Elektronen von der Erde durch die Spule und hoch zum Endpunkt der Spule strömen, d. h. der Metallkugel, die auf dem 60 Meter hohen Mast montiert war.

Der Strom nach unten der Elektronen war über den großen Bereich der Erde verteilt, aber der Strom nach oben war auf einen kleinen Metallball an der Spitze des Masts konzentriert, in dem sich enorm hohe Potenziale entwickelten. Die Elektronen auf der Kugel befanden sich unter explosivem elektrischem Druck und waren zum Entweichen gezwungen. Sie machten einen Speerspitzen-Angriff auf die umgebende Luft und schufen eine kleine Öffnung, durch die unzählige Milliarden und Milliarden an Elektronen strömten; ihre wilde Flucht ließ ihren Weg durch die Luft in einer Entfernung von zahlreichen Metern weiß erglühen—anders gesagt, sie produzierten einen Blitzschlag.

Da er somit der Erde erfolgreich hat schwingen lassen, so als ob sie ein Teil eines Laborgeräts wäre, fuhr Tesla nun damit fort, die praktischen Anwendungen seiner einzigartigen Methode der weltweiten Energieübertragung zu testen. (Als er die Übertragungsart seiner schwingenden Ströme durch die Erde erklärte, behauptete Tesla, der

Entladungsweg verliefe von seiner Station direkt durch den Mittelpunkt der Erde und in einer geraden Linie zum Antipode, der Rückweg geschähe über die gleiche Strecke. Er brachte auch vor, dass der Strom auf diesem geraden Weg mit seiner normalen Geschwindigkeit verlaufen würde—der Lichtgeschwindigkeit. Dieser Fluss, erklärte er, produzierte einen begleitenden Oberflächenfluss des Stroms, der am Startpunkt und dann, wenn sich die Ströme am Antipode trafen, im Gleichschritt war; und dieser benötigte beim Fluss über die Erdoberfläche höhere Geschwindigkeiten. Die Oberflächengeschwindigkeiten wären an jedem der Antipode grenzenlos und würden sich schnell verringern, bis der Strom um die Äquatorregion dieser Achse mit der normalen Geschwindigkeit fließen würde.)

Die ganze Geschichte von Teslas Errungenschaften in Colorado Springs wurde nie erzählt und wird es auch nie werden. Er nahm die Aufzeichnungen, in sein fast unfehlbares Gedächtnis geprägt, mit ins Grab. Fritz Lowenstein, ein fachkundiger Elektroingenieur, der sich für Hochfrequenzströme interessierte, war sein Assistent in Colorado Springs. Tesla zog allerdings weder Lowenstein noch jemand anderen in sein Vertrauen.

Es war für Tesla nicht notwendig, die detaillierten Aufzeichnung seiner Experimente, die Wissenschaftler und Ingenieure systematisch über ihre Labortests machen, aufzuschreiben. Er besaß ein beachtenswertes Gedächtnis, das durch seine merkwürdige Macht, jegliche vergangene Ereignisse in all ihren Aspekten der Realität wieder zu visualisieren, ergänzt wurde. Er brauchte keine Referenzbücher, denn er konnte jegliche gewünschte Formel schnell aus ihren Grundkonzepten ableiten; und er trug selbst eine Logarithmentafel mit in seinem Kopf herum. Aus diesem Grund besteht ein großer Mangel an geschriebenen Aufzeichnungen von seinen Experimenten, und was aufgezeichnet wurde, ist meist von unbedeutender Natur.

Elementare Tatsachen von großer Bedeutung, die er später auf praktische Weise zu entwickeln gedachte, wurden in den Archiven seines

Geistes gespeichert und erwarteten die Zeit, wenn er in der Lage wäre, ein praktisches Arbeitsmodell der auf seinen Entdeckungen basierenden Erfindungen zu präsentieren. Er fürchtete nicht, dass andere ihm zuvor kamen, denn er war seinen Zeitgenossen so weit voraus, dass er sicher den rechten Augenblick abpassen würde könnte, um seine Ideen zu entwickeln.

Tesla hatte die Absicht, die Entwicklung seiner Entdeckungen zu einem Ein-Mann-Job zu machen. Zu dieser Zeit hatte er vollstes Vertrauen in seine Fähigkeit, Ein-ein-Viertel Jahrhunderte zu leben und bis mindestens zu seinem einhundertsten Geburtstag aktiv Versuchsarbeiten durchzuführen. Dann würde er sich ernsthaft Gedanken über die Aufgabe machen, seine Biografie und eine komplette Aufzeichnung seiner Versuchsarbeiten zu schreiben. Er hielt fast bis zu seinem achtzigsten Geburtstag an diesem Plan fest, ohne an seiner letzten Vollendung zu zweifeln.

Aufgrund dieser sehr unglücklichen Entwicklung fehlen technische Einzelheiten bezüglich der wichtigen in Colorado Springs gemachten Entdeckungen. Indem man das bruchstückhafte Material, das in zahlreichen Publikationen veröffentlicht wurde, zusammenfügt, erscheint es allerdings offensichtlich, dass Tesla zusätzlich zu seinen Experimenten mit den gigantischen Strombewegungen, um weltweite Übertragungen zu erschaffen und zahlreiche Detektoren für solch eine Benutzung zu machen, sein Energieübertragungssystem in einer Entfernung von 41 Kilometern von seinem Labor ausprobiert und in der Lage war, 200 Glühbirnen vom Typ Edison mit aus der Erde gezogener Elektroenergie zu erleuchten, während sein Oszillator in Betrieb war. Diese Lampen verbrauchten jede ungefähr 50 Watt; und wenn 200 im Test benutzt wurden, dann würde die verbrauchte Energie 10 000 Watt oder ca. 13 PS betragen.

Eine drahtlose Übertragung von 13 PS durch die Erde und über eine Distanz von 41 Kilometern hinweg, kann als sehr angemessene Demonstration der Umsetzbarkeit von Teslas Plan angesehen werden.

Er beanspruchte eine Effizienz von über 95 % für diese Methode der Energieübertragung; so konnte er zweifellos mit einem 300 PS Oszillator über ein Dutzend solcher Testvorführungen gleichzeitig irgendwo auf dem Globus durchführen. Hinsichtlich letzterem sagte er: „In diesem neuen System ist es von wenig—tatsächlich sogar fast keiner—Bedeutung, ob die Übertragung über eine Distanz von ein paar Kilometern oder ein paar Tausend Kilometern durchgeführt wird."

„Während ich bis heute", sagte er im Century Artikel vom Juni 1900, „noch keine Übertragung einer nennenswerten—d. h. aus industrieller Sicht bedeutsamen—Menge Energie über eine weite Entfernung mit dieser neuen Methode durchgeführt habe, habe ich mehrere Kraftwerkmodelle unter genau den gleichen Bedingungen, wie sie in einem großen Kraftwerk dieses Typs existieren werden, laufen lassen, und die Machbarkeit des Systems ist vollkommen bewiesen."

In seinen letzteren Jahrzehnten beharrte Tesla auf die Existenz, die Aktualität, die Bedeutung und die Verfügbarkeit von vielen geheim gehaltenen Entdeckungen, die er in Colorado Springs machte. Der Autor mahnte Tesla zwei- oder dreimal der Attraktivität, eine Offenlegung zu machen, gegenüber der immer gegenwärtigen Gefahr eines Unfalls, die sie vielleicht für die Welt verloren gehen lassen würden; und als der Erfinder von dieser Möglichkeit unbeeindruckt blieb, fragte man ihn, dem Autor zu erlauben, etwas zu tun, was ihre praktische Entwicklung bewirken würde. Tesla schätzte das ausgedrückte Interesse höflich wert, aber er war sehr nachdrücklich in seinem Beharren, dass er seine eigenen Angelegenheiten so handhaben würde, wie er es für richtig hielt, und dass er erwartete, in Kürze angemessene Gelder zu haben, um seine Erfindungen zu entwickeln.

Tesla kehrte im Herbst 1899 nach New York zurück, wieder einmal pleite, aber mit dem Wissen, dass seine Bemühungen die Menschheit mit wichtigen wissenschaftlichen Entdeckungen bereichert hatten. Aber noch wichtiger war die neue Einstellung, die seine Arbeit möglich gemacht hatte: Der Mensch hatte eine Methode erreicht, durch die er seinen gigantischen Planeten kontrollieren und auf diesen himmlischen Körper aus dem gottgleichen Blickwinkel schauen konnte, von dem aus er sie als Teils eines Laborgeräts betrachten konnte, das wie gewünscht manipuliert werden konnte.

Die Bilder, die Tesla nach New York zurück brachte, zeigten die gigantischen elektrischen Entladungen seines Oszillators und die Geschichten seiner Erfahrungen, die er erzählte, machten einen enormen Eindruck auf seinen Freundeskreis. Zu diesem Zeitpunkt bat Robert Underwood Johnson, einer der Herausgeber des *Century Magazine*, in dessen Haus in der Madison Avenue, im exklusiven *Murray Hill* Viertel, Tesla ein häufiger und informeller Besucher war, den Erfinder, einen Artikel über seine Errungenschaften zu schreiben.

Als der Artikel geschrieben worden war, gab Johnson ihn zurück und sagte Tesla, dass er ein Durcheinander von kalten, philosophischen Steinen anstelle eines Gerichts mit pochend heißen Tatsachen serviert hatte. Der Erfinder hatte nur spärliche Verweise auf seine jüngsten frappierenden Errungenschaften gemacht und stattdessen ein philosophische System entwickelt, indem der Fortschritt der Menschheit als rein mechanischer, von den verfügbaren Energiequellen aktivierter Prozess angesehen wurde. Dreimal kam der Artikel zu Tesla zurück und wurde trotz der hohen literarischen Qualität der Arbeit bei jedem Anlass genauso oft umgeschrieben.

Der Artikel mit Titel „Das Problem der Steigerung der menschlichen Energie" wurde zu einer Sensation. Unter denjenigen, dessen Interesse er weckte, befand sich J. Pierpont Morgan — für Tesla ein sehr glücklicher Umstand. Der großartige Finanzier hatte ein Faible für Genies und Tesla war ein perfektes Beispiel dieser Art.

Morgan, der Finanzier, war berühmt, aber Morgan, der Philanthrop, eine großartigere Persönlichkeit, existierte für die allgemeine Öffentlichkeit nicht, denn seine Wohltaten waren gegen Werbung so sorgfältig geschützt. Darin hatte er nicht immer einen vollkommenen Erfolg, denn es gab notgedrungen immer zwei Parteien einer Wohltat, der Geber und der Empfänger; und der Stolz und die Dankbarkeit des Letzteren können zu einer Schwachstelle in der Hülle von Verschwiegenheit werden.

Tesla wurde in Morgans Haus eingeladen und war schnell ein Liebling der Familie. Seine Akte voll Errungenschaften, die für die Zukunft noch größere Leistungen versprach, seine angenehme Persönlichkeit, seine hohen moralischen Werte in der Verhaltensweise, seine zölibatäre Lebensweise und seine Art, sich selbst seiner Arbeit unterzuordnen, sein jungenhafter Enthusiasmus, waren Fakten, die ihn nicht nur von Morgan bewundert werden ließen, sondern auch von allen anderen, die ihn gut kannten.

Morgan zog Erkundigungen über Tesla bezüglich seiner finanziellen Situation ein. In jenen Tagen gab es eine begrenzte Zahl von starken Finanzgruppen, die mit den ökonomischen Ressourcen der Welt ein irdisches Schachspiel spielten; die Entdeckungen eines Genies wie Tesla könnten sehr wohl eine starke Wirkung auf die Schicksale von einer oder mehr dieser Gruppen haben und für einen Unternehmer in diesem Feld wäre es gut, mehr über die Verpflichtungen des Erfinders zu wissen. Es war zweifellos eine Quelle für Überraschung und Befriedigung, als er erfuhr, dass Tesla ein einzelner Unternehmer und nun vollkommen ohne Gelder war, die benötigt wurden, um seine Nachforschungen weiterzuführen.

Morgan kannte gut den unschätzbaren Wert von Teslas Mehrphasenwechselstromsystem. Die Niagara-Entwicklung war ein Morgan Unternehmen und die gigantischen Pläne wurden auf seinem schon bewiesenen Erfolg aufgebaut. Der Mann, der die wissenschaftliche und technische Grundlage für diese neue und ertragreiche industrielle und elektrische Ära legte, war pleite und damit beschäftigt, eine neue Quelle zur Energieverteilung zu entwickeln. Er hatte Edisons Energiezwerg über 800 Meter mit einem Riesen mit einer Reichweite von 1600 Kilometern ersetzt und arbeitete nun an einem System, von dem Versuche gezeigt hatten, dass es Energie drahtlos bis zu den Enden der Erde verteilen konnte. Dies geschah mit nur einem kleinen Teil der Verluste des Edison Systems bei der Energieverteilung mit Drähten über

800 Meter und das System konnte sogar Strom billiger um die Erde schicken, als sein eigenes Wechselstromsystem sie über eine Distanz von 160 Kilometern verteilen konnte. Die wirtschaftlichen Folgen dieser Entwicklung überstiegen die Vorstellungskraft. Welche Auswirkung würde sie auf das Schachspiel haben, das von den Finanzkonzernen der Welt gespielt wurde?

Würde das neue drahtlose Energieverteilungssystem in die vorhandene wirtschaftliche und finanzielle Struktur passen? Könnte es nützlich angewendet werden, ohne Störungen von größerem Ausmaß als die Vorteile, die es bringen würde? Wenn es zur Entwicklung angenommen würde, wer würde dann am besten dazu geeignet sein, es zu kontrollieren? Konnte es überhaupt auf praktische Weise kontrolliert werden, wenn jeder Punkt auf der Erde ein Ventil für ein unbegrenztes Reservoir an Energie wäre und jedem zur Verfügung stand, der es mit einem einfachen Gerät anzapfen wollte? Wie konnte eine Entschädigung für die geleisteten Dienste eingesammelt werden?

Dies waren einige der offensichtlichsten Aspekte von Teslas Weltenergiesystem, die sofort in Morgans praktischem Geist erschienen. Zusätzlich schlug Tesla ein weltweites Rundfunksystem vor, um Nachrichten, Unterhaltung, Wissen und zahlreiche andere interessante Dinge zu verteilen. Morgan konnte die praktischen Aspekte der drahtlosen Kommunikation, in der eine Ladung benutzt werden konnte, um Nachrichten von Punkt zu Punkt zu übertragen und die ein Teil vom Tesla System war, sehen — aber in der Denkweise des Erfinders war dies nur ein kleiner Teil im Vergleich zum wichtigeren Rundfunk- und Energieverteilungssystem.

Ein Morgan konnte verstehen, dass raffinierte Köpfe eine Methode ausarbeiten könnten, um solche weltweiten Dienste auf eine praktische, Profit bringende Grundlage zu stellen; aber diese ganz neue Tesla Entwicklung hatte einen fantastischen Aspekt, der für sogenannte „praktische" Köpfe, die es nicht gewohnt waren, Gedanken von äußerster Wichtigkeit zu denken, erschütternd war. Das neue System könnte sich als wichtiger erweisen, als das Mehrphasensystem, das als rekordbrechendes Schnäppchen für 1 000 000 $ an Westinghouse ging. Westinghouse war damit der mächtigste Konkurrent des Edison Systems, das Morgan unterstützt hatte, und vor allem der General Electric Company, deren Finanzierung Morgan eingerichtet hatte. Obwohl Westinghouse ein Monopol sicher gestellt hatte, wurden durch einen Lizenzvertrag mit der General Electric Company Mittel gefunden, damit er dieses teilte, und so hatte die Morgan Gesellschaft ähnliche Gelegenheiten, um den reichen Markt auszuschöpfen.

Die Geschichte könnte sich nun mit dem gleichen Erfinder wiederholen, der nun ein Hypermachtsystem hatte, um sein eigenes Supermachtsystem zu verdrängen. In diesem Fall konnte sich Morgan in die Position bringen, um das Monopol der Weltenergie zu ergreifen.

Die Gruppe, die eine Monopolkontrolle über solch ein System besaß, konnte es nach Belieben entwickeln oder nicht; es konnte entwickelt werden, um einen Gewinn zu erbringen, indem es das zufriedenstellende Drahtverteilungssystem ersetzte oder ergänzte, oder es konnte ins Regal gestellt werden, um es davon abzuhalten, das existierende System zu behindern. Ein Monopol für es könnte jede andere Gruppe davon abhalten, es zu erwerben und als Schläger zu benutzen, um Zugeständnisse von denjenigen, die die existierenden Firmen kontrollierten, zu erzwingen. Das Besitztum der Tesla Weltenergie- und Weltausstrahlungspatente könnte sich gut als extrem rentable Investition erweisen, selbst wenn ein sehr hoher Preis für sie gezahlt wurde.

Aber es gab auch noch einen viel sensibleren Standpunkt. Ohne starke Unterstützung durch eine mächtige Kapitalquelle, könnte ein weltweites System wie Tesla es vorschlug, nicht in Betrieb genommen werden. Wenn eine mächtige Gruppe eine Gelegenheit hätte, eine gute Ausgangsposition zu erlangen, sich eine Monopolkontrolle zu sichern und dies nicht schaffte und es offensichtlich werden ließ, dass dies absichtlich gemacht wurde, könnte die Wirkung einer solchen Entscheidung leicht dazu führen, alle anderen Gruppen abzuschrecken und schließlich jedermann davon abzuhalten, das System zu unterstützen.

In seinen Beziehungen mit Tesla brachte Morgan allerdings keine kommerziellen oder praktischen Aspekte in die Situation ein. Sein Interesse war allein das eines Schirmherren, der einem Genie helfen wollte, seine kreativen Talente auszudrücken. Er machte Tesla Geschenke ohne Bedingungen. Der Erfinder konnte das Geld so benutzen, wie er wollte. Es ist keine klare Information über die Höhe dieser Beiträge verfügbar, aber eine maßgebende Quelle, die Tesla nahe stand, legt den Betrag, den er innerhalb einer sehr kurzen Zeit erhielt, auf 150 000 $ fest. Man glaubt, dass spätere Beiträge, die über Jahre verteilt waren, die Gesamtsumme auf das Doppelte dieses Betrags gebracht haben.

Tesla machte aus Morgans Unterstützung kein Geheimnis. Er sagte in einem Artikel in der *Electrical World and Engineer* vom 5. März 1904, der seine Arbeit mit der drahtlosen Energie bis zu diesem Zeitpunkt beschrieb:

„Ich stehe zu einem Großteil der Arbeit, die ich bis jetzt getan habe, in der Schuld der edlen Großzügigkeit von Herrn J. Pierpont Morgan, die umso willkommener und stimulierender war, da sie zu einer Zeit eröffnet wurde, als diejenigen, die seither am meisten versprochen haben, die größten Zweifler waren."

Als Morgan seinen ersten Beitrag leistete, ging das Gerücht um, dass er an den Unternehmen, auf das sich Tesla nun begab, finanziell interessiert war. Die entstehende Situation brachte Tesla aufgrund des enormen Ansehens des Finanziers einen leichten Nutzen. Als Tesla später allerdings dringend Gelder benötigte und es offensichtlich wurde, dass Morgan nicht finanziell in das Projekt involviert war und anscheinend nicht zur Rettung des Erfinders kommen würde, setzte die Reaktion ein und die Situation wurde klar und definitiv unbefriedigend.

1900 hatte Tesla allerdings 150 000 $ zur Hand und eine gigantische Idee im Kopf, die in Gang gesetzt werden musste. Der welterschütternde Übermensch, der auf seiner Flutwelle von Ruhm und Popularität ritt, machte sich an die Arbeit.

INNERE VIBRATION

ZWÖLF

Das Jahr 1900 markierte für Tesla nicht nur den Beginn eines neuen Jahrhunderts, sondern auch der Beginn des Zeitalters der Weltsupermacht und Rundfunkausstrahlung. Mit der Ermutigung von J. P. Morgan zu seinem Ansporn — sofern er noch mehr Ansporn aufnehmen konnte, als sein eigener innerer Antrieb lieferte — und mit 150 000 $ Bargeld von der gleichen Quelle machte er sich daran, ein gigantisches Projekt aufzunehmen: der Bau einer weltweiten drahtlosen Energie- und Rundfunkstation.

Das verfügbare Geld wäre vollkommen unzureichend, um das Projekt bis zur Vollendung zu finanzieren, aber dies schreckte ihn nicht davon ab, einen Anfang zu machen. Er benötigte ein Labor, sowohl um die Einrichtung in der Houston Street, die vollkommen unzureichend geworden war, zu ersetzen, als auch um eine Ausstattung von der Art, wie er sie in Colorado Springs benutzt hatte, die allerdings für die Benutzung im wirklichen weltweiten Rundfunkprozess gestaltet worden war, miteinzuschließen. Der Ort wurde als Ergebnis eines Übereinkommens festgelegt, das er mit James S. Warden getroffen hatte, Manager und Direktor der Suffolk County Land Company und Anwalt und Bankier aus dem Westen, der zweitausend Morgen Land in Shoreham, im Kreis Suffolk, Long Island, ca. 96 km von New York entfernt, erworben hatte. Das Land wurde zur Grundlage einer Immobilienentwicklung mit dem Namen Wardencliff.

Tesla stellte sich ein Energie- und Rundfunkwerk vor, das tausende Personen beschäftigen würde. Er nahm sich für eines Tages die Einrichtung einer Radio City (Radiostadt) vor, etwas weit ehrgeizigeres als die Firma im Rockefeller Center in New York, die heute diesen Namen trägt. Tesla plante, die Kanäle aller Wellenlängen von einer einzigen Station auszusenden, ein Projekt, das ihm das komplette Monopol des Rundfunkgeschäfts eingebracht hätte. Was war das für eine Gelegenheit, die kurzsichtige Geschäftsmänner seiner Zeit übersahen, als sie nicht in sein Projekt eintraten! Aber zu dieser Zeit war Tesla ziemlich der einzige, der sich den modernen Rundfunk vorstellte.

Jeder andere glaubte, die drahtlose Technik wäre allein dafür gut, telegrafische Gespräche zwischen dem Schiff und der Küste und über den Ozean hinweg zu senden.

Herr Warden allerdings sah Möglichkeiten in Teslas Plan und bot ihm einen Trakt über 200 Morgen an, in dem 20 Morgen für sein Kraftwerk freigelegt wurden, mit der Erwartung, dass die 2000 Männer, die in Kürze in dem Werk beschäftigt werden würden, Häuser an geeigneten Stellen auf dem Rest der 200 Morgen bauen würden. Tesla nahm das Angebot an.

Stanford White, der berühmte Designer vieler Kirchen und anderer architektonischer Denkmäler überall in dem Land, war einer von Teslas Freunden. Er eröffnete dem berühmten Architekten nun seine Vision einer industriellen, „wunderschönen Stadt" und suchte seine Kooperation zur Verwirklichung seines Traums. Herr White war von der Idee begeistert und als Beitrag zu Teslas Arbeit bot er an, die Kosten zur Gestaltung des merkwürdigen Turms, den der Erfinder skizzierte, und all die architektonischen Arbeiten, die im allgemeinen Plan der Stadt involviert waren, zu garantieren. Die wirkliche Arbeit wurde von W. D. Crow aus East Orange, New Jersey, einer von Herrn Whites Partnern, übernommen, der später als Designer von Krankenhäusern und anderen institutionellen Gebäuden berühmt werden sollte.

Es war ein fantastisch aussehender Turm mit merkwürdigen baulichen Einschränkungen, den sich Herr Crow gestalten sah. Tesla forderte einen fast 47 m hohen Turm, um an seiner Spitze eine gigantische Kupferelektrode mit einem Durchmesser von 30 m zu tragen, die wie ein riesiger Donut mit einem Röhrendurchmesser von 6 m geformt war. (Diese wurde später durch eine halbkugelförmige Elektrode ersetzt.)

Der Turm sollte eine skelettartige Struktur haben und fast vollkommen aus Holz gebaut sein. Metall müsste aufs äußerte Minimum reduziert werden und jegliche benutzte Metallvorrichtung musste aus Kupfer sein. Es standen keine ingenieurswissenschaftlichen Daten bezüglich Holzstrukturen von dieser Höhe und Art zur Verfügung.

Die Struktur, die Tesla benötigte, hatte an der Spitze viel „Segelfläche", oder dem Wind ausgesetzte Oberfläche, was Beanspruchungen schuf, die im Turm vorgesehen werden mussten, der selbst nur eine begrenzte Stabilität besaß. Herr Crow löste die technischen Probleme und dann ebenfalls die schwierige Aufgabe, ästhetische Werte in so einem Bauwerk zu integrieren.

Als das Design fertig gestellt worden war, begegnete man einer weiteren Schwierigkeit. Keiner der wohl bekannten Bauherren konnte dazu bewogen werden, die Aufgabe, einen solchen Turm aufzustellen, zu unternehmen. Ein kompetenter Rahmer, der den Norcross Bros. angehörte, die zu jener Zeit eine große Vertragsfirma war, übernahm schließlich den Vertrag, obwohl auch er seine Befürchtung ausdrückte, dass Winterstürme die Struktur umstoßen könnten. (Sie stand allerdings für ein Dutzend Jahre. Als die Regierung aus militärischen Gründen beschloss, dass es notwendig war, diese auffällige Landmarke während des Ersten Weltkriegs zu entfernen, waren viele Ladungen Dynamit nötig, um sie umzukippen und selbst dann blieb sie auf dem Boden intakt, wie ein gefallener Marsianer aus Wells' *Der Krieg der Welten*.) Der Turm wurde 1902 fertiggestellt und mit ihm ein großes, niedriges Backsteingebäude, das über 9 m² groß war und dass die Quartiere für das Kraftwerk und Labor bereitstellen würde. Während die Gebäude erbaut wurden, pendelte Tesla jeden Tag vom Waldorf-Astoria nach Wardencliff, kam kurz nach elf Uhr morgens am nahegelegenen Shoreham-Bahnhof an und blieb bis halb vier. Er wurde immer von einem männlichen Diener begleitet, einem Serben, der einen schweren Korb voll mit Essen trug. Als das von der Houston Street überführte Labor in Wardencliff in vollem Betrieb war, mietete Tesla die Bailey

Hütte nahe des Ufers des Long Island Sound und richtete dort für ein Jahr sein Zuhause ein.

Die schwere Ausstattung, die Dynamos und Motoren, die Tesla für sein Kraftwerk erwünschte, waren von ungewöhnlicher Gestaltung und wurden nicht von Herstellern produziert, und er begegnete zahlreichen ärgerlichen Verzögerungen in der Sicherstellung von solchem Material. Er war in der Lage, mit einem großen Spektrum an Hochfrequenzströmen und anderen Experimenten in seinem Labor fortzufahren, aber das Hauptprojekt, die Gründung einer weltweiten Rundfunkstation, blieb zurück. Währenddessen ließ er mehrere Glasbläser Röhren zur Übertragung und zum Empfang seiner Rundfunkprogramme erschaffen. Dies geschah ein Dutzend Jahre bevor De Forest die Radioröhre, die jetzt allgemein benutzt wird, erfand. Das Geheimnis von Teslas Röhren starb mit ihm.

Tesla schien von seinen Hochfrequenzströmen von Millionen von Volt völlig unerschrocken zu sein. Trotzdem hatte er den größten Respekt für Elektroströme aller Art und war bei der Arbeit an seinen Apparaten extrem vorsichtig. Als er an Kreisläufen arbeitete, die „lebendig" werden konnten, arbeitete er immer mit einer Hand in seiner Tasche und benutzte die andere, um Werkzeuge handzuhaben. Er bestand darauf, dass all seine Arbeiter es genauso machten, wenn sie an den Niederfrequenzwechselstromkreisläufen mit 60 Zyklen arbeiteten, egal, ob das Potenzial 50 000 oder 110 Volt betrug. Diese Schutzmaßnahme verringerte die Möglichkeit, dass ein gefährlicher Strom einen Kreislauf durch die Arme und den Körper fand, wo die Möglichkeit bestand, dass dieser die Aktion des Herzens stoppen könnte.

Trotz seiner großen Vorsicht, die er in all seiner Versuchsarbeit bewies, entging er nur knapp dem Verlust seines Lebens im Wardencliff Kraftwerk. Er führte Experimente bezüglich der Eigenschaften von Wasserstrahlen mit kleinem Durchmesser durch, die sich mit hoher Geschwindigkeit und unter sehr hohem Druck bewegten, in der Größenordnung von 69 Mio. Pascal. Man konnte so ein Strahl mit einer schweren Eisenstange treffen, ohne dass er gestört wurde. Die auftreffende Stange prallte zurück, so als ob sie auf eine andere feste Eisenstange getroffen wäre—eine merkwürdige Eigenschaft für eine so mechanisch schwache Substanz wie Wasser. Der Zylinder, der das Wasser unter Hochdruck hielt, war ein schwerer aus Schmiedeeisen. Tesla war nicht in der Lage, sich einen Verschluss aus Schmiedeeisen für die obere Oberfläche zu sichern, und so benutzte er einen schwereren aus Gusseisen, einem spröderen Material. Eines Tages, als er den Druck höher steigerte, als je zuvor, explodierte der Zylinder. Der Verschluss aus Gusseisen zerbrach und ein großer Splitter schoss ein paar Zentimeter an seinem Gesicht vorbei, als er schräg nach oben flog und letztlich durch das Dach krachte. Der Wasserstrahl unter Hochdruck hatte bestimmte, zerstörerische Wirkungen auf alles, mit dem er in Kontakt kam, selbst harte, starke Metalle. Tesla eröffnete nie den Zweck oder die Ergebnisse dieser Hochdruckexperimente.

Teslas Beharren auf die vollkommene Ordentlichkeit in seinem Labor endete fast in einer Tragödie aufgrund einer Gedankenlosigkeit teils eines Assistenten. Es wurden Vorkehrungen getroffen, um eine schwere Maschine einzurichten, die auf dem dicken Betonboden verboltzt werden sollte. Es waren Löcher in den Beton gebohrt worden. Der Plan war es, flüssiges Blei in diese Löcher zu gießen und die schweren Bolzen in das Metall zu schrauben, wenn dieses abgekühlt war. Sobald die Löcher gebohrt worden waren, fing ein junger Assistent an, den Schutt aufzuräumen. Er fegte nicht nur Steinsplitter und Staub weg: Er nahm einen Wischmopp und wischte gründlich das Gebiet auf dem Boden. Dabei ließ er gedankenlos ein bisschen Wasser in die Löcher gelangen. Dann trocknete er den Boden. In der Zwischenzeit schmolzen Tesla und George Scherff, der sein Finanzsekretär war, aber ebenfalls auf jede hilfreiche Art diente, das Blei, das die Zugschrauben in den Löchern im Boden verankern sollte. Scherff nahm die erste große Schöpfkelle Blei aus dem Schmelzofen und durchquerte das Labor zu der Stelle, wo die beiden Löcher gebohrt worden waren, kurz danach gefolgt von Tesla mit einer weiteren Schöpfkelle.

Scherff beugte sich nach unten - und als der das heiße, flüssige Metall in eines der Löcher goss, folgte sofort eine Explosion. Das flüssige Blei wurde nach oben in sein Gesicht geschleudert, in einem Guss aus versengend heißen Tropfen flüssigen Metalls. Das Wasser, das der Assistent benutzt hatte, um den Boden zu wischen, hatte sich in den Löchern festgesetzt, und als das geschmolzene Blei mit diesem in Kontakt kam, wurde es in Dampf verwandelt, der das Blei aus dem Loch schießen ließ wie eine Kugel aus dem Lauf eines Gewehrs. Beide Männer wurden mit Tropfen von heißem Metall überschüttet und ließen ihre Schöpfkellen fallen. Tesla, der mehrere Fuß entfernt stand, wurde nur leicht verletzt; aber Scherff wurde stark im Gesicht und an den Händen verbrannt. Metalltropfen hatten seine Augen getroffen und sie so stark verbrannt, dass man für eine Weile fürchtete, seine Sicht würde nicht gerettet werden können.

Trotz der fast unbegrenzten Möglichkeiten für Unfälle in Verbindung mit der großen Vielfalt an Experimenten, die Tesla in vollkommen unerforschten Gebieten mit Hochspannungen, hohen Stromstärken, Hochdrücken, hohen Geschwindigkeiten und hohen Temperaturen durchführte, durchlief er seine gesamte Karriere mit nur einem einzigen Unfall, zu dem er sich verletzte. In diesem rutschte ein scharfes Instrument ab, drang in seine Handfläche ein und durchquerte die Hand. Scherffs Unfall war der einzige, indem ein Mitglied seines Personals verletzt worden war, mit der Ausnahme eines jungen Assistenten, der Verbrennungen durch X-Strahlen entwickelte. Dieser war wahrscheinlich den Strahlen von einer von Teslas Röhren ausgesetzt gewesen, die, von Tesla und allen anderen unbekannt, sie sogar produzierte, bevor Röntgen ihre Entdeckung bekannt gegeben hatte. Tesla hatte ihnen einen anderen Namen gegeben und ihre Eigenschaften nicht vollständig untersucht. Dies war wahrscheinlich der erste aufgezeichnete Fall von Verbrennungen durch X-Strahlen.

Tesla war ein unermüdlicher Arbeiter und es fiel ihm schwer, zu verstehen, warum andere zu solcher Ausdauerleistung, wie er sie vollbringen konnte, nicht in der Lage waren. Er war gewillt, Arbeitern ungewöhnlich hohe Löhne zu zahlen, die wiederum gewillt waren, ihm für verlängerte Aufgaben treu zu bleiben, aber er forderte nie, dass irgendjemand mehr als eine zumutbare Tagesarbeit vollbrachte. Bei einer Gelegenheit kam ein Stück einer lang erwarteten Ausrüstung ein und Tesla wartete gespannt darauf, es so schnell wie möglich installiert und im Betrieb zu haben. Die Elektriker arbeiteten 24 Stunden lang, stoppten nur für Mahlzeiten, und dann noch einmal 24 Stunden. Dann hörten die Arbeiter nacheinander auf und wählten Winkel in dem Gebäude, in denen sie schlafen konnten. Während sie acht bis zwölf Stunden schliefen, fuhr Tesla mit der Arbeit fort; und als sie zur Arbeit zurückkamen, war Tesla noch immer erfolgreich und arbeitete mit ihnen durch seinen dritten schlaflosen 24 Stundenzeitraum. Dann hatten die Männer mehrere Tage frei, um sich zu erholen; aber Tesla, anscheinend von seinen 72 Stunden Mühen nicht beeinträchtigt, machte seinen nächsten Tag mit Experimenten durch und schaffte somit eine Gesamtzahl von 84 Stunden ohne Schlag oder Erholung.

Das Kraftwerk in Wardencliff war vor allem für die Vorführung der Radiorundfunkphase seines „Weltsystems" gedacht; die Energieverteilungsstation sollte an den Niagarafällen gebaut werden.

Zu dieser Zeit veröffentlichte Tesla eine Broschüre zu seinem „Weltsystem", das den erstaunlichen Fortschritt, den er in der drahtlosen Technik, heute Radio genannt, geplant hatte anzeigte, während andere Experimentatoren damit kämpften, mit rudimentären Geräten familiär zu werden. Zu dieser Zeit schienen seine Versprechungen allerdings sehr fantastisch. Die Broschüre enthielt die folgende Beschreibung seines Systems und seiner Ziele.

Das Weltsystem ist das Resultat einer Mischung von mehreren originellen Entdeckungen, die von dem Erfinder im Laufe seiner mit Beharrlichkeit durchgeführten Forschungen und Experimente gemacht wurden. Es erlaubt nicht nur die unmittelbare und präzise drahtlose

Übertragung von Signalen, Nachrichten und Schriftzeichen in alle Regionen des Globus, sondern auch die Zusammenschaltung aller Telefon- und Telegrafensysteme sowie anderer Datenstationen, ohne dass die vorhandene Ausstattung verändert werden muss. Es ermöglicht zum Beispiel einem Telefonkunden, mit irgendeinem anderen Kunden auf der Erde zu kommunizieren. Ein billiger Empfänger, der nicht größer als eine Uhr ist, ermöglicht ihm, zu Land und zu Wasser, der Ausstrahlung einer Rede oder einer an einem anderen Ort gespielten Musik zu lauschen, egal wie groß die Entfernung ist. Diese Beispiele werden zitiert, um vor allem eine Idee über die Möglichkeiten dieses großen wissenschaftlichen Fortschritts zu geben, der die Entfernungen aufhebt und der die Erde, ein vollkommen natürlicher Leiter, dem Erreichen von unzähligen Zwecken dienen lässt, die von dem menschlichen Einfallsreichtum für seine Übertragungsleiter gefunden wurden. Ein Ergebnis mit großer Tragweite ist, dass jedes Gerät mit einem oder mehreren Drähten (und einer ganz offensichtlich begrenzten Entfernung) auf die gleiche Art und Weise funktionieren kann wie vorher, ohne künstlichen Leiter, mit der gleichen Leichtigkeit und Präzision und in einer Entfernung, deren einzige Grenzen die durch die physischen Dimensionen unseres Planeten auferlegten Grenzen sind. So eröffnen sich mit dieser Methode der idealen Übertragung zum einen neue Bereiche kommerzieller Nutzung und zum anderen holen die alten auf.

Das „Weltsystem" basiert auf der praktischen Anwendung der folgenden wichtigen Erfindungen und Entdeckungen:

1. **Der Tesla-Transformator**: Dieses Gerät ist genauso revolutionär in seiner Herstellung von elektrischen Schwingungen wie das Schießpulver für den Krieg. Mit einem Gerät dieses Typs hat der Erfinder Funken von mehr als 30 m sowie vielfach höheren Strom produziert, als er bis dahin mit anderen Mitteln erzeugt wurde.

2. **Der Verstärkersender**: Er ist Teslas schönste Erfindung; er ist ein besonderer Transformator, der speziell an die Anregung der Erde angepasst ist, die für die Übertragung von elektrischer Energie genauso kostbar ist, wie ein Teleskop für die astronomische Beobachtung. Mit diesem wunderbaren Gerät hat er es schon geschafft, elektrische Erscheinungen von höherer Intensität, als die eines Blitzes zu erschaffen und Strom um den Globus zu schicken, der ausreichte, um mehr als 200 Glühlampen erleuchten zu lassen.

3. **Das drahtlose Tesla-System**: Dieses System enthält eine gewisse Anzahl an Perfektionierungen und ist das einzige bekannte Mittel, elektrische Energie ökonomisch und ohne Kabel eine Entfernung weit zu übertragen. Sorgfältige Tests und Messungen in Verbindung mit einer sehr starken experimentellen Station, erbaut vom Erfinder in Colorado, haben gezeigt, dass es möglich ist, eine unbestimmte Energiemenge wenn nötig mit einem nur sehr geringen Verlust um den Globus zu schicken.

4. **Die Individualisierungstechnik**: Diese Erfindung Teslas ist der groben „Einstellung", was die vornehme Sprache der undeutlichen Äußerung ist. Sie ermöglicht die aktive oder passive Übertragung von absolut geheimen und exklusiven Signalen oder Nachrichten, das heißt ohne Interferenzen und ohne interferiert werden zu können. Jedes Signal ist wie ein Individuum von unverwechselbarer Identität und es gibt praktisch keine Limits, was die Anzahl von Stationen oder Geräten betrifft, die gleichzeitig und ohne das geringste Zeichen von Interferenz funktionieren können.

5. **Die terrestrischen stehenden Wellen**: Diese wunderbare

Entdeckung besagt in der Volkssprache, dass die Erde auf elektrische Schwingung in einer bestimmten Frequenz reagiert, wie eine Stimmgabel auf bestimmte Töne. Diese spezifischen elektrischen Schwingungen, die die Erde stark anregen können, bieten sich aus kommerzieller und anderer Sicht für Benutzungen von großer Wichtigkeit an.

Das erste Stromkraftwerk dieses „Weltsystems" kann in neun Monaten in Betrieb genommen werden. So würde es möglich sein, bis zu 10 Millionen PS zu erzeugen und es wurde entworfen, um ohne weitere Ausgaben so viele technische Erfolge wie möglich zu verwirklichen. Hier sind einige davon:

1. Die Zusammenschaltung von auf der ganzen Welt bestehenden telegrafischen Vermittlungsstellen oder Büros;

2. Die Einführung eines geheimen Telegrafendienstes der Regierung, der nicht interferiert werden kann;

3. Die Zusammenschaltung von allen telefonischen Vermittlungsstellen und Büros der Welt;

4. Die weltweite Informationsverbreitung via Telegrafen oder Telefone in Verbindung mit der Presse;

5. Die Einführung eines solchen „Weltsystems" der Übertragung von Informationen zur ausschließlich privaten Nutzung;

6. Die Zusammenschaltung und die Arbeit aller Börsenfernschreiber der Welt;

7. Die Einführung eines „Weltsystems" der Übertragung von

Musik etc.;

8. Die weltweite Speicherung der Uhrzeit mit günstigen Pendeluhren, die mit astronomischer Präzision die Uhrzeit angeben und keine Wartung benötigen;

9. Die weltweite Übertragung von Schriftzeichen, Briefen, Schecks etc., die mit Hand oder der Maschine geschrieben wurden;

10. Die Einführung eines weltweiten Dienstes für die Marine, der es den Seefahrern aller Schiffe ermöglicht, ohne Kompass zu navigieren, ihre exakte Position, die Zeit und die Geschwindigkeit zu bestimmen, Zusammenstößen und dem Erleiden von Schiffbruch vorzubeugen etc.;

11. Die Einführung eines weltweiten Drucksystems zu Land und zu Wasser;

12. Eine weltweite Produktion von Fotos und andere Arten von Zeichnungen oder Akten.

Somit plante Tesla vor über vierzig Jahren, jedes Merkmal des modernen Radios und mehrere Möglichkeiten, die bis jetzt noch nicht entwickelt wurden, einzuweihen. Er sollte für weitere zwanzig Jahre der einzige „drahtlose" Erfinder sein, der sich einen Rundfunkdienst vorgestellt hatte.

Während er an seinem Radiorundfunkwerk in Wardencliff arbeitete, entwickelte Tesla auch Pläne zur Einrichtung seiner Weltenergiestation an den Niagarafällen. Er war sich von dem erfolgreichen Ausgang seiner Anstrengungen so sicher, dass er in einem Zeitungsinterview im Jahre 1903 sagte, dass er die Lampen der kommenden internationalen

Ausstellung in Paris mit Energie erleuchten würde, die drahtlos von den Fällen übertragen wurde. Einige Umstände hielten ihn allerdings davon ab, sein Versprechen einzulösen. Seine Schwierigkeiten und seine Pläne wurden in einer Aussage im Electrical World and Engineer vom 5. März 1904 veröffentlicht:

„Die erste dieser Zentralanlagen wäre schon fertig gestellt worden, hätte es keine unvorhergesehenen Verzögerungen gegeben, die glücklicherweise nichts mit ihren rein technischen Eigenschaften zu tun hatten. Aber dieser Zeitverlust, obwohl ärgerlich, könnte sich alles in allem als Glück im Unglück erweisen. Das beste Design, das ich kenne, wurde angewandt und der Sender wird eine zusammengesetzte Welle von einer maximalen Aktivität von 10 000 000 PS ausstrahlen, von denen ein Prozent vollkommen ausreicht, um den ‚Globus zu umgeben'. Diese enorme Rate von Energielieferung, ungefähr das Zweifache der vereinten Niagarafälle, kann nur durch die Benutzung von gewissen Tricks erhalten werden, die ich zur rechten Zeit bekannt geben werden.

Ich stehe zu einem Großteil für die Arbeit, die ich bis jetzt getan habe, in der Schuld der edlen Großzügigkeit von Herrn J. Pierpont Morgan, die umso willkommener und stimulierender war, da sie zu einer Zeit eröffnet wurde, als diejenigen, die seither am meisten versprochen haben, die größten Zweifler waren. Ich muss auch meinem Freund Stanford White für viele selbstlose und wertvolle Unterstützung danken. Diese Arbeit ist jetzt weit fortgeschritten, und obwohl die Ergebnisse verspätet sein könnten, werden sie sicherlich kommen.

Währenddessen wird die Energieübertragung in industriellem Maßstab nicht vernachlässigt. Die Canadian Niagara Power Company hat mir einen großartigen Anreiz gegeben und neben der Tatsache, der Technik halber Erfolg zu haben, wird es mir höchste Zufriedenheit geben, ihr Zugeständnis für sie finanziell rentabel zu machen. Im ersten Elektrizitätskraftwerk, das ich seit langer Zeit gestaltet habe, schlage ich vor, 10 000 PS unter einer Spannung von 10 000 000 Volt zu verteilen, die ich nun gefahrlos herstellen und handhaben kann.

Diese Energie wird vorzugsweise in kleinen Mengen überall auf dem Globus gesammelt, von einem Teil eines bis hin zu mehreren PS. Eine der Hauptbenutzungen wird die Beleuchtung isolierter Häuser sein. Es benötigt nur sehr wenig Energie, eine Behausung mit Vakuumröhren zu erleuchten, die von Hochfrequenzströmen betrieben werden und in jedem Fall wäre eine kleine Endstation über dem Dach ausreichend. Eine weitere wertvolle Anwendung wird der Antrieb von Uhren und anderer solcher Geräte sein. Diese Uhren werden äußerst einfach sein, überhaupt keine Aufmerksamkeit benötigen und die richtige Zeit konsequent anzeigen. Die Idee, die Erde mit der amerikanischen Zeit zu prägen, ist faszinierend und wird sehr wahrscheinlich beliebt werden. Es gibt zahllose Geräte aller Arten, die entweder jetzt benutzt werden oder geliefert werden können und indem sie auf diese Art funktionieren, könnte ich vielleicht der gesamten Welt mit einem Kraftwerk von nicht mehr als 10 000 PS einen hohen Komfort bieten. Die Einführung dieses Systems wird Gelegenheiten für Erfindung und Fertigung eröffnen, wie sie sich noch nie gezeigt haben.

Die weitreichende Bedeutung dieses ersten Versuchs und seiner Wirkung auf die zukünftige Entwicklung kennend, werde ich langsam und vorsichtig vorgehen. Die Erfahrung hat mich gelehrt, Unternehmungen keinen Namen zu geben, deren Vollendung nicht komplett auf meinen eigenen Fähigkeiten und Anstrengungen beruht. Aber ich habe die Hoffnung, dass diese großartigen Umsetzungen nicht weit sind und ich weiß, dass wenn diese erste Arbeit vollbracht ist, sie mit mathematischer Gewissheit folgen werden.

Wenn die versehentlich eröffnete und experimentell bestätigte großartige Wahrheit vollkommen anerkannt ist, dass dieser Planet mit all seiner erschreckenden Grenzenlosigkeit für den Elektrostrom praktisch nichts mehr ist, als eine kleine Metallkugel, und dass durch diese Tatsache die Durchführung vieler Möglichkeiten, von denen eine jede die Vorstellungskraft übersteigt und von unabsehbarer Tragweite ist, vollkommen sicher gemacht wird; wenn das erste Kraftwerk eingeweiht worden ist und es gezeigt wird, dass eine telegrafische Nachricht, fast genauso geheim und ungestört wie ein Gedanke, über jegliche irdische Distanz hinweg übertragen werden kann, das Geräusch der menschlichen Stimme, mit all ihren Betonungen und Tonfällen, genau und sofort an jedem Punkt des Globus reproduziert werden kann, die Energie eines Wasserfalls für die Lieferung von Licht, Hitze oder Antriebskraft irgendwo auf dem Wasser, dem Land oder hoch in der Luft verfügbar gemacht wird - dann wird die Menschheit wie ein Ameisenhügel sein, der mit einem Stock aufgeschreckt wird: sehe die kommende Begeisterung."

Das Kraftwerk an den Niagarafällen wurde nie gebaut; und man begegnete früh genug Problemen mit dem Wardencliff Kraftwerk, nicht nur bezüglich der Sicherstellung der gewünschten Ausstattung, sondern auch der Finanzen.

Teslas größtes Versehen war es, dass er es verpasste, sozusagen ein Gerät zu entwickeln, dass jene unbegrenzten Mengen Geld herstellen konnte, die zur Entwicklung seiner anderen Erfindungen benötigt wurden. Und wie wir gesehen haben, mangelte es ihm vollkommen an der Phase der Persönlichkeit, die es möglich machte, Finanzerträge direkt aus seinen Erfindungen zu sichern. Ein Individuum mit seiner Fähigkeit hätte Millionen aus jeder von Teslas kleineren Erfindungen machen können. Hätte er sich zum Beispiel die Mühe gemacht, jährliche Lizenzgebühren für zwanzig oder mehr verschiedene Gerätetypen einzusammeln, produziert von genauso vielen Herstellern, die seine Tesla-Spule für medizinische Behandlungen benutzten, hätte er ausreichend Einkommen gehabt, um sein drahtloses Weltsystem zu finanzieren.

Sein Geist war allerdings mit faszinierenden, wissenschaftlichen Problemen zu sehr beschäftigt. Er beschäftigte zuweilen laufend fast eine ganze Partitur an hochqualifizierten Arbeitern in seinem Labor, die die elektrischen Erfindungen, die er weiterhin mit einer schnellen Geschwindigkeit machte, entwickelten. Bewaffnete Wächter standen immer ums Labor herum, um einem Ausspionieren seiner Erfindungen vorzubeugen. Seine Lohnabrechnung war hoch, sein Bankguthaben wurde gefährlich gering, aber er war so in seine experimentelle Arbeit vertieft, dass der die Aufgabe, sich anzustrengen und seine Finanzen zu reparieren, ständig auf schob. Es stand bald Richterurteilen, die von Gläubigern erreicht wurden, gegenüber, auf deren Forderungen er keine Zahlungen machen konnte. 1905 war er gezwungen, sein Wardencliff Labor zu schließen.

Der fantastische Turm vor dem Labor wurde nie fertig gestellt. Die Donut-artige Kupferelektrode wurde nie gebaut, da Tesla seine Meinung änderte und sich entschied, eine kupferne Halbkugel mit einem Durchmesser von 30 Metern und einer Höhe von 15 Metern an der Spitze seines fast 47 Metern hohen, kegelförmigen Turms einzurichten. Es wurde ein skelettartiges Gerüst zum Halten der halbkugelförmigen Platten gebaut, aber die Kupferbleche wurden nie appliziert. Die 300 PS Dynamos und Geräte zum Betrieb der Rundfunkstation wurden intakt gelassen, aber letztlich von der Ingenieursfirma entfernt, die sie installiert hatte, aber die nicht bezahlt worden war.

Tesla eröffnete ein Büro in der 165 Broadway, in New York, wo er eine Zeit lang versuchte, einige Mittel zu entwerfen, um sein Projekt wiederzubeleben. Thomas Fortune Ryan, ein bekannter Finanzier, und H. O. Havemeyer, von einer führenden Zuckerraffinerie, halfen ihm mit Beiträgen von jeweils 10 000 $ und 5 000 $. Anstatt diese zu benutzen, um ein weiteres Labor zu eröffnen, wandte er sie an, um die Schulden seines nun erloschenen, drahtlosen Weltsystems zu tilgen. Er tilgte jeden Groschen, den er jedem Gläubiger schuldete.

Als es offensichtlich wurde, dass Tesla in finanziellen Schwierigkeiten steckte, wurden viele, die angenommen hatten, dass Morgan als Investor finanziell involviert war, enttäuscht. Als genaue Nachforschungen eröffneten, dass der große Finanzier überhaupt keine Interessen an der Unternehmung hatte, ging das Gerücht um, dass Morgan seine Unterstützung zurückgezogen hatte, und als kein Grund für solch eine Tat gefunden werden konnte, weitete sich das Gerücht zu der

Geschichte aus, dass Teslas System undurchführbar war. Tatsächlich lieferte Morgan Tesla weiterhin fast bis zu der Zeit seines eigenen Todes großzügige persönliche Beiträge; und sein Sohn machte dies für kurze Zeit in geringerem Maße.

Tesla unternahm keine Mühen, um die zunehmenden Gerüchte zu zerstreuen.

Hätte Tesla einen Geschäftsführer toleriert und die Entwicklung seiner Patente in die Hände eines Geschäftsmannes gelegt, hätte er so früh wie 1896 einen praktischen Schiff/Land und wahrscheinlich einen drahtlosen transozeanischen Dienst einrichten können; und dieser hätte ihm in diesem Gebiet ein Monopol verliehen. Man bat ihn 1896, ein drahtloses Gerät auf einem Boot aufzutakeln, um von dem Fortschritt der internationalen Segelregatta für Lloyd's of London zu berichten, aber er lehnte das lukrative Angebot mit der Begründung ab, dass er sein System auf einer geringeren als einer weltweiten Basis nicht öffentlich vorstellen würde, da es mit anderen amateurhaften Bemühungen, die von anderen Experimentatoren gemacht wurden, verwechselt werden könnte. Hätte er das Angebot angenommen — und er hätte den Ansprüchen ohne die kleinste technische Schwierigkeit gerecht werden können — hätte er zweifellos seine Interessen zu einem gewissen Ausmaß in einen rentablen kommerziellen Kanal umgelenkt gesehen, der vielleicht eine große, günstige Veränderung der zweiten Hälfte seines Lebens bewirkt hätte.

Tesla konnte allerdings nicht mit kleinen, obwohl rentablen, Projekten behelligt werden. Der Übermensch, der herrliche Mann, war in ihm zu stark. Der Mann, der die Industrie auf eine Grundlage von Elektroenergie gestellt hatte, der Mann, der die gesamte Erde vibrieren ließ, konnte nicht die kleine Rolle ausfüllen, kleine Nachrichten gegen Bezahlung zu übertragen. Er würde allein in seiner hauptsächlichen Kapazität funktionieren oder überhaupt nicht; er würde ein Jupiter und nie ein Merkur sein.

George Scherff, der von Tesla als Buchführer und Sekretär engagiert worden war, als er sein Labor in der Houston Street eröffnete, war ein praktisches Individuum. Er schaffte es so weit wie menschenmöglich, den Erfinder von seinen Kontakten mit der Geschäftswelt losgelöst zu halten. Je besser er Tesla kannte, desto mehr mochte er ihn; und je mehr Respekt er für seinen Genie und seine Fähigkeit als Erfinder hatte, desto mehr wurde er sich bewusst, dass es diesem Genie komplett an Geschäftsfähigkeit mangelte.

Scherff war von dieser Situation, in der eine Firma ständig Geld ausgab aber nie eines einnahm, verständlicherweise verzweifelt. Er versuchte, die 40 000 $, die Tesla von Adams als Investition in die Firma erhalten hatte, so weit wie möglich zu schützen; und sie wurden gedehnt, um über drei Jahre von großer Aktivität zu überdecken. Scherff wollte, dass Tesla Pläne erarbeitete, um ein Einkommen aus seinen Erfindungen zu ziehen. Jede neue Entwicklung, die Tesla produzierte, wurde von Scherff untersucht und stellte die Grundlage für einen Plan zur Herstellung und zum Verkauf eines Geräts dar. Tesla wies einheitlich alle Vorschläge ab. „Dies ist alles unbedeutender Kram", würde er antworten. „Ich kann damit nicht gestört werden."

Selbst als man ihm aufzeigte, dass viele Hersteller seine Tesla-Spulen benutzten, zahlreiche von ihnen verkauften und damit reichlich Geld machten, konnte seine Interesse weder geweckt werden, um in dieses rentable Gebiet einzutreten, noch erlaubte er Scherff, einen Nebenerwerb einzurichten, der ohne Störung seiner Forschungsarbeit durchgeführt werden könnte. Auch konnte er nicht dazu bewogen werden, Klagen zu machen, um seine Erfindung zu schützen und erwirken zu versuchen, dass ihm die Hersteller Lizenzgebühren zahlten. Er gab allerdings zu, dass „wenn mir die Hersteller 25 US-Cent für jede verkaufte Spule zahlen würden, ich ein wohlhabender Mann wäre."

Als Lloyds of London ihn darum bat, eine drahtlose Ausstattung auf einem Boot einzurichten und mit seinem neuen Drahtlossystem von der internationalen Regatta von 1896 zu berichten, und ihm ein großzügiges Honorar bot, beharrte Scherff darauf, dass er das Angebot annahm; und er drängte Tesla dazu, alle anderen Arbeiten zeitweise fallen zu lassen und die Werbung, die er durch diese Heldentat des Schwimmenlassens einer kommerziellen Gesellschaft zur Übertragung von drahtlosen Nachrichten zwischen Schiff und Land und über den Ozean hinweg, zu nutzen und er wies darauf hin, dass Geld sowohl durch die Herstellung des Apparats als auch durch die Übertragung von Nachrichten gemacht werden konnte. Die Firma, schlug Scherff vor, könnte von einem Manager betrieben werden, um Einkommen zu schaffen und Tesla könnte zu seiner Arbeit, Erfindungen zu machen, zurückkehren und hätte immer genug Geld, um für die Kosten seiner Nachforschungen aufzukommen.

Scherff kann heute darauf zurückschauen, da er auf der Veranda seines Hauses in Westchester sitzt und durch einen Rückblick auf über fünfzig Jahre entscheiden, dass sein Plan im Wesentlichen solide gewesen war, mit der Radio Corporation of America, ihren umfangreichen Produktionsanlagen und ihrem weltweiten Kommunikationssystem, ihrem enormen Kapitalsystem und Einkommen als Beweis, um die Behauptung zu unterstützen.

Teslas Antwort auf den Vorschlag war, wie immer, „Herr Scherff, das ist unbedeutender Kram. Ich kann damit nicht gestört werden. Warten Sie nur ab, bis sie die wunderbaren Erfindungen, die ich produzieren werde, sehen, und dann werden wir alle Millionen machen."

Teslas Millionen trafen nie ein. Scherff blieb bei ihm, bis das Wardencliff Labor aufgrund von fehlendem Einkommen geschlossen wurde—was er zu verhindern versucht hatte. Dann schuf Scherff eine lukrative Verbindung mit der Union Sulphur Co., aber er fuhr immer noch fort und ohne eine Entschädigung zu nehmen, Tesla an einem Tag der Woche seine Zeit zu schenken und seine Geschäftsangelegenheiten so entwirrt wie möglich zu halten. Tesla war akribisch vorsichtig, jeden, der ihm irgendwelche Dienste lieferte, zu bezahlen, aber dies wurde durch eine aktive Fähigkeit ausgeglichen, Rechnungen abzuschließen, ohne sehen zu wollen, ob er ausreichende Geldmittel hatte, um diese bezahlen zu können. Geld war ein nerviger Anker, der immer seine Forschungsarbeiten verzögern oder behindern zu schien—etwas, was zu banal war, um seine Zeit und Aufmerksamkeit zu verdienen, die er wichtigeren Dingen spenden sollte.

Scherff, schmallippig und sachlich, kann nicht dazu gebracht werden, über Teslas Angelegenheiten zu sprechen. Wäre er stattdessen ein redseliger Philosoph, könnte man ihn vielleicht dazu bringen, über die Gebrechen der menschlichen Natur und die merkwürdigen Streiche, die das Schicksal Individuen spielen kann, zu lachen, wenn er an Tesla denkt, der auf der Grundlage einer einzigen Erfindung eine individuelle *Radio Corporation of America* hätte werden können und dies nicht schaffte, und der sich mit zweihundert weiteren Erfindungen ähnliche Chancen entgehen ließ, von denen eine jede ihm Reichtum hätte bescheren können. Und im Gegensatz kann er sich an Gelegenheiten in jüngsten Jahrzehnten erinnern, als es notwendig wurde, dem großen Tesla niedrige Darlehen zu geben, um ihm zu erlauben, den Bedarf für momentane persönliche Notwendigkeiten zu decken. Aber Scherfff weigert sich, jegliche nahen Fragen oder Diskussionen über diese Vorfälle zuzulassen.

DREIZEHN

Als sein drahtloses Weltsystem zusammenbrach, wandte sich Tesla wieder einem Projekt zu, an das er viel gedacht hatte, während er sein Mehrphasenwechselstromsystem entwickelt hatte: Die Entwicklung eines Umlaufmotors, der genauso fortschrittlich gegenüber existierenden Dampfmotoren war, wie sein Wechselstromsystem dem Gleichstromsystem voraus war, und der benutzt werden konnte, um seine Dynamos anzutreiben.

Alle Dampfmotoren, die zu dieser Zeit in Elektrizitätskraftwerken benutzt wurden, waren Kolbenmotoren; im Wesentlichen die gleichen, wie die von Newcomer und Watt entwickelten, aber größer, besser gebaut und effizienter im Betrieb.

Teslas Motor war von einem anderen Typ — eine Turbine, in der Dampfstrahlen, die zwischen eine Reihe von Scheiben gespritzt wurden, eine Drehbewegung mit hoher Geschwindigkeit im Zylinder, auf dem die Scheiben montiert waren, erzeugten. Der Dampf wurde am äußeren Rand der Scheiben eingespritzt, folgte einem spiralförmigen Weg mit einem Dutzend oder mehr Windungen und verließ den Motor in der Nähe der Zentralwelle.

Als Tesla 1902 einen Freund darüber informierte, dass er an einem Motorenprojekt arbeitete, behauptete er, er würde einen so kleinen, einfachen und leistungsstarken Motoren produzieren, dass dieser ein „Elektrizitätswerk in einem Hut" wäre. Das erste Modell, das er ca. 1906 baute, erfüllte sein Versprechen. Es war klein genug, um in die Hutwölbung einer Melone zu passen, maß ein bisschen mehr als 15 Zentimeter in seiner größten Abmessung und entwickelte 30 PS: Die Energie erzeugende Leistung dieses kleinen Motors überstieg bei weitem diejenige, einer jeden, zu dieser Zeit benutzten Antriebsmotorart.

Der Motor wog ein bisschen weniger als 10 Pfund (4,5 kg). Daher betrug seine Leistung 3 PS pro Pfund. Der Rotor wog nur 1,5 Pfund (680 Gramm) und sein leichtes Gewicht und seine hohe Energieausbeute verlieh Tesla einen Slogan, den er auf seinen Briefköpfen und Umschlägen benutzte: „Zwanzig Pferdestärken pro Pfund."

Es befand sich natürlich nichts Neues in der elementaren Idee, eine Kreisbewegung direkt aus einem Strahl von sich bewegender Flüssigkeit zu erhalten. Windmühlen und Wasserräder, Geräte so alt wie die Geschichte, führen diese Leistung aus. Heron von Alexandria beschrieb um 200 v. Chr. die erste Turbine, aber erfand sie nicht. Sie bestand aus einer hohlen Metallkugel, die auf einer Achse montiert war, mit Röhren, die aus der Kugel tangential zu ihrer Oberfläche herausragten. Wenn Wasser in die Kugel gegossen und das Gerät in ein Feuer gehängt wurde, dann versetzte die Reaktion des Dampfes, der aus den Röhren kam, das Gerät in eine Drehbewegung.

Teslas geniale und originelle Entwicklung der Turbinenidee hatte wahrscheinlich ihren Ursprung in diesem amüsanten und erfolglosen Experiment, das er als Junge unternahm, als er versuchte, einen Vakuummotor zu bauen und beobachtete, wie sich dessen hölzerner Zylinder leicht durch den Sog der Luft, die in die Vakuumkammer strömte, drehte. Später, als er als Jugendlicher in die Berge floh, um dem Wehrdienst zu entgehen und mit der Idee spielte, Post über den Ozean hinweg durch ein Unterwasserrohr zu transportieren, durch das eine hohle Kugel mithilfe eines sich schnell bewegenden Wasserstrahls getragen werden sollte, hatte er entdeckt, dass die Reibung des Wassers an den Wänden des Rohrs die Idee vollkommen unpraktisch machte. Die Reibung würde die Geschwindigkeit des Wasserstrahls verringern, sodass übermäßige Mengen Energie benötigt werden würden, um das Wasser mit der gewünschten Geschwindigkeit und Druck zu bewegen. Umgekehrt, wenn sich das Wasser mit dieser Geschwindigkeit bewegte, veranlasste die Reibung es dazu, zu versuchen, das umschließende Rohr mitzunehmen.

Es war diese Reibung, die Tesla jetzt in seiner Turbine benutzte. Ein Dampfstrahl, der mit hoher Geschwindigkeit zwischen die Scheiben rauschte, die sehr dicht aneinander lagen, wurde durch die Reibung verlangsamt—aber die Scheiben, die zur Rotation in der Lage waren, bewegten sich mit steigender Geschwindigkeit, bis diese fast mit der des Dampfes gleichkam. Zusätzlich zum Reibungsfaktor existiert eine merkwürdige Anziehung zwischen den Gasen und den Metalloberflächen; und diese ermöglichte dem sich bewegenden Dampf, das Metall der Scheiben effektiver zu ergreifen und sie mit hohen Geschwindigkeiten herumzuziehen. Das erste Modell, dass Tesla 1906 baute, hatte zwölf Scheiben mit einem Durchmesser von 12,7 Zentimetern. Es wurde anstelle von Dampf mit komprimierter Luft betrieben und erreichte eine Geschwindigkeit von 20 000 Umdrehungen pro Minuten. Tesla hatte die Absicht, eines Tages Öl als Treibstoff zu benutzen, das er in einer Düse verbrannte und zog durch Drehen des Rotors einen Vorteil aus dem gewaltigen Volumenanstieg bei dem Übergang von flüssigen zu verbrannten, stark ausgedehnten Gasen. Dies würde die Benutzung von Heizkesseln zur Erzeugung von Dampf beseitigen und dem direkten Prozess eine proportional gesteigerte Effizienz verleihen.

Hätte Tesla mit der Entwicklung seiner Turbine 1889 fortgefahren, als er von der Westinghouse Fabrik zurückkehrte, wäre seine Turbine eines Tages vielleicht die entwickelte gewesen, um die damals benutzten langsamen, großen, schwerfälligen Kolbenmotoren zu ersetzen. Die fünfzehn Jahre, die er der Entwicklung von Hochpotenzial- und Hochfrequenzströmen widmete, hatten allerdings eine Verzögerung nach sich gezogen, die es den Entwicklern von anderen Turbinenideen ermöglichte, ihre Arbeiten auf einen Stand zu bringen, der jetzt dienlich war, um Tesla den Status eines sehr späten Starters zu verleihen. In der Zwischenzeit waren Turbinen entwickelt worden, die quasi Windmühlen in einer Box darstellten. Sie bestanden aus Rotoren mit kleinen Eimern oder Schaufeln um ihren Umfang, die von dem eintreffenden Dampfstrahl getroffen wurden. Ihnen fehlte die Einfachheit der

Tesla-Turbine; aber bis zu jener Zeit, in der Tesla seinen Typ vorstellte, hatten sich die anderen in der Entwicklungsphase etabliert.

Teslas erster winziger Motor wurde 1906 von Julius C. Czito gebaut, der in Astoria, Long Island, eine Maschinenwerkstatt für Erfindermodelle betrieb. Er baute ebenfalls die folgenden 1911er und 1925er Modelle der Turbine und viele andere Geräte, an denen Tesla bis 1929 arbeitete. Herr Czitos Vater war ein Mitglied von Teslas Mitarbeitern in den Laboren der Houston Street von 1892 bis 1899 und in Colorado Springs gewesen.

Herr Czitos Beschreibung des ersten Modells lautet folgendermaßen: „Der Rotor bestand aus einem Stapel von sehr dünnen Scheiben aus Neusilber mit einem Durchmesser von 15 Zentimetern. Die Scheiben waren 0,79 Millimeter dick und wurden von Abstandhaltern aus dem gleichen Metall und der gleichen Dicke, aber von kleinerem Durchmesser getrennt, die in Form eines Kreuzes mit einem runden Mittelteil geschliffen waren. Die verlängerten Arme dienten als Rippen, um die Scheiben zu stützen.

Es gab acht Scheiben und die seitliche Fläche des Stapels war nur 1,27 Zentimeter dick. Sie waren im Zentrum einer nur 15 Zentimeter langen Welle montiert. Diese Welle hatte im Mittelteil einen Durchmesser von fast 2,5 Zentimetern und verjüngte sich schrittweise bis auf 1,25 Zentimetern an den Enden. Der Rotor befand sich in einem Gehäuse, das aus vier zusammengeschraubten Teilen bestand.

Die runde Kammer, in der sich der Rotor drehte, war genau bearbeitet, um einen Zwischenraum von 0,40 Millimetern zwischen dem Gehäuse und der Oberfläche des Rotors zu erlauben. Herr Tesla wünschte eine sich fast berührende Passform zwischen der Rotoroberfläche und dem Gehäuse, wenn sich letzteres drehte. Der große Zwischenraum war notwendig, da der Rotor enorm hohe Geschwindigkeiten mit durchschnittlich 35 000 Umdrehungen pro Minute erreichte. Mit dieser Geschwindigkeit war die von der Drehbewegung erzeugte Zentrifugalkraft so groß, dass sich das Metall in den rotierenden Scheiben deutlich dehnte. Ihr Durchmesser, wenn sie sich mit Höchstgeschwindigkeit drehten, war 0,79 Millimeter größer, als wenn sie still standen."

1910 baute Tesla ein größeres Modell. Es besaß Scheiben mit einem Durchmesser von 30,5 Zentimetern und entwickelte mit einer Geschwindigkeit von 10 000 Umdrehungen pro Minute 100 PS und ließ somit eine gegenüber dem ersten Modell stark verbesserte Leistung erkennen. Das Modell entwickelte bei halber Geschwindigkeit mehr als dreimal so viel Energie.

Im folgenden Jahr, 1911, wurden noch weitere Verbesserungen durchgeführt. Die Scheiben wurden auf einen Durchmesser von 24,76 Zentimetern verringert und die Betriebsgeschwindigkeit wurde um zehn Prozent auf 9 000 Umdrehungen pro Minute gesenkt — und die Energieleistung um zehn Prozent auf 110 PS gesteigert!

Im Anschluss an diesen Test veröffentlichte Tesla eine Erklärung, in der er eröffnete:

„Ich habe 110 PS mit Scheiben von einem Durchmesser von 24,76 Zentimetern und einer Dicke von ca. 5 Zentimetern entwickelt. Unter richtigen Bedingungen hätte die Leistung so groß wie 1 000 PS sein können. Tatsächlich hat die mechanische Leistung solch einer Maschine fast keine Grenze. Dieser Motor wird mit Gas, wie die normalen Typen von Explosionsmotoren in Automobilen und Flugzeugen, sogar noch besser arbeiten als mit Dampf. Tests, die ich durchgeführt habe, haben gezeigt, dass das Drehmoment mit Gas größer ist als mit Dampf."

Von dem Erfolg seiner kleineren Turbinenmodelle, die mit Druckluft und in begrenztem Ausmaß durch direkte Verbrennung von Benzin angetrieben werden, begeistert, gestaltete und baute Tesla ein größere, doppelte Einheit, die er mit Dampf in der Waterside Station, dem Hauptelektrizitätswerk der New York Edison Company, zu testen plante.

Dies war ein Kraftwerk, das ursprünglich dazu gestaltet worden war, mit dem von Edison entwickelten Gleichstromsystem zu arbeiten — aber es funktionierte nun durchgehend mit Teslas Mehrphasenwechselstrom.

Nun befand sich Tesla, der in Edisons Heiligtum eindrang, um eine neue Turbinenart zu testen, von der er hoffte, sie würde die benutzten Typen ersetzten, definitiv auf feindlichem Gebiet. Die Tatsache, dass er Morgans Unterstützung besaß und dass die Edison Company eine „Morgan Gesellschaft" war, hatte keine schlichtende Wirkung auf die Edison-Tesla Fehde.

Diese Situation wurde auch auf keine Weise von Teslas Methode, seine Tests durchzuführen, abgeschwächt. Tesla war ein bestätigter „Sonnenvermeider"; er zog es vor, in der Nacht und nicht am Tag zu arbeiten. Elektrizitätswerke besitzen, nicht aus Wahl sondern aus Notwendigkeit ihre größten Stromnachfragen nach Sonnenuntergang. Die Tageslast ist relativ leicht; aber als die Dunkelheit näher kommt, fangen die Dynamos unter der steigenden Nachtlast an, zu stöhnen.

Die Dienste der Arbeiter der Waterside Station wurden Tesla zum Aufbau und den Tests seiner Turbine mit der Erwartung zur Verfügung gestellt, dass die Arbeit am Tag gemacht würde, wenn die Arbeiter die leichtesten Aufgaben hatten.

Tesla tauchte allerdings nur selten vor fünf Uhr nachmittags auf oder sogar noch später, und wollte von den Appellen der Arbeiter, früher zu kommen, nichts hören. Er bestand darauf, dass einige der Arbeiter, die er vorzog, nach ihrem Feierabend der Tagesschicht um fünf Uhr blieben, um mit ihm auf einer Basis von Überstunden zu arbeiten. Er besaß auch keine versöhnliche Einstellung gegenüber dem Ingenieurpersonal oder den Offiziellen der Gesellschaft. Diese Haltungen waren natürlich gegenseitig.

Die zu diesem Test gebaute Tesla-Turbine hatte einen Rotor mit einem Durchmesser von 46 Zentimetern, der sich mit einer Geschwindigkeit von 9 000 Umdrehungen pro Minute drehte. Sie entwickelte 200 PS. Die gesamten Dimensionen des Motors waren 0,91*0,60*0,60 Meter. Er wog 181 Kilogramm.

Zwei solcher Turbinen wurden gebaut und in einer Linie auf einer einzigen Basis aufgestellt. Die Wellen der beiden waren durch eine

Drehmomentstütze verbunden. Dampf wurde in beide Motoren gespeist, sodass diese sich, wenn sie frei rotieren konnten, in entgegengesetzte Richtungen drehten. Die entwickelte Energie wurde durch die Drehmomentstütze, die an den zwei gegensätzlichen Wellen befestigt war, gemessen.

Bei einem formalen Test, zu dem Tesla zahlreiche großartige Gäste einlud, gab er eine Erklärung ab, in der er, wie berichtet, zum Teil sagte: „Es sollte vermerkt werden, das obwohl die Versuchsanlage 200 PS mit 125 Pfund an der Zuleitung und am Auslass entwickelt, sie eine Leistung von 300 PS mit vollem Druck am Versorgungskreis zeigen sollte. Wenn die Turbine verstärkt werden und der Auslass zu einer Niederdruckeinheit geleitet würde, die ungefähr dreimal so viele Scheiben enthält, wie sie in einem Hochdruckelement enthalten sind und die eine Verbindung zu einem Kondensator hat, der 72 bis 73,5 Zentimeter Vakuum gewährt, zeigen die durch die vorliegende Hochdruckmaschine erhaltenen Ergebnisse an, dass die verstärkte Einheit eine Leistung von 600 PS ohne starke Vergrößerung der Dimensionen liefern würde. Diese Einschätzung ist sehr konservativ.

Tests haben gezeigt, dass wenn die Turbine mit 9 000 Umdrehungen pro Minute unter einem Eingangs- und Ausgangsdruck von 861 844 Pascal läuft, 200 BHP (Bremsleistung) entwickelt werden. Der Verbrauch unter diesen Bedingungen einer maximalen Leistung beträgt 38 Pfund an gesättigtem Dampf pro PS pro Stunde, eine sehr hohe Effizienz, wenn wir beachten, dass der durch Thermometer gemessen Wärmeabfall nur 137 157 Joule beträgt und dass die Energieumwandlung in einer Stufe durchgeführt wird. Da in einem modernen Kraftwerk mit Überhitzungswärme und einem hohen Vakuum die dreifache Zahl an Hitzeeinheiten verfügbar ist, würde die Benutzung solcher Anlagen einen Verbrauch von weniger als 12 Pfund pro PS pro Stunde in Turbinen, die darauf angepasst sind, um den gesamten Spannungsabfall zu übernehmen, bedeuten.

Unter gewissen Bedingungen wurde eine sehr hohe thermische

Effizienz erreicht, was zeigt, dass in großen Maschinen, die auf diesem Prinzip basieren, der Verbrauch von Dampf sehr viel geringer sein und ungefähr das theoretische Minimum erreichen sollte, und so in einer fast widerstandslosen Turbine endet, die fast die gesamte ausgedehnte Dampfenergie auf die Welle überträgt."

Man darf nicht vergessen, dass all die von Tesla gebauten und getesteten Maschinen einstufige Motoren waren, die ca. ein Drittel der Dampfenergie benutzten. In der praktischen Benutzung beabsichtigte man, sie mit einer zweiten Stufe zu installieren, die die restliche Energie benutzte und die Energieleistung ums Zwei- oder Dreifache steigern würde. (Die beiden Turbinentypen besitzen in der allgemeinen Benutzung jede ein Dutzend oder mehr Stufen innerhalb eines einzigen Gehäuses.)

Einige aus dem Edison Elektrolager, die die Tests mit den Drehmomentstützen beobachteten und anscheinend nicht verstanden, dass in solchen Tests die beiden Rotoren stationär bleiben — ihre entgegengesetzten Drücke inszenieren ein Tauziehen, das als Drehmoment gemessen wird — brachten die Geschichte in Umlauf, dass die Turbine ein totaler Misserfolg war; dass diese Turbine selbst dann nicht praktisch wäre, wenn ihre Effizienz um ein tausendfaches gesteigert werden würde. Es waren Geschichten wie diese, die zur Unterstellung beitrugen, dass Tesla ein praxisferner Visionär war. Die Tesla-Turbine benutzte allerdings einen einstufigen Motor, funktionierte als ein Produzent von Zwergenergie, und war in der Form, in der sie wirklich getestet wurde, über 25 Jahre einer Art von Turbine voraus, die in jüngsten Jahren in der Waterside Station aufgebaut wurden. Diese ist ein sehr kleiner Motor mit Klingen auf ihrem Rotor, als „Vorschaltturbine" bekannt, der in die Dampfleitung zwischen den Wärmekesseln und den gewöhnlichen Turbinen inseriert wird. Es wird Dampf von erhöhtem Druck geliefert und die Vorschaltturbine schöpft diese „Sahne" vom Dampf ab und evakuiert jenen Dampf, der die anderen Turbinen auf ihre normale Weise betreibt.

Die General Electric Company entwickelte zu dieser Zeit die Curtis-Turbine und die Westinghouse Electric and Manufacturing Company die Parsons-Turbine; und keine der beiden Firmen zeigte das geringste Interesse in Teslas Vorstellung.

Eine weitere Entwicklung seiner Turbine in größerem Ausmaß hätte eine große Menge Geld erfordert — und Tesla besaß nicht einmal einen kleinen Betrag.

Letztlich schaffte er es, die Allis Charmers Manufacturing Company aus Milwaukee, Hersteller von Kolbenmaschinen und Turbinen und anderen schweren Maschinen, zu interessieren. Auf typische Tesla Art zeigte er in seinen Verhandlungen allerdings solch ein Mangel an Diplomatie und Einsicht in die menschliche Natur, dass er besser dran gewesen wäre, hätte er es vollkommen verpasst, jegliche Vereinbarungen zur Benutzung der Turbine zu treffen.

Tesla, ein Ingenieur, ignorierte die Ingenieure aus dem Stab von Allis Chalmers und ging direkt zum Leiter. Während ein Ingenieursbericht für seinen Vorschlag vorbereitet wurde, ging er zum Vorstand und „verkaufte" diesen Körper seines Projekts, bevor die Ingenieure die Chance hatten, gehört zu werden. Es wurden drei Turbinen gebaut. Zwei von ihnen hatten zwanzig Scheiben mit einem Durchmesser von 46 Zentimetern und wurden mit Dampf von einem Druck von 80 Pfund getestet. Sie entwickelten bei Geschwindigkeiten von 12 000 und 10 000 Umdrehungen pro Minute jeweils 200 PS. Dies war genau die gleiche Energieleistung, die von Teslas 1911er Modell erreicht worden war, das Scheiben von der Hälfte dieses Durchmessers besaß und mit 9 000 Umdrehungen und unter 125 Pfund Druck betrieben wurde. Ein sehr viel größerer Motor wurde als nächstes in Angriff genommen. Er besaß 15 Scheiben mit einem Durchmesser von 1,52 Metern und war dafür entwickelt worden, mit 3 600 Umdrehungen pro Minute zu funktionieren und wurde mit einer Kapazität von 500 Kilowatt oder ca. 675 PS bewertet.

Hans Dahlstrand, technischer Berater der Abteilung für

Dampfmaschinen, berichtet in Teilen:
„Wir bauten auch eine Dampfmaschine von 500 kW, die mit 3 600 Umdrehungen arbeiten sollte. Der Turbinenrotor bestand aus 15 Scheiben mit einem Durchmesser von 1,52 Metern und einer Dicke von 3,18 Millimetern. Diese Scheiben wurden in einem Abstand von ca. 3,18 Millimetern angebracht. Die Einheit wurde getestet, indem sie an einen Generator angeschlossen wurde. Die mit dieser Einheit erhaltene maximale mechanische Leistung betrug ca. 38 Prozent, wenn sie mit einem Dampfdruck von ca. 80 absoluten Pfund, einem Gegendruck von ca. 3 absoluten Pfunden und einer Überhitzungswärme am Einlauf von 38 °C betrieben wurde.

Wenn der Dampfdruck darüber hinaus gesteigert wurde, dann fiel die mechanische Effizienz ab; folglich war die Gestaltung dieser Turbinen von solcher Natur, dass es zum Erhalt von maximaler Effizienz mit hohem Druck nötig gewesen wäre, mehr als eine Turbine in einer Reihe zu haben.

Die Effizienz dieser kleinen Turbineneinheiten ist mit der Effizienz vergleichbar, die durch kleine Impulsturbinen erreicht werde kann, die mit Geschwindigkeiten funktionieren, mit denen sie direkt an Pumpen oder andere Maschinen angeschlossen werden können. Daher ist es offensichtlich, dass die kleine Einheit mit zwischen 10 000 bis 12 000 Umdrehungen laufen muss, um die gleiche Effizienz zu erhalten, und es wäre nötig gewesen, Untersetzungsgetriebe zwischen der Dampfturbine und der angetriebenen Einheit zu schalten."

Des Weiteren konnte die Gestaltung der Tesla-Turbine in ihren Herstellungskosten nicht mit dem kleineren Typ von Impulseinheiten konkurrieren. Es ist auch fraglich, ob die Rotorscheiben aufgrund ihrer leichten Bauweise und hohen Belastung lange Zeit durchhalten würden, wenn sie ständig in Betrieb waren.

Die oben genannten Bemerkungen gelten genauso für die große Turbine mit 3 600 Umdrehungen. Als diese Einheit demontiert wurde, fand man heraus, dass die Scheiben sich stark deformiert hatten und man war der Meinung, dass diese Scheiben letzten Endes versagt hätten, wäre die Einheit eine lange Zeit betrieben wurden.

Die Gasturbine wurde nie gebaut, da die Firma nicht in der Lage war, ausreichend technische Informationen von Herrn Tesla selbst über das ungefähre Design, das er im Kopf hatte, zu erhalten.

Tesla scheint zu diesem Zeitpunkt mit Tests aufgehört zu haben. In Milwaukee gab es allerdings keinen George Westinghouse, um die Situation zu retten. Später in den 1920er Jahren fragte der Autor Tesla, warum er seine Arbeit mit der Allis Chalmers Company beendet hatte. Er antwortete: „Sie wollten die Turbinen nicht so bauen, wie ich es wünschte"; und er sollte die Aussage nicht weiter ausführen.

Die Allis Chalmers Company wurde später zum bahnbrechenden Hersteller eines anderen Typs einer Gasturbine, die seit Jahren in erfolgreichem Betrieb ist.

Während der Bericht von Dahlstrand bezüglich der Tesla-Turbine extrem kritisch zu sein und grundlegende Schwächen in dieser zu eröffnen scheint, die in anderen Turbinen nicht gefunden wurden, ist dies nicht der Fall. Der Bericht ist im Allgemeinen eine gerechte Darstellung der Ergebnisse; und die Beschreibung von scheinbaren Schwächen eröffnet nur einen anderen Standpunkt der Tatsachen, die Tesla selbst in den früheren Tests mit seiner Turbine aussagte — dass wenn ein einstufiger Motor benutzt wird, die Turbine nur ca. ein Drittel der Dampfenergie verwendet und dass sie zur Benutzung des Rests mit einer zweiten Turbine verbunden werden musste.

Der Verweis auf eine Zentrifugalkraft von 70 000 Pfund, die aufgrund der hohen Rotationsgeschwindigkeit des Rotors entsteht und Schäden an den Scheiben verursacht, ist ein gewöhnliches Vorkommnis mit allen Turbinentypen. Dies wird in der Broschüre „The Story of the Turbine" (Die Geschichte der Turbine) deutlich gemacht, die im vergangenen Jahr von der General Electric Company veröffentlicht wurde und in der gesagt wird:

„Sie [die Turbine] musste warten, bis Ingenieure und Wissenschaftler

Materialien entwickeln konnten, die diesen Drücken und Geschwindigkeiten widerstehen. Zum Beispiel hat ein einziger Eimer in einer modernen Turbine, die mit 965 km/h läuft, eine Zentrifugalkraft von 90 000 Pfund, die versucht, ihn von seiner Befestigung am Schöpfrad und der Welle zu lösen …

In diesem rasenden Inferno, laufen die Hochdruckeimer an einem Ende der Turbine sehr heiß, während die ein paar Fuß entfernten großen Eimer in den letzten Stufen mit 965 km/h durch einen Sturm von lauwarmen Regen laufen — so schnell, dass die Tropfen von verdichtetem Dampf wie ein Sandstrahl einschneiden."

Dahlstrand berichtete, dass man aufgrund der Vibration Schwierigkeiten in der Tesla-Turbine begegnete und dass es dadurch notwendig wurde, die Scheiben zu verstärken. Dass diese Schwierigkeit allen Turbinen gemeinsam ist, wird weiter in der Broschüre von General Electric angegeben, die besagt:

„Die Vibration zersplitterte Eimer und Räder und zerstörte Turbinen, manchmal innerhalb ein paar Stunden und manchmal nach jahrelangem Betrieb. Diese Vibration wurde dadurch verursacht, dass man solch riesige Mengen Energie aus relativ leichten Maschinen zog — in manchen Fällen bis zu 400 PS aus einem Eimer, der nur 454 oder 907 Gramm wog …"

Die größten Probleme der Turbine sind vier: hohe Temperaturen, hohe Drücke, hohe Geschwindigkeiten und innere Vibrationen. Und ihre Lösung liegt in der Ingenieurs-, Forschungs- und Herstellungskunst.

Diese Probleme erwarten immer noch ihre letztendliche Lösung, selbst mit den Herstellern, die seit vierzig Jahren Turbinen bauen; und die Tatsache, dass man ihnen in der Tesla-Turbine begegnete und so davon berichtete, ist keine endgültige Kritik an Teslas Erfindung in den ersten Phasen ihrer Entwicklung.

In den vergangenen ein oder zwei Jahren kam in Ingenieurskreisen ein Flüstern auf, das auf ein wiederbelebendes Interesse an der Tesla-Turbine hinwies und auf die Möglichkeit, dass die Macher der Curtis-

und Parsons-Typen ihre Linien vielleicht erweitern würden, um den Tesla-Typ zu einem gemeinsamen Betrieb mit den anderen zu benutzen. Die Entwicklung von neuen Legierungen, die jetzt fast auf Bestellung mit gewünschten Eigenschaften von mechanischer Stabilität unter Bedingungen von hoher Temperatur und hoher Belastung hergestellt werden können, ist für diese Entwicklung stark verantwortlich.

Es besteht die Möglichkeit, dass wenn die Tesla-Turbine mit dem Vorteil von zwei oder mehr Stufen gebaut und ihr somit die volle Reichweite der Curtis- oder Parsons-Turbine verleiht wird und sie mit den gleichen Vorteilen von Ingenieurskunst und modernen metallurgischen Entwicklungen gebaut wird, mit denen diese beiden Turbinen überhäuft worden waren, die viel größere Einfachheit der Tesla-Turbine es ihr dann ermöglichen würde, eine bessere Effizienz des Betriebs und Einsparungen im Bau aufzuzeigen.

VIERZEHN

Die höchste Ehre, die die Welt ihren Gelehrten zukommen lassen kann, ist der Nobelpreis, gegründet vom schwedischen Wissenschaftler Alfred B. Nobel, der seinen Reichtum durch die Erfindung des Dynamits erlangte. Jedes Jahr werden fünf Auszeichnungen vergeben und jede von ihnen bringt zu normalen Zeiten einen Ehrensold von ca. 40 000 $ ein. 1912 kam eine Bekanntgabe aus Schweden, dass Nikola Tesla und Thomas A. Edison ausgewählt worden waren, um den 1912er Preis in Physik zu teilen. Die Preisvergabe fand allerdings nie statt; der Preis ging stattdessen an Gustav Dalen, einen schwedischen Wissenschaftler. Die ganze Geschichte von dem, was passierte, ist unbekannt. Die Korrespondenz zu diesem Thema steht nicht zur Verfügung. Es steht definitiv fest, dass Tesla sich weigerte, den Preis anzunehmen. Zu dieser Zeit war Tesla in großen Geldnöten und die 20 000 $, die sein Anteil der geteilten Auszeichnung gewesen wären, hätten ihm sicherlich geholfen, mit seiner Arbeit fortzufahren. Andere Faktoren hatten allerdings einen größeren Einfluss.

Tesla unterschied sehr deutlich zwischen dem Erfinder von nützlichen Geräten und dem Entdecker von neuen Prinzipien. Der Entdecker neuer Prinzipien, sagte er in einem Gespräch mit dem Autor, ist ein Pionier, der ein neues Wissensfeld eröffnet, in das tausende Erfinder strömen, um kommerzielle Anwendungen der neu eröffneten Informationen zu machen. Tesla bezeichnete sich selbst als Entdecker und Edison als Erfinder; und er war der Auffassung, dass wenn man die beiden in die gleiche Kategorie stecken würde, man all den Sinn des relativen Werts ihrer beiden Errungenschaften komplett zerstören würde.

Es ist recht wahrscheinlich, dass Tesla ebenfalls von der Tatsache beeinflusst wurde, dass der Nobelpreis drei Jahre zuvor Marconi zugesprochen worden war, eine Situation, die ihn stark enttäuschte. Dass die Auszeichnung erst an Marconi ging und man ihn dann fragte, den Preis mit Edison zu teilen, war für ihn eine zu große Verminderung des relativen Werts seiner Arbeit für die Welt, um dass Tesla dies ohne Rebellion ertragen konnte.

Tesla war der erste und wahrscheinlich der einzige Wissenschaftler, der diesen berühmten Preis je ablehnte.

Eine der größten Ehren der technischen Welt ist ebenfalls die Edison Medaille, gegründet von unbenannten Freunden Thomas A. Edisons, die jedes Jahr vom American Institute of Electrical Engineers bei dessen Tagung für einen herausragenden Beitrag zur elektrischen Kunst und Wissenschaft verliehen wird. Normalerweise waren die Empfänger sehr glücklich, die Auszeichnung zu erhalten; aber als das Komitee 1917 dafür stimmte, die Medaille Tesla zu verleihen, entstand eine andere Situation.

Der Vorsitzende des Edison-Medaillen-Komitees war B. A. Behrend, der einer der ersten Elektroingenieure gewesen war, der den gewaltigen Wert von Teslas Wechselstromentdeckungen und ihre weitreichende Bedeutung für jeden Bereich der Elektroindustrie verstanden hatte. Ein paar herausragende Ingenieure waren anfangs in der Lage, die Komplexität der neuen Wechselstromprozesse, die Teslas Entdeckungen von sofortiger praktischer Wichtigkeit werden ließen, zu verstehen; aber es war Behrend, der eine schöne, einfache, mathematische Technik, bekannt als das „Kreisdiagramm" entwickelte, das es möglich machte, Probleme bei der Gestaltung von Wechselstrommaschinen mit großer Leichtigkeit zu lösen und ebenfalls die komplexen Phänomene zu verstehen, die in solchen Geräten auftraten. Er veröffentlichte unzählige Artikel zu diesem Thema in technischen Zeitschriften und schrieb das Standardlehrbuch Induktionsmotoren. Behrend erhielt Ruhm und Reichtum. Er erlangte Anerkennung als einer der herausragenden Elektroingenieure und wurde später zum Vizepräsident des American Institute of Electrical Engineers gewählt. Seine Arbeit war für die kommerzielle Welt von solcher Bedeutung, dass er als wahrscheinlicher Empfänger der Edison Medaille gehandelt wurde.

Behrend hatte 1896 angefangen, Artikel zu seiner Kreisdiagrammentdeckung zu veröffentlichen, aber er traf Tesla erst 1901, als dieser einen bestimmten Motortyp für sein Kraftwerk des drahtlosen Weltsystems, das in Wardencliff, Long Island, gebaut wurde, benötigte und die Aufgabe der Gestaltung der technischen Abteilung einer Produktionsgesellschaft zugewiesen hatte, deren Leitung Behrend innehatte. Nachdem sich Tesla und Behrend getroffen hatten, entstand zwischen den beiden Männern eine enge, persönliche Freundschaft. Behrend war einer der wenigen, die Teslas Arbeit komplett verstanden; und der Erfinder, der durch die Abwesenheit von Individuen mit Geistern seines eigenen Kalibers einsam war, schätzte Behrends Freundschaft besonders.

Behrend glaubte daher, dass er Tesla ein Zeichen seiner höchsten Wertschätzung gab, als er es schaffte, den Preis der Edison Medaille zu Tesla zu manövrieren; und er war recht froh, die Aufgabe auszuführen, dem Erfinder die frohe Botschaft zu überbringen. Die Ankündigung machte Tesla allerdings nicht glücklich. Er wollte die Edison Medaille nicht, er würde sie nicht erhalten!

Behrend, von Teslas Abfuhr extrem überrascht, fragte diesen, ob er nicht den Grund dafür erklären könne.

„Lassen Sie uns diese gesamte Angelegenheit vergessen, Herr Behrend. Ich weiß Ihre gute Absicht und Ihre Freundschaft zu schätzen, aber ich wünsche, dass Sie zum Komitee zurückkehren und fordern, dass es einen neuen Empfänger wählt. Es sind fast dreißig Jahre vergangen, seit ich mein rotierendes Magnetfeld und Wechselstromsystem vor dem Institut verkündete. Ich benötigte seine Ehren nicht und jemand anderes wird sie vielleicht als nützlich empfinden."

Es wäre Behrend unmöglich gewesen, zu bestreiten, dass das Institut es während dieser langen Zeit tatsächlich verpasst hatte, den Mann zu ehren, dessen Entdeckungen für das Schaffen von Arbeitsplätzen, die von wahrscheinlich über dreiviertel der Mitglieder des Instituts eingenommen wurden, verantwortlich waren, während vielen anderen für vergleichsweise geringe Errungenschaften Ehren verliehen wurden. Die Freundschaft als Privileg benutzend drängte Behrend trotzdem auf eine weitere Erklärung.

„Sie schlagen vor", antwortete Tesla, „mich mit einer Medaille zu ehren, die ich an meinen Mantel heften und mit der ich eine sinnlose Stunde lang vor den Mitgliedern und Gästen Ihres Instituts herumstolzieren könnte. Sie würden den äußeren Anschein geben, dass Sie mich ehren, aber Sie würden meinen Körper schmücken und meinen Kopf und seine kreativen Produkte, die die Grundlage geliefert haben, auf der der Großteil ihres Instituts existiert, weiterhin aus Mangel an Anerkennung hungern lassen. Und wenn Sie diese leere Pantomime der Ehrung Teslas durchspielen würden, würden sie nicht Tesla ehren, sondern Edison, der zuvor unverdienten Ruhm durch jeden Empfänger dieser Medaille erhalten hat."

Nach mehreren Besuchen überzeugte Behrend allerdings Tesla, die Medaille anzunehmen.

Der Brauch erfordert es, dass der Empfänger einer Medaille eine förmliche Ansprache hält. Zu den Gelegenheiten, bei denen Tesla ein Viertel Jahrhundert zuvor dazu eingeladen war, vor dem Institut zu sprechen, hatte er ausreichend Laboreinrichtungen gehabt und viel Zeit, Anstrengung, Gedanken und Geld in die Vorbereitung seiner Vorträge gesteckt. Dafür hatte er allerdings keine Ehren erhalten. Nun stand er ohne Laboreinrichtungen und ohne ausreichend finanzielle Ressourcen da, obwohl sein reiferer Geist wie immer mit Ideen und ungeborenen Erfindungen gefüllt war. Man verlangte nicht, dass er einen Vorführungsvortrag hielt. In dieser Angelegenheit war Tesla allerdings Opfer seiner eigenen vergangenen Vorführungen; und es bestand die Erwartung, dass er aus der vergleichsweisen Vergessenheit, die ihn über ein Jahrzehnt lang eingehüllt hatte, auftauchen und wie ein Zaubermeister kommen und der Welt einige wunderbare, neue

Geschenke von Erfindungen liefern würde.

Tesla besuchte einige Treffen der Tagung und Behrend, der sich nicht komplett sicher war, was der Medaillenträger tun würde, nahm ihn nach der Nachmittagssitzung in Schlepptau und begleitete ihm zum Hotel St. Regis, wo Tesla jetzt sein Zuhause hatte und wo sie beide ihre Gesellschaftskleidung für die Zeremonien des Abends anzogen.

Die erste Veranstaltung des Abendprogramms war ein privates Essen im Engineers' Club, das vom Institut dem Medaillenträger, der der Ehrengast war, angeboten und das von den vorherigen Empfängern der Edison Medaille sowie von Mitgliedern des Komitees und den Offiziellen des Instituts besucht wurde. Es war eine Galaveranstaltung und repräsentierte eine ungewöhnliche Ansammlung der größten Elektroingenieurstalente der Welt. Man konnte sich auf Tesla verlassen, um solch einer Gelegenheit Glanz zu verleihen, aber während seine schillernde Konversation zur Fröhlichkeit der Gruppe beitrug, fühlte er sich deutlich unwohl.

Der Engineers' Club, auf der südlichen Seite der 40th Street, zwischen der 5th und der 6th Avenue, liegt dem Bryant Park gegenüber, dessen östliches Drittel vom klassischen Gebäude der New York Public Library eingenommen wird, das der 5th Avenue von der 40th zur 42nd Street gegenüber liegt. Das United Engineering Societies Building, ein imposantes Gebäude auf der nördlichen Seite der 39th Street, steht fast Rücken an Rücken mit dem Engineers' Club. Indem man eine ein paar Fuß breite Gasse durchquert, kann man von einem Gebäude zum anderen gehen.

Nach dem Essen im Engineers' Club machte die schillernde Gruppe vom Dinner des Medaillengewinners ihren Weg über die Gasse hinweg und weiter durch die überfüllte Lobby des Gebäudes der Engineering Society, das vor den zahlreichen Aktivitäten einer Tagung summte. Die Gruppe betrat die Fahrstühle, die sie zum großen Auditorium im fünften Stock trugen, wo die Medaillenverleihungen stattfinden sollten.

Das Auditorium war mit einem Publikum überfüllt, das im Wesentlichen von formalen Essen gekommen war, die als Teil des Tagungsprogramms veranstaltet wurden. Das Stockwerk und die Galerie waren bis auf den letzten Platz gefüllt. Das Summen von lebhaften Gesprächen verstarb, als die überragenden Figuren der elektrischen Welt in Fracks und mit weißen Krawatten die Bühne betraten, die als „Wachsfiguren" der Zeremonien dienten und sich etwas an der Vorstellung beteiligen sollten.

Als die Wachsfiguren ihre zuvor zugewiesenen Stühle einnahmen, war die Bühne für die Eröffnung der Zeremonien bereit. Aber die Eröffnung fand nicht nach Plan statt. Es machte sich Ernüchterung in der Gruppe breit, als man entdeckte, dass der Stuhl, der für den Hauptteilnehmer der Veranstaltung reserviert war, leer blieb.

Tesla fehlte!

Man durchsuchte die Seitenhalle, die von der Bühne führte, und die Vorräume, aber es war von ihm keine Spur. Mitglieder des Komitees schlüpften hinaus, um ihren Weg durch die Lobby und zurück zum Esssaal des Clubs zurückzuverfolgen. Ein Mann, der so groß war wie Tesla, konnte in keiner Gruppe versteckt werden, und doch war von ihm in beiden Gebäuden keine Spur.

Die Verzögerung der Eröffnung des Treffens im Auditorium war peinlich — aber die Zeremonie konnte ohne Tesla nicht anfangen, und wo war er?

Es schien nur schwer möglich, dass eine imposante Figur wie Tesla, dessen Größe durch die stromlinienförmigen Konturen seiner schwalbenschwänzigen, formellen Abendkleidung, und in der fast verehrenden Obhut zahlreicher überragender Intellektueller, verschwinden konnte, ohne dass irgendjemand ihn gehen sah.

Behrend eilte vom Club zum Auditorium zurück, in der Hoffnung, dass Tesla ihm nicht vorausgegangen war; aber er fand heraus, dass dies nicht der Fall war. Alle Waschräume in beiden Gebäuden waren durchsucht worden, er hatte sich in keinen von ihnen versteckt. Niemand konnte ihm eine Theorie über sein Verschwinden liefern.

Niemand außer Behrend wusste von Teslas Abneigung, die Edison

Medaille anzunehmen, doch selbst er wusste keineswegs, was aus dem berühmten Erfinder geworden war. Er erinnerte sich daran, die schattigen Wege des Bryant Park gegenüber des Clubs gesehen zu haben, als er und Tesla früher am Abend aus dem Taxi stiegen und er fragte sich, ob sich Tesla dorthin für ein ruhiges Sinnen vor der Zeremonie zurückgezogen hatte. Er eilte aus dem Club.

Als Behrend den Bryant Park betrat, war das letzte schwache leuchten der Abenddämmerung im hohen Himmel sichtbar; aber im Park sammelten sich die Schatten der Nacht und hier und dort konnte das schwache Zwitschern von Vögeln vernommen werden. Das Zwitschern der Vögel brachte blitzartig die Szene in Behrends Geist, die er in Teslas Wohnung im Hotel St. Regis beobachtet hatte. In dem Raum, den Tesla als Lesezimmer und Büro eingerichtet hatte, befand sich ein Rollschreibtisch. Auf diesem standen vier saubere, runde Körbe und in zwei von ihnen nisteten Tauben. Bevor sie die Wohnung verließen, ging Tesla zum Fenster, das immer offen blieb, pfiff leise und zwei weitere Tauben flogen schnell in den Raum. Genau bevor sie zum Essen gegangen waren, hatte Tesla die Tauben gefüttert und als er dies tat, glitt er eine mit etwas gefüllte Papiertüte in seine Tasche. Die mögliche Bedeutung dieser späteren Tat wurde Behrend erst bewusst, als er das Zwitschern der Vögel im Park hörte.

Mit schnellstmöglicher Geschwindigkeit lief Behrend aus dem Park, die 40th Street in Richtung Fifth Avenue hinunter und die Stufen des Büchereiplatzes herauf. Hier bot sich ihm ein Anblick, der ihn so sehr beeindruckte, dass er fast den Glauben an das, was seine Augen ihm zeigten, verlor. Hier war der fehlende Mann. Er hatte sich daran erinnert, dass Tesla regelmäßig die Bücherei, die St. Patrick's Cathedral oder andere Orte besuchte, um die Tauben zu füttern.

Im Zentrum des großen, schmalen Kreises von Beobachtern stand die imposante Figur Teslas, gekrönt von zwei Tauben auf seinem Kopf, seine Schultern und Arme mit einem weiteren Dutzend geschmückt; ihre weißen oder blassblauen Körper standen selbst in der Abenddämmerung in starkem Kontrast mit seinem schwarzen Anzug und schwarzem Haar. Auf jeder seiner ausgestreckten Hände saß ein weiterer Vogel, während scheinbar hunderte mehr auf dem Boden vor ihm einen lebenden Teppich bildeten, herum hüpften und an dem Vogelfutter pickten, dass er verteilt hatte.

Behrend hatte den Impuls, hereinzustürzen, die Vögel wegzuscheuchen, den fehlenden Mann zu packen und ihn zurück zum Auditorium zu schleifen. Etwas ließ ihn allerdings innehalten. Solch eine abrupte Tat schien fast frevelhaft. So wie er da einen Moment zögerte, erblickte Tesla ihn und bewegte langsam die Position einer Hand, um einen warnenden Finger zu heben. Als er dies tat, bewegte er sich allerdings langsam auf Behrend zu; und als er in die Nähe kam, flogen einige Vögel von Teslas Schultern auf Behrends. Offensichtlich eine beunruhigende Situation spürend, flogen alle Vögel auf den Boden.

An Tesla appellierend, ihn nicht im Stich zu lassen und auch diejenigen, die beim Treffen warteten, nicht in Verlegenheit zu bringen, flehte Behrend den Erfinder an, zum Auditorium zurückzukehren. Behrend hatte jedoch keine Ahnung, wie viel mehr die Tauben Tesla bedeuteten als die Edison Medaille; und niemand hätte das fantastische Geheimnis in Teslas Leben vermuten können, dessen äußere Erscheinungsform sein getreues Füttern seiner gefiederten Freunde war. Für Behrend war dies nur eine weitere, in diesem Fall sehr peinliche, Offenbarung der Nichtkonformität des Genies. Darüber später mehr.

Bei der Rückkehr zum Auditorium erklärte Behrend in einer schnellen Nebenbemerkung zum Präsidenten, dass Tesla vorübergehend krank gewesen war, aber dass sein Zustand nun recht zufriedenstellend war. Die Eröffnung des Treffens hatte sich um ca. 20 Minuten verzögert.

In seiner Laudatio wies Behrend darauf hin, dass es durch einen außergewöhnlichen Zufall auf den Tag und die Stunde genau 29 Jahre her war, dass Nikola Tesla seine ursprüngliche Beschreibung seines Mehrphasenwechselstromsystems vorgestellt hatte. Er fügte hinzu:

„Seit der Erscheinung von Faradays ‚Experimental Researches

in Electricity' wurde keine experimentelle Wahrheit so einfach und klar ausgesprochen, wie die Beschreibung von Herrn Teslas großartiger Entdeckung der Erzeugung und Benutzung von Mehrphasenwechselstrom. Er ließ denjenigen, die ihm folgten, nichts zu tun übrig. Sein Aufsatz enthielt selbst das Grundgerüst der mathematischen Theorie.

Drei Jahre später, im Jahre 1891, wurde mithilfe von Herrn Teslas System die erste große Vorführung der Übertragung von Energie mit 30 000 Volt von Lauffen nach Frankfurt durch Schweizer Ingenieure vollbracht. Ein paar Jahre später folgte die Entwicklung der Cataract Construction Company unter der Leitung von unserem Mitglied Herrn Edward D. Adams und mithilfe der Ingenieure der Westinghouse Gesellschaft. Es ist interessant, hier heute Abend daran zu erinnern, dass Lord Kelvin in seiner Unterstützung von Herrn Adams die Benutzung von Gleichstrom für die Erzeugung von Energie an den Niagarafällen und für deren Übertragung nach Buffalo empfahl.

Die gebührende Anerkennung oder selbst die Aufzählung der Ergebnisse von Herrn Teslas Erfindung ist in diesem Moment weder machbar noch wünschenswert. Alle Dinge haben ihre Zeit. Es sei nur darauf hingewiesen, dass wenn wir die Ergebnisse von Herrn Teslas Arbeit nehmen und aus unserer industriellen Welt vertreiben würden, die Räder der Industrie sich zu drehen aufhören, unsere elektrischen Autos und Züge stoppen würden, unsere Städte dunkel und unsere Mühlen tot und untätig wären. Ja, diese Arbeit ist so weitreichend, dass sie zur Kette und Schuss der Industrie geworden ist ... Sein Name markiert eine Epoche des Fortschritts der elektrischen Wissenschaft. Aus dieser Arbeit entsprang eine Revolution der elektrischen Kunst.

Wir haben Herrn Tesla gebeten, diese Medaille anzunehmen. Wir haben dies nicht zum einzigen Zweck getan, um eine Auszeichnung zu verleihen oder einen Namen zu verewigen, denn solange sich Menschen mit unserer Industrie beschäftigen, wird sein Name im gewöhnlichen Gedanken unserer Kunst enthalten sein und der Name Tesla läuft keine größere Gefahr, in Vergessenheit zu geraten, als der von Faraday oder von Edison.

Tatsächlich verleiht dieses Institut die Medaille auch nicht als Beweis, dass Herr Teslas Arbeit ihre offizielle Zustimmung besitzt. Seine Arbeit benötigt auf keinste Weise solch eine Zustimmung.

Nein, Herr Tesla, wir bitten Sie, diese Medaille als Symbol unserer Dankbarkeit für einen neuen, kreativen Gedanken, den mächtigen Anstoß ähnlich einer Revolution, den Sie unserer Kunst und unserer Wissenschaft gegeben haben, zu schätzen. Sie haben gelebt, um die Arbeit Ihres Genies etabliert zu sehen. Was mehr könnte sich ein Mann wünschen? Dies erinnert uns an eine Paraphrase von Alexander Popes Zeilen zu Newton:

Natur, Naturgesetze im Dunkeln sah man nicht;
Gott sprach: Es werde Tesla! Und es ward Licht.

Es bestehen keine Aufzeichnungen von Teslas Dankesrede. Er bereitete keine formelle Ansprache vor. Er hatte die Absicht gehabt, eine kurze Antwort zu geben, aber stattdessen verlor er sich in anekdotischen Erzählungen und eine Vorschau zur Zukunft der elektrischen Wissenschaft wurde aufgrund der Abwesenheit des begrenzenden Einflusses einer geschriebenen Kopie recht lang.

Es ist zweifelhaft, ob irgendjemand im Publikum oder auf der Bühne die komplette Bedeutung von Behrends Worten verstand, als er sagte: „Wir haben Herrn Tesla gebeten, diese Medaille anzunehmen." Und noch kleiner ist die Zahl der Mitglieder des Instituts, die eine Vorstellung von dem Ausmaße oder der Bedeutung von Teslas Beitrag zu ihrer Wissenschaft hatten. Seine wichtigsten Erfindungen waren dreißig Jahre zuvor verkündet worden. Die Mehrzahl der anwesenden Ingenieure gehörte der jüngeren Generation an; und sie waren mit Lehrbüchern unterrichtet worden, die Teslas Arbeit fast vollkommen ausließen.

FÜNFZEHN

Teslas Ankündigung, die in seinen späteren Jahren am meisten Aufmerksamkeit erregte, betraf seine Entdeckung dessen, was knapp aber nicht sehr akkurat Todesstrahl genannt wurde. Frühere Berichte über die Erfindung von Todesstrahlen waren aus Europa gekommen — Strahlungen, die Luftschiffe, auf die sie trafen, in Flammen ausbrechen und die Stahlkörper von Panzern schmelzen ließen und den Maschinenpark von Schiffen außer Betrieb setzen würden; aber alle lieferten Hinweise darauf, dass sie Teil des Spiels diplomatischen Unsinns wären.

Die Einleitung zu Teslas Ankündigung von Todesstrahlen geschah mehrere Jahre zuvor in Form der Meldung, dass er Entdeckungen bezüglich neuer Arten zur Energieerzeugung gemacht hatte, die, wenn sie angewendet wurden, die größten existierenden Turbinendynamoeinheiten im Elektrizitätskraftwerk wie Zwerge aussehen lassen würden. Er machte diese Ankündigung in Interviews mit der Presse im Jahre 1933 und behauptete, dass er ebenfalls an einem neuen Generatortyp zur Produktion aller Arten von Strahlung mit der höchsten Intensität arbeitete. Er machte eine ähnliche Ankündigung im darauffolgenden Jahr.

Beide Ankündigungen hatten ein Recht darauf, eine ernsthafte Abwägung zu erhalten, obwohl sie nicht von experimentellen Beweisen begleitet wurden und keine technischen Einzelheiten eröffneten.

Wenn Tesla als Wissenschaftler sprach, war er aus moralischen, wirtschaftlichen und allen praktischen und theoretischen Gründen gegen den Krieg. Aber wenn er aufhörte, wie ein Wissenschaftler zu denken und seine Gefühle seine Gedanken bestimmen ließ, dann fand er Ausnahmen und dachte, dass einige Kriege und Situationen gerechtfertigt waren. Als Wissenschaftler war er nicht gewillt, die Entdeckungen von Wissenschaftlern für die Zwecke von Kriegsmachern angewandt zu sehen, aber wenn die emotionale Phase seiner Natur überhandnahm, dann war er gewillt, seine Genialität anzuwenden und Maßnahmen zum Vorbeugen von Kriegen zu treffen, indem er Schutzvorrichtungen lieferte.

Diese Einstellung wird in der folgenden Aussage veranschaulicht, die er in den 1920er vorbereitet aber nicht veröffentlicht hatte:

„Zur Zeit versuchen viele der fähigsten Köpfe, Mittel zu entwickeln, um eine Wiederholung des schrecklichen Konflikts zu vermeiden, der nur theoretisch beendet ist und dessen Dauer und Kernpunkte ich in einem in der Sun vom 20. Dezember 1914 abgedruckten Artikel richtig vorhersagte. Der Völkerbund ist keine Abhilfe, sondern könnte laut Meinung vieler kompetenter Menschen im Gegensatz genau die gegenteiligen Resultate bringen. Es ist besonders bedauerlich, dass eine strafende Politik zur Ausarbeitung der Friedensbedingungen angewendet wurde, denn in ein paar Jahren werden Nationen ohne Armeen, Schiffe oder Gewehre kämpfen können, sondern mit Waffen, die viel schrecklicher sind und deren zerstörerische Kraft und Reichweite praktisch keine Grenzen hat. Jede Stadt könnte aus jeglicher Entfernung vom Feind zerstört werden und keine Macht der Welt könnte ihn daran hindern. Wollen wir eine drohende Katastrophe und Zustände abwenden, die diesen Globus in ein Inferno verwandeln würden, sollten wir die Entwicklung von Flugmaschinen und die drahtlose Übertragung von Energie ohne einen einzigen Moment zu zögern und mit all der Macht und den Ressourcen der Nation vorantreiben."

Tesla sah in seiner neuen Erfindung, die Eigenschaften von „Todesstrahlen" verkörperte und die er mehrere Jahre, nachdem diese vorangehende Aussage geschrieben wurde, gemacht hatte, präventive Möglichkeiten. Er sah, wie sie einen Schutzvorhang liefern würde, den jedes Land, egal wie klein, als Verteidigung gegen eine Invasion benutzen könnte. Während er seine Erfindung als Verteidigungswaffe anbot, gab es allerdings nichts, was das Militär davon abhalten würde, sie als

Angriffswaffe zu benutzen.
Tesla lieferte nie den kleinsten Hinweis auf die Prinzipien, mit denen sein Gerät funktionierte.

Es gibt allerdings Anhaltspunkte dafür, dass Tesla an einem Hochpotenzialgleichstromsystem zur Erzeugung und Übertragung von Energie über weite Distanzen hinweg arbeitete. Gleichstrom kann mit sehr hohen Spannungen sehr viel effizienter übertragen werden als Wechselstrom. Es gab keine praktische Möglichkeit, Wechselstrom mit hohen Spannungen zu produzieren. Darum wurde Teslas Mehrphasenwechselstromsystem für unser aktuelles, landesweites Supermachtsystem übernommen, denn es machte die Benutzung von Hochspannungen durchführbar. Aber trotz aller Leistungsfähigkeiten hatte es gewisse Verluste zur Folge, die nur beseitigt werden konnten, wenn eine ausreichend hohe Spannung erreicht wurde. Solch ein System würde sein Wechselstromsystem ablösen, aber es nicht verdrängen.

Gleichstrom, vielleicht mit einem Potenzial von mehreren Millionen Volt, würde benutzt werden, um Strom über weite Entfernungen hinweg zu übertragen; vielleicht sogar über den gesamten Kontinent und würde somit eine Art Expressübertragungssystem liefern, an das das existierende Wechselstromsystem zur örtlichen Verteilung geknüpft wäre. Zusätzlich zum Gleichstromübertragungssystem, scheint er einen Hochspannungsgleichstromgenerator und einen neuen Typ eines Gleichstrommotors ausgearbeitet zu haben, der ohne einen Kommutator funktionieren würde.

Die Erfindungen begannen, sich in Teslas Geist zu stauen wie Wasser in einem Reservoir, das kein Abfluss besitzt.

Genauso wie er sein Wechselstromsystem im Hochfrequenz- und Hochpotenzialgebiet der Energieverteilung durch die drahtlose Technologie entwickelt hatte, die er in Colorado Springs demonstrierte, scheint er sein Gleichstromsystem fortgesetzt und es mit seinem drahtlosen Wechselstromverteilungssystem verbunden zu haben, sodass er diese beiden in einem super Verbundsystem benutzen konnte. Da dieses aber nicht angewandt wurde, entwickelte er es weiter und produzierte einen Plan, um mit diesem System etwas zu betreiben, was ein Strahlensystem von drahtloser Energieübertragung zu sein scheint und was die Benutzung eines Teilchenstroms, wie sie im teilchenbeschleunigenden Zyklotron benutzt werden, umfassen könnte.

Als die Zeit von den späten 1920er bis durch die späteren 1930er verging, wurden die Andeutungen, die Tesla bezüglich seiner Arbeit machte, immer komplizierter und so zweideutig, dass sie eher Skepsis als Respekt hervorriefen. Er würde die Natur seiner Entdeckungen nicht enthüllen, bis er Patente sichergestellt hatte und er würde keine Patente beantragen, bis er keine wirklichen Arbeitsmodelle gebaut hatte und er konnte die Arbeitsmodelle nicht bauen, weil er kein Geld hatte. Samuel Insull, Versorgungsbetriebe-Magnat, hatte Tesla viele Jahre lang häufige und großzügige Beiträge geleistet. Sie wurden normalerweise für laufende Schulden benutzt und waren nicht groß genug, um es ihm zu ermöglichen, sich für Laborforschungsarbeiten einzusetzen.

Tesla lieferte allerdings nicht das geringste äußere Anzeichen von Bitterkeit über die Situation. Stattdessen erschien er immer in der Rolle des bestätigten Optimisten, hielt immer seinen Sinn für die Zuversicht aufrecht, dass er durch seine eigenen Bemühungen das Geld erlangen würde, dass er benötigte, um seine ausgefeilten Pläne durchzuführen. Dies wurde in einem Brief angedeutet, den er an B.A. Behrend schrieb, der ihn dazu überredet hatte, die Edison Medaille anzunehmen und der wahrscheinlich enger in seinem Vertrauen stand als alle anderen:

„Ich arbeite intensiv an meinen Entdeckungen, von denen ich Ihnen berichtete habe und aus denen ich eine achtstellige Summe zu ziehen hoffe (Cents natürlich nicht eingeschlossen), die es mir ermöglichen würde, jenes drahtlose Elektrizitätskraftwerk auf meine eigenen Kosten zu errichten. Und was ich mit dieser anderen Erfindung erreichen werde, mit der ich speziell zu Ihnen kam, wage ich Ihnen nicht zu sagen. Dies erkläre ich in aller Ernsthaftigkeit."

Die Erfindung, über die er nicht zu sprechen wagte, war wahrscheinlich sein System zur Erzeugung und Übertragung von Gleichstrom. In einem Interview aus dem Jahre 1933 sagte er, dass sein Energiegenerator von einfachster Art war—nur eine große Masse Stahl, Kupfer und Aluminium, stationäre und rotierende Teile enthaltend und besonders zusammengesetzt. Er plante, so sagte er, Elektrizität zu erzeugen und sie mit seinem Wechselstromsystem über eine Entfernung hinweg zu übertragen; aber das Gleichstromsystem konnte ebenfalls benutzt werden, wenn die bisher unüberwindbaren Isolationsschwierigkeiten der Übertragungsleitung gemeistert werden konnten.

Ein Jahr später hatte er den Plan zur Strahlenübertragung entwickelt; und er machte eine ehrgeizige Aussage zu diesem Plan, die in der Presse als Neuigkeiten eines „Todesstrahlen" gemeldet wurden, da die Beschreibung in die gleiche Form zu passen schien, wie die wilden und unwahrscheinlichen Aussagen, die einige Jahre zuvor aus Europa gekommen waren. Ein Schriftsteller des New Yorker World Telegram beschrieb Teslas Plan als „nebulös". Dies veranlasste Tesla zu einer Antwort (24. Juli 1934), in der die folgenden Absätze erschienen:

„Noch eine weitere Sache, die mich interessierte, ist ein Bericht aus Washington im World Telegram vom 13. Juli 1934, der besagt, dass Wissenschaftler an den Auswirkungen von Todesstrahlen zweifeln. Ich stimme diesen Zweiflern vollkommen zu und bin in dieser Hinsicht wahrscheinlich pessimistischer als jeder andere, denn ich spreche aus langer Erfahrung.

Strahlen von der erforderlichen Energie können nicht produziert werden und andererseits verringert sich ihre Intensität mit dem Quadrat der Distanz. Der Wirkstoff, den ich benutze, tut dies nicht und wird es uns ermöglichen, mehr Energie zu einem entfernten Punkt zu übertragen, als es mit jeder anderen Strahlenart möglich ist.

Wir sind alle fehlbar, aber indem ich dieses Thema im Licht meines derzeitigen theoretischen und experimentellen Wissens untersuche, bin ich mit der tiefen Überzeugung erfüllt, dass ich der Welt etwas geben werde, das die wildesten Träume von Erfindern aller Zeiten weit übersteigt."

Dies ist die erste, niedergeschriebene Aussage Teslas, in der er seinen „Strahl" erwähnt; aber, wie schon gesagt, erhielt ich etwa ein Jahr zuvor von ihm ein paar vertrauliche Aussagen bezüglich der Ergebnisse, die er mit dieser neuen Erfindung zu erreichen erhoffte und deren Natur ein gut gehütetes Geheimnis blieb. Drei Jahre später, 1937, erlaubte es mir Tesla, einen Nachrichtenbeitrag über seine neue Entdeckung von Energie und Strahlen für den *New York Herald Tribune* zu schreiben. In diesem betonte ich mehr die Nützlichkeit der Entdeckung—Schiffen, die den Ozean überqueren, Energie liefern und die Notwendigkeit, Kraftstoffvorräte mitzunehmen, auslöschen—und nicht ihren Nutzen als Angriffs- und Verteidigungswaffe.

Zu diesem Anlass versuchte ich ihn dazu zu überreden, einige technische Einzelheiten zu eröffnen, aber er parierte jede Frage erfolgreich und lieferte keine Informationen über die Aussage hinaus, dass das Übertragungskraftwerk an Land eines war, das er mit ca. 2 000 000 $ erbauen könnte, und dass die Energie mit einem Strahl von einem winzig kleinen Querschnitt, im Durchmesser ein Hunderttausendstel eines Zentimeters, übertragen werden würde. Anderen Zeitungen, die meine Geschichte kopierten, nannte er die Zahl ein Millionstel eines Quadratzentimeters.

Später schrieb ich einen recht kritischen Bericht über seinen Plan und versuchte, ihn zu locken, indem ich die Eigenschaften elektromagnetischer Strahlen in allen Teilen des Spektrums überprüfte. Als ich keine fand, die jegliche bekannten Eigenschaften besaß, die erforderlich waren, um seinen Strahl praktisch zu machen, überprüfte ich auch die Eigenschaften aller bekannten Materieteilchen und sagte aus, dass keine von diesen seinem Zweck dienen würde, mit der möglichen Ausnahme von nicht-elektrisierten Partikeln, dem Neutron. Er lieferte auf diesen Artikel keine enthüllende Antwort.

Bei seinem Geburtstagsessen im Jahre 1938 im Hotel New Yorker beschrieb Tesla kurz seine Kombination von drahtloser Energieübertragung und dem Todesstrahl, fügte aber nur wenig zu dem hinzu, was schon gesagt worden war; und in einem späteren Teil seiner Rede behauptete er, dass er eine Methode zur interplanetarischen Kommunikation entwickelt hatte, mit der er nicht nur Kommunikationssignale von geringer Stärke, sondern auch Energien mit tausenden Pferdestärken übertragen konnte.

Zu diesem Anlass fragte ich ihn, ob er bezüglich der produzierten Effekte konkret sein würde und auch, ob sie von der Erde aus sichtbar wären; zum Beispiel: Könnte er eine Auswirkung auf den Mond produzieren, die groß genug war, um von einem Astronomen, der den Mond durch ein Hochleistungsteleskop beobachtet, gesehen zu werden? Er antwortete daraufhin, dass er im dunklen Gebiet der dünnen Mondsichel des Neumonds einen glühenden Punkt produzieren könnte, der wie ein heller Stern leuchten würde, sodass er ohne die Hilfe eines Teleskops gesehen werden könnte.

Es scheint wahrscheinlich, dass Tesla vorschlug, zu diesem Zweck den Strahl zu benutzen, den er in Verbindung mit seinem drahtlosen „Todesstrahlen" beschrieben hatte. Die Beschränkung der zerstörerischen Effekte des Strahls, den er sich als 322 Kilometer lang vorstellte, lagen an der Tatsache, dass der Strahl eine gerade Flugbahn besaß. Tesla sagte, dass die Krümmung der Erde der Betriebsdistanz eine Grenze setzen würde, und so lieferte die Betriebsspanne von 322 Kilometern einen Hinweis auf die höchste durchführbare Länge eines Turms, von dem der Strahl aus abgezielt werden könnte. Er erwartete, Potenziale von ca. 50 000 000 Volt in seinem System zu benutzen, aber ob von Gleich- oder Wechselstrom ist nicht bekannt.

Die einzige schriftliche Aussage Teslas zu diesem Thema befindet sich in seinem Manuskript der Rede, die er einige Monate später in Abwesenheit vor dem Institute of Immigrant Welfare in Antwort auf seine ehrenamtliche Nennung hielt. Diese enthielt den folgenden Absatz:

„Um über ein anderes Thema zu reden: Ich habe viel Zeit während des vergangenen Jahres dafür gewidmet, einen neuen, kleinen und kompakten Apparat zu perfektionieren, über den erhebliche Mengen Energie jetzt durch den interstellaren Raum über jegliche Entfernung hinweg und mit geringster Streuung geblitzt werden kann. Ich beabsichtige, mich mit meinem Freund George E. Hale, dem großartigen Astronom und Sonnenexperten, bezüglich der möglichen Benutzung dieser Erfindung in Verbindung mit seinen eigenen Nachforschungen zu beraten. In der Zwischenzeit erwarte ich allerdings, dem Institute of France eine genaue Beschreibung des Geräts mit Daten und Berechnungen vorzulegen und den Pierre Gutzman Preis über 100 000 Franc für die Findung von Wegen zur Kommunikation mit anderen Welten einzufordern und ich bin mir vollkommen sicher, dass er mir verliehen werden wird. Das Geld ist natürlich ein geringfügiger Gesichtspunkt, aber ich wäre fast gewillt, für die historische Ehre, der Erste zu sein, der dieses Wunder vollbracht hat, mein Leben zu geben."

SELBSTGEMACHTER ÜBERMENSCH

SECHZEHN

Es geschah zu einer Zeit, in der Tesla sehr mit seinen Experiment mit Hochfrequenz- und Hochpotenzialströmen beschäftigt war, von 1892 bis 1894, dass Tesla Zeit fand, für noch ein weiteres Problem—Materie und Energie—Gedanken zu haben; und daraus leitete er etwas ab, was er als neues, physikalisches Prinzip beschrieb. Dieses entwickelte er bis zu dem Punkt, an dem er eine neue, dynamische Gravitationstheorie vorschlagen konnte.

Während dieses Prinzip viele seiner Gedanken lenkte, machte er bis kurz vor dem Ende seines Lebens diesbezüglich keine Ankündigungen. Jene Enthüllungen, die gemacht worden waren, lassen allerdings so viel offensichtlich werden: Tesla betrachtete seine Theorie als vollkommen unvereinbar mit der Relativitätstheorie und mit der modernen Theorie bezüglich der Struktur des Atoms und der gegenseitigen Umwandlung von Materie und Energie. Tesla attackierte ständig die Stichhaltigkeit von Einsteins Arbeit, und bis zu zwei bis drei Jahre vor seinem Tod verhöhnte er den Glauben, dass Energie aus Materie erhalten werden konnte.

Diese Widersprüche waren sehr unglücklich, da sie Tesla in Konflikt mit der modernen Experimentalphysik stellten. Dies war vollkommen unnötig, denn Tesla hätte zweifellos an seinem Prinzip festhalten und es so interpretieren können, dass es nicht im Widerspruch mit modernen Theorien stand. Der Widerspruch war wahrscheinlich eher psychologischen Faktoren als wissenschaftlichen Ungereimtheiten zuzusprechen.

Die einzige Aussage, die Tesla bezüglich seines Prinzips und seiner Theorie je gemacht hat, ist diejenige, die in dem Vortrag enthalten ist, den er für die Überbringung vor dem Institute of Immigrant Welfare (12. Mai 1938) vorbereitete. Darin sagte er:

„In den zwei aufeinanderfolgenden Jahren [1893 und 1894] voller intensiver Konzentration war ich glücklich genug, zwei weitreichende Entdeckungen zu machen. Die erste war eine dynamische Gravitationstheorie, die ich in allen Einzelheiten ausgearbeitet habe und hoffe, sie sehr bald der Welt zu liefern. Sie erklärt die Gründe dieser Kraft und der Bewegungen von Himmelskörpern unter ihrem Einfluss so zufriedenstellend, dass sie müßigen Spekulationen und falschen Vorstellungen ein Ende setzen wird, wie die des gekrümmten Weltraums ...

Nur die Existenz eines Kraftfeldes kann die beobachteten Bewegungen der Körper erklären und ihre Annahme kann die Raumkrümmung entbehren. Die gesamte Literatur zu diesem Thema ist nichtig und zum Vergessen bestimmt. Dies sind ebenfalls alle Versuche, die Arbeitsweise des Universums zu erklären, ohne die Existenz des Äthers und der unabdingbaren Funktion, die er im Phänomen spielt, zu erkennen.

Meine zweite Entdeckung war von physikalischer Wahrheit mit größter Wichtigkeit. Da ich die gesamten wissenschaftlichen Aufzeichnungen in mehr als einem halben Dutzend Sprachen für lange Zeit gelesen habe, ohne die geringste Vorwegnahme zu finden, betrachte ich mich selbst als den ursprünglichen Entdecker dieser Wahrheit, die durch die Aussage geformt werden kann: Es gibt keine Energie in der Materie, außer der Energie, die aus der Umwelt gezogen wird.

An meinem 79. Geburtstag nahm ich darauf kurz Bezug, aber seitdem wurden mir ihre Bedeutung und Signifikanz klarer. Sie gilt genauso rigoros für Moleküle und Atome als auch für die größten Himmelskörper und für alle Materie im Universum in jeder Phase ihrer Existenz von ihrer Bildung bis hin zu ihrem endgültigen Zerfall."

Teslas Geist war unbiegsam bezüglich seiner Einstellung zur Relativität und zu modernen Theorien. Hätte er sein Prinzip und die Gravitationstheorie am Anfang des Jahrhunderts veröffentlicht, hätte es zweifellos eine sehr ernste Erwägung und vielleicht sogar eine allgemeine Akzeptanz erhalten, obwohl es schwierig ist, eine gute Vermutung aufzustellen, ohne seine Gesuche zu kennen. Wenn veröffentlicht, hätte es vielleicht einen Einfluss auf Einsteins Denkweise gehabt. Das Kraftfeld, das Tesla als notwendig erwähnte, um die Bewegungen der Planeten zu erklären, ist vielleicht sein Beitrag dazu gewesen, den Bedarf eines Äthers zu beseitigen, was von Einsteins Theorie schließlich gemacht wurde. Die zwei Theorien hätten verschmelzen können, in welchem Fall es wahrscheinlich eine einträchtige Entwicklung der Denkweise der beiden Genies gegeben hätte.

In letzterem Fall hätte Tesla seine Denkweise sehr wohl formen können, um eine Übereinstimmung zwischen seiner Theorie, dass es keine Energie in der Materie gibt, außer die, die aus der Umwelt erhalten wird, und der modernen Ansicht, dass alle Materie aus Energie besteht, in die sie umwandelbar ist, zu erwirken; denn wenn Materie in Energie umgewandelt wird, dann kehrt diese Energie in die Umwelt zurück, aus der sie kam, wenn Teilchen geformt wurden.

Es scheint, dass eine Enttäuschung in Teslas Einstellung involviert war, die durch die frühe Veröffentlichung seiner Theorie hätte gelöst werden können. Wäre dies geschehen, wären Teslas kräftiger Intellekt und seine merkwürdige Fähigkeit, Probleme zu lösen, dazu gebracht worden, sich auf die Probleme der Atomphysik auszuwirken und er wiederum hätte gewaltige Vorteile aus der Anwendung des neueren Wissens in den Gebieten, in denen er überragte, gezogen.

Teslas Fähigkeit, extrem hohe Spannungszahlen zu erzeugen, wären eine große Hilfe in der Aufgabe „das Atom zu zerstören" gewesen. Andere Wissenschaftler kämpfen selbst heute noch damit, Ströme mit einem Potenzial von 5 000 000 Volt zu erzeugen, wohingegen Tesla vor 40 Jahren Potenziale von 135 000 000 Volt produzierte.

Die Ungereimtheit zwischen Teslas Prinzip und dem Bild des Atoms, das aus einem kleinen, komplexen Kern besteht und von planetarischen Elektrons umgeben ist—eine Ungereimtheit, die mehr in Teslas Geist bestand als in der Natur—ließ ihn eine Abneigung gegenüber allen wissenschaftlichen Entfaltungen entwickeln, die ein Bild forderten, das sich vom Billardkugel-artigen Typ des Atoms unterschied, das in den 1880er in Mode waren. Für ihn glich ein zerschlagenes Atom einer zerschlagenen Billardkugel.

Das Elektron existierte für Tesla allerdings wirklich. Er akzeptierte es als eine Art Subatom, ein viertes Stadium der Materie, wie es von Sir William Crookes, der es entdeckte, beschrieben wurde. Tesla stellte es sich zwar als mit dem Atom assoziiert, aber nur als kein Teil von diesem vor. Die elektrische Ladung, die es enthielt, unterschied sich vollkommen vom Elektron. Elektrizität war für ihn eine Flüssigkeit, die sehr viel stärker verdünnt worden war, als jede bekannte Form der Materie und seinen eigenen, stark spezifischen Eigenschaften besaß, für die es nicht von der Materie abhing. Die Ladung des Elektrons lag an der elektrischen Oberflächenschicht, die es bedeckte und es konnte viele Schichten empfangen, die ihm zahlreiche Ladungen verliehen, von denen alle zerstreut werden konnten. Diese Aussagen ähnelten denjenigen, die er ein halbes Jahrhundert zuvor veröffentlicht hatte.

Der modernen Theorie zufolge ist die elektrische Natur des Elektrons, die als seine Ladung beschrieben wird, allerdings eine Eigenschaft, die der Natur der Energie innewohnt, die an einem Punkt kristallisiert ist, der dem Elektron seine Existenz verleiht und es ist eines dieser Teilchen, oder Energieeinheiten, aus denen das Atom besteht.

Als er Artikel von Wissenschaftlern im Gebiet der Atomphysik diskutiert wurde, meldete Tesla seine Proteste an, dass ihre Theorien unhaltbar und die Behauptungen unbegründet waren; und er war besonders nachdrücklich, wenn Experimente durchgeführt wurden, in denen Energieausstrahlungen von Atomen erfasst wurden.

„Die Atomkraft ist eine Illusion", erklärte er oft. Er lieferte mehrere geschriebene Aussagen, in denen er sagte, dass er mit seinen Strömen von mehreren Millionen Volt unzählige Male ungezählte Milliarden von Atomen zertrümmert hatte—und er wusste, dass keine Energieausstrahlung den Prozess begleitete.

Zu einer Gelegenheit wies mich Tesla recht streng für mein Versagen zurück, seine Aussagen veröffentlicht zu haben. Ich antwortete: „Ich hielt sie zurück, um Ihren Ruf zu schützen. Sie machen aus Beständigkeit eine zu große Tugend. Es ist nicht notwendig, dass Sie an den Theorien festhalten, die Sie als Jugendlicher hatten und ich bin davon überzeugt, dass Sie tief in Ihrem Herzen neuere Theorien besitzen, die im Einklang mit den wissenschaftlichen Entwicklungen in anderen Gebieten sind, aber da sie einigen modernen Theorien widersprochen und sie attackiert haben, spüren Sie, dass Sie beständig sein und alle angreifen müssen. Ich bin davon überzeugt, dass Ihre Gedanken bei der Entwicklung Ihres Todesstrahlengeräts im Sinne der modernen Theorie der Atomstruktur und der Natur von Materie und Energie waren."

Daraufhin gab mir Tesla deutlich zu verstehen, was genau er von den Bemühungen anderer, das Denken für ihn zu erledigen, hielt. Dieses Gespräch geschah um 1935; und ich hörte mehrere Monate lang nichts von ihm. Ich beobachtete allerdings, dass er in späteren Gesprächen bezüglich moderner Theorien sehr viel weniger rechthaberisch war, und ein paar Jahre später erklärte er, dass er ein Gerät plante, das ein genaues Testen der modernen Theorie der atomaren Struktur möglich machen könnte, mit der Erwartung, dass sein neues Energiesystem und seine Energiestrahlung Atomenergie wirksamer befreien würden, als jedes Gerät, dass damals von Physikern benutzt wurde.

Nachdem er schließlich den Glauben befürwortet hatte, dass der Mensch in der Lage sein wird, Atome zu zerschmettern, zu verwandeln, zu schaffen oder zu zerstören und große Mengen Energie zu kontrollieren, wurde Tesla zu diesem Thema poetisch. Er weitete die Kontrolle des Menschen über Atome und Energie auf eine kosmische Skala aus und sah, wie er das Universum nach unseren Wünschen gestaltete. In einem unveröffentlichten Artikel mit dem Namen „Man's Greatest Achievement" (Die größte Errungenschaft des Menschen) schrieb er: „Es offenbart sich in einem vollentwickelten Wesen — dem Menschen — ein geheimnisvoller, unergründlicher und unwiderstehlicher Wunsch: Die Natur zu imitieren, zu schaffen, und die Wunder selber zu erarbeiten, die er wahrnimmt. Zu dieser Aufgabe inspiriert, sucht, entdeckt und erfindet er, gestaltet und baut er, und bedeckt er den Stern seiner Geburt mit Denkmälern von Schönheit, Größe und Ehrfurcht. Er steigt in die Eingeweide des Globus hinab, um seine versteckten Schätze hervorzubringen und seine riesigen gefangenen Energien zu seinem Nutzen freizuschalten. Er dringt in die dunklen Tiefen des Ozeans und in die blauen Regionen des Himmels ein. Er wirft einen Blick in die innersten Schlupfwinkel und Nischen der molekularen Struktur und offenbart seinem Blick unendlich entfernte Welten. Er unterwirft und stellt den heftigen, verheerenden Funken von Prometheus in seinen Dienst, die titanischen Kräfte des Wasserfalls, des Winds und der Gezeiten. Er zähmt den donnernden Blitz Jupiters und vernichtet Zeit und Raum. Er macht die große Sonne selbst zu seinem gehorsam folgenden Sklaven. Seine Kraft und Macht ist so groß, dass die Himmel widerhallen und die gesamte Erde vom reinen Geräusch seiner Stimme erzittert.

Was hat die Zukunft für dieses merkwürdige Wesen auf Lager, der aus einem Atemzug und verderblichem Gewebe geboren und doch mit seinen furchtsamen und göttlichen Kräften unsterblich ist? Welche Magie wird von ihm am Ende gefertigt werden? Was ist seine größte Tat, seine krönende Errungenschaft?

Vor langer Zeit erkannte er, dass alle wahrnehmbare Materie aus einer Primärsubstanz stammt, oder einer Dünne jenseits unserer Vorstellung, die den gesamten Raum erfüllt, das Akasa oder den lichterzeugenden Äther, auf den das lebensspendende Prana oder die kreative Kraft einwirkt und somit in nie endenden Zyklen alle Dinge und Phänomene entstehen lässt. Die Primärsubstanz, in unendlich kleine Wirbel von erstaunlicher Geschwindigkeit versetzt, wird zu einer groben Materie; die Kraft klingt ab, die Bewegung stoppt, die Materie verschwindet und wird wieder zur Primärsubstanz.

Kann der Mensch diesen größten, beeindruckendsten aller Prozesse der Natur kontrollieren? Kann er die unerschöpflichen Energien nutzbar machen, um all ihre Funktionen auf seinen Befehl hin durchzuführen, und mehr noch, sie allein durch die Kraft seines Willens arbeiten zu lassen?

Wenn er dies tun könnte, würde er fast unbegrenzte und übernatürliche Kräfte besitzen. Auf seinen Befehl hin und mit nur einer geringen Anstrengung seinerseits, würden alte Welten verschwinden und neue, von ihm geplante, entstehen. Er könnte die ätherischen Formen seiner Vorstellungen, die flüchtigen Visionen seiner Träume befestigen, fest werden lassen und erhalten. Er könnte all die Kreationen seines Geistes auf jeglicher Skala in konkreten und unvergänglichen Formen ausdrücken. Er könnte die Größe dieses Planeten verändern, seine Jahreszeiten kontrollieren, ihn entlang eines jeden Weges führen, den er in den Tiefen des Universums wählen würde. Er könnte die Planeten kollidieren lassen und seine Sonnen und Sterne, seine Hitze und sein Licht produzieren. Er könnte Leben in all seinen unbegrenzten Formen entstehen lassen und entwickeln.

Eine materielle Substanz zu kreieren und zu vernichten, sie nach seinem Wunsch zu Formen verbinden lassen, wäre die höchste Erscheinungsform der Kraft des menschlichen Geistes, sein vollständigster Triumph über die natürliche Welt, seine krönende Errungenschaft, die ihn neben seinen Erschaffer stellen und ihn sein endgültiges Schicksal erfüllen lassen würde."

Tesla manifestierte in seinen achtziger Jahren immer noch den Übermensch-Komplex und dies in noch größerem Ausmaß, als in seinen Zwanzigern. In seinen früheren Träumen waren seine Visionen irdisch, aber später im Leben wurden sie erweitert, um das gesamte Universum zu umfassen.

Selbst im kosmischen Ausmaß sprach Tesla allerdings in Form von Materie und Energie. Laut seiner Schlussfolgerung reichten diese beiden Einheiten aus, um alle beobachteten Phänomene zu erklären, eine Situation, die gegen die Entdeckung von neuen Kräften sprach.

Die Zivilisationen der Antike wusste nichts über Elektrizität und

Magnetismus; die kontrollierten Erscheinungsformen dieser beiden Phasen einer Einzelkrafteinheit haben uns eine neue Zivilisation und eine neue kulturelle Lebenseinstellung gegeben sowie erweiterte Horizonte innerhalb des Lebensbereiches. Es gibt keinen Grund, warum wir uns nicht auf die Entdeckung von neuen Kräften freuen sollten, die sich so sehr von der Elektrizität unterscheiden, wie die Elektrizität sich vom Wind der Luft und den Wellen des Ozeans unterscheidet. Wenn unzureichende Erklärungen von lebenswichtigen Phänomenen als befriedigend akzeptiert werden und die extravagante Ausweitung von bekannten Kräften umschließen, wird der Weg für die Entdeckungen von unbekannten Kräften und der Öffnung jeglicher neuer Wissensreiche geschlossen. Dies war die Grenze, die sich die Wissenschaft des letzten Viertels des vergangenen Jahrhunderts selbst auferlegte; und Teslas Philosophie war ein Resultat dieser Zeit. Es fiel ihm schwer, sie in seinen späteren Jahren neu zu gestalten.

Die Gedächtnisabteilungen der Gehirne der meisten Individuen sind wie Ablagesysteme in einem Büro, ein exzellenter Ablageplatz für alles, was daherkommt — aber versuchen Sie einmal, später einen abgelegten Gegenstand zu finden. Teslas Fähigkeiten des Auswendiglernens waren erstaunlich. Das schnelle Lesen einer Seite lieferte ihm eine permanente Aufzeichnung davon; er konnte immer eine photographische Aufzeichnung dieser Seite vor seine Augen rufen, um sie zu lesen und sie nach Belieben zu studieren. Das Studium war für Tesla ein weit anderer Prozess als für die durchschnittliche Person. Er hatte kein Bedürfnis für eine Handbibliothek; er konnte in seinem Geist jede Seite eines jeden Lehrbuchs, das er gelesen hatte, jede Formel, Gleichung oder Gegenstand einer Logarithmustabelle konsultierten und vor seinen Augen aufblitzen lassen. Er konnte zahlreiche Bücher vollständig aus dem Gedächtnis heraus vortragen. Die Zeitersparnis, die dadurch in der Forschungsarbeit möglich gemacht wurde, war enorm.

Die merkwürdige Vorstellungsfähigkeit war übernatürlich, aber vollkommen natürlich und lag wahrscheinlich an einer strukturellen

Eigenschaft in seinem Gehirn, die eine direkte Verbindung zwischen dem Gedächtnis und dem visuellen Areal seiner Gehirnhälfte schuf. Diese lieferte ihm einen sehr nützlichen neuen Sinn.

Das menschliche Gehirn besteht aus zwei Bereichen, der linken und der rechten Hälfte, von denen jede in einigen ihrer Phasen ein vollständiges Gehirn darstellt; und beide Hälften arbeiten als eine einzige Einheit zusammen. Es gib viele Schichten im Gehirn, die parallel zu seiner Oberfläche liefen und von denen eine jede mit der anderen durch komplexe Nervenfasern verbunden ist, wie Fäden, die die Schichten einer Zwiebel zusammennähen. Die äußeren Schichten scheinen direkt unserem Bewusstsein zugeordnet zu sein. Die Oberfläche teilt sich in spezialisierte Bereiche ein. Es gibt ein Band über dem Mittelteil einer jeden Gehirnhälfte und von Ohr zu Ohr über die Spitze des Gehirns hinweg, das den Sinnen gewidmet ist. Hier gibt es getrennte Areale für sensorische Fähigkeiten — Sehen, Hören, Schmecken, Riechen — während sich in der Nähe Regionen für den Motor oder die muskulären Aktivitäten der verschiedenen Körperteile befinden. Der hintere Lappen des Gehirns scheint das Zuhause des Gedächtnisses zu sein und der vordere Lappen das von höheren Integrationsfähigkeiten, deren Natur wir noch nicht verstehen.

In normalen Sehprozessen bildet das Auge ein Bild eines Objekts auf der Netzhaut ab, einer Leinwand auf der Rückseite des Augapfels. Die Netzhaut ist mit tausenden Nervenenden ausgestattet, die alle so zusammengepfercht sind wie Spargelstangen in einem Bündel. Die Kopfenden sind mit lichtempfindlichen Prozessen versehen, und wenn das Licht einen dieser Prozesse trifft, dann überträgt dieser über den Sehnerv ein Signal zum Gehirn, das als visuelle Reaktion im Sehbereich einer jeden Gehirnhälfte registriert wird. Durch Zusammenarbeit aller Nervenenden wird das gesamte gesehene Bild übertragen. Das wirkliche Sehen wird dann im Gehirn und nicht im Auge gemacht. Wenn ein Objekt durch das Gehirn gesehen wird, dann wird eine Aufzeichnung dieser visuellen Erfahrung vom Sehbereich des Gehirns zum Gedächtniszentrum im hinteren Teil des Gehirns übertragen; und ähnliche Aufzeichnungen werden von allen anderen sensorischen Zentren gesandt. Normalerweise ist dies ein einseitiger Prozess, die Reize verlaufen in Richtung des Gehirns und zum sensorischen Gebiet kommt nichts zurück. Wäre dies nicht der Fall, dann würden unsere Sinnesgebiete des Gehirns ständig alte Erfahrungen wiederholen, sie mit neuen, eintretenden Erfahrungen mischen und somit eine nervende Verwirrung schaffen.

Der Gedächtnisabschnitt enthält eine komplette Aufzeichnung all der Sinneserfahrungen, die wir gemacht haben. In unserem Denkvorgang benutzen wir einen nur wenig verstandenen Mechanismus, um Sachen, die im Gedächtnisabschnitt gelagert wurden, zu verbinden und somit nützliche Kombinationen oder Beziehungen, oder in anderen Worten, neue Ideen zu erschaffen. Das Gedächtnis scheint auf einer unbewussten Ebene zu arbeiten, aber wir scheinen in der Lage zu sein, Fasern zu aktivieren, die bis in die gewünschte Schicht und zum richtigen Punkt reichen, um die Gedächtnisebene mit der bewussten Ebene zu verbinden. Auf diese Weise können wir uns an Erfahrungen erinnern, aber diese Erfahrung aus dem Gedächtnis unterscheidet sich stark von der ursprünglichen Seherfahrung, aus der die ursprüngliche Gedächtnisaufzeichnung erstellt wurde.

Würden in diesem Erinnerungsprozess allerdings die Nervenfasern, die den Sehbereich des Gehirns und den Gedächtnisbereich verbinden, aktiviert, dann würden wir durch die scharfen Prozesse der Sicht das Objekt wiedersehen, das die Gedächtnisaufzeichnung verursachte, an die wir uns zu erinnern versuchen.

Die Handlung des kreativen Denkens scheint daraus zu bestehen, zwei oder mehr Gedächtnisaufzeichnungen von sensorischen Erfahrungen zu einer Kombination zusammenzufügen, die vollkommen neue Eigenschaften enthält, die in den Bestandteilen nicht erkennbar waren. Würde die ebene genannte Nervenverbindung in einem wechselseitigen Prozess mit dem visuellen Bereich agieren, dann wären wir in der

Lage, die neue Kreation zu sehen, als ob sie ein wirklich existierendes, vom Auge gesehenes Objekt wäre, obwohl die gesamte Operation auf das Gehirn beschränkt war.

Dieser Prozess ist hypothetisch derjenige, der in Teslas Gehirn vonstattenging und verlieh ihm Fähigkeiten der kreativen Arbeit, die sehr viel größer waren, als sie für das gewöhnliche Individuum möglich sind. War dies möglicherweise eine neue Erfindung, die von Mutter Natur gemacht und von ihr an Tesla ausprobiert wurde? Tesla selbst verstand nie die neurologischen oder physiologischen Prozesse, die dieser merkwürdigen Fähigkeit zugrunde lagen. Für ihn war es eine vollkommen reale Erfahrung, die Subjekte seiner kreativen Gedanken als feste Objekte vor sich zu sehen. Er glaubte, dass das Bild der Sache, die er sah, über den Sehnerv des Auges vom Gehirn zurückgesandt wurde, und dass es als Bild auf der Netzhaut existierte, wo es, durch geeignete Mittel, von anderen gesehen werden konnte—oder mithilfe von geeigneten Vergrößerungsgeräten, wie sie im Fernseher benutzt werden, auf eine Leinwand projiziert werden konnte. Er schlug solche Geräte sogar vor. (Der offensichtliche Fehler in seiner Begründung folgte auf seinen Fehler, zu glauben, dass er dieses übernatürliche Sehen mit seinem Auge vollbrachte, wohingegen der Prozess auf sein Gehirn begrenzt war; und die Reflexbewegung von den Gedächtniszentren stoppte in den visuellen Zentren, anstelle dass sie, wie er glaubte, durch den Sehnerv weiter bis zur Netzhaut verliefen.)

Tesla beschrieb seine Erfahrung mit dieser merkwürdigen Fähigkeit in einem Interview mit M. K. Wisehart, das unter dem Titel „Making Your Imagination Work for You" (Lassen Sie ihre Vorstellungskraft für Sie arbeiten) im American Magazine vom April 1921 veröffentlicht wurde. Er erklärte:

„Als kleiner Junge litt ich unter einer sehr speziellen Behinderung. Mir erschienen Bilder, die oft von starken Lichtblitzen begleitet wurden. Nannte man mir ein Wort, so tauchte das Bild des entsprechenden Objekts so lebendig vor meinen Augen auf, dass ich manchmal nicht sagen konnte, ob das, was ich sah, real war oder nicht ... Manchmal blieb es, obwohl ich mit meiner Hand hindurchfahren konnte.

Um diese traumatisierenden Bilder loszuwerden, versuchte ich meinen Geist auf eine friedliche, beruhigende Szene zu konzentrieren, der ich beigewohnt hatte. Dies würde mir eine vorübergehende Erleichterung verschaffen; aber hatte ich es zwei oder dreimal gemacht, würde das Mittel an Wirkung verlieren. Dann begann ich, geistige Exkursionen außerhalb der kleinen Welt meines wirklichen Wissens zu machen. Tag und Nacht ging ich mental auf Reisen — sah neue Orte, Städte und Länder und strengte mich die gesamte Zeit stark an, diese imaginären Dinge in meinem Geist sehr scharf und klar zu machen. Ich stellte mir vor, wie ich in Ländern, die ich nie gesehen hatte, lebte ich und ich schloss imaginäre Freundschaften, die mir sehr teuer waren und wirklich lebendig erschienen.

Ich machte dies ständig bis zu meinem siebzehnten Lebensjahr, als sich mein Geist ernsthaft den Erfindungen zuwandte. Dann bemerkte ich zu meiner großen Freude, dass ich Dinge mit der größten Leichtigkeit visualisieren konnte. Ich benötigte keine Modelle, keine Zeichnungen oder Experimente. Ich konnte sie alle in meinem Geist visualisieren ...

So entwickelte ich durch die Visualisierungsfähigkeit, die ich in meinen jungenhaften Bemühungen erlernte, um diese nervenden Bilder loszuwerden, wie ich glaube, eine neue Methode zur Verwirklichung von schöpferischen Konzepten und Ideen. Es ist eine Methode, die für jeden erfindungsreichen Mann, ob Erfinder, Geschäftsmann oder Künstler, von großer Nützlichkeit sein könnte.

Einige Leute, stürzen sich, in dem Moment, in dem sie ein Gerät zu bauen oder eine Arbeit durchzuführen haben, ohne ausreichende Vorbereitung in diese Arbeit und versinken sofort in Einzelheiten anstelle der zentralen Idee. Sie werden vielleicht Ergebnisse erhalten, aber die Qualität opfern.

Hier, in Kürze, meine eigene Methode: Nachdem ich den Wunsch erfahren hatte, etwas Bestimmtes zu erfinden, kann ich für Monate oder Jahre mit der Idee in meinem Hinterkopf weiter machen. Wann immer ich mich danach fühle, streife ich in meiner Vorstellungskraft herum und denke ohne eine bewusste Konzentration über das Problem nach. Dies ist eine Inkubationszeit.

Dann folgt ein Zeitraum von direkter Anstrengung. Ich wähle sorgfältig die möglichen Lösungen des Problems. Ich erwäge und konzentriere meinen Geist nach und nach auf einen engeren Forschungsbereich.

Nun, wenn ich bewusst über dieses Problem mit seinen spezifischen Eigenschaften nachdenke, beginne ich vielleicht zu spüren, dass ich die Lösung erhalten werde. Und das Wunderbare ist, dass wenn ich mich so fühle, ich weiß, dass ich das Problem wirklich gelöst habe und bekommen werde, wonach ich gesucht habe.

Das Gefühl ist für sich so überzeugend, als ob ich es schon gelöst hätte. Ich bin zu dem Schluss gekommen, dass sich zu diesem Zeitpunkt die wirkliche Lösung unbewusst in meinem Geist befindet, obwohl es noch lange dauern könnte, bis ich sie bewusst kenne.

Bevor ich eine Skizze auf Papier bringe, wird die gesamte Idee im Geiste ausgearbeitet. In meinem Geist verändere ich die Bauweise, führe Verbesserungen durch und betreibe selbst das Gerät. Ohne je eine Skizze gezeichnet zu haben, kann ich meinen Arbeitern die Abmessungen aller Teile nennen, und wenn fertig gestellt ist, werden all diese genauso sicher passen, als ob ich wirkliche Zeichnungen angefertigt hätte. Es ist für mich unerheblich, ob ich die Maschine in meinem Geist laufen lasse oder sie in meiner Werkstatt teste.

Die Erfindungen, die ich auf diese Art entwickelte, haben immer funktioniert. In dreißig Jahren gab es nicht eine einzige Ausnahme. Mein erster elektrischer Motor, das drahtlose Licht aus Vakuumröhren, mein Turbinenmotor und viele andere Geräte wurden alle auf genau diese Art entwickelt."

Das Tesla glaubte, seine geistigen Visualisierungen würden Bilder aus seinem Gehirn auf die Hinterseite seiner Augen projizieren, wird von einigen Aussagen angezeigt, die er in seinem berühmten Vortrag vor der Tagung der National Electric Light Association in St. Louis im März 1893 hielt, als er seine Entdeckung des Radios verkündete. Diese Aussagen bezüglich der Vision hatten keine Verbindung zum Thema seines Vortrags und die Tatsache, dass er sie einwarf, zeigt, dass seine Erfahrungen mit dieser merkwürdigen Macht einen kräftigen Einfluss auf sein schöpferisches Denken hatten. Er sagte:

„Es kann als Tatsache genommen werden, welche die Theorie der Aktion des Auges mit sich bringt, dass sich die Enden der Sehnerven, zur Übermittlung der Eindrücke zum Geist betroffen, bei jedem Bild, das auf der Netzhaut produziert wird, unter einer besonderen Belastung oder in einem Vibrationszustand befinden müssen. Es scheint nicht unwahrscheinlich, dass wenn durch die Macht des Denkens ein Bild hervorgerufen wird, sich eine eindeutige Reflexhandlung, egal wie schwach, auf gewisse Enden der Sehnerven, und somit auf die Netzhaut, auswirkt. Wird es jemals in der Macht des Menschen stehen, den Zustand der Netzhaut, wenn sie durch einen Gedanken oder eine Reflexhandlung gestört wird, mithilfe eines optischen oder eines anderen Mittels von solcher Empfindlichkeit zu analysieren, sodass eine klare Idee über ihren Zustand erhalten werden könnte? Wäre dies möglich, dann wäre das Problem des präzisen Gedankenlesens, sie so zu lesen, wie die Buchstaben eines offenen Buchs, viel leichter zu lösen als viele Probleme, die in den Bereich der positiven Naturwissenschaft fallen und in deren Lösung viele, wenn nicht die Mehrheit, der wissenschaftlichen Männer bedingungslos glauben.

Helmholtz hat gezeigt, dass die Augenhintergründe selbst leuchten, und er konnte durch das Licht seiner eigenen Augen die Bewegungen seines Arms in vollkommener Dunkelheit sehen. Dies ist einer der erstaunlichsten Versuche, die in der Geschichte der Wissenschaft erfasst wurden und wahrscheinlich könnten nur ein paar Männer ihn zufriedenstellend wiederholen, denn es ist sehr wahrscheinlich, dass die Leuchtkraft des Auges mit ungewöhnlicher Aktivität des Gehirns und einer großen Vorstellungskraft assoziiert wird. Es ist sozusagen eine Fluoreszenz der Gehirntätigkeit.

Eine weitere Tatsache, die sich auf dieses Thema auswirkt und die wahrscheinlich von vielen bemerkt worden ist, da sie in volkstümlichen Ausdrücken auffindbar ist, aber von der ich mich nicht erinnern kann, sie als ein positives Ergebnis einer Beobachtung aufgezeichnet gesehen zu haben, ist, dass, wenn dem Verstand eine plötzliche Idee oder ein Bild kommt, ein schmerzhaftes Gefühl von Leuchtkraft im Auge produziert wird, das selbst am helllichten Tag beobachtet werden kann."

Vierzig Jahre später interessierte sich Tesla immer noch für die Möglichkeit, eine fotografische Aufnahme von Gedanken zu machen. Er sagte in Interviews, dass wenn seine Theorie richtig war—dass wenn Gedanken auf der Netzhaut abgebildet werden—es möglich sein sollte, das, was auf dieser Leinwand im Auge eröffnet wird, zu fotografieren und vergrößerte Bilder davon zu projizieren.

An Teslas Argumentation bezüglich seiner merkwürdigen Fähigkeit der Vorstellungskraft und der Möglichkeit, ein entsprechendes Bild auf der Netzhaut zu finden, ist nichts Unlogisches. Es besteht die kleine Möglichkeit, dass sich in einem extremen Fall wie dem Seinen, ein Bogen vom Gehirn zu Netzhaut gebildet hat; aber die Wahrscheinlichkeit, dass dies nicht geschah, ist wahrscheinlicher. Hätte er die Fähigkeit besessen, andere für seine Experimente in sein Vertrauen zu ziehen, wäre er in der Lage gewesen, ein paar einfache Tests in dem Labor eines Augenarztes durchzuführen, die ihm einige konkrete experimentelle Beweise geliefert hätten, um seine Theorien, insofern fotografische Gedankenbilder betroffen waren, zu unterstützen oder zu entsorgen.

Um 1920 hatte Tesla eine Ankündigung vorbereitet, obwohl er sie nie veröffentlichte, von dem, was er „eine verblüffende Entdeckung" nannte. Sie schloss Faktoren mit ein, die er „kosmisch" nannte; aber stellte ebenfalls Situationen vor, die die Praktizierenden des Voodoo auf Haiti und andere, intellektuell unverblendete Teile der menschlichen Rasse, mit perfektem Verständnis empfangen würden. Da Tesla, einer der zivilisiertesten Individuen, dieses Konzept entwickeln konnte, ist es wahrscheinlich, dass andere überkulturelle Individuen oder Gruppen es als in Übereinstimmung mit ihren Ideen und Erfahrungen ansehen konnten.

Es schließt allerdings eine Situation mit ein, in der ein seelenloser Automat aus „Materie und Energie" (welchen Status Tesla, wie wir gesehen haben, menschlichen Wesen zuschreibt) in der Lage ist, ethische Werte zu beurteilen und, wie ein Papst, der einem Gericht von Moralvorstellungen vorsitzt, eine Strafe für Überschreitungen aufzuerlegen.

Hier ist Teslas Beschreibung seiner „verblüffenden Wahrheit":

„Obwohl es mir nicht gelang, einen Beweis zur Untermauerung der Behauptungen der Psychologen und Spiritualisten zu finden, war ich vollkommen befriedigt, den Automatismus des Lebens zu beweisen, und dies nicht nur durch die ständige Beobachtung der individuellen Handlungen, sondern auch und vor allem dank gewissen Verallgemeinerungen. Diese führten zu einer Entdeckung, die ich von höchster Wichtigkeit für die Menschheit erachte und über die ich mich jetzt ein wenig auslassen werde.

Ich ahnte diese verblüffende Wahrheit zum ersten Mal am Ende meiner Jugend. Allerdings deutete ich meine Empfindungen viele Jahre lang als reine Zufälle. Vor allem wenn ich oder eine mir wichtige Person oder eine Sache, die ich verteidigte, von Anderen auf eine sagen wir vollkommen ungerechte Art und Weise angegriffen wurde, empfand ich einen eigenartigen und undefinierbaren Schmerz, den ich als „kosmisch" bezeichnete, da mir ein angemesseneres Wort fehlte; wenige Zeit später, wurden die Angreifer unfehlbar von Unheil getroffen. Nach mehreren Erfahrungen dieser Art vertraute ich mich einigen Freunden an, die die Möglichkeit dazu hatten, die Richtigkeit dieser Theorie zu überprüfen, die ich allmählich aufgestellt hatte und die man auf folgende Weise formulieren kann.

Unsere Körper haben eine gemeinsame Struktur und sind denselben äußerlichen Einflüssen ausgesetzt. Daher reagieren wir auf die gleiche

Weise und daher stimmen unsere allgemeinen Aktivitäten, auf denen unser System sozialer und anderer Regeln sowie unsere Gesetze basieren, überein. Wir sind nichts weiter als Automaten, die den Kräften der Umwelt ausgeliefert sind, und wir werden herumgeschleudert wie Korken an der Wasseroberfläche und verwechseln das Ergebnis äußerer Impulse mit der Willensfreiheit.

Unsere Bewegungen und Handlungen haben sind immer als lebenserhaltend erwiesen und obwohl wir unabhängig voneinander zu sein scheinen, sind wir durch unsichtbare Verbindungen vereint. Sobald sich ein Organismus in einem perfekten Gleichgewicht befindet, antwortet er präzise den Kräften, die ihn steuern, aber sobald dieses Gleichgewicht ein bisschen gestört wird, ist sein Instinkt zur Selbsterhaltung geschädigt.

Jeder wird verstehen, dass Taubheit, eine schwache Sicht oder ein verletztes Glied die Chance auf ein selbständiges Leben verringern können. Dies ist umso sichtbarer im Falle einer Funktionsstörung des Gehirns, die dem Automaten diese Lebensqualität entzieht und zu seinem Verlust führt.

Ein sehr sensibles und sehr aufmerksames Individuum, dessen stark entwickelte Mechanismen intakt sind und das präzise und in Übereinstimmung mit den wechselnden Bedingungen der Umwelt handelt, verfügt über einen überragenden Sinn, der es ihm erlaubt, schwer vorhersehbaren Risiken zu entkommen, die die üblichen Sinne nicht wahrnehmen können. Hat dieses Individuum es allerdings mit anderen zu tun, deren Kontrollorgane fehlerhaft sind, tritt dieser Sinn heftig in Erscheinung und es erfährt den „kosmischen" Schmerz.

Diese Wahrheit wurde hunderte Male erlebt und ich lade andere Studenten der Biologie dazu ein, eine besondere Aufmerksamkeit diesem Thema zu widmen, da ich denke, dass sie durch vereinte und beständige Bemühungen zu Ergebnissen gelangen werden, die für die Menschheit von unschätzbarem Wert sind."

Tesla verschlossene Natur bezüglich seiner eigenen intimen

Erfahrungen hat der Welt zweifellos viele interessante Geschichten vorenthalten. Er war zweifellos ein unnormales Individuum und von einem Typ, der das, was als „übernatürliche Erfahrungen" bekannt ist, erlebte. Er war in seiner Ablehnung, dass er je Erfahrungen dieser Art gehabt hatte, sehr ausdrücklich; und doch erlebte er ähnliche Vorfälle, die klar in die übernatürliche Kategorie gehören. Er schien Angst zu haben, dass man ihn durch eine Anerkennung seiner übernatürlichen Erfahrungen als den Spiritualismus unterstützend missverstehen würde, sowie von Theorien, dass etwas anderes als Materie und Energie im Leben arbeiten würde.

Wann immer er nach seiner Lebensphilosophie gefragt wurde, würde er die Theorie entwickeln, dass der menschliche Körper eine Fleischmaschine ist, die auf äußere Kräfte reagiert.

Eines Abends in New York, als Tesla und der Autor in der Lobby des Hotels Governor Clinton saßen, diskutierte der Erfinder seine Fleisch-Maschine-Theorie. Es war eine materialistische Philosophie, die für die Viktorianische Ära typisch war. „Wir bestehen", meinte er, „allein aus diesen Dingen, die im Reagenzglas identifiziert und sorgfältig abgewogen werden. Wir haben allein diese Eigenschaften, die wir von Atomen, aus denen unsere Körper gebaut sind, erhalten. Die Erfahrungen, die wir das Leben nennen, sind eine komplexe Mischung von Reaktion unserer Atombestandteile auf die äußeren Kräfte unserer Umgebung."

Solch eine Philosophie hat den Vorteil einer Einfachheit und eine Kürze der Vorstellung; und sie eignet sich dafür, mit einer Bestimmtheit vorgeschlagen zu werden, die auf den Unterstützer reagiert und seine Einstellung in eine von Rechthaberei verwandelt, in der eine nachdrücklich ausgedrückte Meinung mit Nachweisen verwechselt und oft durch sie ersetzt wird.

„Ich glaube kein Wort Ihrer Theorie", antwortete ich Teslas Darstellung, „und, Gott sei Dank, bin ich davon überzeugt, dass Sie selbst auch kein Wort davon glauben. Der stärkste Beweis, den ich dafür habe, dass Ihre Theorie vollkommen unzureichend ist, ist der, dass Tesla existiert. Mit dieser Theorie könnten wir keinen Tesla haben. Tesla besitzt einen kreativen Geist und steht mit seinen Errungenschaften über allen anderen Menschen. Wäre Ihre Theorie richtig, wären wir entweder alle Genies wie Tesla oder wir wären alle geistig mäßig Begabte, die in diesen Fleischmaschinen, die sie beschreiben, leben und alle gleich auf die einheitlichen, leblosen und unkreativen äußeren Kräfte reagieren."

„Aber wir sind alle Fleischmaschinen", antwortete Tesla, „und ich bin tatsächlich eine empfindsamere Maschine als andere Leute und empfange Eindrücke, auf die sie nicht reagieren und ich kann diese Eindrücke sowohl verstehen, als auch interpretieren. Ich bin einfach ein feinerer Automat als die anderen", bestand er.

„Dieser Unterschied, den sie zwischen sich selbst und anderen zugeben, Dr. Tesla, widerlegt meiner Meinung nach vollkommen Ihre Theorie", antwortete ich. „Ihr Feingefühl ist ein rein zufälliges Vorkommnis. In der Eingliederung dieser Zufälligkeit, was alle Individuen anbetrifft, würden wir alle wahrscheinlich einmal, möglicherweise sehr viel öfter, zu der Größe eines bekundeten Genies aufsteigen, wie Sie es Ihr ganzes Leben lang gemacht haben. Obwohl sich solche Geniestreiche mit Unterbrechungen offenbaren würden, würden alle solche Individuen die permanente Bewertung als Genie erhalten. Das Genie offenbart sich nicht in uns allen, selbst nicht mit Unterbrechungen, sodass mir Ihre Fleisch-Maschine-Theorie unhaltbar scheint. Wären Sie zu mir wirklich offen, würden Sie mir von den vielen Erlebnissen erzählen, die Sie gehabt haben, von den merkwürdigen Erfahrungen, die Sie nicht erklären können, die nicht in Ihre Fleisch-Maschine-Theorie passen, und vor denen Sie sich fürchten, Sie mit jemandem zu besprechen, aus Angst, man würde Sie falsch verstehen und vielleicht verspotten. Ich werde allerdings diese Erfahrungen nicht merkwürdig und über das Verständnis hinaus finden, und eines baldigen Tages werden Sie sich öffnen und mir davon erzählen."

Wie immer, wenn ich ihm nicht zustimmte, sah ich Tesla nach diesem Abend eine Weile lang nicht. Zu gegebener Zeit führte ich allerdings viele großartige Telefongespräche mit ihm. Unsere Diskussion schien eine Veränderung in seiner Haltung mir gegenüber bewirkt zu haben; und beim nächsten Mal, als ich ihn sah, vertraute er mir an: „Herr O'Neill, Sie verstehen mich besser, als alle anderen auf dieser Welt." Ich erwähne dies, um auf die Richtigkeit meines Glaubens hinzuweisen, dass ein weiterer Tesla in diesem synthetischen Individuum, dies Übermensch, den Tesla der Öffentlichkeit als sein wirkliches Selbst verkaufen wollte, versteckt war.

Zu der Zeit wusste ich nicht von Teslas „verblüffender Entdeckung" oder von einigen seiner Erfahrungen, von denen ich später lernte. Hätte ich davon gewusst, wäre meine Diskussion mit ihm gezielter gewesen.

SIEBZEHN

Obwohl Tesla, wie vorher angegeben, übernatürliche Phänomene stark bezweifelte, hatte er viele Erfahrungen, die in diese Kategorie gehörten; und er diskreditierte weder ihre Realität, noch leugnete er sie. Solche Paradoxe waren für ihn in allen Gebieten gewöhnlich.

Tesla lehnte zum Beispiel die Telepathie als Stufe eines übernatürlichen Phänomens ab, aber er war stark davon überzeugt, dass ein Geist direkt mit einem anderen Geist kommunizieren konnte. Als er in den frühen 1890er Jahren von einem Zeitungsjournalisten nach seinem Glauben in Telepathie befragt wurde, antwortete Tesla: „Was gewöhnlich als Beweis für die Existenz der Telepathie genommen wird, ist ein reiner Zufall. Aber die Arbeitsweise des menschlichen Geistes durch Beobachtung und Ursache interessiert und verwundert mich." Und dann fügte er folgende paradoxe Aussage hinzu: „Angenommen, ich würde mich dazu entschließen, Sie umzubringen. Sie würden dies augenblicklich wissen. Nun, ist das nicht wunderbar genug? Über welchen Prozess weiß der Geist dies?"

Auf seine einfachsten Worte reduziert, besagt dieses Interview: Übernatürliche Telepathie existiert nicht in der Realität; aber die Übertragung eines Gedanken von einem Geist direkt zu einem anderen Geist ist ein wunderbares Phänomen, das einer wissenschaftlichen Studie würdig ist.

Das Paradox hier liegt in der Tatsache, dass zu der Zeit, in der Tesla sprach, alle übernatürlichen Phänomene angeblich durch Eingreifen von Geistern, oder durch die Seelen der Verstorbenen, vermittelt wurden. Solch eine Theorie hatte keinen Platz in Teslas Philosophie, da er nicht an die Unsterblichkeit glaubte und dachte, dass er alle Phänomene in Form von Materie und Energie erklären konnte; und die Geister sollten jenseits dieser beiden Kategorien liegen. Das Denken war laut Teslas Theorien allerdings etwas, was durch die Interaktion von Materie und Energie im Gehirn geschah; und da dieser Prozess wahrscheinlich im Äther Wellen produzierte, gab es keinen Grund, warum diese Wellen, die von einem Geist ausgesandt wurden, nicht von einem anderen empfangen werden sollten, mit dem Ergebnis der Gedankenübertragung.

Tesla würde allerdings alles, was an übernatürliche Erfahrungen grenzte, außerhalb seines Verwandtenkreises nicht diskutieren. Zu einer Gelegenheit rettete er jedoch die Leben von dreien seiner Freunde durch eine Vorahnung; und er erzählte diesen Vorfall seinem Neffen Sava N. Kosanovic, der ihn folgendermaßen wiedergab:

„Ich hörte von Tesla, dass er Vorahnungen hatte. Er erklärte diese auf mechanische Art und sagte, er wäre ein empfindlicher Empfänger, der jegliche Störung registriert. Er behauptete, dass jeder Mann ein Automat wäre, der auf externe Eindrücke reagiert.

Er erzählte mir von einem Fall, wo er für einige seiner Freunde ein großes Fest hier in New York veranstaltete, die planten, einen gewissen Zug nach Philadelphia zu nehmen. Er spürte einen heftigen Drang, seine Freunde nicht wie geplant abfahren zu lassen und hielt sie gewaltsam zurück, sodass sie den Zug verpassten, den sie zu nehmen geplant hatten. Dieser Zug hatte einen Unfall bei dem es zahlreiche Opfer gab. Dies geschah irgendwann in den 1890er Jahren.

Als seine Schwester Angelina krank war und starb, sandte er ein Telegramm, in dem er sagte: ‚Ich hatte eine Vision, dass Angelina sich erhob und verschwand. Ich spüre, dass nicht alles gut ist.'"

Tesla selbst erzählte in einem unveröffentlichten Manuskript eine sehr außergewöhnliche Geschichte zweier übernatürlicher Ereignisse. Es zeichnet eine Situation auf, in der sein merkwürdiges Phänomen der Vorstellungskraft aufgrund von Überarbeitung verschwand, oder starb, und neugeboren wurde. Als es zurückkehrte, wuchs es schnell, indem es die Visualisierung von Ereignissen seiner frühesten Kindheit wiederholte und dann spätere Ereignisse nachspielte, bis es ihm zu aktuellen Zeitpunkt brachte und seinen Höhepunkt erreichte, indem es eine Visualisierung eines Ereignisses präsentierte, das noch nicht stattgefunden hatte.

Es folgte die Geschichte dieses Erlebnisses, wie sie von Tesla erzählt wurde.

„Lassen Sie mich zu diesem Thema von einem außergewöhnlichen Erlebnis berichten, das die Psychologiestudenten interessieren könnte. Ich hatte mit meinem mit der Erde verbundenen Sender einen umwerfenden Effekt erhalten und versuchte, die wirkliche Tragweite der Ströme, die über die Erde übertragen wurden, herauszufinden. Das Unterfangen schien hoffnungslos und ich hatte mehr als ein Jahr unaufhörlich daran gearbeitet, aber es war vergeblich. Diese vertieften Studien nahmen mich so ein, dass ich alles andere vergaß, selbst meine angeschlagene Gesundheit. Schließlich löste die Natur, als ich kurz davor war zusammenzubrechen, den Überlebensmechanismus aus, indem sie mich in einen lethargischen Schlaf riss.

Als ich meine Sinne wiedererlangte, bemerkte ich mit tiefer Bestürzung, dass es mir unmöglich war, Szenen meines Lebens zu visualisieren, ausgenommen die meiner Kindheit, d. h. die ersten, die sich in mein Bewusstsein gebrannt hatten. Kurioserweise erschienen diese vor meinem geistigen Auge mit einer überraschenden Klarheit und verschafften mir eine willkommene Erleichterung. Abend für Abend, wenn ich mich zurückzog, um darüber nachzudenken, erschienen mir immer mehr Szenen meiner frühesten Jugend. Das Bild meiner Mutter war die zentrale Figur in diesem sich langsam abspielenden Film und ich wurde allmählich von einem immer stärker werdenden Wunsch erfüllt, sie wiederzusehen.

Dieses Gefühl wurde so stark, dass ich mich dazu entschloss, meine gesamte Arbeit fallen zu lassen, um mein Bedürfnis zu stillen. Es fiel mir allerdings schwer, mein Labor zu verlassen und es vergingen mehrere Monate, in denen es mir gelang, alle Eindrücke meines Lebens bis zum Frühjahr 1892 wiederzuerlangen.

Im folgenden Bild, das aus dem Nebel des Vergessenen trat, sah ich mich selbst im Hôtel de la Paix in Paris, als ich aus einem sonderbar kurzen, durch verlängerte mentale Anstrengungen provozierten Schlaf erwachte. Stellen Sie sich den Schmerz und die Verzweiflung vor, die ich fühlte, als ich mich an die Szene erinnerte, in der man mir ein Telegramm mit der traurigen Nachricht übergab, dass meine Mutter im Sterben lag.

Es ist dennoch erstaunlich, dass ich mir in der ganzen Zeit meiner partiellen Amnesie vollkommen über das, was mit meinen Nachforschungen zu tun hatte, bewusst war. Ich konnte mich an die kleinsten Einzelheiten und die unbedeutendsten Beobachtungen meiner Experimente erinnern und selbst ganze Seiten eines Textes und komplexe mathematische Formeln wiedergeben."

Dies war die Voraussicht eines Ereignisses, das, wie in einem früheren Kapitel beschrieben, sofort nach seinem Pariser Vortrag stattfand, nachdem er nach Hause geeilt war, um seine Mutter noch zu sehen, bevor sie starb.

Der zweite Vorfall betrifft ebenfalls den Tod seiner Mutter und wird in einem anderen Zusammenhang im gleichen Manuskript erzählt. Er erklärte:

„Jahrelang versuchte ich, das Rätsel des Todes zu lösen und lauerte auf das geringste spirituelle Zeichen. Allerdings erlebte ich im Laufe meines Lebens nur eine einzige Erfahrung, die mir einen Moment lang übernatürlich erschien. Sie geschah zum Zeitpunkt des Todes meiner Mutter.

Ich war von dem Leiden und den langen schlaflosen Nächten vollkommen erschöpft und eines Nachts brachte man mich in ein Gebäude, ganz in der Nähe unseres Hauses. Dort lag ich hilflos und dachte, dass mir meine Mutter, wenn sie sterben sollte, während ich nicht bei ihr war, sicherlich ein Zeichen schicken würde.

Zwei oder drei Monate zuvor hatte ich in London mit meinem Freund, Sir William Crookes, zusammengesessen; wir sprachen von Spiritismus und mein Geist war von diesen Gedanken vollkommen eingenommen. Vielleicht hätte ich einem anderen Mann nicht zugehört, aber ich war sehr empfänglich für seine Argumente; es ist sein epochemachendes Werk über die Strahlen der Materie, das ich als Student gelesen hatte und das mich zu der Entscheidung bewog, eine Karriere als Ingenieur in Elektrotechnik anzustreben.

Ich sagte mir, dass die Bedingungen dafür, einen Blick ins Jenseits zu werfen, sehr geeignet waren, da meine Mutter eine geniale und mit einer besonders großen Intuition ausgestattete Frau war. Die ganze Nacht lang wartete jede Faser meines Gehirns lebhaft ab, aber es geschah nichts bis in den frühen Morgen hinein, als ich einschlief oder vielleicht ohnmächtig wurde. Dann sah ich eine Wolke mit engelsgleichen Figuren von wunderbarer Schönheit, von denen eine mich zärtlich ansah und nach und nach die Züge meiner Mutter annahm. Diese Vision schwebte sanft durch den Raum und verschwand schließlich. Ich wurde von einem leisen Gesang mehrerer Stimmen geweckt, den ich nicht beschreiben konnte. In diesem Moment war ich mit der intuitiven Gewissheit erfüllt, dass meine Mutter gerade gestorben war. Und so war es.

Ich konnte das enorme Gewicht dieser schmerzhaften Voraussage nicht ertragen und ich verfasste einen Brief an Sir William Crookes, als ich noch immer von diesen Emotionen erfüllt und von sehr schlechter körperlicher Gesundheit war.

Nach meiner Erholung suchte ich lange Zeit nach einer äußeren Erklärung für diese merkwürdige Offenbarung und es gelang mir zu meiner großen Erleichterung nach monatelangen vergeblichen Bemühungen. Ich hatte das Gemälde eines bekannten Künstlers gesehen, dass sinnbildlich eine der vier Jahreszeiten in Form einer Wolke und einer Gruppe Engel darstellte, die in der Luft zu schweben schien; dieses Bild hatte mich stark beeindruckt. Es ist genau das, was ich in meinem Traum gesehen habe, mit Ausnahme der Ähnlichkeit mit meiner Mutter. Die Musik stammte vom Chor in der nahegelegenen Kirche, wo die Messe an diesem Ostermorgen gehalten wurde; dies erklärte alles auf sehr befriedigende Weise und stützte sich auf wissenschaftliche Tatsachen."

Diese „wissenschaftliche" Erklärung Teslas ist, natürlich, vollkommen unrealistisch. Sie ignoriert die drei hauptsächlichen Tatsachen: erstens, dass er eine, wie er sie zu jener Zeit identifizierte, übernatürliche Erfahrung hatte, die eine Gewissheit mit sich brachte, die Worte nicht beschreiben konnten; zweitens, dass diese Erfahrung die Offenbarung des Tods seiner Mutter vermittelte, die er als solche verstand; und drittens, dass das Ereignis genau zum Zeitpunkt ihres Todes stattfand. Der Mechanismus, durch den dieses Phänomen produziert wurde, benutzte die in Teslas Geist gespeicherten Erinnerungen (zum Beispiel des Gemäldes) als Mittel, um ihm die Information in verständlicher, wenn auch symbolischer Form, zu unterbreiten. Zusätzlich bekam er diese Vorahnung mehrere Monate zuvor als Höhepunkt eines ausgedehnten Phänomens bezüglich seiner Mutter.

Teslas Bemühung, alles von einer übernatürlichen oder spirituellen Natur „wissenschaftlich" zu erklären und die unzureichenden Erklärungen, die ihm zu diesem Zweck genügten, sind Anzeichen für einen Konflikt, der in ihm in der Bemühung stattfand, den rein materialistischen Übermensch aus „Materie und Energie", zu dem er sich selbst formte, mit dem zugrundeliegenden Individuum, in dem die große Fähigkeit geboren wurden, einen tiefen, spirituellen Einblick ins Leben zu bekunden, aber die er unterdrückte, in Einklang zu bringen.

Eines der merkwürdigsten Mittagessen, die Tesla je veranstaltete, war jenes, das er für einen Preisboxer, Fritzie Zivic, ausrichtete. Es wurde in einem der privaten Speisesäle des Hotel New Yorker im Jahre 1940 serviert. Fritzie Zivic sollte an einem Preiskampf im Madison Square Garden für die Weltergewicht-Meisterschaft teilnehmen und das Essen wurde mittags am Tag des Kampfes veranstaltet.

Fritzie war einer von sechs Brüdern, von denen alle entweder professionelle Preisboxer oder Ringer waren. Sie lebten in Pittsburgh, wo ihr Vater einen Biersaal leitete. Sie wurden alle in Pittsburgh geboren, aber waren die Söhne von Eltern, die gebürtig aus Jugoslawien stammten und deren schwer auszusprechender slawischer Name von den Brüdern für ihre professionellen Aktivitäten auf Zivic gekürzt wurde. Tesla hatte alle sechs Brüder zu Gast. Die einzigen anderen Gäste waren William L. Laurence, Wissenschaftsschreiber der New York Times, und der Autor.

Drei sehr verschiedene Typen von Individuen hatten sich an diesem Tisch versammelt. Die sechs kämpfenden Brüder waren alle körperlich stattliche Exemplare. Sie hatten im Mittel eine durchschnittliche Größe, aber ihre kräftigen, stämmigen Körper, tiefen Brüste und breiten Schultern ließen sie recht klein wirken. Sie hatten alle einen klaren Blick, ein klares Hautbild und wohlgeformte Gesichtszüge, waren konservativ in einem „Sack-Anzug" gekleidet und trugen Halsbänder aus weißem Leinen. Die beiden Pressevertreter standen in ihrer Erscheinung in starkem Kontrast mit den Boxern, und in Kontrast mit allen anderen stand Tesla. Laurence, mit seinem streng zurückgekämmten, pechschwarzen Haar, sah mehr wie ein Musiker aus.

Tesla saß am Kopf der Tafel. Zu seiner rechten saß Fritzie und daneben drei seiner Brüder. Ihnen gegenüber saßen zwei andere Brüder und Herr Laurence. Der Autor saß am anderen Ende der Tafel.

Tesla arrangierte für diesen Anlass keines seiner berühmten Entengerichte — er hatte andere Pläne. Sobald die Gesellschaft saß, stand Tesla auf. Der breite, stämmige Fritzie schien daneben wie ein Zwerg. Tesla war in einem leichten, eng sitzenden, schwarzen, einreihigen „Sack-Anzug" gekleidet, der ihn dünner als gewöhnlich wirken ließ. Er hatte im vorangehenden Jahr deutlich an Gewicht verloren und dies betonte die scharfe, knochige Struktur, die sein Gesicht in seinen späteren Jahren angenommen hatte. Sein Gesicht, vom asketischen Typ, wurde nun von ausdünnenden Locken silberweißen Haares gekrönt. Seine langen, schlanken, delikat geformten Hände fingen an, über dem sitzenden Preisboxer zu wedeln, der zu der merkwürdigen Figur, die sich über ihm auftürmte, hoch lächelte.

„Ich bestellte Ihnen ein schönes, dickes Rindersteak, 5 Zentimeter dick, sodass sie heute Abend genug Kraft haben, um den Wettkampf zu gewi..."

Der Kämpfer hatte beide Hände gehoben und versuchte, die gestikulierende Figur des Wissenschaftlers zu unterbrechen.

„Nein", protestierte Fritzie, „ich befinde mich im Training und kann heute kein Steak essen."

„Hören Sie mir zu", rief die eindringliche Stimme Teslas, dessen schlenkernde Arme und schwankender Körper ihm Ähnlichkeit mit einem Cheerleader bei einem Football-Spiel gab. „Ich werde Ihnen sagen, wie Sie zu trainieren haben. Sie werden mit Rindersteak trainieren. Ich werde Ihnen ein 5 cm dickes Rindersteak besorgen, das mit Blut tropft, sodass Sie in der Lage sein werden ..."

Die fünf Brüder traten Fritzie nun in seinem Protest bei.

„Er kann heute kein Rindersteak essen. Er würde den Kampf verlieren, Dr. Tesla", riefen sie im Chor.

„Nein, er wird den Kampf nicht verlieren", gab Tesla zurück. „Sie müssen an die Helden unserer nationalen serbischen Poesie denken. Das waren echte Männer und mächtige Kämpfer. Auch Sie müssen für die Ehre Serbiens kämpfen und sie brauchen ein mit Blut tropfendes Rindersteak, um dies zu tun!"

Tesla hatte sich in Rage geredet, wedelte mit seinen Armen und schlug in seine Handflächen, so als ob er sich in einem aufregenden Moment des Kampfes am Ring befand. Seine Rage blieb bei Fritzie und seinen brüderlichen Boxern ohne Wirkung. Sie waren ungerührt. Fritzie antwortete:

„Ich werde gewinnen, Dr. Tesla. Ich werde für die Ehre Jugoslawiens kämpfen und wenn der Schiedsrichter mir die Entscheidung gibt und ich in das Mikrofon spreche, werde ich auch sagen, dass ich für Dr. Tesla kämpfte—aber heute kein Rindersteak, Dr. Tesla, bitte."

„Also gut, Fritzie, Sie können haben, was auch immer Sie wollen", antwortete Tesla, „aber Ihre Brüder werden Ihre Rindersteaks bekommen."

"Nein, Dr. Tesla", antwortete der älteste Bruder, "wenn Fritzie kein Rindersteak haben kann, dann können wir es auch nicht. Wir werden essen, was er isst."

Fritzie bestellte Rührei auf Toast mit Speck und einem Glas Milch. Die fünf Brüder gaben genau die gleichen Bestellungen ab und die zwei Pressevertreter ebenso.

Tesla lachte herzhaft. "Also das ist es, worüber Sie heute kämpfen werden", sagte er zwischen den Glucksern.

Für ihn, den blutdürstigen 83-jährigen Wissenschaftler, bestellte er: "Eine Schüssel voll heißer Milch"; und mit diesem Regime schaffte er es, während der Mahlzeit eine enorme Menge Energie aufzubauen, die er darauf richtete, Fritzie dazu zu drängen, "alles was Sie haben" zu geben "und in der ersten Runde ein K.O. zu machen".

Es war ein merkwürdiges Essen. Trotz der Boxer in starker Überzahl mit ihren verhärteten Gesichtern und stämmigen, kräftigen Körpern, dominierte der dünne, knochengesichtige, fast abgemagerte Wissenschaftler mit den scharfen Gesichtszügen, den eingesunkenen Augen und seinem dünnen, seidigen, silbernen Haar die Szene mit Leichtigkeit. Jeder fühlte sich trotz der Erwartung der Brüder von Fritzies anstehendem Kampf und Teslas Enthusiasmus wohl. Und doch war da, ungeachtet der Tatsache, dass alle entspannt waren, eine unheimliche Anspannung, die die eigenartige Versammlung verband. Sobald mir dieser Situation bewusst wurde, beobachtete ich die Entwicklungen mit Interesse. Ich hatte solche Bedingungen zuvor schon erlebt, aber nie unter solchen Umständen.

Herr Laurence von der Times saß zu meiner Rechten. Er fing an, sich nur nach der Hälfte des Essens leicht rastlos zu verhalten. Mehrere Male schaute er unter den Tisch. Dann rieb er der Reihe nach seinen Knöchel, sein Knie und seine Wade. Er wechselte die Position. Er rieb seinen Ellbogen und später seinen Unterarm. Ich schaffte es, seinen Blick auf mich zu lenken.

"Stört Sie irgendetwas, Bill?", fragte ich und wusste nur zu gut, was passierte.

„Es geht hier etwas Merkwürdiges vonstatten", antwortete er.

Ein paar Minuten später griff und schaute er wieder unter den Tisch.

„Fühlen Sie irgendetwas?", fragte ich.

„Ja", sagte er und schien leicht besorgt. „Etwas heißes berührt mich an verschiedenen Stellen. Ich kann die Hitze spüren aber nicht sehen, was sie verursacht. Spüren Sie es auch?", fragte er.

„Machen Sie sich darüber keine Sorgen", versicherte ich ihm. „Ich weiß, was es ist, und ich werde es Ihnen später erklären. Machen Sie von jetzt an nur so genaue Beobachtungen, wie Sie können."

Das Phänomen bestand weiter, bis die Gruppe sich auflöste. Auf unserem Weg zurück zu unseren Büros erklärte ich Herrn Laurence:

„Sie haben mich oft für meine Leichtgläubigkeit an der Wirklichkeit von sogenannten übernatürlichen Erfahrungen ausgelacht", sagte ich. „Nun hatten Sie eine. Sobald das Mittagessen gut im Gange war und nachdem sich Dr. Teslas Ausbruch beruhigt hatte, spürte ich eine merkwürdige Spannung in der Luft um mich herum. Bei Zeiten erschien mir die Atmosphäre auf meinem Gesicht und meinen Händen wie ein Netz, und so vermutete ich, dass etwas Ungewöhnliches passieren würde.

Diese Versammlung war die perfekte Anordnung für eine übernatürlich Séance, und wenn sie in der Dunkelheit abgehalten worden wäre, ist nicht absehbar, was wir vielleicht beobachtet hätten. Hier waren sechs kräftig gebaute Männer, die eng in Beziehung miteinander standen und alle bis zum Zerreißen mit lebenswichtiger Energie gefüllt waren, die auf ein Ereignis wartete, das einen emotionellen Ausbruch auslösen würde. Zusätzlich hatten wir Dr. Tesla, der einen emotionellen Ausbruch inszenierte, wie er ihn wahrscheinlich in seinem ganzen Leben noch nicht zur Schau gestellt hatte. Er war mit einer anderen Art von lebenswichtiger Energie überladen. Stellen Sie sich nur Dr. Tesla als Medium vor, das auf eine unbekannte Art als Koordinator agiert, um diese geladenen Speicher von lebenswichtiger Energie freizulassen, die, wieder auf unbekannte Weise, Leitungswege organisiert, durch die diese

Energie von Ebenen von hohem Potenzial auf Ebenen mit geringerem Potenzial übertragen wird.

In diesem Fall stellten wir die Ebenen von geringerem Potenzial dar, denn ich hatte genau die gleiche Erfahrung wie sie, wo die Kanäle der Energieübertragung im Raum einen Kontakt mit verschiedenen Teilen meines Körpers herstellten und Bereiche produzierten, in denen ich ebenfalls das Gefühl von starker Hitze spürte.

Sie haben Berichte von Séancen gelesen, in denen Teilnehmende berichteten, dass sie kalte Lüftchen spürten. In diesen Situationen passiert das Gegenteil von dem, was wir spürten, denn in diesen Séancen wird Energie aus den Teilnehmenden gezogen, um vom sogenannten Medium für die Produktion von Phänomenen organisiert zu werden.

In unserem heutigen Erlebnis wurde eine stark verdünnte Flüssigkeit voll Energie aus den Körpern dieser Kämpfer gezogen und in unsere Körper gespeist—und in den Séancen wird sie aus den Körpern der Teilnehmenden gezogen und in den des Mediums gespeist, oder in einen zentralen Sammelpunkt. In einem Bericht, den ich über meine Beobachtungen von Séancen geschrieben habe, nannte ich diese Substanz „psynoviale" Flüssigkeit, was nur eine geeignete Abkürzung von „neuer übernatürlicher Flüssigkeit" ist.

Nun, da Sie die heutige Erfahrung hatten, werden Sie verstehen, warum ich es vor ein paar Jahren riskierte, dass mich Dr. Tesla im übertragenen Sinne massakrierte, als ich ihm sagte, dass er seine Fleisch-Maschine-Philosophie des menschlichen Lebens benutzte, um viele merkwürdige Erfahrungen, die er hatte, zu verschleiern, und über die zu sprechen er Angst hatte."

Eine weitere merkwürdige, übernatürliche Erfahrung erlebte Tesla ein paar Tage vor seinem Tod, aber er war sich wahrscheinlich überhaupt nicht bewusst, dass die Situation ungewöhnliche Aspekte besaß.

Eines frühen Morgens rief er seinen Lieblingsbotenjungen, Kerrigan, zu sich, überreichte ihm einen versiegelten Umschlag und befahl ihm, diesen so schnell wie möglich auszuliefern. Er war an „Herrn Samuel

Clemens, 35 South Fifth Ave., New York City" adressiert.

Kerrigan kehrte kurz darauf mit der Aussage zurück, dass er die Nachricht nicht überbringen konnte, da die Adresse nicht stimmte. „Es gibt keine Straße, die ‚South Fifth Ave.' heißt", berichtete der Junge, und in der Nachbarschaft von dieser Hausnummer auf der Fifth Ave. konnte niemand mit dem Namen Clemens gefunden werden.

Tesla wurde sauer. Er sagte Kerrigan: „Herr Clemens ist ein berühmter Autor, der unter dem Namen Mark Twain schreibt. Und Sie sollten keine Probleme haben, ihn an der Adresse, die ich Ihnen gab, zu finden. Er lebt dort."

Kerrigan meldete dies dem Leiter seines Büros und erzählte ihm von seinem Problem. Der Leiter sagte ihm: „Natürlich können Sie die South Fifth Avenue nicht finden. Ihr Name wurde vor Jahren zu West Broadway geändert und sie werden nicht in der Lage sein, Mark Twain eine Nachricht zu liefern, weil er seit 25 Jahren tot ist."

Mit dieser Information ausgerüstet kehrte Kerrigan zu Tesla zurück und der Empfang, der seinen Ankündigungen gewährt wurde, ließ ihn noch stärker verwirrt zurück.

„Wagen Sie es nicht, mir zu sagen, dass Mark Twain tot ist"; sagte Tesla. „Er war hier, in meinem Zimmer, letzte Nacht. Er saß in diesem Stuhl und sprach eine Stunde lang mit mir. Er ist in finanziellen Schwierigkeiten und benötigt meine Hilfe. Also sollten Sie sofort zu dieser Adresse zurückkehren und diesen Umschlag zustellen — und kommen Sie nicht zurück, bis Sie dies nicht getan haben." (Die Adresse, an die er den Boten schickte, war die von Teslas erstem Labor!)

Kerrigan kehrte in sein Büro zurück. Der Umschlag, der nicht sehr gut versiegelt war, wurde in der Hoffnung geöffnet, er würde einen Hinweis darauf liefern, wie die Nachricht zugestellt werden könnte. Der Umschlag erhielt ein leeres Blatt Papier, das um zwanzig 5 $-Scheine gewickelt war! Als Kerrigan versuchte, das Geld zurückzugeben, sagte ihm Tesla stark genervt, entweder das Geld zu überbringen oder es zu behalten.

Die letzten beiden Jahrzehnte von Teslas Leben waren mit vielen peinlichen Situationen bezüglich unbezahlter Hotelrechnungen gefüllt und es scheint, dass diese Situation durch irgendeinen Transferprozess auf seine Vorstellung von Mark Twain übertragen wurde.

Im Hinblick auf Teslas stark verstärkte Fähigkeit, Subjekte seiner Gedanken als verkörperlichte Gegenstände zu sehen, wäre die einfachere Theorie, dass er durch seine normale Prozedur die Vision von Mark Twain einberufen hatte—Tesla und Mark Twain waren sehr gute Freunde und der Erfinder hatte jeden Grund zu wissen, dass der schwer denkende Humorist tot war. Wie konnte er demnach seinen Tod vergessen? Eine objektive Theorie kann geboten werden, die vielleicht oder nicht die richtige Erklärung enthält.

Teslas Gedächtnis war voll von vielen Erinnerungen an Mark Twain, die auf seine frühe Jugend zurückgingen, als er dem Lesen der Bücher des Humoristen den Verdienst zusprach, ihn aus einer schweren Krankheit gerettet zu haben. Zwanzig Jahre später, als ihm Tesla von diesem Vorfall erzählte, war der Humorist so berührt, dass er weinte. Eine enge Freundschaft folgte, die von vielen angenehmen Vorfällen erfüllt war. Jeder Vorfall, der Mark Twain betraf, wurde in Teslas Gedächtnis gespeichert. Wir wissen nicht, wie diese Aufzeichnungen im Gehirn abgelegt werden, aber wir könnten für den Moment annehmen, dass diese Anordnung ordentlich genug ist und das System auf einer zeitlichen Abfolge basiert, indem jeder aufeinanderfolgende Vorfall auf einem früheren abgelegt wird und der letzte oben liegt. Als Tesla die Prozedur startete, Mark Twain in seinem Zimmer zu visualisieren (und er tat dies wahrscheinlich auf unbewusster Ebene), durchdrang er den Stapel an Gedächtnisaufzeichnungen, bis er auf eine traf, die befriedigend war. Dann konzentrierte er einen so starken Strom an lebenswichtiger Energie darauf, diese Aufzeichnung zum Visualisierungszentrum in seinem Gehirn zu tragen, dass er alle späteren Gedächtnisaufzeichnungen, die darüber lagen, verbrannte und zerstörte, oder narkotisierte. Nachdem der Visualisierungsprozess vorbei war, befanden sich daher in Teslas

Gedächtnisdateien keine Aufzeichnungen mehr über das, was in seinen Beziehungen mit Mark Twain geschah, das auf die angenehme Aufzeichnung folgte, die er so merkwürdigerweise wieder erlebt hatte. Alle nachfolgenden Gedächtnisaufzeichnungen waren beseitigt worden, einschließlich seiner Erinnerung an Mark Twains Tod. Dann würde es für ihn vollkommen logisch sein, zu dem Schluss zu kommen, dass Mark Twain immer noch lebte!

Es befinden sich mehrere Versionen dieser Geschichte im Umlauf. Sie alle haben Teslas Glauben gemeinsam, dass Mark Twain noch am Leben war, dass er selbst erst kürzlich mit ihm kommuniziert hatte und dass er ihm Geld senden wollte, um einer schwierigen Situation zu begegnen.

Raubkopiert, angelogen, ignoriert (Dr. W. H. Eccles schließt einen Nachruf in Nature (London) vom 13. Februar 1943 folgendermaßen: „Über sein langes Leben von 85 Jahren hinweg lenkte Tesla nur selten die Aufmerksamkeit auf seine eigenen Erfolge, setzte seine alte Arbeit nie wieder herauf und beanspruchte nur selten eine Priorität, obwohl man ihn ständig raubkopierte. Solch eine Zurückhaltung ist in einem Geist, der so kreative Gedanken hatte und so kompetent in praktischen Errungenschaften war, besonders auffällig.") führte Tesla seine Arbeit während der letzten Jahrzehnte fort und hoffte immer darauf, dass er die Dinge regeln konnte und in der Lage wäre, all die Erfindungen, die er in seinem Geist sammelte, zu finanzieren. Sein Stolz erlaubte es ihm nicht, Zahlungsschwierigkeiten zuzugeben. Er wurde oft gezwungen, Hotels aufgrund von unbezahlten Rechnungen zu verlassen. Sein Freund B. A. Behrend, Autor des Buchs *Der Induktionsmotor*, das Teslas Theorie für Ingenieure verdeutlicht hatte, bezahlte immer dessen Rechnungen, wenn er New York besuchte und herausfand, dass der Erfinder aus dem Hotel, in dem er ihn zuletzt vorgefunden hatte, ausgezogen war, und ließ Teslas zurückgehaltenes Gepäck zu ihm weiterleiten.

In den frühen 1930er Jahren, als es schien, dass ihn finanzielle Entmutigungen „niedergeworfen" hatten, schien Tesla allerdings genauso optimistisch wie immer. Er sagte: „Es ist für jedermann unmöglich, eine Idee über die Inspiration zu erhalten, die ich aus meinen angewendeten Erfindungen erhalte, die zur Geschichte wurden, und über die Kraft, die sie liefert, um mich weiterhin zu größeren Errungenschaften anzutreiben. Ich fühle ständig eine unausdrückliche Zufriedenheit durch das Wissen, dass mein Wechselstromsystem über die gesamte Welt hinweg benutzt wird, um die Lasten der Menschheit zu erleichtern und den Komfort und die Fröhlichkeit zu steigern, und dass mein drahtloses System mit all seinen wesentlichen Funktionen benutzt wird, um den Menschen auf allen Teilen der Erde zu dienen und ihnen Freude zu bringen."

Wenn sein drahtloses Energiesystem erwähnt wurde, strahlte er kein Zeichen von Unmut über das Kollabieren seines Projekts aus, sondern antwortete philosophisch: „Vielleicht war ich ein bisschen voreilig. Wir können ohne es auskommen, solange mein Wechselstromsystem weiterhin unsere Bedürfnisse erfüllt. Sobald die Notwendigkeit auftritt, halte ich allerdings ein System bereit, das mit vollem Erfolg benutzt werden kann."

An seinem 80. Geburtstag fragte man ihn, ob er wirklich erwartete, seine jüngst angekündigten Erfindungen zu bauen und zu betreiben und als Antwort zitierte er auf Deutsch eine Strophe aus Goethes Faust:

Der Gott, der mir im Busen wohnt,
Kann tief mein Innerstes erregen;
Der über allen meinen Kräften thront,
Er kann nach außen nichts bewegen.

Es war Teslas Absicht gewesen, seine Autobiografie zu schreiben. Er wollte die Geschichte seiner Arbeit mit einem sehr akribischen Blick auf Richtigkeit aufgezeichnet haben; und dies, so spürte er, konnte nur er selbst schaffen. Er erklärte, dass er nicht die Absicht hatte, mit der Arbeit an diesem Projekt zu beginnen, bis er nicht die Anwendung all seiner anderen großen Entdeckungen vollbracht hatte. Viele Personen, die anboten, seine Biografie zu schreiben, erhielten nur eine Ablehnung bezüglich einer angefragten Kooperation. Kenneth Swezey, ein Schriftsteller über wissenschaftliche Themen, behielt zahlreiche Jahre lang einen engen Kontakt mit Tesla bei und es wurde erwartet, dass Tesla für solch ein Projekt mit ihm kooperierte. Swezey sammelte siebzig Briefe von führenden Wissenschaftlern und Ingenieuren aus allen Teilen der Welt als Überraschung für Tesla zu seinem 75. Geburtstag zusammen, zu welcher Zeit ihm die Briefe in einem Gedächtnisband gebunden vorgelegt wurden. Diese Briefe, in Jugoslawien nachgedruckt, führten zur Einrichtung des Tesla Instituts in jenem Land. Swezey war mit Kriegsarbeit beschäftigt und erwartete zum Zeitpunkt von Teslas Tod, der Navy beizutreten; andernfalls hätte er vielleicht die Aufgabe übernommen, Teslas Biografie zu schreiben. Selbst bis zu seinem 84. Lebensjahr erwartete Tesla, eine robustere Gesundheit wiederzuerlangen und weit über die Jahrhundertmarke hinaus zu leben. Es ist daher wahrscheinlich, dass er mit seiner Autobiografie noch nicht angefangen hatte. Ob einige Teile davon geschrieben worden sind oder nicht, ist zum aktuellen Zeitpunkt unmöglich festzustellen. Alle Aufzeichnungen Teslas wurden von dem Büro der Custodian of Alien Property versiegelt, obwohl Tesla ein Bürger der Vereinigten Staaten war.

Während der letzten 6 Jahre seines Lebens wurde Tesla dank der Bezahlung eines Honorars über 7 200 $ pro Jahr an ihn durch die jugoslawische Regierung als Schirmherr des in Belgrad eingerichteten Tesla Instituts, glücklicherweise genug Geld verliehen, um seinen unmittelbaren Bedarf zu stillen. (Die Gesellschaft für die Gründung des Tesla Instituts in Belgrad wurde organisiert, als Tesla sich seinem 80. Lebensjahr näherte. Es warb Unterstützung von Gelehrten, der Regierung, kommerziellen Interessen und den Leuten als Ganzes an. Von der Regierung und privaten Quellen wurde eine Stiftung unterschrieben, die ausreichte, um ein Forschungslabor aufzubauen und auszustatten und es als Institut im Betrieb zu behalten. Das Institut wurde 1936 in Gedenken an Teslas 80. Geburtstag eröffnet. Eine Woche voller Feierlichkeiten wurden in ganz Jugoslawien abgehalten und offizielle Zeremonien wurden am 26., 27. und 28. Mai in Belgrad, am 30. Mai in Zagreb und am 2. Juni und auch am 12. Juli in Smiljan, seinem Geburtsort, veranstaltet.) Selbst mit diesem Einkommen und mit einem sehr begrenztem Aktivitätsumfang (da er stark an sein Zimmer gebunden war) während der letzten zwei Jahre seines Lebens, schaffte es Tesla trotzdem, mit seinen Hotelrechnungen in Verzug zu geraten. Dies lag an seiner unbegrenzten Großzügigkeit. Er gab all jenen, die ihm nur den kleinsten Dienst erwiesen, ein großzügiges Trinkgeld geben und auch in Antwort auf den kleinsten Hinweis, dass jemand Hilfe benötigte.

In der zweiten Hälfte des Jahres 1942 verbrachte er die meiste Zeit im Bett, geistig aktiv aber körperlich schwach. Er erlaubte keinen Besuchern, sein Zimmer zu betreten, selbst engen Partnern früherer Jahre nicht. Er bestand gegenüber Hotelangestellten darauf, dass er nicht krank war und weigerte sich, auf Ratschläge zu hören, dass er einen Arzt rufen sollte. Er gab den Befehl, dass selbst Hotelangestellte sein Zimmer nur dann betreten sollten, wenn er sie rief.

Am 5. Januar, einem Dienstagmorgen, erlaubte der dem Zimmermädchen, in sein Zimmer zu kommen und gab ihr dann die Anweisung, dieses gut zu bewachen, sodass er nicht gestört wurde. Dies wurde getan. Es war für Tesla nicht ungewöhnlich, den Befehl zu geben, dass er für langwierige Perioden nicht gestört werden wollte. Früh am Freitagmorgen (dem 8. Januar) riskierte ein Zimmermädchen mit einer Vorahnung seine Missgunst, betrat Teslas Zimmer und fand ihn tot vor. Er sah friedlich aus, so als ob er schlafen würde, mit dem Anflug eines Lächelns auf seinem hageren, knochigen Gesicht. Der Übermensch starb so, wie er gelebt hatte — allein.

Die Polizei wurde darüber informiert, dass Tesla alleine und ohne ärztlichen Beistand gestorben war. Der Leichenbeschauer erklärte seinen Tod aufgrund von natürlichen Ursachen im Zusammenhang mit Senilität; und er erklärte, dass er in der Nacht vom Donnerstag, dem

7. Januar 1943, einige Stunden bevor das Zimmermädchen seinen Raum betreten hatte, gestorben war. Agenten vom FBI kamen und öffneten den Tresor in seinem Zimmer und nahmen die Papiere, die er enthielt, mit, um sie auf eine wichtige, geheime Erfindung von möglichem Nutzen für den Krieg hin zu untersuchen. Der Körper wurde zu Campbell's Funeral Parlors (Campbell's Bestattungsinstitut) an der Ecke der Madison Avenue und der 81st Street gebracht.

Eine Trauerfeier wurde in der Cathedral Church of St. John the Divine am Dienstag, dem 12. Januar um 16 Uhr abgehalten. Bischof Manning offerierte die Eröffnungssätze des Bestattungsamts und des letzten Gebets. Im Anschluss an den Gottesdienst wurde der Körper zum Ferncliff Friedhof in Ardsley, New York, bewegt und später eingeäschert.

NACHGLÜHEN

ACHTZEHN

Trotz seines zölibatären Lebens und seiner fast einsiedlerischen Existenz in seiner eigenen intellektuellen Abgrenzung war Tesla in seinen sozialen Kontakten ein charmantes Individuum. Das Jahr, das er damit verbracht hatte, Löcher zu graben und harte manuelle Arbeit durchzuführen, wenn er eine Arbeit jeglicher Art finden konnte, und seine Erlebnisse während jener Zeit, in der er in jeder Behausung, die er finden konnte, schlief, und alles Essen aß, das er schaffte, sich zu sichern, machten auf ihn zweifellos einen enormen und anhaltenden Eindruck. Die Tatsache, dass er nie dazu gebracht werden konnte, von dieser Zeit zu sprechen, würde darauf hindeuten. Und doch wurde er wahrscheinlich durch diesen durch-die-Mühle-gehen Prozess erweicht. Aber es war eine schmerzhafte Beleidigung seiner Persönlichkeit gewesen und konnte wurde allein aufgrund der rohen Kraft in seinen Muskeln geschätzt; und dies ärgerte ihn für immer.

Sobald er durch die Gründung seines Labors und den Verkauf seiner Patente an Westinghouse Gelder erhalten hatte, behielt er fortan einen fast fürstlichen Status bei. Er wusste, wie er Kleidung tragen musste, um die Stattlichkeit seiner Erscheinung zu steigern; seine Größe verlieh ihm einen leichten Vorteil gegenüber anderen; seine offensichtliche körperliche Stärke brachte ihm einen Respekt ein, der jeglichen Eingriff in sein Verhalten verbat; sein exzellentes Englisch und die Sorgfalt, die er ausübte, um die Sprache korrekt zu sprechen, und seine Beherrschung von einem halben Dutzend anderer Sprachen etablierten ihn als einen Gelehrten; und der erste Satz seiner Wechselstromerfindungen brachte ihm im Geist der Öffentlichkeit den Ruf für herausragende wissenschaftliche Errungenschaften ein. Die Tatsache, dass er immer vom Wert seiner Erfindungen für die Welt sprach und nicht von der

Großartigkeit seiner eigenen Errungenschaft, machte ihn bei allen beliebt, die ihn trafen.

Als Tesla während der 1890er Jahren auf einer Flutwelle von Popularität ritt, war er der Werbung abgeneigt; aber oft waren wohlbekannte Zeitungsschriftsteller in der Lage, die Barrieren zu durchbrechen und sich „Sonderartikel" zu sichern. Eine exzellente Beschreibung seinerseits, geschrieben in der Art der damaligen Zeit, ist in einem Artikel von Franklin Chester erhalten, der im *Citizen* vom 22. August 1897 erschien ist. Der Teil, der sich auf seine persönliche Erscheinung und Aktivitäten bezieht, folgt:

„Was seine persönliche Erscheinung betrifft, kann niemand ihn anschauen, ohne seine Kraft zu spüren. Er ist über 182 cm groß und sehr schlank. Und doch besitzt er eine starke körperliche Kraft. Seine Hände sind groß, seine Daumen unnormal lang und dies ist ein Zeichen von großer Intelligenz. Sein Haar ist schwarz und glatt, ein tiefes, glänzendes Schwarz. Er bürstet es scharf über seinen Ohren weg, sodass es eine Kante mit gezackten Rändern bildet.

Seine Wangenknochen sind hoch und markant, das Kennzeichen eines Slawen: Seine Haut ist wie Marmor, dem das Alter einen ersten gelben Schimmer verliehen hat. Seine Augen sind blau, liegen tief und brennen wie Feuerbälle. Jene merkwürdigen Lichtblitze, die er mit seinen Instrumenten erzeugt, scheinen aus ihnen zu schießen. Sein Kopf ist wie ein Keil geformt. Sein Kinn bildet fast eine Spitze.

Nie war ein Mensch mit erhabeneren Idealen erfüllt. Nie arbeitete ein Mensch so unaufhörlich, so ernsthaft, so selbstlos für den Vorteil der Rasse. Tesla ist nicht reich. Er regt sich nicht über Geld auf. Hätte er sich entschieden, in Edisons Fußstapfen zu treten, wäre er vielleicht der reichste Mann der Welt und Tesla ist nur 40 Jahre alt.

Tesla ist vor allem ein ernster Mann, zweifellos der ernsthafteste Mann in New York. Und doch hat er einen scharfen Sinn für Humor und die besten Manieren. Er ist der authentischste, bescheidenste Mann. Er kennt keine Eifersucht. Er hat die Errungenschaften anderer nie in

Verruf gebracht und lehnte einen Verdienst nie ab.

Wenn er spricht, dann hören Sie zu. Sie wissen nicht, was er sagt, aber es fesselt Sie. Sie spüren die Wichtigkeit, ohne die Bedeutung zu verstehen. Er spricht das perfekte Englisch eines hochgebildeten Ausländers, ohne Akzent und mit Präzision. Er spricht acht Sprachen ebenmäßig gut.

Das tägliche Leben dieses Mannes ist praktisch das gleiche geblieben, seit er in New York angekommen ist. Er lebt im Gerlach, einem sehr ruhigen Familienhotel, in der 27th Street zwischen dem Broadway und der Sixth Avenue. Er geht vor 9 Uhr morgens zu seinem Labor, den ganzen Tag lang lebt er in seiner merkwürdigen, unheimlichen Welt und greift voraus, um neue Energien zu fangen und um frisches Wissen zu gewinnen.

Kein Fremder sieht in je bei seiner Arbeit. Niemand kennt seine Assistentinnen. In großen Abständen stellt er einige Experimente in seinem Labor vor und es gibt kein Opfer, das tausende Leute nicht bringen würden, um Zugang zu diesen Experimenten zu erhalten.

Gewöhnlich arbeitet er bis 18 Uhr, aber bleibt manchmal auch länger. Das Fehlen von natürlichem Licht stört ihn nicht. Tesla produziert Sonnenlicht in seiner Werkstatt.

Um genau 20 Uhr betritt er das Waldorf. Er ist in einwandfreier Abendkleidung gekleidet. Im Winter trägt er nie ein Abendsakko, aber immer einen Mantel mit Schwänzen.

Er beendet sein Abendessen um genau 22 Uhr und verlässt das Hotel entweder, um zum Forschen auf sein Zimmer zu gehen, oder um in sein Labor zurückzukehren, um die ganze Nacht durchzuarbeiten."

Arthur Brisbane, der später der berühmte Redakteur von Hearst wurde, interviewte Tesla und veröffentlichte am 22. August 1894 in Der Welt die längste Geschichte, die er je über eine berühmte Person geschrieben hatte. Er bezeichnete Tesla als „Unseren führenden Elektriker — Noch besser selbst als Edison" und schloss die folgende Beschreibung von ihm mit ein:

„Seine Augen liegen sehr tief in seinem Kopf. Sie sind recht hell. Ich fragte ihn, wie er so helle Augen haben und ein Slawe sein kann. Er erzählte mir, dass seine Augen einst viel dunkler waren, aber dass die starke Benutzung seines Geistes sie um viele Nuancen erhellte. Ich habe oft sagen gehört, dass die Benutzung des Gehirns die Farbe der Augen heller macht. Teslas Bestätigung der Theorie durch seine eigene Erfahrung ist wichtig.

Er ist sehr dünn, über 182 cm groß und wiegt unter 64 kg. Er hat sehr große Hände. Seine Daumen sind erstaunlich groß, selbst für solch große Hände. Sie sind außergewöhnlich groß. Dies ist ein gutes Zeichen. Der Daumen ist der intellektuelle Teil der Hand. Affen haben sehr kleine Daumen. Untersuchen Sie diese und Sie werden dies feststellen.

Nikola Tesla hat einen Kopf, der sich an der Spitze aufspannt wie ein Fächer. Sein Kopf ist wie ein Keil geformt. Sein Kinn ist so spitz wie ein Eispickel. Sein Mund ist zu klein. Sein Kinn, obwohl nicht schwach, ist nicht kräftig genug. Sein Gesicht kann nicht untersucht und beurteilt werden wie die Gesichter der anderen Männer, er ist kein Arbeiter in praktischen Gebieten. Er lebt sein Leben oben in seinem Kopf, wo Ideen geboren werden; und dort oben hat er genügend Raum. Sein Haar ist pechschwarz und lockig. Er macht sich klein—die meisten Männer tun dies, wenn sie kein Pfauenblut in sich haben. Er lebt in seinem Inneren. Er interessiert sich stark für seine eigene Arbeit. Er hat diesen Vorrat an Selbstliebe und Selbstbewusstsein, der normalerweise mit Erfolg eingeht. Und er unterscheidet sich von den meisten Männern, über die man schreibt und redet, in der Tatsache, dass er etwas zu erzählen hat."

Tesla hatte selbstverständlich einen Sinn für Humor und genoss es, einen raffinierten Witz zu erzählen. Vor der Zeit, in der er ein regelmäßiger Dinnergast im Waldorf-Astoria wurde, dinierte er jede Nacht im Delmonico's, damals das eleganteste Wirtshaus der Stadt und ein Sammelpunkt der „400". Tesla war die berühmteste und spektakulärste Gestalt unter den berühmten Gästen des berühmten Ortes, aber er aß immer allein. Er konnte nie davon überzeugt werden, sich anderen Gruppen anzuschließen und hatte nie selber einen Gast. Nach dem Abendessen würde er immer zu seiner Arbeit in seinem Labor zurückkehren.

Eines Abends überzeugten ihn seine Freunde, die glaubten, dass er zu hart arbeitete und etwas Entspannung bedarf, sich ihnen in einem Billardspiel anzuschließen. Sie glaubten, er habe es verpasst, zu lernen, wie man Spiele spielte, und so erklärten sie ihm bei ihrer Ankunft im Billardsaal neben anderen Elementen des Spiels, wie man den Billardstock halten und die Bälle treffen musste. Tesla hatte seit dutzenden Jahren kein Billard mehr gespielt; aber während seines zweiten Jahres in Graz, als er seinen Studien ein Jahr voraus war und seine Abende in Cafés verbrachte, war er ein Experte im Billard geworden. Als ihm die Experten des Delmonico's die vorbereitenden Instruktionen gaben, stellte er einige „dumme" Fragen und machte einige absichtliche Fehlstöße. Es mit einem der Spieler aufnehmend und immer noch alberne Fragen stellend, versuchte er sich in der schwierigsten Art, Stöße zu machen — nur um seinen Amateurstatus zu beweisen — und vollbrachte diese zum Erstaunen der Experten. Viele von ihnen nahmen es mit ihm an jenem Abend auf und er schlug sie alle mit schlechten, ausgeglichenen Punkten. Er erklärte, das neue Spiel würde ihm eine wunderbare Gelegenheit geben, sehr abstrakte mathematische Theorien zu üben; und die Experten des Delmonico's verbreiteten Geschichten über die wunderbaren Errungenschaften des Wissenschaftlers Tesla, das Spiel an einem einzigen Abend zu meistern und den besten Spieler der Stadt zu schlagen. Die Geschichte gelangte in die Zeitungen. Tesla weigerte sich, weiterhin zu spielen und erklärte, dass er Gefahr lief, sich so sehr für das Spiel zu begeistern, dass es seine Nachforschungen behindern würde.

Der gleiche herrliche Mann, der das Waldorf-Astoria und das Delmonico's geschmückt hatte, war allerdings nicht abgeneigt, die Bowery zu besuchen, die nur einen Häuserblock von seinem Labor in der Houston Street entfernt lag. Er begab sich eines Nachmittags zu einem durstlöschenden Laden auf dieser Durchfahrtsstraße, kurz nachdem der Stammgast der Bowery, Steve Brodie, zu Ruhm gekommen war, indem er von der Brooklyn Bridge sprang oder zumindest behauptete, gesprungen zu sein. Als Tesla sein Glas mit Whisky hob, sagte er zum Barkeeper: „Sie wissen was Steve sagte, als er dabei war von der Brücke zu springen—‚Und runter geht er'"; und mit diesen Worten trank er sein alkoholisches Getränk auf Ex.

Ein Trinkgast in der Nähe, der ein bisschen mehr getrunken hatte, verstand Teslas Bemerkung falsch und bekam den Eindruck, dass er Steve Brodie von der letzten Episode seiner Meisterleistung berichten hörte. Er stürzte auf Tesla zu, um ihm ein Getränk zu spenden und seine Freunde schlossen sich ihm an. Tesla schüttelte sie mit einem Lachen ab und stürzte aus der Bar, während der irregeführte Trinkgast ihm nachsetzte und rief: „Haltet ihn auf, das ist Steve." Auf der Straße verstanden die Fußgänger den Ruf des Trinkers mit der schweren Zunge falsch, schlossen sich der Jagd an und riefen: „Stoppt den Dieb!" Teslas lange Beine lieferten ihm einen wertvollen Dienst und er gewann einen Vorsprung vor der Menge, stürzte in eine Gasse, über einen Zaun hinweg, klettere eine Feuertreppe auf der Rückseite seines eigenen Gebäudes hoch, erreichte sein Labor durch ein Fenster, zog sich schnell die Schürze eines Schmiedes über und fing an, eine Metallstange zu bearbeiten. Seine Verfolger schafften es allerdings nicht, ihn ausfindig zu machen.

Tesla wurden von den Serben in New York vergöttert. Viele von ihnen konnten behaupten, entweder durch die Tesla oder durch die Mandich Seite der Familie entfernte Verwandte von ihm zu sein, und diejenigen, die diese Auszeichnung nicht beanspruchen konnten, verehrten ihn nichtsdestoweniger, trotz der Tatsache, dass er nie Einladungen annahm, um an ihren gesellschaftlichen oder anderen Veranstaltungen teilzunehmen.

Eines Tages kam ein aufgeregter Serbe, ein Arbeiter, zu seiner Wohnung

ACHTZEHN

im Waldorf-Astoria und flehte ihn um seine Hilfe an. Er war in einem Kampf geraten und hatte auf einen Mit-Serben eingeschlagen, der geschworen hatte, eine Befugnis für seine Verhaftung zu erwirken. Der Besucher hatte kein Geld, aber er wollte nach Chicago fliehen, um der Festnahme zu entkommen. Könnte Tesla ihm bitte Geld für sein Zugticket leihen?

„Sie haben also einen Mann angegriffen und wollen nun wegrennen, um der Bestrafung zu entkommen", sagte Tesla. „Sie können vielleicht vor dem Gesetz davonrennen, aber Sie werden einer Bestrafung nicht entkommen; Sie werden sie genau jetzt erhalten!" Er nahm einen Stock und fasste den Mann in seinem Nacken; er scheuchte ihn im Zimmer umher und schlug den Staub aus der Sitzfläche seiner Hosen, bis der Mann um Gnade flehte.

„Glauben Sie, Sie können in Chicago ein besserer Mann sein und sich aus Kämpfen raushalten?", fragte Tesla ihn. Der Mann war sich sicher, dass er dies konnte. Er erhielt das Geld für das Zugticket und noch ein paar Dollar mehr.

Teslas Popularität war in den 1890er Jahren so groß, dass viele Leute zum Dinieren im Palmenzimmer des Waldorf kamen, nur um einen Blick auf den berühmten Erfinder zu erhaschen. Er arrangierte, sein Büro um 18 Uhr zu verlassen, aber kurz zuvor würde er die Bestellung für sein Abendessen dem Oberkellner telefonisch durchgeben, und bestand immer darauf, dass niemand Geringeres ihn bedienen konnte. Das Essen musste um Punkt 20 Uhr fertig sein. In der Zwischenzeit würde er in sein Zimmer gehen und sich in formeller Abendbekleidung herausputzen—weiße Krawatte und Anzug mit Schwänzen. Er dinierte allein, außer zu den seltenen Anlässen, an denen er ein Abendessen für eine Gruppe veranstalte, um gesellschaftlichen Pflichten nachzukommen.

Geld war für Tesla immer eine Plage. Nach 1888 hatte er für ca. fünfzehn Jahre immer alles, was er brauchte, um seinen Verpflichtungen nachzukommen; und er lebte gut. Nach ca. 1902 wurde sein finanzieller Weg recht steinig—aber sein Ruhm war größer denn je, genauso wie das

Bedürfnis, seinen Lebensstandard beizubehalten, sollte er sein Reichtum hereinwirtschaften. Er fuhr fort, viele große Festmahle im Waldorf zu veranstalten, um seinen gesellschaftlichen Pflichten nachzukommen und hatte Schwierigkeiten, sich an einen Mangel an Geld zu gewöhnen. Bei einer Gelegenheit, als eine große Gruppe in einem privaten Speisesaal versammelt war, flüsterte ihm der Oberkellner zu, dass ein überragendes Essen vorbereitet worden und zum Servieren bereit war, genauso wie er es bestellt hatte, aber dass die Kreditabteilung darauf bestand, dass es erst serviert werden konnte, wenn er es im Voraus bezahlt hatte. „Holen Sie Herrn Morgan im Chefbüro ans Telefon und ich werde sofort dort sein", kochte Tesla. In Kürze wurde Tesla durch einen Botenjungen ein mehr als ausreichender Scheck geliefert. Man berichtet, dass viele solcher Ereignisse geschahen, aber immer im Chefbüro und gewöhnlich ohne das Einschreiten von anderen geregelt wurden.

Die nahste Annäherung an ein häusliches Leben, die Tesla genoss, kam ihm durch Robort Underwood Johnson, Diplomat, Dichter und einer der Redakteure des *Century Magazine*, dessen Haus sich in der Madison Avenue im eleganten Murray Hill Bezirk befand. Tesla und Johnson waren sehr enge Freunde. Eine Liebe zur Poesie war eine von vielen Interessen, die sie gemein hatten. Johnson schrieb und veröffentlichte im Century im April 1895 ein kurzes Gedicht über seinen Besuch in Teslas Labor. Dies führte zu einem kooperativen Unternehmen, in dem er viele Stücke serbischer Poesie aus literarischen Übersetzungen umschrieb, die von Tesla gemacht worden waren, der viele tausende Zeilen eines solchen Materials aus dem Gedächtnis zitieren konnte. Ungefähr vierzig Seiten dieser Übersetzungen erschienen mit einer einleitenden Bemerkung durch Tesla in der nächsten Ausgabe von Johnsons Gedichten.

Leute, die in allen Aktivitätsbereichen berühmt waren, waren häufige Gäste ins Johnsons Haus und formelle Essen mit Versammlungen von schillernden Persönlichkeiten wurden ständig abgehalten. Tesla war so oft zugegen, wie man ihn zum Kommen überzeugen konnte, aber er zog es vor, alle formellen Essen so oft wie möglich zu vermeiden. Er war allerdings ein sehr häufiger informeller Besucher, erschien unerwartet und oft zu ungewöhnlichen Zeiten. Es war für Tesla nicht unüblich, nach Mitternacht in Johnsons Haus zu erscheinen, nachdem sich die Familie zurückgezogen hatte, und es war für „Bob" und „Nick" üblich, mehrere Stunden aufzubleiben und in einem Austausch von herrlichen Ideen zu schwelgen. (Johnson und „Willie" K. Vanderbilt waren, wie festgestellt wurde, die einzigen Individuen, die mit Tesla die Vornamen austauschten.)

Teslas Besuche in Johnsons Haus waren immer mehrere Stunden lang. Er würde in einem Hansom-Taxi ankommen, das er immer auf sich warten ließ, um zu seinem Hotel, das nur ein paar Häuserblöcke entfernt war, zurückzukehren. Die Johnson Kinder lernten, einen Vorteil daraus zu ziehen und wenn er früh am Abend eintraf, würden sie seine Erlaubnis einholen, das Taxi für eine Fahrt durch den Central Park zu benutzen, während er zu Hause diskutierte.

Tesla genoss die Oper und besuchte eine Zeit lang die Vorführungen recht regelmäßig. William K. Vanderbilts Box stand ihm immer zur Verfügung, genauso wie die von vielen anderen Schirmherren der Metropolitan Oper. Gelegentlich besuchte er das Theater. Seine Lieblingsschauspielerin war Elsie Ferguson, die, so behauptete er, wusste, wie man sich anzog und die anmutigste Frau war, die er je auf der Bühne gesehen hatte. Er ließ allmählich sowohl das Theater als auch die Oper zugunsten von Filmen fallen, aber war selbst von diesen ein seltener Besucher. Er würde einer Tragödie nicht beiwohnen, aber eine Komödie und die leichteren Aspekte der Unterhaltung genießen.

Einer seiner engen Freunde war der Konteradmiral Richmond Pearson Hobson, der Held des Spanisch-Amerikanischen Krieges. In späteren Jahren war Hobson der Einzige, der in der Lage war, Tesla dazu zu überreden, eine lange Nachtwache seines intellektuellen Strebens für eine Sitzung im Kino zu unterbrechen.

Tesla schloss sich keiner Religion an. Früh in seinem Leben hatte er seine Beziehungen mit der Kirche getrennt und akzeptierte ihre Doktrinen nicht. Beim Essen an seinem 75. Geburtstag, erklärte er, dass das, was die Seele genannt wird, nur eine der Funktionen des Körpers ist, und dass wenn die Aktivitäten des Körpers stoppen, auch die Seele zu existieren aufhört.

Es ist für einen Mann schwierig, seiner Sekretärin als Held zu erscheinen, aber für Miss Dorothy F. Skerritt, die Tesla in dieser Funktion viele Jahre lang diente, bis er sein Büro mit siebzig Jahren schloss, bleibt er ein heiliger Übermensch. Ihre Beschreibung Teslas in diesem Alter bezeichnet ihn mit der gleichen anziehenden Persönlichkeit, die die Schriftsteller dreißig Jahre zuvor so sehr beeindruckte. Sie schrieb: „Wenn man sich Herrn Tesla näherte, erblickte man einen großen, mageren Mann. Er schien ein fast heiliges Wesen zu sein. Als er ungefähr 70 Jahre alt war, stand er aufrecht, sein extrem dünner Körper war makellos und einfach in Kleidung mit einer dezenten Farbe gekleidet. Weder Tuchhalter noch Ring schmückten ihn. Sein buschiges, schwarzes Haar war in der Mittel gescheitelt und wurde forsch von seiner hohen, breiten Stirn zurück gekämmt, die von seiner starken Konzentration auf wissenschaftliche Probleme, die ihn stimulierten und faszinierten, stark faltig war. Unter seinen hervorstehenden Augenbrauen hervor schienen tiefgelegene, stahlgraue, sanfte und doch durchbohrende Augen Ihren innersten Gedanken zu lesen. Wenn er enthusiastisch über einzunehmende Bereiche und erreichte Errungenschaften zu schwärmen schien, glühte sein Gesicht mit einem fast ätherischen Glanz und seine Zuhörer wurden von den Gemeinplätzen von heute zu den einfallsreichen Gefilden der Zukunft transportiert. Sein angenehmes Lächeln und seine edlen Manieren deuteten immer auf die vornehmen Eigenschaften hin, die so stark in seiner Seele verwurzelt waren."

Bis zuletzt achtete Tesla mit akribischer Sorgfalt auf seine Kleidung. Er wusste, wie man sich gut anzog und tat dies auch. 1910 erklärte er einer Sekretärin, dass er der am besten gekleidete Mann auf der Fifth Avenue war und beabsichtigte, diesen Standard beizubehalten. Dies lag nicht an persönlicher Eitelkeit. Ordentlichkeit und Mäkelei in seiner Kleidung waren vollkommen in Harmonie mit jeder anderen Phase seiner Persönlichkeit. Er hielt sich keine große Garderobe und trug keinen Schmuck jeglicher Art. Die gute Kleidung fügte sich gut in seine höfischen Manieren ein. Er beobachtete allerdings, dass die Welt in Sachen Kleidung einen Mann bei seiner eigenen Einschätzung nimmt, die durch seine Erscheinung ausgedrückt wird und sich oft ihren Weg durch kleine Höflichkeiten, die in weniger anziehenden Individuen nicht ausgebaut sind, zu ihrem Ziel bahnt.

Er hatte eine Vorliebe für einen taillierten Mantel. Egal, was er trug, er übte immer eine Art ruhige Eleganz aus. Die einzige Art Hut, die er trug, war eine schwarze Melone. Er trug einen Gehstock mit sich und hatte für gewöhnlich graue Wildlederhandschuhe an.

Tesla zahlte für seine Handschuhe 2,50 $ pro Paar, trug sie eine Woche lang und warf sie dann weg, obwohl sie noch genauso neu erschienen, wie als sie vom Hersteller kamen. Er normte seinen Stil an Krawatten und trug immer einen einfachen Knoten. Das Motiv war von geringer Bedeutung, aber die Farben waren auf eine Kombination von rot und schwarz begrenzt. Er kaufte jede Woche eine neue Krawatte und zahlte immer einen Dollar.

Reinweiße Seidenhemden waren die einzigen, die Tesla tragen würde. So wie mit anderen Artikeln seiner Kleidung, wie Pyjamas, waren seine Initialen immer auf die linke Brust gestickt.

Er kaufte Taschentücher in großen Mengen, da sie nie in die Wäscherei gegeben wurden. Nach der ersten Benutzung wurden sie entsorgt. Er mochte ein Leinen von guter Qualität und kaufte eine Standardverpackungsmarke. Seine Halsbänder wurden ebenfalls nie gewaschen. Er trug sie nie öfter als ein einziges Mal.

Tesla trug immer hoch geschnürte Schuhe, außer für formelle Anlässe. Er forderte einen langen, schmalen Schuh und bestand auf eine Schuhleiste mit einem sauber abgeschrägten Karree-Effekt. Seine Schuhe wurden zweifellos auf Bestellung hergestellt, denn die

Oberkante reichte bis an die Hälfte seiner Wade hoch, ein Stil, der in gewöhnlichen Schuhläden nicht gekauft werden konnte. Seine Größe machte aller Wahrscheinlichkeit nach diese zusätzliche Stütze an den Knöcheln wünschenswert.

Der Einmalgebrauch von Artikeln wie Taschentüchern und Halstüchern weitete sich auch auf Servietten aus. Tesla hatte eine Keim-Phobie und sie agierte wie Sand in der sozialen Maschine seines Lebens. Er forderte, dass der Tisch, den er im Speisesaal seines Hotels benutzte, von niemand anderem benutzt wurde. Für jede Mahlzeit wurde eine frische Tischdecke benötigt. Er forderte auch, dass ein Stapel mit zwei Dutzend Servietten auf der linken Tischhälfte platziert wurde. Als ihm jedes Element des Tafelsilbers und jedes Gericht gebracht wurde—und er verlangte, dass sie durch Hitze sterilisiert wurden, bevor sie die Küche verließen—würde er jedes hoch nehmen, eine Serviette zwischen Hand und Utensil einfügen und eine weitere Serviette benutzen, um es zu säubern. Dann konnte er beide Servietten auf den Boden fallen lassen. Selbst für ein einfaches Essen benutzte er normalerweise den ganzen Stapel an Servietten. Fliegen fand er besonders abscheulich. Eine Fliege, die auf seinem Tisch landete, war ein angemessener Grund, um alles vom Tisch zu nehmen und mit dem Essen wieder komplett von vorne anzufangen.

Tesla hatte Glück, dass der Oberkellner des Waldorf-Astorias, während seiner dortigen Zeit, Herr Peterson, anschließend Oberkellner im Hotel Pennsylvania wurde, wo Tesla später für mehrere Jahre lebte. Es war eine Geschichte im Umlauf, dass sowohl im Waldorf als auch im Pennsylvania ein spezieller Koch angestellt wurde, um Teslas Mahlzeiten zuzubereiten, aber Herr Peterson sagt, dass diese Geschichte nicht wahr ist.

In seinen früheren Jahre genoss er zum Abendessen sehr feine, dicke Steaks, vorzugsweise Filet Mignon, und es war für ihn nicht ungewöhnlich, in einer Sitzung zwei oder drei zu essen. Später wandte sich seine Vorleibe dem Lamm zu und er würde oft einen gebratenen Lammrücken bestellen. Während der Rücken normalerweise groß genug war, um einer Gruppe von mehreren Personen serviert zu werden, aß er in der Regel nur die zentrale Portion des Lendenstücks. Eine Krone aus Lammkoteletts war eine weitere Lieblingsspeise. Er genoss auch geröstete Taube mit Nussfüllung. Unter Geflügel war seine Wahl allerdings die gebratene Ente. Er forderte, dass sie unter einer Decke von Stangensellerie gebratenen wurde. Diese Zubereitungsart der Ente, hatte er sich selbst ausgedacht. Er machte sie sehr oft zum Leitmotiv, um das herum das Essen gestaltet wurde, wenn er Freunde verköstigte, und zu solchen Gelegenheiten würde er in die Küche gehen und ihre Zubereitung beaufsichtigen. Eine so zubereitete Ente war trotzdem sehr köstlich. Von der Ente aß er nur das Fleisch auf jeder Seite des Brustbeins.

Mit den vorübergehenden Jahrzehnten entfernte sich Tesla von einer Fleischdiät. Er ersetzte es durch immer gekochten Fisch und schloss Fleisch letztendlich vollkommen aus. Später schloss er auch Fisch fast vollkommen aus und lebte auf der Grundlage einer vegetarischen Diät. Milch war sein Hauptersatz und gegen Ende seines Lebens war sie der hauptsächliche Gegenstand seiner Diät und wurde warm serviert.

Als Jugendlicher trank er viel Kaffee und, während er sich nach und nach bewusst wurde, dass er dadurch unter ungünstigen Einflüssen litt, empfand er es doch als eine schwer zu durchbrechende Gewohnheit. Als er schließlich die Entscheidung traf, nichts mehr davon zu trinken, hielt er an seinen guten Absichten fest, musste aber erkennen, dass der Wunsch danach immer noch bleib. Er bekämpfte dies, indem er zu jedem Essen eine Kanne seines Lieblingskaffees bestellte und sich eine Tasse einschenken ließ, sodass er das Aroma riechen konnte. Es dauerte zehn Jahre, bis sich das Aroma des Kaffees in ein Ärgernis verwandelte, sodass er sicher war, ihn nicht länger bestellen zu müssen. Er betrachtete auch Tee und Kakao als schädlich.

In seiner Jugend war er ein starker Raucher, vor allem von Zigarren. Eine Schwester, die todkrank schien, als er sich in seinen frühen Zwanzigern befand, sagte, sie würde versuchen, sich zu erholen, wenn er mit dem Rauchen aufhörte. Er tat dies sofort. Seine Schwester erholte sich und er rauchte nie wieder.

Tesla trank Whisky, denn er betrachtete diesen als sehr nützliche Energiequelle und ein unschätzbares Mittel, um sein Leben zu verlängern. Er glaubte, dieser wäre für die Langlebigkeit von vielen seiner Vorfahren verantwortlich. Er würde es ihm ermöglichen, erklärte er früh im Jahrhundert, 150 Jahre lang zu leben. Als die Prohibition zusammen mit dem Ersten Weltkrieg kam, verurteilte er diese als unzumutbaren Eingriff in die Bürgerrechte. Trotzdem gab er sofort die Benutzung von Whisky und aller anderen Getränke außer Milch und Wasser auf. Er erklärte allerdings, dass der Wegfall von Whisky seine Lebenserwartung auf 130 Jahre senken würde.

Tesla sagte, dass Aufputschmittel für ihn nicht notwendig waren, um ihm beim Denken zu helfen. Er fand einen zügigen Spaziergang als Konzentrationshilfe viel. Wenn er ging, schien er zu träumen. Selbst an jemandem, den er gut kannte, würde er nah vorbeigehen und ihn nicht sehen, obwohl es schien, als ob er diesen direkt ansah. Seine Gedanken waren gewöhnlich meilenweit von dem Ort entfernt, an dem er sich befand. Es war anscheinend diese Gewohnheit, die für den Unfall im Jahre 1937, als er von einem Taxi angefahren und schwer verletzt wurde, verantwortlich war. Tatsächlich hatte er zwei Jahre zuvor in einem Interview gesagt, dass er wahrscheinlich von einem Laster oder einem Taxi getötet werden würde, während er unachtsam zu Fuß ging.

Teslas Gewicht betrug ohne Kleidung 64 Kilogramm, und wich ausgenommen einiger Krankheitsperioden zwischen 1888 und 1926 um kaum ein Kilo ab, dem Jahr, in dem er absichtlich sein Gewicht um 2,5 Kilogramm reduzierte.

Eine von Teslas Schwächen waren für mehrere Jahre Kopfhautmassagen. Er würde dreimal pro Woche einen Friseurladen besuchen und den Barbier eine halbe Stunde lang seine Kopfhaut abreiben lassen. Er bestand darauf, dass der Barbier ein sauberes Handtuch auf den Stuhl legte, aber merkwürdigerweise widersprach er nicht der Benutzung einer gewöhnlichen Rasierschale und -pinsel.

Tesla behauptete immer, dass er nie länger als zwei Stunden pro Nacht schlief. Er sagte, er würde sich um fünf Uhr morgens zurückziehen und um zehn Uhr morgens aufstehen, nachdem er nur zwei Stunden geschlafen hatte, da drei Stunden zu viel waren. Einmal im Jahr, gab er zu, würde er für fünf Stunden schlafen—und das würde ihm ein enormes Energiereservoir verschaffen. Er behauptete, er würde nie aufhören, zu arbeiten—selbst im Schlaf nicht. Tesla lachte über Edisons Behauptung, er würde nur vier Stunden pro Nacht schlafen. Edison hatte die regelmäßige Gewohnheit, sagte er, sich in seinem Labor hinzusetzen und ungefähr zweimal am Tag in ein drei Stunden langes Nickerchen zu versinken. Es ist möglich, dass auch Tesla ein bisschen Schlaf auf ähnliche Art erhielt, vielleicht sogar ohne sich dieser Tatsache bewusst zu sein. Hotelangestellte berichten, dass es recht gewöhnlich war, Tesla mehrere Stunden lang starr in seinem Zimmer stehen zu sehen und dass er sich seiner Umgebung so vollkommen unbewusst war, dass sie in seinem Zimmer arbeiten konnten, ohne dass er anscheinend ihre Anwesenheit bemerkte.

Tesla stattete sein Büro immer mit einem getrennten Waschraum aus, den nur er benutzen durfte. Er würde unter dem kleinsten Vorwand seine Hände waschen. Als er dies tat, forderte er, dass ihm seine Sekretärin jedes Mal ein frisch gewaschenes Handtuch zum Trocknen hinhielt.

Er ging bis zum äußersten, um ein Händeschütteln zu vermeiden. Er hielt für gewöhnlich seine Hände hinter seinem Rücken, wenn sich irgendjemand näherte, von dem er fürchtete, dass er sich bemühen würde, die Hände zu schütteln, und dies führte oft zu peinlichen Momenten. Wenn ein Besucher in seinem Büro ihn zufällig überraschen und seine Hand schütteln würde, war Tesla so aufgebracht, dass es ihm unmöglich war, der Mission seines Besuchers Aufmerksamkeit zu schenken und er würde ihn oft entlassen, bevor er überhaupt wirklich begonnen hatte; dann würde er sofort in den Waschraum eilen und seine Hände schrubben. Arbeiter, die ihr Mittagessen mit schmutzigen Händen aßen, ließen ihm fast übel werden.

Auch Perlen waren eine von Teslas Phobien. Wenn ein weiblicher Gast einer Tischgesellschaft, zu der er eingeladen war, Perlen trug, war es ihm unmöglich, zu essen. Glatte, runde Oberflächen waren für ihn im Allgemeinen eine Abscheulichkeit; er benötigte sogar viel Zeit, um Billardkugeln zu tolerieren zu lernen.

Tesla lernte nie die Erfahrung kennen, wie es ist, Kopfschmerzen zu haben. Trotz zahlreicher Fälle von ernsthafter Krankheit war er in seinen unabhängigen Jahren nie von einem Arzt versorgt worden.

Es gab Gründe für praktisch jede von Teslas Phobien, aber nicht alle von ihnen waren allgemein bekannt. Seine Keim-Phobie kann auf seine zwei schweren Krankheiten in seinem Leben zurückgeführt werden, von denen beide wahrscheinlich die Cholera waren, eine Seuche, die stets in seinem Geburtsland vorherrschte und durch einen Keim verursacht wird, der über unsauberes Trinkwasser und den Kontakt zwischen Individuen verbreitet wird.

Tesla war seinen Eigenarten gegenüber nicht blind; er war sich ihnen recht bewusst und auch der Reibereien, die sie in seinem täglichen Leben verursachten. Sie waren allerdings ein wesentlicher Teil von ihm und er hätte sich nicht mehr von ihnen trennen können, als von seinem rechten Arm. Sie waren wahrscheinlich eine der Konsequenzen seines einsamen Lebensstils und möglicherweise ein dazu beitragender Grund.

NEUNZEHN

Teslas Geist schien sich immer unter einem explosiven Druck zu befinden. Eine Lawine an Ideen drängte stets auf Freilassung. Er schien nicht in der Lage zu sein, mit der Flut seiner eigenen Gedanken mitzuhalten. Er besaß nie ausreichend Fähigkeiten, um seine Errungenschaften mit seinen Projekten mithalten zu lassen. Hätte er eine Armee von angemessen ausgebildeten Assistenten gehabt, wäre er immer noch unzureichend ausgestattet gewesen. Daher spürten diejenigen, die mit ihm verkehrten, immer eine Art von „Antrieb"; und doch war er sowohl bezüglich gezahlter Löhne als auch der Anzahl an geforderten Arbeitsstunden ein sehr großzügiger Arbeitgeber. Er verlangte oft Überstunden, aber bezahlte diese immer reichlich.

Trotzdem war es nicht einfach, für Tesla zu arbeiten. Er war in seinen persönlichen Angelegenheiten peinlich genau und verlangte von seinen Arbeitern, genauso genau zu sein. Er war ein exzellenter Mechaniker und stellte durch seine eigenen Errungenschaften extrem hohe Ansprüche an die gesamte in seinen Werkstätten durchgeführte Arbeit. Er bewunderte Klugheit in seinen Assistenten und belohnte sie oft mit einer speziellen Entschädigung für gut ausgeführte Arbeiten, aber war bezüglich Dummheit und Nachlässigkeit extrem ungeduldig.

Obwohl Tesla ein Personal an Bauzeichnern unterhielt, beanspruchte er sie nie für seine eigene Gestaltungsarbeit von Maschinen und tolerierte sie allein aufgrund von unvermeidbaren Kontakten mit anderen Organisationen. Wenn er Maschinen für seine eigene Benutzung baute, würde er für jedes Teil eine individuelle Anleitung liefern. Die Arbeiter, die die Maschinenarbeit durchführen sollten, wurden an Teslas Tisch gerufen, wo der Erfinder eine fast mikroskopisch kleine Zeichnung in der Mitte eines großen Blatts Papier machte. Egal wie detailliert das Arbeitsstück oder seine Größe war, die Skizze war in ihrem größten Ausmaß immer kleiner als 2,54 Zentimeter. Wenn Tesla bei der Anfertigung der Skizze nur leicht mit dem Bleistift abrutschte, dann würde er dies nicht ausradieren, sondern auf einem weiteren Blatt Papier wieder von vorne anfangen. Alle Maße wurden mündlich genannt. Als die Zeichnung beendet war, durfte der Arbeiter sie nicht mit in die Werkstatt nehmen, um ihn in seiner Arbeit anzuleiten. Tesla würde die Zeichnung zerstören und der Maschinist musste aus der Erinnerung heraus arbeiten. Tesla verließ sich für alle Einzelheiten vollkommen auf sein Gedächtnis, er reduzierte seine mental vervollständigten Pläne einer Anleitung beim Bau nie auf Papier — und er glaubte, dass andere diese Fähigkeiten erreichen könnten, wenn sie sich nur genug anstrengten. Er versuchte, sie dazu zu zwingen, indem er darauf bestand, dass sie ohne Skizzen arbeiteten.

All jene, die mit Tesla arbeiteten, bewunderten ihn stark für seine außergewöhnliche Fähigkeit, die Übersicht über eine große Anzahl von feinen Einzelheiten bezüglich jeder Phase der vielen Projekte, die er gleichzeitig am Laufen hatte, zu halten. Kein Angestellter erhielt je mehr Informationen, als für die Fertigstellung eines Projekts absolut nötig. Man nannte niemandem je die Zwecke, für die eine Maschine oder ein Artikel benutzt werden sollte. Tesla behauptete, dass Edison mehr Ideen von seinen Partner erhielt, als er selbst beitrug, und so verbog er sich selbst, um diese Situation zu vermeiden. Er spürte, dass er in Sachen Ideen der reichste Mann der Erde war und benötigte keine Ideen von jemand anderem; und er beabsichtigte, alle davon abzuhalten, welche beizutragen.

Tesla war in dieser Hinsicht wahrscheinlich sehr ungerecht zu Edison. Die beiden Männer waren vollkommen verschieden und ausgeprägte Typen. Tesla mangelte es vollständig am hochschulartigen Geistestyp; d. h. ein Geist, der daran angepasst ist, mit anderen Geistern zur Wissensgewinnung und Durchführung von Nachforschungen zu kooperieren. Er konnte weder geben noch erhalten, aber entsprach vollkommen seinen eigenen Ansprüchen. Edison war mehr von einem kooperativen, oder exekutiven, Geist. Er war in der Lage, brillante Partner anzuziehen und ihnen große Teile seiner erfinderischen Forschungsprojekte zu übertragen. Er hatte die Fähigkeit, als Katalysator zu agieren, sie zu kreativen mentalen Arbeiten anzuregen und somit seine eigenen kreativen Fähigkeiten zu vervielfachen. Hätte Tesla diese Fähigkeit besessen, dann wäre sein Protokoll an Errungenschaften stark vergrößert worden.

Die Unfähigkeit mit anderen zu arbeiten, die Unfähigkeit seine Pläne zu teilen, war das größte Handikap, unter dem Tesla litt. Es isolierte ihn vollständig vom Rest der intellektuellen Struktur seiner Zeit und dadurch ging der Welt eine große Menge kreativer Gedanken verloren, die er nicht in vollständige Erfindungen umsetzen konnte. Es ist die Pflicht eines Meisters, Schüler auszubilden, die nach seinem Tod fortfahren werden — aber Tesla weigerte sich, diese Verantwortung zu übernehmen. Hätte sich Tesla in seiner aktivsten Zeit mit einem halben Dutzend brillanter, junger Wissenschaftler umgeben, dann wären sie in der Position gewesen, ihn mit den technischen und wissenschaftlichen Welten in Verbindung zu bringen, von denen er trotz seiner Eminenz und seinen herausragenden Errungenschaften aufgrund seiner ungewöhnlichen persönlichen Eigenschaften weitgehend isoliert war. Sein Ruhm war so sehr gesichert, dass der Erfolg seiner Assistenten ihn nicht hätte beeinträchtigen können; aber der Meister hätte durch die brillanten Errungenschaften seiner Schüler heller erstrahlt. Er hätte sehr wohl einige praktische junge Männer anziehen können, die ihm hätten helfen und die Bürde hätten übernehmen können, eine praktisch Anwendung einiger seiner kleineren, aber bedeutenden Erfindungen zu machen — aus diesen hätte er ausreichend Gewinn ziehen können, um die Unterhaltskosten seines Labors zu bezahlen. Zahlreiche wichtige Erfindungen sind der Welt aufgrund von Teslas Eigenschaft eines intellektuellen Einsiedlers verloren gegangen. Er inspirierte zweifellos zahlreiche junge Männer, Erfinder zu werden.

Tesla reagierte heftig auf persönliche Eigenarten von Individuen, mit denen er arbeitete. Wenn seine Reaktion ungut war, dann konnte die Präsenz der Person in Sichtweite nicht ertragen. Als er zum Beispiel seine Versuchsarbeit im Kraftwerk von Allis Chalmers in Milwaukee ausführte, steigerte er seine Popularität keineswegs, indem er darauf bestand, dass gewisse Arbeiter aus der Mannschaft, die an der Turbine arbeitete, entlassen wurden, da er ihr Aussehen nicht mochte. Da er, wie vorher festgestellt, die Ingenieure in diesem Kraftwerk schon zu seinem Gegner gemacht hatte, indem er über ihre Köpfe hinweg zum Präsidenten und zur Geschäftsleitung gegangen war, verlief die Turbinenarbeit in alles anderer als einer kooperativen Atmosphäre.

Tesla war bezüglich der Handhabung von Geldangelegenheiten ebenfalls durch und durch unpraktisch. Als er am Projekt der *Union Sulphur Company* Turbine arbeitete, wurde ihm am Tag ein Schiff kostenlos zur Verfügung gestellt; aber wenn er nach 18 Uhr arbeiten würde, dann sollte es ihn 20 $ pro Stunde kosten. Er tauchte am Schiff nie vor 18 Uhr auf. Zusätzlich musste er jede Nacht 10 $ für das Abendessen der Besatzung zahlen. Im Laufe eines Jahres summierten sich diese Kosten auf 12 000 $, was den Vorschuss, den er erhielt, stark beschnitten haben muss. Diese waren auf nicht seine einzigen zusätzlichen Ausgaben. Fast jede Nacht gab er seinem Hauptassistenten der Besatzung ein Trinkgeld über 5 $ und einmal in der Woche gab er dieses allen Besatzungsmitgliedern. Diese Erscheinungsformen von Großzügigkeit stellten für Tesla natürlich keinen kompletten Verlust dar, sie könnten eher als Notwendigkeiten eingestuft werden, denn er war in der Führung seiner Assistenten sehr diktatorisch.

Nachforschungen unter den Angestellten der Hotels, in denen er lebte, haben gezeigt, dass er den Ruf hatte, sich gegenüber den Dienern auf sehr hochmütige Weise zu verhalten. Er war fast grausam in der Art, mit der er sie herum orderte, aber würde sie mit dem großzügigen Trinkgeld, das er ihnen gab, sofort entschädigen.

Gegenüber Frauen und sogar Männern unter seinen Büroangestellten war er allerdings immer sehr rücksichtsvoll. Wenn einer von ihnen eine ungewöhnlich gute Arbeit lieferte, dann wurde das gesamte Personal darüber informiert. Kritik wurde dem involvierten Individuum immer vertraulich genannt.

Tesla hatte eine feste Regelung, dass jeder Botenjunge, der in sein Büro kam, ein Trinkgeld über 25 Cent erhalten würde und er legte Geldmittel über 10 $ pro Woche für diesen Zweck zur Seite.

Wenn es die Notwendigkeit erforderte, dass sein Stab von jungen Sekretärinnen und Schreibkräften lange Überstunden schieben musste, würde er sie mit einem Essen im Delmonico's entschädigen. Er würde ein Taxi für die Mädchen anheuern und ihnen in einem weiteren Taxi folgen. Nachdem er Absprachen getroffen hatte, um die Rechnung und das Trinkgeld im Voraus zu bezahlen, würde er gehen.

Tesla legte seine Ankunft im Büro zeitlich so fest, dass er eintrat, wenn es Mittag schlug. Er verlangte, dass seine Sekretärin sofort in der Tür stand, um ihn zu empfangen und seinen Hut, Gehstock und Handschuhe entgegenzunehmen. Seine Büros wurden jeden Morgen um 9 Uhr geöffnet und so würden alle Routineangelegenheiten vor seiner Ankunft geregelt sein. Bevor Tesla ankam, mussten alle Lichtschutze zugezogen werden, sodass kein Außenlicht eintrat und nächtliche Bedingungen simuliert wurden. Wie bereits gesagt war der Erfinder ein „Sonnenvermeider". Er schien des Nachts in seiner besten Form zu sein und bei Tageslicht eine Art Nachteil zu besitzen; auf jeden Fall zog er die Nacht für die Arbeit und für das, was er Erholung nannte, vor.

Die einzige Zeit, zu der Tesla es erlauben würde, dass der Lichtschutz seines Büros geöffnet wurden, war, wenn ein Gewitter tobte. Die verschiedenen Büros, die er mietete, standen offenen Flächen gegenüber. Das Büro in der West 40th Street Nummer 8 befand sich auf der Südseite vom Bryant Park, an dessen östlichen Ende sich das Gebäude mit dem niedrigen Dach befand, das die New York Public Library beherbergte. Von seinem Fenster im 20. Stock aus konnte er über die Dächer der Stadt unter ihm hinweg sehen und eine umfassende Sicht des Himmels erhalten. Als das Grummeln von entferntem Donnern darauf hinwies, dass die Feuerwerke des Himmels in Kürze aufblitzen würden, war es nicht nur erlaubt, die Lichtschutze zu öffnen — es war obligatorisch. Tesla liebte es, den Blitzschlägen zuzuschauen. Das Sofa aus Angorawolle würde nah an die Fenster geschoben werden, sodass er vollkommen entspannt auf diesem liegen konnte, während seine Sicht einen vollen Ausblick auf den nördlichen oder westlichen Himmel genoss. Er redete immer mit sich selbst, aber während eines Gewitters würde er sehr redegewandt werden. Sein Gespräch zu solchen Gelegenheiten wurde nie aufgenommen. Er wollte ein einsamer Beobachter des wunderschönen Spektakels sein und seine Sekretärinnen waren recht gewillt, ihm damit entgegenzukommen. Durch Finger-Messungen und Zählen der Sekunden war er in der Lage, die Entfernung, Länge und Spannungszahl eines jeden Blitzes zu berechnen.

Wie begeistert Tesla von diesen enormen Funken gewesen sein musste, die so viel länger waren, als er sie je in seinem Labor in Colorado Springs produziert hatte! Er hatte die elektrischen Feuerwerke der Natur erfolgreich imitiert, aber bisher hatte er ihre Leistung nicht übertroffen.

Die alten Römer bewältigten ihre Frustrationen mit den Kräften der Natur, in dem sie das mentale Konzept ihres mächtigsten Gottes, Jupiter, schufen, der mit der Macht ausgestattet ist, Blitze zu erschaffen und diese auf die Erde zu schleudern. Tesla hatte sich geweigert, frustriert zu werden; aber genau wie die alten Römer stellte er selbst ein mentales Konzept auf, einen Übermenschen, der dem herrschenden Gott der Römer nicht unterlegen war und der die Kräfte der Natur kontrollieren würde. Ja, Tesla genoss ein Gewitter sehr. Von seinem Sofa aus Angorawolle aus applaudierte er oft dem Blitz; er bewilligte ihn. Er war vielleicht ebenfalls ein bisschen eifersüchtig.

Tesla heiratete nie; keine Frau, mit der Ausnahme seiner Mutter und seiner Schwestern, hat je den kleinsten Bruchteil seines Lebens geteilt. Er vergötterte seine Mutter und bewunderte seine Schwestern für ihre intellektuellen Errungenschaften. Eine seiner Schwestern, Marica, zeigte eine ungewöhnliche Fähigkeit als Mathematikerin auf und hatte eine größere Fähigkeit als er selbst, sich lange Auszüge aus einem Buch zu merken. Er schrieb seiner Mutter die meisten seiner Fähigkeiten als Erfinder zu, sprach immer lobend von ihrer Fähigkeit, nützliche Geräte für den Haushalt zu ersinnen und bedauerte es oft, dass sie nicht in einem Umfeld geboren worden war, indem sie ihre vielen kreativen Talente einer größeren Menge hätte zeigen können. Er war sich sehr wohl der Werte, die eine Frau in das Leben eines Mannes einbringen könnte, bewusst, denn er hatte die großen Beiträge, die seine Mutter zum Wohlsein und Glück seines Vaters machte, vor sich. Allerdings lebte er ein geplantes Leben, eines, das er in seiner frühen Jugend entworfen hatte, eines, das an technischen Linien entlang gestaltet, mit all der verfügbaren Zeit und Energie hin zur Erfindung dirigiert und von der keine mit emotionalen Projekten verbraucht werden sollte.

Vom romantischen Standpunkt aus war Tesla als junger Mann nicht unattraktiv. Er war zu groß und schlank, um als körperlicher Adonis zu gelten, aber seine anderen Qualifikationen entschädigten umso mehr für diesen möglichen Fehler. Er hatte ein sehr attraktives Gesicht, eine anziehende Persönlichkeit, aber war still, fast schüchtern; er sprach leise, war gut gebildet und trug trotz seiner zur Aufrechterhaltung einer Garderobe unzureichenden Gelder, eine schicke Kleidung. Er vermied allerdings romantische Bewegungen oder Situationen, die zu ihnen führen konnten, genauso gewissenhaft, wie andere junge Männer sie suchten. Er erlaubte seinen Gedanken nicht, romantische Wege einzuschlagen; mit seinen erfolgreich kontrollierten Gedanken wurde die Kontrolle von Aktionen zu einem Problem von schwindendem Ausmaß. Er entwickelte keine Abneigung gegenüber Frauen; er löste dieses Problem stattdessen, indem er sie verherrlichte.

Ein typisches Beispiel dafür, wie er Liebesgeschichten vermied, wird durch einen Vorfall in Paris geliefert, als er in diese Stadt zurückkehrte nachdem er weltberühmt geworden war, um einen Vortrag über sein

Wechselstromsystem zu halten. Seine wundervollen Entdeckungen waren das Hauptgesprächsthema des Tages und er zog alle Augen auf sich, wo immer er auch hin ging. Diese Situation gefiel Tesla sehr. Weniger als zehn Jahre zuvor hatte der Geschäftsvorstand der Continental Edison Company in dieser Stadt nicht nur sein Wechselstromsystem, das er ihnen geboten hatte, abgewiesen, sondern ihn auch um seine gerechten Verdienste gebracht. Nun kehrte er in diese Stadt zurück, nachdem er in den Vereinigten Staaten Anerkennung, Wohlstand und weltweiten Ruhm erreicht hatte. Er war in Paris als wiedergekehrter Held angekommen und die Welt lag ihm zu Füßen.

Als er mit einem jungen Freund draußen in einem Café mitten in einer schnatternden, modisch gekleideten Menge saß, ging eine anmutige und prachtvoll gekleidete Frau mit einer modisch frisierten Krone aus rotem Haar, dicht an seinem Tisch vorbei und ließ ein paar Fuß weit weg sehr vielversprechend ein winziges Spitzentaschentuch fallen. Er erkannte sie sofort als Sarah Bernhardt, die berühmte französische Schauspielerin — die „göttliche Sarah".

Tesla stand sofort auf seinen Füßen. Er hob das Taschentuch auf und gab das Fetzen Spitze der wunderschönen Tragödin zurück, indem er sich mit seinem Hut in der anderen Hand in der Taille tief verbeugte. Er sagte: „Ihr Taschentuch, Mademoiselle." Ohne selbst einen Blick nach oben auf ihr anmutig lächelndes Gesicht zu werfen, kehrte er zu seinem Stuhl zurück und nahm sein Gespräch über seine Versuche bezüglich eines weltweiten Energieübertragungssystems wieder auf.

Als ein Zeitungsjournalist Tesla einst fragte, warum er nicht geheiratet hatte, lautete seine Antwort, wie sie in dem veröffentlichten Interview enthalten war:

„Ich plante, mein gesamtes Leben meiner Arbeit zu widmen. Aus diesem Grund wurde mir die Liebe und Gesellschaft einer guten Frau verweigert, und auch noch mehr.

Ich glaube, dass ein Schriftsteller oder Musiker heiraten sollte. Sie erhalten dadurch eine Inspiration, die zu einer besseren Leistung führt.

Aber ein Erfinder hat eine so intensive Natur, mit so einer wilden, leidenschaftlichen Qualität, dass er, wenn er sich einer Frau hingeben würde, alles aufgeben und somit alles aus seinem gewählten Gebiet entfernen würde. Es ist eine Schande; manchmal fühlen wir uns so einsam. In meiner Studentenzeit wusste ich, wie es ist, 48 Stunden am Stück an einem Spieltisch zu verbringen und intensive Emotionen zu durchlaufen, von denen manche glauben, sie wäre die stärksten, die man je fühlen kann, aber sie sind zahm und geschmacklos im Vergleich zu diesem erhabenen Moment, wenn Sie die Arbeiten einer Woche in einem erfolgreichen Moment Früchte tragen sehen, die Ihre Theorien beweisen ..."

„Viele Male hat Nikola Tesla dieses höchste Glück gekannt", sagte der Interviewer, „und er wird es sehr wahrscheinlich noch öfter erfahren. Es ist unmöglich, dass seine Lebensarbeit mit vierzig beendet sein kann. Es scheint, dass seine Kräfte gerade erst ihre Reife erreichen."

Tesla war nicht undankbar für die Aktivitäten der vielen Frauen, die ein ehrliches Interesse in sein Wohlergehen zeigten und die versuchten, das Leben für einen offensichtlich nicht sehr gut angepassten Wissenschaftler, der in eine soziale Welt projiziert wurde, aus der er nur zu willentlich fliehen wollte, ertragbar und angenehm zu machen. Er sprach begeistert von der ersten Frau von Clarence Mackay (geboren Duer), von der Frau von Jordan L. Mott und von der Schönheit von Lady Ribblesdale (die frühere Frau von John Jacob Astor). Er bewunderte den energetischen Idealismus von Miss Anne Morgan; aber die Situation wurde nie von einer einzigen Nuance an Romantik erhellt.

Er war von der großen, anmutigen und charmanten Miss Marguerite Merington beeindruckt, eine talentierte Pianistin und Schriftstellerin in musikalischen Themen, die ein häufiger Essensgast in Johnsons Haus war.

„Warum tragen sie keine Diamanten und Schmuck wie andere Frauen?", fragte Tesla Miss Merington eines Abends recht undiplomatisch.

„Es ist bei mir keine Frage der Wahl", antwortete sie, „aber wenn ich genug Geld hätte, um mich mit Diamanten zu beladen, kann ich an bessere Dinge denken, für die ich es ausgeben würde."

„Was würden Sie mit dem Geld tun, wenn Sie es hätten?", fuhr der Erfinder fort.

„Ich würde es vorziehen, ein Haus auf dem Land zu kaufen. Aber ich würde es nicht genießen, zur Vorstadt zu pendeln", antwortete Miss Merington.

„Ah! Miss Merington, wenn ich anfange, meine Millionen zu bekommen, werde ich dieses Problem lösen. Ich werde einen quadratischen Häuserblock hier in New York kaufen und Ihnen eine Villa in dessen Zentrum bauen und um sie herum Bäume pflanzen. Dann würden sie ihr Landhaus haben und die Stadt nicht verlassen."

Tesla war in der Verteilung seiner immer noch-zu-bekommenden Millionen sehr großzügig, keinem seiner Freunde hätte es je an etwas gemangelt, hätte er die Gelder gehabt, um ihre Wünsche zu befriedigen. Seine Versprechen sollten allerdings immer erfüllt werden — „Wenn ich anfange, meine Millionen zu bekommen."

Tesla hatte, wie zu erwarten war, sehr genaue Vorstellungen, wie Frauen sich kleiden sollten. Er hatte auch klare Vorstellungen über die weibliche Figur. Er mochte den großen, „kräftigen" Typ nicht und verabscheute dicke Frauen. Die super gepolsterten Typen, auffällig gekleidet und schwer mit Juwelen behängt, die ihre Zeit in Hotellobbys verschwendeten, waren seine größten Abneigungen. Er mochte Frauen gepflegt, schlank, graziös und agil.

Eine seiner Sekretärinnen, eine gut proportionierte und graziöse Blondine, trug eines Tages ein Kleid im Büro, das vom neuesten Stil war. Es war ein Sommerkleid und aus einem schönen Stoff gefertigt. Der vorherrschende Stil verlangte eine extrem niedrige Taillierung, weit unten auf den Hüften und mehrere Zentimeter unter ihrer natürlichen Stelle. Dies ließ einen recht kurzen Rock entstehen und das Kleid bildete vom Nacken bis hin zu den Hüften einen fast reinen Zylinder. Der Stil war sehr neu und genoss eine intensive, aber sehr kurze Popularitätswelle.

Die Sekretärin war eine exzellente Schneiderin und hatte das Kleid selber hergestellt, eine Errungenschaft, auf die sie zu Recht stolz war. Tesla rief die Sekretärin zu sich. Sie schwebte in sein Allerheiligstes, nicht erwartend, aber hoffend, dass er etwas Nettes über ihr neues Kleid sagen würde.

„Miss", sagte er, „was tragen Sie da? Sie können dies nicht auf dem Botengang tragen, von dem ich will, dass sie ihn machen. Ich wollte sie eine Nachricht zu einem sehr wichtigen Bankier in der Innenstadt bringen lassen, aber was würde er denken, wenn jemand aus meinem Büro mit so einer Monstrosität eines Gewands zu ihm kommen würde? Wie können Sie solch ein Sklave der Mode sein? Was immer die Modedesigner sagen, ist der Stil den Sie kaufen und tragen. Miss, Sie haben einen guten Sinn und einen guten Geschmack, warum also haben Sie sich von der Ladenverkäuferin ein Kleid wie dieses aufzwingen lassen? Nun, wenn Sie so schlau wie meine Schwester wären, die all ihre eigenen Kleider selbst näht, würden Sie nicht gezwungen sein, so einen schrecklichen Stil wie diesen zu tragen, dann könnten Sie Ihre eigenen Kleider herstellen und vernünftige Gewänder anziehen. Sie sollten in der Gestaltung Ihrer eigenen Kleidung immer der Natur folgen. Lassen Sie einen Designer nicht die Natur für Sie verformen, denn dann würden sie hässlich und nicht attraktiv werden. Nun, Miss, Sie werden ein Taxi nehmen, sodass nur so wenig Leute wie möglich Sie sehen, nach Hause gehen, ein vernünftiges Kleid anziehen und so bald wie möglich zurückkehren, sodass Sie diesen Brief für mich in die Innenstadt bringen können."

Tesla nannte keine seiner weiblichen Angestellten je bei ihren Vor- oder Nachnamen. Die einzige Anrede, die er für sie benutzte, war „Miss". Als er sprach, klang es wie „Meese" und er konnte dies ausdrucksvoll machen. Als er die Sekretärin ansprach, die das Gewand trug, das er missbilligte, klang es wie „Meeeeeeessse". Es konnte auch ein abrupter, verkürzter Fluch sein.

Wenn eine junge Frau unter seinen Büroangestellten seine Anstellung verließ, um zu heiraten, hielt Tesla seinen restlichen Mitgliedern folgende kurze Predigt:

„Heiraten Sie nicht zu jung. Wenn Sie jung heiraten, dann heiraten die Männer Sie vor allem für Ihre Schönheit und zehn Jahre später, wenn Ihre Schönheit vergangen ist, dann werden sie Ihnen müde und interessieren sich für jemand anderen."

Teslas Haltung gegenüber Frauen war paradox; er idealisierte Frauen—stellte sie auf ein Podest—und trotzdem betrachtete er Frauen auch auf rein objektive und materialistische Art; so als ob sie keine spirituellen Konzepte ausmachen würden. Dies war zweifellos ein äußerer Ausdruck des Konflikts, der sich in seinem eigenen Leben abspielte, zwischen der normalen, gesunden Einstellung gegenüber der weiblichen Gesellschaft und der kalten, objektiven Planung seines Lebens, unter der er sich weigerte, den kleinsten Teil seines Lebens mit einer Frau zu teilen.

Nur die feinsten Damen konnten in eine freundschaftliche Beziehung mit Tesla eintreten und solche Individuen wurden von ihm ohne die geringste Schwierigkeit idealisiert; er konnte sie im Geiste desexualisieren, sodass der Vektor der emotionellen Anziehung ausgeschlossen wurde. Für den Rest plagte er sich nicht damit ab, diesen Prozess anzuwenden. Sie besaßen für ihn keine Anziehungskraft.

Aus dem Tumult menschlicher Angelegenheiten stellte er sich allerdings den Aufstieg einer überlegenen Rasse menschlicher Wesen vor, die in ihrer Zahl nur sehr wenige aber von stark erhöhtem intellektuellen Status waren, während der Rest der Rasse auf einer rein produktiven und reproduktiven Ebene gleich blieb, die allerdings eine erhebliche Verbesserung der existierenden Bedingungen darstellen konnte. Er versuchte, einen Idealismus aus rein materialistischen Konzepten der menschlichen Natur zu gestalten. Dies war ein Überbleibsel einer materialistischen, agnostischen Ansicht, die unter Wissenschaftlern in der prägenden Zeit seiner Jugend modisch und vorherrschend war. Diese Phase seiner Einstellung war in seinen späteren Jahren nicht besonders schwer niederzureißen; aber die Phase, die eine technische Herangehensweise an die Lösung von Problemen der menschlichen Rasse darstellte, wurde fester gehalten, obwohl er zuzugeben gewillt war, dass spirituelle Faktoren wirklich existierten und in solch einer Planung berücksichtigt werden mussten.

Seine Ansichten bezüglich Frauen erhielten nur einen einzigen Ausdruck in veröffentlichter Form, und zwar in dem von John B. Kennedy aus einem Interview mit Tesla heraus im Jahre 1924 für Collier's geschriebenen Artikel. Zu dieser Gelegenheit sagte er:

Das Ringen der menschlichen Frau um die geschlechtliche Gleichstellung wird in einer neuen geschlechtlichen Ordnung enden, in der Frauen übergeordnet sind. Die moderne Frau, die in einem rein oberflächlichen Phänomen den Fortschritt ihres Geschlechts erwartet, ist nur ein oberflächliches Symptom von etwas Tieferem und stärkerem, das sich im Schoß der Rasse bildet.

Es ist nicht durch die oberflächliche körperliche Nachahmung der Männer, dass Frauen zunächst ihre Gleichheit und dann ihre Überlegenheit geltend machen werden, sondern dies geschieht durch das Erwachen des Intellekts der Frau.

Aber der weibliche Geist hat eine Fähigkeit für all die geistigen Aneignungen und Errungenschaften der Männer bewiesen und wenn Generationen folgen, wird diese Fähigkeit ausgeweitet werden; die durchschnittliche Frau wird genauso gut gebildet sein wie der durchschnittliche Mann und dann besser gebildet, denn die schlafenden Fähigkeiten ihres Gehirns werden zu einer Aktivität stimuliert werden, die aufgrund von Jahrhunderten voller Ruhe umso intensiver sein wird.

Frauen werden vorher geschehendes ignorieren und die Zivilisation mit ihrem Fortschritt aufschrecken.

Der Erwerb von neuen Arbeitsfeldern durch Frauen, ihre schrittweise Usurpation der Leitung, wird feminine Empfindlichkeiten abstumpfen und letztlich zerstreuen, wird den mütterlichen Instinkt ersticken, sodass ihnen Heirat und Muttersein zuwider sein wird und die menschliche Zivilisation immer näher an die perfekte Zivilisation der Biene herangezogen wird.

Die Bedeutung darin liegt in dem Prinzip, dass die Wirtschaft der Biene dominiert—das am höchsten organisierte und am intelligentesten koordinierte System jeglicher Art nicht-rationalem tierischen Lebens—die alles beherrschende Vorherrschaft des Instinkts für Unsterblichkeit, die aus dem Muttersein eine Gottheit macht.

Das Zentrum des gesamten Bienenlebens ist die Königin. Sie dominiert den Bienenstock, aber nicht aufgrund von geerbtem Recht, da jedes Ei zu einer herrschenden Königin schlüpfen könnte, sondern da sie die Gebärmutter der Insektenrasse ist.

Es gibt große, desexualisierte Armeen von Arbeiterinnen, deren alleiniges Ziel und Lebensgeschäft die harte Arbeit ist. Es ist die Perfektionierung des Kommunismus, eines sozialisierten, kooperativen Lebens, wo alle Dinge, die jungen Dinge mit eingeschlossen, der gemeinsame Besitz aller sind.

Dann gibt es jungfräuliche Bienen, die Prinzessinnenbienen, Weibchen, die, wenn geschlüpft, aus den Eiern der Königin ausgewählt und bewahrt werden, in dem Fall dass eine unfruchtbare Königin dem Bienenstock Enttäuschung bringt. Und dann gibt es die männlichen Bienen, in ihrer Zahl nur sehr wenige, in ihrer Gewohnheit unrein und nur geduldet, da sie notwendig sind, um sich mit der Königin zu paaren ...

Die Königin kehrt mit zehntausenden befruchteten Eiern zum Bienenstock zurück—einer zukünftigen Bienenstadt; dann beginnt der Fortpflanzungszyklus, die Konzentration des wimmelnden Lebens des Bienenstocks auf die unaufhörliche Arbeit zur Geburt der neuen Generation.

Die Vorstellungskraft scheitert an der Perspektive einer menschlichen Analogie zu dieser mysteriösen und extrem hingebungsvollen Zivilisation der Biene; aber wenn wir betrachten, wie der menschliche Instinkt zur Aufrechterhaltung der Rasse das Leben in all seinen normalen und übertriebenen und perversen Erscheinungsformen dominiert, dann besteht eine ironische Gerechtigkeit in der Möglichkeit, dass dieser Instinkt mit dem intellektuellen Fortschritt der Frau letztlich nach der Manier der Biene ausgedrückt werden wird, obwohl es Jahrhunderte dauern wird, um die Gewohnheiten und Bräuche von Leuten einzureißen, die den Weg zu einer so einfachen und wissenschaftlich geordneten Zivilisation versperren.

Wäre Tesla in den biologischen Wissenschaften auch nur halb so gut informiert gewesen wie in den physikalischen Wissenschaften, hätte er wahrscheinlich keine mögliche Lösung von menschlichen Problemen in der sozialen Struktur gesehen, die auf die Einschränkungen einer Insektenart angepasst ist, die nie darauf hoffen kann, Werkzeuge zu benutzen und sich zur Ausarbeitung ihres Schicksals auf natürliche Kräfte zu stützen, die stark ihre eigenen Energiequellen übersteigen. Und noch wichtiger ist die Tatsache, dass Bienen nie darauf hoffen können, fortgeschrittene intellektuelle Kräfte zu benutzen, um ihren biologischen Status zu verbessern, wie es die menschliche Rasse tun kann. Mit einem besseren Wissen der biologischen Wissenschaften hätte er vielleicht entdeckt, dass die physiologischen Prozesse, die die Verewigung des Individuums kontrollieren, untrennbar mit den Prozessen verbunden sind, die die Verewigung der Rasse kontrollieren. Und dass er bei der Gestaltung eines Übermenschen durch die Benutzung von genauso viel biologischem Wissen und spiritueller Einsicht wie er materialistische technische Prinzipien benutzte, sich selbst vielleicht als einen vollständigeren und mächtigeren Übermenschen gestaltet hätte, der besser darauf angepasst gewesen wäre, durch ein besseres Verständnis von menschlichen Angelegenheiten seine intellektuellen Kreationen besser mit dem aktuellen Leben der Rasse zu verflechten.

Tesla versuchte die Welt davon zu erzeugen, dass er die Liebe und Romantik erfolgreich komplett aus seinem Leben gestrichen hatte; aber er schaffte dies nicht. Dieser Misserfolg (oder vielleicht war es aus anderer Hinsicht ein Erfolg) ist die Geschichte des geheimen Kapitels von Teslas Leben.

ZWANZIG

Die nach außen offensichtlichste Eigenschaft in Teslas Leben war seine Neigung, Tauben an öffentlichen Orten zu füttern. Seine Freunde wussten, dass er dies tat, aber sie wussten nie, warum. Für die Fußgänger auf der Fifth Avenue war er eine vertraute Figur auf den Plätzen der Public Library an der 42nd Street und der St. Patrick's Cathedral an der 50th Street. Als er erschien und leise pfiff, würden die blau—und braun—und weiß gefiederten Schwärme aus allen Richtungen erscheinen, die Spazierwege vor ihm wie ein Teppich bevölkern und sogar auf ihm hocken, während er Vogelfutter verstreute oder ihnen erlaubte, aus seiner Hand zu fressen.

Während der letzten drei Jahrzehnte seines Lebens ist es wahrscheinlich, dass nicht ein einziger unter den Zehntausenden, die ihn sahen, wusste, wer er war. Sein Ruhm war abgeebbt und die Generation, die ihn gut kannte, war weitergezogen. Selbst wenn die Zeitungen einmal pro Jahr in Schlagzeilen über Tesla und seine jüngsten Vorhersagen bezüglich kommender Wissenschaftswunder ausbrechen würden, assoziierte niemand diesen Namen mit dem überaus großen, extrem schlanken Mann, der Kleider aus einer längst vergangenen Epoche trug und fast täglich erschien, um seine gefiederten Freunde zu füttern. Er war nur einer von vielen merkwürdigen Individuen, von denen es viele verschiedene Typen braucht, um eine komplette Population einer großen Metropole auszumachen.

Als er mit dieser Gepflogenheit begann—und niemand weiß, wann genau das war—trug er immer ein hochmodernes Outfit und einige der berühmtesten Persönlichkeiten der Welt konnten oft in seiner Begleitung gesehen werden und wie sie sich ihm beim Verteilen des Vogelfutters anschlossen, aber dann kam eine Zeit, in der er weniger auf seine Kleidung achtete und die, die er trug, immer altmodischer wurde. Nach Mitternacht ist die Fifth Avenue eine weitaus andere Durchgangsstraße als die geschäftige Hauptstraße für Menschen- und Fahrzeugverkehr, die sie am Tag ist. Sie ist verlassen. Man kann ganze Häuserblocks weit gehen und niemandem außer einem Polizisten begegnen. Mehrere Male traf der Autor bei einem mitternächtlichen Spaziergang die Fifth Avenue hoch zufällig auf Tesla, der zur Bücherei ging. Normalerweise war Tesla am Tag recht gewillt, bei einem Treffen auf der Straße einen Spaziergang mit ihm zu machen und zu reden, aber zu diesen mitternächtlichen Gelegenheiten war er sehr deutlich in seinem Wunsch, alleine gelassen zu werden. „Sie werden mich jetzt verlassen", würde er sagen und dem kaum begonnenen Gespräch ein abruptes Ende setzen. Die naheliegende Vermutung war, dass Tesla mit einem konkreten Gedanken beschäftigt war und nicht wollte, dass sein Geist aus seiner Konzentration auf ein verzwicktes wissenschaftliches Problem gerissen wurde. Wie weit dies von der Wahrheit entfernt war! Und wie bedeutungsvoll waren für ihn, wie ich später lernte, diese mitternächtlichen Pilgerfahrten zum Füttern der Tauben — die selbst von ihren nächtlichen Schlafplätzen hin auf seinen Ruf kamen.

Fast jedem fiel es schwer zu verstehen, wie Tesla, der mit bedeutsamen wissenschaftlichen Entwicklungen beschäftigt war und zweimal so viele Stunden wie das durchschnittliche Individuum arbeitete, sich Zeit freimachen konnte, um Vogelfutter zu verteilen. In einem Leitartikel bekundete *The Herald Tribune* einmal: „Er würde seine Experimente für einige Zeit liegen lassen und die dummen und unbedeutenden Tauben auf dem Herald Square füttern."

In Teslas Büro war es allerdings Routine, dass eine seiner Sekretärinnen an einem bestimmten Tag der Woche in die Innenstadt ging und jeweils 3 Pfund Raps-, Hanf- und Kanariensaat kaufte. Diese wurden in seinem Büro gemischt und jeden Tag der Woche nahm er eine kleine Papiertüte voll mit der Saat und begann seine Runden.

Schaffte er es einmal nicht, seine Runden zur Taubenfütterung zu machen, würde er einen Botenjungen der Western Union rufen, ihm dessen Honorar mit einem Trinkgeld von 1 Dollar zahlen und ihn aussenden, die Vögel zu füttern.

Zusätzlich zum Füttern der Vögel in den Straßen kümmerte sich Tesla um die Tauben in seinen Zimmern in den zahlreichen Hotels, in denen er sein Zuhause einrichtete. Gewöhnlich hatte er Korbnester für ein bis vier Tauben in seinem Zimmer und hielt ein Fass mit Samen bereit, um diese zu füttern. Das Fenster des Raums, in dem diese Nester standen, wurde nie geschlossen.

Eines Tages im Jahre 1921 wurde Tesla in seinem Büro in der 40th Street recht krank. Er konnte nicht arbeiten und lag auf seinem Sofa. Als die Symptome alarmierender wurden und die Möglichkeit bestand, dass er vielleicht nicht in sein Zimmer im Hotel St. Regis zurückkehren könnte, rief er seine Sekretärin herbei, um ihr eine „wichtige" Nachricht zu übergeben. Als er diese wichtige Nachricht aussprach, musste ihm die Sekretärin jeden Satz nachsprechen. Somit wurde sichergestellt, dass sich keine Fehler einschlichen. Diese geforderte Wiederholung war eine normale Prozedur; aber in diesem Fall war er so krank, praktisch niedergestreckt, dass er kaum genug Energie zu haben schien, um seine Nachricht ein einziges Mal zu nennen.

„Miss", flüsterte er, „Rufen Sie das Hotel St. Regis an—"
„Ja Herr", antwortete sie, *„Rufen Sie das Hotel St. Regis an—"*
„Holen Sie die Haushälterin in den vierzehnten Stock—"
„Holen Sie die Haushälterin in den vierzehnten Stock—"
„Sagen Sie ihr, in Herrn Teslas Zimmer zu gehen—"
„Sagen Sie ihr, in Herrn Teslas Zimmer zu gehen—"
„Und die Taube heute zu füttern—"
„Und die Taube heute zu füttern—"
„Das weiße Weibchen mit leichtem Hellgrau in ihren Flügeln—"
„Das weiße Weibchen mit leichtem Hellgrau in ihren Flügeln—"
„Und dies weiterhin zu tun—"
„Und dies weiterhin zu tun—"

„Bis sie von mir weitere Befehle erhält—"
„Bis sie von mir weitere Befehle erhält—"
„Es ist ausreichend Futter in Herrn Teslas Zimmer."
„Es ist ausreichend Futter in Herrn Teslas Zimmer."
„Miss", flehte er, „dies ist sehr wichtig. Können Sie die gesamte Nachricht für mich wiederholen, damit ich mir sicher bin, dass Sie sie richtig haben."
„Rufen Sie das Hotel St. Regis an; holen Sie die Haushälterin in den vierzehnten Stock. Sagen Sie ihr, in Herrn Teslas Zimmer zu gehen und die Taube heute zu füttern, das weiße Weibchen mit leichtem Hellgrau in ihren Flügeln, und dies weiterhin zu tun, bis sie von mir weitere Befehle erhält. Es ist ausreichend Futter in Herrn Teslas Zimmer."
„Ach ja", sagte Tesla mit leuchtenden Augen, „die Weiße mit ein bisschen Grau in ihren Flügeln. Und falls ich morgen nicht hier bin, werden Sie diese Nachricht morgen und jeden weiteren Tag wiederholen, bis Sie von mir weitere Befehle erhalten. Tun Sie es jetzt, Miss—es ist sehr wichtig."

Teslas Befehle wurden immer aufs Wort getreu ausgeführt und dieser besonders genau, da er eine so ungewöhnliche Betonung auf diesen gelegt hatte. Seine Sekretärin und die Mitglieder seines Personals spürten, dass seine Krankheit schlimmer sein musste, als es den Anschein hatte. Denn zu einer Zeit, wo er viel sehr ernste Probleme hatte und am Anfang einer langwierigen Krankheit zu stehen schien, schien er die dringenderen Situationen vollkommen zu vergessen und sein einziger Gedanke galt einer Taube. Er musste delirieren, glaubten sie.

Einige Monate später erschien Tesla eines Tages nicht in seinem Büro und als seine Sekretärin in seinem Hotel anrief, informierte der Erfinder diese, dass es ihm gut ging, aber dass seine Taube krank er und er es nicht wagte, den Raum zu verlassen, aus Angst, dass sie ihn brauchen würde. Er blieb mehrere Tage lang in seinem Zimmer.

Ungefähr ein Jahr später erschien Tesla früher als gewöhnlich und offensichtlich sehr verstört in seinem Büro. Er trug ein kleines Bündel zärtlich in seiner Armbeuge. Er rief Julius Czito an, ein Maschinist, auf den er oft angewiesen war, um ungewöhnliche Aufgaben zu vollbringen und bat diesen, ins Büro zu kommen. Czito lebte am Stadtrand. Tesla sagte ihm knapp, dass das Bündel eine Taube enthielt, die in seinem Hotelzimmer gestorben war und dass er sie auf Czitos Grundstück ordentlich begraben wollte, wo man sich um das Grab kümmern würde.

Als Czito Jahre später von dem Vorfall erzählte, sagte er, dass er geneigt war, das Paket beim Verlassen des Büros in den nächstbesten Mülleimer zu werfen; aber etwas hielt ihn davon ab und er nahm es mit zu sich nach Hause. Bevor er die Beerdigung vornehmen konnte, rief Tesla bei ihm an und bat ihn, das Paket am nächsten Morgen zurückzugeben. Wie Tesla es entsorgte, ist nicht bekannt.

1924 verschlimmerte sich Teslas finanzielle Lage stark. Er war vollkommen pleite. Er konnte seine Miete nicht mehr bezahlen und aufgrund von einigen anderen unbezahlten Rechnungen wurden einige Gerichtsurteile gegen ihn erlassen. Ein Hilfssheriff erschien eines Nachmittags in seinem Büro, um alles darin zu beschlagnahmen und somit dem Urteil nachzukommen. Tesla schaffte es, den Sheriff davon zu überzeugen, die Beschlagnahme hinauszuschieben. Nachdem der Beamte gegangen war, zog er über seine Situation Bilanz. Er hatte die Löhne für seine Sekretärinnen seit zwei Wochen nicht bezahlt und schuldete ihnen den weiteren Lohn einer Woche. Er hatte bei der Bank überhaupt kein Kapital. Einen Blick in seinen Safe offenbarte, dass das einzige Objekt von verkäuflichem Wert die schwere, goldene Edison Medaille war, die ihm 1917 vom American Institute of Electrical Engineers verliehen worden war.

„Miss und Miss" sagte er zu den Sekretärinnen. „Diese Medaille enthält Gold im Wert von ungefähr einhundert Dollar. Ich werde sie halbieren lassen und Ihnen beiden eine Hälfte geben, oder eine kann alles nehmen und ich werde die andere später bezahlen."

Die beiden jungen Frauen, Miss Dorothy F. Skerritt und Miss Murial Arbus, weigerten sich, ihm zu erlauben, die Medaille zu beschädigen oder sich von ihr zu trennen und boten ihm stattdessen an, ihm mit der dürftigen Menge Bargeld, das sie in ihren Taschen hatten, zu helfen—ein Angebot, dass er dankend ablehnte. (Ein paar Wochen später erhielten die Mädchen ihre Gehälter über 35 $ pro Woche und ein zusätzliches Gehalt für zwei Wochen.) Einen Blick in die Geldschublade offenbarte ein bisschen mehr als 5 $—all das Geld, das er besaß.

„Ah! Miss," sagte er, „das wird ausreichen, um das Vogelfutter zu kaufen. Ich habe keine Saat mehr, also werden Sie am Morgen in die Innenstadt gehen, etwas kaufen und es zu meinem Hotel bringen."

Er rief wieder seinen treuen Helfer Czito an (bei dem er zwangsweise 1 000 $ unbezahlt lassen musste) und beauftragte ihn mit der Aufgabe, das Büro sofort zu räumen. Innerhalb weniger Stunden wurden die gesamten Inhalte der Büros in einem nahegelegenen Bürogebäude gelagert.

Kurze Zeit später war er gezwungen, seine Wohnung im Hotel St. Regis zu verlassen. Seine Rechnung war zwar für einige Zeit nicht gezahlt worden, aber der unmittelbare Grund stand im Zusammenhang mit den Tauben. Er hatte immer mehr Zeit in seinem Hotelzimmer verbracht, das ebenfalls zu seinem Büro wurde, und dem Füttern der Tauben mehr Zeit gewidmet. Es würden große Scharen zu seinen Fenstern und in die Räume fliegen und ihr Dreck draußen am Gebäude wurde für die Leitung und drinnen im Gebäude für die Zimmermädchen zu einem Problem. Er versuchte, das Problem zu lösen, indem er die Vögel in einen Korb steckte und George Scherff beauftragte, sie zu dessen Haus in Westchester mitzunehmen. Drei Wochen später, als sie zum ersten Mal freigelassen wurden, kamen sie zurück und eine brachte die Reise innerhalb einer halben Stunde hinter sich. Man stellte Tesla vor die Wahl, entweder aufzuhören, die Tauben zu füttern, oder das Hotel zu verlassen. Er ging.

Er richtete sein nächstes Zuhause im Hotel Pennsylvania ein. Dort blieb er ein paar Jahre und es entstand die gleiche Situation, sowohl bezüglich der Rechnungen als auch der Tauben. Er zog ins Hotel

Governor Clinton — und hatte nach ungefähr einem Jahr die gleiche Erfahrung. Dann zog er 1933 ins Hotel New Yorker, wo er die letzten zehn Jahre seines Lebens verbrachte.

Eines Nachts nach Mitternacht im Herbst 1937 startete Tesla am Hotel New Yorker, um seine regelmäßige Wanderung zur Kathedrale und zur Bücherei zu machen und die Tauben zu füttern. Als er die Straße ein paar Häuserblöcke vom Hotel entfernt überquerte, geschah ein Unfall; wie genau ist nicht bekannt. Trotz seiner Agilität gelang es ihm nicht, einen Zusammenstoß mit einem fahrenden Taxi zu vermeiden und er wurde heftig auf den Boden geschleudert. Er stellte nicht die Schuldfrage, verweigerte medizinische Hilfe und bat nur, in einem anderen Taxi zu seinem Hotel zurück gebracht zu werden.

Als er im Hotel ankam, ging er zu Bett und war kaum unter die Decke gekrochen, als er seinen Lieblingsbotenjungen, Kerrigan, aus einem nahegelegenen Western Union Büro rief, ihm das Paket mit Vogelfutter gab und ihn anwies, die Aufgabe zu vollenden, die er angefangen und die der Unfall unterbrochen hatte.

Am nächsten Tag, als es offensichtlich war, dass er für einige Zeit nicht in der Lage wäre, seine gewöhnlichen, täglichen Spaziergänge zu machen, stellte er den Boten für sechs Monate ein, um die Tauben jeden Tag zu füttern. Tesla hatte sich beim Unfall den Rücken stark verrenkt und drei seiner Rippen gebrochen, aber das ganze Ausmaß seiner Verletzungen wird nie bekannt sein, denn er hielt an einem fast lebenslangen Brauch fest und weigerte sich, einen Arzt zu besuchen. Es entwickelte sich eine Lungenentzündung, aber auch dafür lehnte er medizinische Hilfe ab. Er war für einige Monate bettlägerig und nicht in der Lage, seine Gepflogenheit, die Tauben von seinem Fenster aus zu füttern, durchzuführen; und bald kamen sie nicht mehr.

Im Frühjahr 1938 konnte er aufstehen. Er nahm das Füttern der Tauben sofort in sehr viel begrenzterem Ausmaß wieder auf, aber ließ es regelmäßig einen Boten für ihn tun.

Seine Hingabe zu der Aufgabe, die Tauben zu füttern, schien für alle, die ihn kannten, nicht mehr als das Hobby eines exzentrischen Wissenschaftlers zu sein. Aber hätten sie in Teslas Herz schauen oder seine Gedanken lesen können, dann hätten sie entdeckt, dass sie Zeugen der fantastischsten und zugleich zärtlichsten und erbärmlichsten Liebesgeschichte der Welt wurden.

Tesla litt als selbstgemachter Übermensch unter den Beschränkungen seines Machers. Mit einer Intelligenz, die sich sowohl qualitativ als auch quantitativ über dem Durchschnitt befand, und mit einigen außerordentlichen Fähigkeiten ausgestattet, war er in der Lage, einen Übermenschen aufzubauen, der in seiner Statur größer war als er selbst; aber die größere Höhe wurde erreicht, indem andere Dimensionen geopfert wurden und in dieser Verminderung von Breite und Dicke bestand ein Defizit.

Als Jugendlicher, als sein Geist sich in der formbarsten und prägendsten Phase befand, übernahm er, wie wir gesehen haben, die vorherrschende agnostische und materialistische Lebenseinstellung. Heute hat sich die Wissenschaft von der Sklaverei zu einem antagonistischen Mystizismus oder einem Materialismus befreit, und ist gewillt, beide als harmonische Teile einer umfassenden Herangehensweise an das Verständnis der Natur zu verstehen; aber die Wissenschaft weiß, dass sie noch nicht gelernt hat, die ungreifbaren Faktoren, auf denen die Mystiker ihre Wissensstrukturen aufgebaut haben, zu manipulieren oder zu kontrollieren. Weite Bereiche der menschlichen Erfahrung wurden allzeit von Wissenschaftlern jeglichen Namens abgewiesen, die es verpassten, sie logisch in ihre unzureichenden und zu vereinfachten natürlichen Philosophien einzugliedern. Indem sie die Phänomene, die ihre intellektuellen Fähigkeiten überstiegen, ablehnten, entfernten die Wissenschaftler und Philosophen sie allerdings nicht komplett und beugten auch nicht ihrer Ausprägung vor. Die so abgewiesenen Phänomene fanden allerdings eine akademische Heimat in Geistlichen, die sie akzeptierten, ohne sie zu verstehen oder ohne die Hoffnung, sie zu verstehen, und die sie somit auf Grundlage der religiösen Geheimnisse einkerkerten, wo sie einem nützlichen Zweck dienten, denn es ist möglich, auf etwas Unbekanntem ein noch größeres unbekanntes zu bauen.

Die mystischen Erfahrungen der Heiligen, von welchem Glauben auch immer, sind Demonstrationen von Beweisen, die natürliche Funktionen des Phänomens des Lebens darstellen und sich in variierendem Ausmaß im Gleichschritt mit der sich ausweitenden Entfaltung des Individuums hin zu einem fortgeschrittenen Entwicklungszustand befinden.

Tesla war ein Individuum auf einem fortgeschrittenen Entwicklungsstand und er hatte Erfahrungen, von denen er sich weigerte, sie als Versuche zu akzeptieren; er nahm zwar die Vorteile, die sie ihm eröffneten, an, aber nicht das, was sie transportierten. Dies war zum Beispiel im Fall des Eröffnungsschubs wahr, der ihm kam, als er im Park in Budapest spazierte und der ihm zahlreiche, enorm wertvolle Erfindungen eröffnete—und der sich nur im Ausmaß und der Art, aber nicht in seiner elementaren Natur, von dem blendenden Licht unterschied, das Saul auf dem Weg nach Damaskus erschien und anderen, die eine Erleuchtung durch ähnliche Prozesse hatten.

Seine materialistischen Konzepte ließen ihn für das merkwürdige Phänomen, durch das ihm die Enthüllung oder die Erleuchtung gekommen war, blind werden, aber machten ihn noch empfänglicher für den Wert dessen, was es eröffnete. Man darf nicht verstehen, dass diese Enthüllung ein zufälliges Phänomen des Moments war, denn Tesla, der von der Natur mit einem Intellekt ausgestattet worden war, der zu einer großen Entfaltung imstande war, hatte fast übermenschliche Anstrengungen gemacht, um das zu erreichen, was ihm eröffnet wurde, und die Anstrengung war mit dem Ergebnis verbunden.

In entgegengesetzter Richtung unterdrückte Tesla durch die geplante Auslöschung von Liebe und Romantik aus seinen Gedanken und seiner Erfahrung einen enorm großen oder wichtigen Bereich aus seinem Leben. Genauso wie seine Bemühungen, die physikalischen Geheimnisse der Natur zu entdecken, Kräfte aufbauten, die bis auf die Enthüllungsebene reichten, bauten auch seine ebenso enormen Anstrengungen, die Liebe und Romantik zu unterdrücken, Kräfte außerhalb seiner Kontrolle auf, die daran arbeiteten, sich auszudrücken. In seiner Philosophie der natürlichen Phänomene gab es eine parallele Situation, in der er alle spirituellen Aspekte der Natur unterdrückte und sich auf die rein materialistischen Aspekte beschränkte.

Zwei Kräfte, eine die Liebe und Romantik in seiner persönlichen Natur, und die andere die spirituellen Aspekte der Natur in seiner Philosophie, wie sie auf seine Arbeit angewendet wurde, waren in seiner Persönlichkeit in einem Schwebezustand eingepfercht und suchten einen Ausgang zum Paradies des Ausdrucks und der Offenbarung. Und sie erreichten diesen Ausgang und drückten ihre Natur durch die Offenbarung aus; aber Tesla verpasste es, sie zu erkennen. Tesla verpasste es, indem er die Liebe für Frauen abwies und glaubte, eine komplette Auslöschung des Problems der Liebe geplant zu haben, aus seiner Natur die Fähigkeit zur Liebe zu entfernen. Und als sich diese Fähigkeit ausdrückte, tat sie dies, indem sie ihre Energien durch einen Kanal leitet, den er bei der Planung seines selbstgemachten Übermenschen ungeschützt gelassen hatte.

Die Offenbarung dieser vereinigten Kräfte der Liebe und Spiritualität endete in einer fantastischen Situation, die in den menschlichen Annalen wahrscheinlich ohnegleichen ist. Tesla erzählte mir die Geschichte; aber hätte ich nicht einen Zeugen gehabt, der mir versicherte, genau das gleiche wie ich gehört zu haben, hätte ich mich selbst davon überzeugt, dass ich nichts Handfesteres als ein Traumerlebnis gehabt hatte. Es war die Liebesgeschichte von Teslas Leben. In der Geschichte dieser merkwürdigen Romanze sah ich sofort den Grund für diese unermüdlichen, täglichen Reisen zum Füttern der Tauben und für diese mitternächtlichen Pilgerfahrten, auf denen er in Ruhe gelassen werden wollte. Ich erinnerte mich an jene Gelegenheiten, als ich ihn zufällig auf der menschenleeren Fifth Avenue traf und er mir, als ich mit ihm sprach, antwortete: „Sie werden mich jetzt verlassen." Er erzählte seine

Geschichte einfach, knapp und ohne Ausschmückungen, aber in seiner Stimme wallten trotzdem die Gefühle auf:

„Ich habe Tauben gefüttert, tausende Tauben, jahrelang; tausende Tauben, denn wer kann sagen … Aber da war eine Taube, ein wunderschöner Vogel, reinweiß mit hellgrauen Spitzen in ihren Flügeln; diese war anders. Es war ein Weibchen. Ich würde diese Taube überall erkennen.

Egal wo ich war, diese Taube würde mich finden; wenn ich sie brauchte, musste ich es mir nur wünschen und sie rufen und sie würde zu mir geflogen kommen. Sie verstand mich und ich verstand sie.

Ich liebte diese Taube.

Ja", antwortete er auf eine nicht gestellte Frage. „Ja, ich liebte diese Taube, ich liebte sie so, wie ein Mann eine Frau liebt, und sie liebte mich. War sie krank, dann wusste und verstand ich es; sie kam zu meinem Zimmer und ich blieb tagelang an ihrer Seite. Ich pflegte sie wieder gesund. Diese Taube war die Freude meines Lebens. Wenn sie mich brauchte, war alles andere egal. Solange ich sie hatte, hatte mein Leben einen Sinn.

Dann, eines Nachts, lag ich in der Dunkelheit auf meinem Bett und löste wie gewöhnlich Probleme — sie flog durch das offene Fenster und setzte sich auf meinen Tisch. Ich wusste, dass sie mich brauchte; sie wollte mir etwas Wichtiges erzählen und so stand ich auf und ging zu ihr.

Als ich sie anschaute, wusste ich, was sie mir sagen wollte — sie lag im Sterben. Und dann, als ich ihre Nachricht verstanden hatte, trat ein Licht aus ihren Augen — mächtige Lichtstrahlen.

Ja", fuhr er fort und beantwortete wieder eine nicht gestellte Frage, „es war ein richtiges Licht, ein mächtiges, schillerndes, blendendes Licht, ein Licht, das stärker war, als ich es je mit den leistungsstärksten Lampen meines Labor produziert habe.

Als diese Taube starb, trat etwas aus meinem Leben. Bis zu diesem Moment wusste ich mit Sicherheit, dass ich meine Arbeit vollenden würde, egal wie ehrgeizig mein Programm war, aber als dieses Etwas aus meinem Leben trat, wusste ich, dass meine Lebensarbeit beendet war. Ja, ich habe jahrelang Tauben gefüttert; ich füttere sie weiterhin, tausende Tauben, denn wer kann, alles in allem, sagen ..."

Es gab nichts mehr zu sagen. Wir trennten uns schweigend. Das Gespräch fand in einer Ecke des Zwischengeschosses im Hotel New Yorker statt. Ich wurde von William L. Lauren begleitet, Wissenschaftsautor der New York Times. Wir gingen mehrere Häuserblöcke die Seventh Avenue entlang, bevor wir sprachen.

Die mitternächtlichen Pilgerfahrten hatten nichts Mysteriöses mehr an sich, zu denen er die Tauben aus ihren Nischen im gotischen Maßwerk der Kathedrale rief oder von unter den Traufen des griechischen Tempels hervor, dass die Bücherei beherbergt — mit den Tausenden von ihnen fortfahrend ... „Denn wer kann, alles in allem, sagen ...?"

Es sind diese Phänomene, wie sie Tesla erfuhr, als die Taube aus der mitternächtlichen Dunkelheit in die Schwärze seines Zimmers geflogen kam und es mit blendendem Licht flutete, und als ihm die Offenbarung durch die glänzende Sonne im Budapester Park erschien, auf denen sich die Mysterien der Religion aufbauen. Aber er verstand sie nicht; denn, hätte er nicht das reiche, mystische Erbe seiner Vorfahren unterdrückt, das Aufklärung mit sich gebracht hätte, dann hätte er die Symbolik der Taube verstanden.

DANKSAGUNG

DANKSAGUNG

Bei der Vorbereitung dieses Werks habe ich viel wertvolle Hilfe von zahlreichen Quellen erhalten. Für diese hilfreiche Zusammenarbeit gilt mein Dank:

Sava N. Kosanovic, Staatsminister von Jugoslawien und Teslas Neffe dafür, dass er Bücher, Familienaufzeichnungen, Datenabschriften und Bilder zur Verfügung gestellt und die Manuskripte vieler Kapitel korrigiert hat; und seiner Sekretärin, Fräulein Charlotte Muzar;

Fräulein Dorothy Skerritt und Fräulein Muriel Arbus, Teslas Sekretärinnen, und George Scherff und Julius C. Czito, Geschäftspartner;

Frau Margaret C. Behrend für das Privileg, den Schriftverkehr zwischen ihrem Ehemann und Tesla lesen zu dürfen, und Dr. W. B. Earl, Dekan der Ingenieurswissenschaften vom *Clemson Agricultural College* für Bilder und andere Materialien aus der *Behrend Collection* in der Hochschulbibliothek;

Frau Agnes Holden, Tochter des verstorbenen Robert Underwood Johnson, Botschafter und Redakteur des *Century Magazine*, Fräulein Marguerite Merington, Frau Grizelda M. Hobson, Witwe des verstorbenen Konteradmirals Hobson, Waldemar Kaempffert, Wissenschaftsredakteur der *New York Times*, Professor Emeritus Charles F. Scott, Fakultät für Elektrotechnik, *Yale Universität*, Hans Dahlstrand von der Allis Chalmers Manufacturing Co., Leo Maloney, Manager des *Hotel New Yorker*, und W. D. Crow, Architekt des Tesla Turms für Erinnerungen, Daten und hilfreiche Gespräche bezüglich ihrer Kontakte mit Tesla;

Florence S. Hellman, Leiter der bibliografischen Abteilung der *Library of Congress* (Kongressbibliothek), Olive E. Kennedy, Forschungsbibliothekar des *Public Information Center, National Electric Manufacturers Association*,

A. P. Peck, Chefredakteur des *Scientific American*, Myrta L. Mason und Charles F. Pflaging für bibliografische Hilfe;

G. Edward Pendray und Partner der *Westinghouse Electric and Manufacturing Co.* und C. D. Wagoner und Partner der General Electric Co. für die Korrektur oder das Lesen von vielen Kapiteln und für viele hilfreiche Vorschläge;

William L. Laurence, Wissenschaftsautor der *New York Times* und Bloyce Fitzgerald für den Austausch von Daten;

Randall Warden, William Spencer Bowen, Präsident der Bowen Research Corp., G. H. Clark der *Radio Corporation of America*, Kenneth M. Swezey des *Popular Science*, Frau Mabel Fleischer und Carl Payne Tobey, die auf viele verschiedene Arten geholfen haben;

Collier's — *The National Weekly; The American Magazine*, das *New York World-Telegram* und die *General Electric Co.* für die Erlaubnis, geschütztes Material zu zitieren, für das, wenn zitiert, Anerkennung gezollt wird; und

Peggy O'Neill Grayson, meine Tochter, für ausgedehnte Sekretariatsdienstleistungen.

Allen zuvor genannten danke ich herzlich.

John J. O'Neill
Freeport, L. I.
New York
July 15, 1944

www.ingramcontent.com/pod-product-compliance
Lightning Source LLC
Chambersburg PA
CBHW022100150426
43195CB00008B/202